高等院校公共基础课系列教材

U0655881

应用文写作

（微课版）

杜永红　主　编

毛展展　李琳森　王璐瑶　副主编

清华大学出版社

北　京

内 容 简 介

本书系统培养职场文书核心竞争力，从基础、分类到 AI 辅助写作层层递进。首章解析应用文的底层逻辑，后续分政务公文、事务文书、经济类文书、法律文书、教育类文书、科技与学术文书、新媒体文书、商务与职场文书等高频场景专项突破。终章聚焦 AI 写作工具的应用，配套智能纠错与实战演练，助力读者掌握精准表达的艺术，实现写作能力跃迁。

本书既是高校政治学、法学、新媒体、经济学、管理学等专业的实战教材，也可作为公务员、人力资源、法务、运营、市场、自由撰稿人的案头指南。

本书配套的电子课件、习题答案和教学大纲可以到 http://www.tupwk.com.cn/downpage 网站下载，也可以扫描前言中的"配套资源"二维码获取。扫描前言中的"看视频"二维码可以直接观看教学视频。

图书在版编目(CIP)数据

应用文写作：微课版 / 杜永红主编. -- 北京：清
华大学出版社, 2025.7. -- (高等院校公共基础课系列
教材). -- ISBN 978-7-302-69560-8

Ⅰ. H152.3

中国国家版本馆CIP数据核字第20259BT163号

责任编辑：胡辰浩
封面设计：高娟妮
版式设计：妙思品位
责任校对：成凤进
责任印制：沈　露

出版发行：清华大学出版社
　　　　网　　　址：https://www.tup.com.cn，https://www.wqxuetang.com
　　　　地　　　址：北京清华大学学研大厦A座　　　　　　邮　编：100084
　　　　社 总 机：010-83470000　　　　　　　　　　　　邮　购：010-62786544
　　　　投稿与读者服务：010-62776969，c-service@tup.tsinghua.edu.cn
　　　　质 量 反 馈：010-62772015，zhiliang@tup.tsinghua.edu.cn
印 装 者：三河市铭诚印务有限公司
经　　销：全国新华书店
开　　本：185mm×260mm　　　印　张：22　　　　　字　数：577千字
版　　次：2025年8月第1版　　　印　次：2025年8月第1次印刷
定　　价：79.80元

产品编号：110798-01

本书特色

- 多领域覆盖，实用导航：本书聚焦应用文写作的核心场景，内容涵盖政府公文、商业合同、学术报告、法律文书、新媒体内容等多个领域，十大章节构建起系统的写作知识框架。书中配备诸多文书模板解析，为读者在不同场景下的写作提供切实指引，助力其应对跨领域写作需求。
- 案例引导，即学即练：采用"案例解析+情景模拟"的教学模式，每章设置案例分析和情景练习板块。通过深入剖析100多个真实案例和进行50多个情景模拟训练，读者可以在实践中理解写作要点，掌握应用文写作的实用技巧，实现学练结合。
- AI辅助，与时俱进：专设"人机协同写作"相关内容，分析ChatGPT-4与文小言等工具在应用文写作中的应用特点及差异，介绍AI写作的伦理规范，提供智能纠错等实用工具作为参考，构建传统写作技法与现代科技工具相结合的教学体系，帮助读者适应智能化写作趋势。

锻造职场文字力的精要指南

在数字化转型重塑职场竞争力的当下，精准的文字表达已成为职场竞争的核心要素。应用文写作不仅是交付专业价值的核心接口，更是提升组织效能的关键触点。因此，精准表达力成为赢得优势的重要保障。

本书系统构建"认知迭代—技术赋能—场景淬炼"的立体化教学体系。

- 战略架构：政务、法务、商务、新媒体等十大场景全覆盖，建立用户思维与决策心理双轮驱动的表达框架。
- 垂直深耕：从公文行文规则解析到构建新媒体表达的情感共鸣，从合同风险预警到AI伦理边界，直击职场写作痛点。
- 科技赋能：集成AI写作工具矩阵，通过智能生成、多轮优化与格式校准技术，构建人机协同增效系统。

本书由杜永红教授组建的写作团队匠心打造而成。杜永红主导全书框架设计，撰写第1章、第2章及第9章；毛展展撰写第5章、第6章及第7章；李琳森撰写第3章及第8章；王璐瑶撰写第4章及第10章。

由于作者水平有限，书中难免有不足之处，恳请专家和广大读者批评指正。在编写本书的过程中我们参考了相关文献，在此向这些文献的作者深表感谢。我们的电话是010-62796045，邮箱是992116@qq.com。

    本书配套的电子课件、习题答案和教学大纲可以到http://www.tupwk.com.cn/downpage网站下载，也可以扫描下方的"配套资源"二维码获取。扫描下方的"看视频"二维码可以直接观看教学视频。

扫描下载   扫一扫

配套资源   看视频

编者

2025 年 5 月

目录

第 1 章

应用文写作基础

✍ 案例导读 | 关于申请启动资金的请示

尊敬的领导:

根据公司发展规划,市场部拟启动新产品研发项目。为确保项目按期开展,现急需启动资金。现将有关事项请示如下。

本项目旨在开发一款全新的智能产品,调研和设备采购是项目启动的关键步骤。为确保按时完成项目的准备工作,现急需启动资金。

1. 请求批准项目启动资金50万元,并指示财务部门按照预算计划安排资金拨付。

2. 请求批准项目组人员的岗位安排及团队建设相关费用。

以上意见如无不妥,恳请领导批复。如有任何需要调整之处,敬请指示。若批准,请安排相关部门执行。

市场部

2024 年 12 月 5 日

案例分析:

(1) 应用文分类:该文按文体分类属于申请类文书。

(2) 结构:标题+称呼+正文+结尾+落款。

(3) 写作要点如下。

○ 简洁清晰:正文要点突出,避免冗长描述。

○ 请求明确:请示事项具体、明了,避免模糊。

○ 语气正式:尊敬且礼貌,符合商务请示的正式要求。

应用文的发展主要受到社会管理、商务沟通、法律规范和文化教育等多方面的影响。最初,随着社会的组织化和管理需求,公文作为传递决策和信息的工具应运而生,尤其在古代封建社会和官僚体制中逐渐规范。随着商业和经济活动的发展,商务文书(如合同、订单等)开始出现,满足了经济交流和交易的需要。法律体系的完善进一步推动了应用文的标准化,尤其是法律文书和行政文件的标准化。随着教育的普及和现代文秘职业的兴起,应用文得以在社会各层面广泛应用,并逐步形成规范化的写作形式,成为行政、商务、法律等领域中不可或缺的沟通工具。

1. 明确目的与受众

应用文写作的首要任务是清晰确定写作目的，理解受众需求。不同的应用文(如通知、报告、申请、总结等)有不同的功能和受众，因此要根据受众的特点调整语言风格、结构和内容重点。

2. 结构清晰、语言简练

应用文要求逻辑严谨，结构清晰。通常应包括开头、正文和结尾，内容上应简洁明了，避免冗长和复杂的句式。语言要准确、规范，确保信息传达无误。

3. 注重实用性与规范性

应用文不仅要符合实际应用需求，还需遵循一定的写作规范，尤其是格式和语言的规范性，如日期、称谓、签名等细节要符合规定。

📖 学习目的

1. 了解应用文的内涵、特征与功能
2. 掌握应用文的分类方法及其适用场景
3. 理解应用文写作的基本原则与语言表达要求
4. 熟悉应用文写作中常见的误区及其避免方法

1.1　应用文的内涵

> 在应用文写作过程中，学生应始终关注任务的核心目的，这有助于强化其聚焦问题、解决问题的实际能力。通过这样的写作训练，学生不仅能够提高应用文写作能力，还能深化对社会责任、法治精神和职业道德的理解与认同。这种能力的培养，不仅使学生更好地适应职业环境，还激发了其在日常工作中遵循规则、维护公平的意识，逐步形成具有社会责任感和职业操守的公民意识。

请假条

尊敬的领导：

您好！本人近期头痛、发热，经过医院检查，被诊断为急性上呼吸道感染，医生建议休息3天，从12月2日至12月4日。我已附上医生开具的病历和休假建议单，供您参考。

如能如期休息，我会将手头的工作安排妥当，并同相关同事做好交接，以确保工作不受影响。

望领导批准，感谢您的理解与支持！

此致

敬礼！

请假人：李明

日期：2024年12月1日

附：病历及医生证明

案例分析：

(1) 请假条的功能是向领导请求批准，详细描述请假原因可以帮助领导更好地了解情况，确保请假安排的合理性。

(2) 请假条的格式规范，包含了标题、正文和落款等必要要素，语言简洁明了。同时，具体描述的请假原因符合真实情况，避免了含糊不清的表达。

(3) 请假条应明确聚焦请假请求，核心目标清晰，如请求批准请假。详细说明原因增强了请假条的说服力，使领导能够做出更加合理的决定。

(4) 请假条语言客观，避免了情感化的表达，基于事实进行陈述。通过具体说明症状，增加了请假条的可信度。

应用文是指在社会生活、工作、学习及公共事务中，为实现特定工作目标、管理需求或协调关系而撰写的文书。它具有明确的实用性、规范性和功能性，通常以传递信息、支持决策、指导行为或请求批准为主要目的。

1.1.1 应用文的特征

应用文的特征是指应用文在实际应用中表现出的固有属性和形式，这些特征是应用文区别于其他文体(如文学创作、新闻报道等)的关键。

1. 功能性

每篇应用文都有明确的功能目的，旨在帮助完成特定的任务或决策。无论是报告、请示还是申请书，应用文的核心功能始终是促进某项工作或决策的顺利进行。应用文的功能性体现在其内容的目标明确，结构清晰。每部分的内容都直接服务于该任务的完成或决策的执行。例如，请示文书的核心功能是请求上级批准某项工作决策，而工作报告则帮助决策者评估工作进展，做出相应的调整。

2. 规范性

应用文的规范性体现在格式和语言上的标准化要求。规范性能够确保文书在不同场合中的可读性、标准性与权威性，使得受众能够清晰理解文书的核心内容并据此做出决策。规范性体现在每种文书类型都有固定的格式和语言要求。例如，行政通知需遵循明确的标题、正文、结尾等格式要求；报告则需遵循段落清晰、数据准确的规范；合同遵循特定的条款格式，确保双方的权利和义务清晰明确。

3. 目标性

应用文的目标性要求文书在传递信息时必须明确、聚焦，确保受众能够迅速理解文书的核心意图。应用文的每部分都应紧扣写作目标，避免冗余信息和偏离主题的内容，无论是报告、申请书还是请示。例如，在撰写项目申请书时，写作的目标是明确申请的项目目标、计划和预算安排，内容必须突出项目的可行性和必要性；在请示中，文书的目标是向上级请求批准某一决策或行动，内容应集中于请求事项本身，并充分说明背景和理由。

4. 客观性

应用文要求语言表达保持中立和客观，尽量避免个人情感的干扰。客观性保证了文书信息的公正性和可信度。写作者应基于事实和数据进行表述，避免情感化、主观化的语言出现。应用文中所有信息都应有实证支持，以确保文书内容的可靠性。例如，在撰写工作总结时，客观性要求对工作中的成绩与不足进行客观评估，避免主观化的夸大或贬低。

1.1.2 应用文的功能

应用文的四大核心功能：信息传递、决策支持、行为指导、请求与批准。这些功能不仅相互独立，还在具体应用中相辅相成。

1. 信息传递功能

信息传递是应用文最基本的功能之一。它的核心目的是确保信息准确、及时地传达给目标受众。应用文通常通过简洁、明了的语言，避免冗余和歧义，以确保接收方能够迅速且准确地理解信息并采取行动。此类文书包括通知、公告、简报等。

例如，通知用于传达公司内部的最新规定或安排，公告用于发布重要的公共信息或变动，简报则用于定期更新工作进展或项目状态。通过这些文书，组织能够确保各方及时掌握关键信息，避免信息滞后或误解带来的工作混乱。

2. 决策支持功能

决策支持功能主要是指应用文通过提供必要的数据、分析和建议，帮助决策者做出更加理性和科学的判断。调研报告、分析报告、总结报告等常常发挥这一功能。这些文书的目的是将复杂的数据和信息整合并加以解读，辅助领导或管理层做出决策。

例如，一份市场调研报告可以分析消费者行为、市场趋势及竞争对手状况，帮助决策者了解市场潜力并制定相应的战略。在这个过程中，报告不仅仅是数据的呈现，更通过分析提出建议，为决策提供支持。

3. 行为指导功能

行为指导功能确保任务执行的规范性和有序性。许多应用文在记录工作内容的同时，也明确接下来的行动步骤，帮助责任人清晰地了解自己的任务和时间要求。工作总结、会议纪要、行动计划等应用文在这方面尤为重要。

例如，会议纪要不仅记录了会议讨论的内容，还明确了每个参与者的责任和接下来的具体任务，确保大家能够依照既定计划继续工作。这样的文书确保了行动的连贯性和执行的高效性，避免了因缺乏明确指引导致的工作停滞或误解。

4. 请求与批准功能

许多应用文，尤其是请示、申请书等，承担着请求和批准的功能。它们通常由下级向上级提交，内容明确，目的是寻求批准某项事务或行动。这类文书的特点是内容清晰、结构规范，且具备正式性和严谨性，以确保请求能得到上级或相关部门的审查与批准。

例如，当员工需要请假时，填写请假申请书便是通过正式文书请求获得批准。这一功能对于日常行政管理至关重要，能够确保工作流程的规范性和合法性。

1.2　应用文的分类

通过学习应用文的分类，学生能够树立规范的写作意识，提升在实际工作中的文书写作能力。一方面，学生能够认识到应用文在行政管理、决策支持等方面的核心作用，培养遵循规则、严谨处理事务的职业态度；另一方面，学生意识到应用文不仅服务于个人事务，更是社会治理和国家管理的重要工具，从而激发对社会责任和公共事务的关注，增强作为未来职场成员的责任感和使命感。

浙江省重点培育智库
浙江农林大学浙江省乡村振兴研究院

工作简报

2024 年第 1 期(总第 24 期)　　　　2024 年 3 月 28 日

电话：0571-63741296 邮箱：ccfd@foxmail.com 网址：https://ccfd.zafu.edu.cn/

目录

决策咨询

《新时期推进国户联营亟需破解的若干问题》
获国家林业和草原局主要领导批示

近日，由研究院特聘教授刘璨与研究人员吴伟光教授、朱臻教授、潘伟光教授等共同撰写提交的咨政专报《新时期推进国户联营亟需破解的若干问题》获得国家林业和草原局主要领导批示。文章指出，国有林场和村集体经济组织、农户、林业新型经营主体等采取多种形式开展合作经营(也被称为国有林场场外造林、场村合作、国乡联营等，以下统一简称为国户联营)，促进森林可持续经营。2023 年 9 月，中共中央办公厅、国务院办公厅印发《深化集体林权制度改革方案》，对国户联营提出新要求。作者先后赴浙江、福建、广西、广东等省区，深入开展实地调研，梳理出集体林区国户联营存在集体林经营主体参与性不强等六大问题，并对问题进行了深入分析。

案例分析：

该工作简报主要介绍了由研究院撰写的报告《新时期推进国户联营亟需破解的若干问题》获得国家林业和草原局领导批示的情况，并简要提及了相关的调研过程及政策背景。

1. 按功能分类：决策支持类

该简报的核心内容是传达一份决策性报告，向相关政府部门反馈研究成果，并为政策制定提供参考。报告中深入分析了国户联营模式存在的问题，并提出改进建议，直接服务于政策制定者，为其决策提供支持，体现了其作为决策支持类应用文的功能。

2. 按应用场景分类：公共事务应用文

该简报由研究机构发布，涉及国家林业和草原局等政府部门，内容关系到公共政策的改进，属于典型的公共事务应用文。简报不仅传递了政策分析，还对国家治理中的林业改革提出了具体建议，因此，具有推动公共事务发展的功能。

3. 按文体分类：报告类

简报内容基于调研报告，体现了报告类文书的特点：严谨的分析、数据支持和具体的政策建议。通过简洁的语言和条理清晰的结构，简报有效传达了复杂的报告内容，使受众能够快速把握核心信息。

通过该简报案例的分析，可以看出应用文在决策支持、公共事务管理及报告写作等领域的重要作用。简报作为一种简明传达复杂信息的工具，既能有效服务于决策过程，又能推动公共事务的改进，体现了应用文的多重功能。

掌握应用文的分类有助于明确不同文书的写作要求和表达方式。根据不同的分类标准，应用文可以划分为多种类型。分类标准包括功能、应用场景和文体等。

1.2.1　按功能分类

功能分类是应用文最基本的分类方法，它根据文书所承担的实际功能进行区分。不同功能的文书具有不同的写作要求和格式。

1. 信息传递类

该类应用文的主要作用是传达信息、告知事项或决策通知。通常需要简明、清晰地表达信息，避免歧义和误解。常见的应用文如下。

(1) 通知。向员工、团队或公众发布有关工作安排、时间调整等事项。

(2) 公告。对外公开重要信息或政策，具有一定的公开性质，通常涉及大范围的受众。

(3) 简报。定期或不定期发布的工作进展报告，通常用简短的语言总结工作成果、问题和宣布后续计划。

2. 请求类

这类文书用于向上级或相关部门请求某项资源、权限或行动。它们通常具有正式性，语言恳切、条理清晰，确保请求的合理性与合法性，具体如下。

(1) 请示。下属单位向上级领导正式提交的问题或建议，以寻求审批或指导。

(2) 申请书。个人或单位向有关部门申请某种资格、资源或权限，如奖学金申请、休假申请等。

3. 决策支持类

这种文书用于为决策提供必要的信息或分析，帮助决策者做出正确的判断。它通常涉及数据分析、事实陈述、问题诊断等内容，具体如下。

(1) 工作报告。用以汇报某项工作的进展、结果或经验总结，通常包含具体的数据、分析和建议。

(2) 调研报告。对某一特定问题进行深入调研后形成的报告，通常需要综合分析各类信息，并提出可行的建议或解决方案。

4. 证明类

这类文书用于证明某一事实或身份，具有法律效力或权威性。它们常常用于个人或单位的各种认证、核实场景，具体如下。

(1) 工作证明。由单位出具的证明某人已在该单位工作或完成某项工作的文书。

(2) 身份认证书。用于证明个人身份或资格的文书，如身份证明、学历证明等。

1.2.2　按应用场景分类

根据应用文的使用场景，它们可以分为不同的类别。不同场景下的应用文有不同的写作风格和格式要求。

1. 职场应用文

职场应用文广泛应用于各种企业、机构和公司等职场环境中，通常涉及行政管理、员工管理、工作沟通等方面。职场应用文的语言要求规范、简洁，结构严谨，内容强调实用性，具体如下。

(1) 工作报告。用于汇报日常工作进展、完成情况，以及工作中的问题和困难。

(2) 会议纪要。记录会议内容、决策和行动事项的文书，是职场中常见的沟通工具。

(3) 合同。用以明确双方权利、义务和责任的法律文件，是职场中不可或缺的一部分。

2. 学术应用文

学术应用文主要用于学术交流、研究成果的汇报和总结，写作中要求严谨、准确，并且遵循学术规范，具体如下。

(1) 学术报告。用于学术会议或研究项目汇报，详细介绍研究的背景、研究方法、研究成果及讨论。通常通过数据、案例等支持研究结论，目的是向学术界展示研究进展和成果。

(2) 学术论文。学术论文是学术研究的主要表达形式，详细阐述研究的背景、研究问题、方法、数据分析和结论。学术论文要求具有创新性和系统性，通常通过同行评审展示学术贡献。

(3) 课题申报书。用于申请科研项目、研究资金等，内容包括研究目标、研究方法、实施步骤、进度安排及经费预算。课题申报书需要详细说明研究的可行性、预期成果，以及学术和社会价值，目的是争取项目立项或资金支持。

3. 公共事务应用文

此类文书主要用于政府部门、社会组织等处理公共事务的场景，涉及政策、法规、公共服务等领域，具体如下。

(1) 公务文书。对某一政策进行分析、总结并提出建议的文书，通常由政府或专业研究机构撰写。

(2) 法律文书。法律文书包括合同、起诉书、辩护词等，主要用于法律事务中的正式文书，具有法律效力。

1.2.3 按文体分类

按照文体的不同，应用文还可以分为以下几种常见的文体。这些文体各自具有特定的结构和表达方式，适用于不同的写作场合。

1. 报告类

报告类文书以其条理清晰、内容详尽的特点广泛应用于各类工作和调研场合。它通常包含详细的背景、分析和总结，语言正式、简明，具体如下。

(1) 工作报告。总结某一阶段的工作进展、成效，以及存在的问题，常用于工作汇报和部门之间的信息传递。

(2) 调研报告。对某一具体问题的调研结果进行汇总和分析，提供决策支持或指导意见。

2. 书信类

书信类应用文用于正式或非正式的书面沟通，表达感谢、辞职、申请等情感或请求。通常具有简洁和较强的个性化特点，具体如下。

(1) 感谢信。对他人帮助或支持表示感谢的书信，语言温暖、真挚。

(2) 辞职信。员工向公司或单位提出辞职的书面通知，通常包括离职原因、工作安排等内容。

(3) 申请信。用于向上级或机构提出某项请求或申请某项服务的书面文书，结构严谨、语言诚恳。

3. 表格类

表格类文书通常用于需要整理和展示大量数据或信息的场合。表格简洁明了，方便快速查阅和分析，具体如下。

(1) 考勤表。记录员工出勤情况的表格，通常包括员工姓名、日期、出勤情况等信息。

(2) 财务报表。用于展示公司或单位的财务状况，包括收入、支出、资产负债等内容，结构规范、数据清晰。

1.3　应用文的适用场景

应用文的适用场景，涵盖职场、学术、公共事务及个人生活等多个方面。通过深入理解应用文在不同场景中的功能和作用，学生不仅能掌握写作技巧，还能意识到应用文在推动社会治理、加强国家管理、促进公共沟通中的深远意义。这种认识能够激发学生对社会责任、法律合规及公共事务的关注，进而培养他们的社会责任感和使命感，为他们未来成为有担当的职场成员和公民打下坚实基础。

图书公益捐赠倡议书

中国教育报 2024 年 11 月 29 日

尊敬的社会各界友好人士、亲爱的读者朋友们：

日前，我们在乡村学校走访期间了解到，云南省丽江市宁蒗彝族自治县小凉山学校和宁蒗民族中学分别是一所九年一贯制学校和一所完全中学。由于条件有限，两所学校图书馆的藏书量较少，无法满足孩子们日益增长的阅读需求。

为支持当地教育事业发展，改善学生的阅读条件，让更多的孩子能够读到更多的好书，中国教育报刊社全资子公司北京中教鸿兴文化传媒有限责任公司特发起图书公益捐赠活动。

在此，我们诚挚地向社会各界爱心人士、机构发出图书捐赠请求。无论您是个人、企业还是社会组织，只要您愿意为民族地区教育事业贡献一份力量，我们都将无比感激。

捐赠图书种类包括但不限于：经典文学名著类、名人传记类、科普类作品，以及不同文化背景的优秀作品等适合中小学生阅读的书籍。

捐赠方式如下。

邮寄捐赠：您可将图书直接邮寄至学校。

邮寄地址 1：云南省丽江市宁蒗彝族自治县小凉山学校。收件人：毛××。联系电话：×××××××××××。

邮寄地址 2：云南省丽江市宁蒗彝族自治县万格社区一组 云南省宁蒗民族中学。收件人：黄××。联系电话：××××-×××××××。

由于条件有限，邮寄图书不接受到付。若您身处附近地区，也欢迎亲自前来捐赠。

捐赠活动咨询电话：××××××××××(谢××)。

感谢您的爱心和支持！

北京中教鸿兴文化传媒有限责任公司

2024 年 11 月 8 日

案例分析：

该倡议书属于公益倡议书，且应用文写作场景为跨领域场景，具体表现在以下几个方面。

1. 跨领域合作

该倡议书面向社会各界，包括个人、企业和社会组织，推动了公益、商业和教育领域的多方合作。这种跨领域的合作展现了各方资源的整合与协调，提升了公益活动的影响力和效果。

2. 公益与教育

该倡议书主要聚焦于改善贫困地区的教育条件，通过倡导图书捐赠，推动了教育资源的公平分配。它同时连接了社会责任与教育公益，突显了公益活动在社会治理和文化推广中的重要作用。

3. 面向多元群体

该倡议书通过面向不同群体(如个人、企业、社会组织)的倡导，体现了跨领域文书写作的需求。文书不仅通过社会组织进行引导，还有效地号召个人和企业积极参与，促成了公益活动的广泛传播。

该公益倡议书展示了应用文在多个领域的广泛应用，不仅仅是工具性文书。它还在推动社会责任、教育公平及公益合作等方面，发挥了深远的社会价值。

应用文在不同的工作和生活场景中发挥着重要作用。每种场景不仅要求应用文满足特定的功能，还需根据场景的特殊性调整写作风格、结构和语言。这些场景涵盖职场、学术、公共事务和个人生活等多个领域，每种场景下的文书都有其特定的写作要求和目的。职场场景强调高效、规范；学术场景要求严谨、逻辑；公共事务场景注重权威和法律性；日常生活场景则以简洁、直接为主。

1.3.1　职场场景

应用文在职场场景下的主要功能是促进信息流动和提升管理效率。在现代职场中，良好的文书沟通能够减少误解、提高工作效率并确保任务的执行。常见的职场应用文类型包括：工作报告、会议纪要、请假条、合同和工作总结等。

职场应用文的核心要求是高效性和规范性。由于职场沟通通常涉及大量信息传递和协调任务，因此文书的写作必须简洁、清晰，不容许冗长的描述或含糊其辞的表达。报告和总结文书需要以数据和事实为支撑，清晰列出工作进展或问题，并提出改进措施。合同和协议类文书则要求具有法律效力和约束力，因此语言更加正式，结构严谨，确保每项条款都能清晰无误地表达。

例如，工作报告在职场中不仅是对某项工作的总结或进展汇报，更承担着对未来工作方向的预测和规划。它要求语言简洁、逻辑清晰，避免冗余内容，确保上级管理层能够迅速抓住关键信息。

1.3.2　学术场景

在学术领域，应用文的主要任务是信息交流和学术成果的分享。学术写作注重的是逻辑严谨、证据充分，以及表达的精确性，目的是使读者能够准确理解研究的背景、方法和结论。学术应用文类型主要包括：研究报告、学术论文、课题申请书、学术交流信函等。

学术场景中的应用文要求严谨性和逻辑性。学术论文往往是通过同行评审的形式进行学术交流的，因此文书需要清晰地陈述研究问题、方法、结果与结论，并通过充分的数据支持其分析和论证。学术报告和课题申请书则更侧重于展示研究思路和科研价值，因此需要突出研究的创新点和实践意义。

例如，研究报告和学术论文的写作风格通常要求使用正式、精确的学术语言。其结构通常包括引言、方法、结果和讨论，每部分都必须严密衔接，确保信息的连贯和清晰。此外，课题申请书则需要清楚阐述研究计划、目标、经费预算及实施方案，帮助资助机构评估项目的可行性和潜力。

1.3.3　公共事务场景

公共事务中的应用文主要由政府部门、社会组织及公共服务机构等使用。这些文书主要服务于政策传达、法律事务处理及公共沟通，其核心目的是确保各级政府与公众或企业之间的信息畅通，并有效指导社会行为。常见的公共事务应用文类型包括：政策文件、政府工作报告、公告、法律文书等。

公共事务文书本身具有权威性，写作规范性。政府工作报告、政策文件及公告的写作通常采用较为正式、标准化的语言，内容必须条理清晰、逻辑严密。尤其是在政策性文件中，语言需保持客观和中立，以确保其公信力和法律效力。

例如，政府发布的政策文件或法律文书，需要以法定的程序和格式来撰写，确保文件的权威性和正式性。这类文书不仅承担着政策传达的功能，还可能具有法律约束力，因此文书的内容不仅要确保信息的准确无误，还必须遵循法律法规的规定。

1.3.4　日常生活场景

日常生活中的应用文通常用于个人与单位之间的事务沟通。尽管这些文书的规模较小，涉及的内容较为简单，但它们在日常事务中发挥着重要的作用，尤其是在个人需求与组织管理之间架起了沟通的桥梁。常见的日常生活应用文类型包括：请假条、工作证明、申请书、投诉信等。

日常生活中的应用文通常要求简洁和直接。因为这些文书通常是个人请求或告知单位某些事项，所以它们往往更加口语化和直接，不需要过多的修辞或冗长的叙述。请假条、申请书等文书，通常在内容上要明确表达请求的目的、理由和具体要求，以确保单位能够快速处理。

例如，请假条通常需要简短明了地说明请假的时间和原因，格式简洁清晰；工作证明则需要简要说明员工的职位和在公司的工作年限，内容简洁直接，避免过多不必要的描述。

1.3.5　跨领域场景

随着社会和经济的发展，应用文的写作场景也逐渐跨越不同的领域，如商业合作、国际交流、公益活动等，这些跨领域的应用文不仅要遵循通用的文书写作规范，还需要根据具体领域的要求，灵活调整内容和表达方式。常见的跨领域应用文类型包括：商务信函、国际合作协议、公益倡议书等。

跨领域场景中的应用文通常要求在正式性和灵活性之间找到平衡。例如，国际合作协议需要在法律框架内约定双方的权利和义务，但同时要考虑不同文化背景对语言的理解差异，因此表达上既要确保法律严谨性，又要具有文化适应性。

1.4　应用文写作的基本原则

　　通过学习应用文写作的基本原则，学生能够深入理解文书在职场和社会治理中的关键作用。准确性、简洁性、清晰性、逻辑性和规范性五大原则，能够帮助学生提升信息传达的精确度与效率，确保文书在实际应用中的有效性和公信力。这些写作原则不仅强化了学生的写作能力，还激发了他们对社会责任与公共事务的关注，培养其成为有担当、有使命感的职场成员和公民。

租赁合同

甲方(出租方)：张明

乙方(承租方)：李新

合同生效日期：2024 年 12 月 10 日

第一条　租赁物件

甲方同意将其位于北京市朝阳区的公寓(以下简称"租赁物")出租给乙方，租赁物的具体地址为：北京市朝阳区建国路××号××层×××单元。

第二条　租赁期限

租赁期限自 2024 年 12 月 10 日起至 2025 年 12 月 9 日止，共计一年。

如乙方需要续租，应至少提前一个月书面通知甲方。

第三条　租金及支付方式

1. 租金：乙方同意按月支付租金人民币 3000 元整。

2. 支付方式：乙方每月 5 日通过银行转账支付租金至甲方指定账户。

3. 逾期支付：若乙方未按时支付租金，甲方有权要求乙方支付每日租金千分之一的滞纳金。

第四条　维修责任

1. 甲方负责租赁物的结构性维修。

2. 乙方负责租赁物内的日常维修与保养。

3. 租赁期间，若租赁物有重大损坏，乙方应及时通知甲方并承担修复责任。

第五条　合同解除

1. 乙方可在租赁期内提前 30 天书面通知甲方解除合同，但需支付一个月租金作为违约金。

2. 若甲方未能履行合同中的维修义务，乙方可在告知甲方后 15 天内解除合同。

第六条　争议解决

本合同履行过程中如发生争议，双方应首先协商解决；若协商不成，可向甲方所在地法院提起诉讼。

甲方(签字)：＿＿＿＿＿　　　　　　　　　　乙方(签字)：＿＿＿＿＿

日期：2024 年 12 月 1 日　　　　　　　　　　日期：2024 年 12 月 1 日

案例分析：

这份合同在各个方面都展示了高效、规范的写作特点，能有效避免误解和争议，确保双方权利与义务的明确。

1. 准确性

合同中租赁物地址、租金、支付方式、租赁期限等信息明确无误，确保双方没有异义。

2. 简洁性

语言简洁，条款直入主题，避免冗长和复杂的表述，帮助双方快速理解。

3. 清晰性

条款结构合理，分条明确，每项内容清晰表达，易于理解。

4. 逻辑性

条款按逻辑顺序排列，信息衔接自然，确保条款间有内在联系，便于阅读与执行。

5. 规范性

合同格式和语言符合法律文书规范，条款表述正式且规范，保证了法律效力。

应用文写作的基本原则是指在撰写应用文时应遵循的核心规范和准则，这些原则决定了文书的有效性和传播力。它们帮助写作者在有限的篇幅和时间内精确传达信息，并确保文书能够达到预定的写作目标。应用文写作的基本原则通常包括：准确性、简洁性、清晰性、逻辑性和规范性。

1.4.1　准确性原则

准确性是应用文写作中的首要原则，关系到文书的实用性与公信力。准确性要求写作者在文书中提供的所有信息都必须真实、具体且无误，尤其在涉及数据、事实、时间、地点、人物等方面时，任何细小的错误都会导致信息的误导或决策的失误。

信息必须准确无误，且没有歧义。无论是企业的财务报告，还是政府的公告、学校的通知等，准确性是确保信息传递不发生误解的基础。例如，一份会议通知中的时间、地点若有误，可能导致参与者错过会议，从而影响整个决策过程。例如，在编写工作总结时，提到的每一项工作成果都必须准确地反映出实际情况，不能夸大其词或者遗漏关键环节。无论是数字统计还是文字描述，都必须真实反映实际情况，确保文书的可信度。

1.4.2　简洁性原则

应用文的目的通常是迅速有效地传达信息，过多冗长、复杂的句式或多余的内容容易让读者产生困扰，影响阅读效率。简洁性不仅仅是言简意赅，它还要求写作者去除不必要的修饰，简化复杂的表述，以便读者能够快速抓住核心信息。

去除无关或重复的内容，保持信息的精练。每一篇应用文都应关注核心内容，避免内容的累赘。简洁的语言可以帮助读者快速理解文书的主旨，尤其在职场中，时间宝贵，简洁的表达有助于提高效率。例如，在撰写工作报告时，长篇大论的阐述可能会让读者感到疲惫，影响阅读效果。反之，简洁且重点突出的报告能够帮助决策者快速把握核心内容。在项目总结中，用几句话概括项目的目标、执行过程和最终成果，而不是详细列出每一项操作细节。

1.4.3　清晰性原则

应用文写作在结构和语言表达上都要做到清晰、易懂。清晰性不仅仅是语言的简洁，更在于结构的条理性和信息的逻辑性。良好的结构安排能够帮助读者迅速理解文书的重点，避免因为表述不清或信息堆砌而产生误解。

文书要有明确的结构，逻辑清晰，层次分明。每部分的信息应清晰表达，避免在表达中产生歧义。例如，撰写会议纪要时，应按"会议目的、讨论内容、决议方案"等顺序进行安排，避免混乱。在撰写一份项目计划书时，按照"项目背景、目标设定、实施步骤、资源需求"等明确的结构进行安排，帮助读者迅速掌握关键信息。这种结构化的表达方式能够清晰传递每个环节的信息，避免信息的遗漏或错乱。

1.4.4 逻辑性原则

应用文写作要求文书中的信息具有清晰的组织结构，内容的呈现应当具有逻辑性、条理性和内在的关联性。逻辑性不仅指文书内容的顺序是否合理，更关乎信息的因果关系、层级关系和步骤关系。

确保文书中信息传递的顺序、结构符合逻辑。例如，在撰写调查报告时，应该按时间顺序或因果关系安排内容，而不是随意堆砌各类信息。在写一份工作报告时，应按照"问题背景—问题分析—解决方案"的顺序进行展开。每部分之间的逻辑关系应当清晰明了，使读者能够自然地跟随文书的结构理解问题的根源及解决路径。

1.4.5 规范性原则

应用文写作必须遵循相关的写作格式和规定的文体规范。每类应用文都有其固定的格式和语言要求，规范性保证了文书在不同场合下的正式性和一致性。无论是在政府文件、企业内部文件还是学术研究报告中，遵守格式和文体规范都是确保文书顺利流通的重要保障。

严格按照相应的格式和文体进行撰写，确保文书的外在形式符合标准。规范性的要求不仅体现在格式和语言上，还包括内容的表达要符合该领域的专业要求。例如，行政通知、工作请示、会议纪要等文书类型都有严格的格式和语言要求。在撰写法律文书时，必须使用规范的法律术语，并遵循法律文件的格式要求，确保文书具有法律效力。在撰写学术报告时，必须遵循学术界的格式标准，确保报告在学术交流中的专业性。

1.5 应用文写作的语言表达

通过学习应用文写作的语言表达要求，学生能够掌握正式、简洁、清晰的语言技巧。正式性确保了文书的严谨与权威，简洁性提升了信息传达的效率，清晰性则确保了信息准确无误地传达。这些写作技巧不仅帮助学生在职场中高效、精准地沟通，还强化了他们对社会责任与法律规范的认知，培养了他们成为有责任感、有使命感的公民和职场成员，为日后的社会参与和职业发展打下坚实基础。

关于上海市 2024 年度"科技创新行动计划"
养老科技支撑专项项目立项的通知
沪科〔2024〕408 号

各有关单位：

根据《关于发布上海市 2024 年度"科技创新行动计划"养老科技支撑专项项目申报指南的通知》(沪科指南〔2024〕18号)要求，经项目申报、形式审查、专家评审、立项公示等程序，现对《一款适用于中重度及以上听损人群的骨传导助听器研发及生产项目》等12个项目予以立项，市科委资助2895万元，其中2024年拨款2316万元。请各项目承担单位做好项目组织实施和管理工作，确保按期完成项目研究任务目标。

特此通知。

上海市科学技术委员会

2024 年 11 月 28 日

附件：

上海市 2024 年度"科技创新行动计划"养老科技支撑专项项目立项清单

案例分析：

该通知在语言表达上严格遵循正式性、简洁性和清晰性原则，结构清晰、信息明确，确保了受众能够快速理解并执行相关任务。

(1) 正式性：通知语言正式、规范，使用了"项目申报""形式审查""立项公示"等专业术语，符合行政文书的写作标准。文号"沪科〔2024〕408 号"进一步确保了文书的正式性。

(2) 简洁性：通知内容直接进入主题，简洁明了地表达了项目立项结果和资金安排，避免冗长背景介绍。段落结构简洁，每个段落集中表达一个核心信息，帮助受众迅速抓住重点。

(3) 清晰性：结构清晰，逻辑严密，信息逐步展开。具体资助金额、拨款时间等关键内容明确无误，附件的列出进一步增强了信息的可操作性。

(4) 严谨性：语言精准，避免模糊表述。例如，明确资金拨付和年度分配，确保了通知的无歧义性和执行力，降低了误解风险。

在应用文写作中，语言的表达方式直接决定了信息传达的效率和准确性。应用文是与工作任务、决策、沟通和协调紧密相关的文书，因此其语言表达的特点对文书的效果至关重要。正式性、简洁性和清晰性是应用文写作的三大语言表达基本要求，以确保文书能在职场、学术、政府等正式场合中高效、准确地传达信息。

1.5.1 语言表达要正式

正式是应用文语言的首要要求，它确保文书符合社会、职场或学术等正式场合的写作标准。应用文通常承载着重要的工作任务或决策，因此其语言需要表现出严谨性和专业性。正式性不仅仅体现在用词上，还包括语言的语气、语态、结构等多个方面。

1. 避免口语化

口语化的表达在日常生活中十分常见，但在应用文中通常不适用。口语化表达缺乏严谨性和规范性，可能让文书显得不够专业，甚至影响读者的理解。应用文中的语言要避免使用口头语、俚语、缩写词和过于随意的句式。具体如下。

在工作报告中，如果使用"我觉得这个项目还不错"，会显得不够正式，缺乏客观性。应改为"本项目已完成预定目标，效果良好"，这样表达更正式、客观。

在合同中，使用"可能会""我想"这样的表达会使合同条款产生不确定性，容易导致法律纠纷。相反，应使用明确且有法律效力的表达，如"双方应确保……""如未履行……，则……"等。

2. 语言表述要严谨

正式性还要求语言严谨，避免模糊、笼统或含糊的表述。例如，在撰写行政通知时，语言应精确明确，不含糊不清。正式性保证了应用文的专业度与权威性，确保文书能够在正式场合中被有效接受，增强其可信度和执行力。

例如，"请尽快提交报告"应该修改为"请于 2024 年 12 月 15 日前提交报告"。这不仅增强了语言的正式性，还提供了明确的时间要求。

1.5.2　语言表达要简洁

简洁要求语言简练、直接，避免冗余或无关的内容。应用文的核心目的往往是传达清晰的信息或做出特定的决策，冗长的语言容易让读者失去耐心，甚至产生误解。因此，简洁性有助于提高文书的沟通效率，让读者在短时间内抓住文书的核心内容，从而更有效地支持决策、行动或反馈。

1. 简短直接

简洁的语言有助于信息的快速传递，避免无关细节的干扰，帮助读者迅速抓住文书的要点。尤其在职场中，决策者通常时间紧张，能够迅速抓住文书重点的简洁性语言，显得尤为重要。

例如，在撰写请示时，"请问是否可以批准下列事项"应简化为"请批准以下事项"。简化语言可以直接引导读者理解文书的目的，减少多余的表述。

2. 避免冗余和重复

冗长和重复的语言往往让信息显得零散，影响信息的清晰传达。应用文应通过精准的词汇选择和简洁的句子结构，确保信息传递快速而高效。

例如，在会议纪要中，如果一段话反复描述相同的观点或内容，可能会让读者感到困惑，甚至会忽略最关键信息。因此，写作者应避免重复叙述，尽量在第一时间就清晰地呈现核心信息。在报告中，冗长的背景介绍或不必要的细节可能使报告内容显得臃肿，不利于读者快速获取关键信息。

3. 语言结构要简洁

简洁性不仅仅体现在句子的简短上，更在于合理的段落结构和层次安排。条理清晰的结构本身也能够增强文书的简洁性。

例如，在工作总结中，可以通过分点列出任务进展和成果，避免将复杂的信息塞入长段落中。

1.5.3　语言表达要清晰

清晰能够确保信息准确、无误地传达给读者。无论是通过合理的结构安排，还是通过清晰的语言和逻辑，清晰性的写作原则都能有效提高文书的沟通效果，避免误解和遗漏。

1. 结构清晰

清晰的结构是提高文书可读性的重要手段。应用文通常具有明确的格式要求，结构的清晰性能够帮助读者迅速定位关键信息。

例如，在工作报告中，通常会按照"引言—分析—总结—建议"的结构安排内容，使得每一部分的内容都能一目了然。在课题申请书中，结构要条理清晰，按照"项目背景—目标与计划—预算与执行—预期效果"分段呈现，确保读者能够轻松跟随逻辑，理解每部分的核心内容。

2. 语言表达有逻辑

语言表达的清晰性还依赖于逻辑性，合理的逻辑结构能够帮助文书避免信息错乱和表达不清。在撰写调研报告时，需要根据研究过程、分析结果、结论和建议等部分有条理地组织内容，避免跳跃式的表述。

3. 避免模糊和多义

模糊或多义的表述可能导致误解，在法律文书、合同、政策文件等正式文书中后果尤为严重。

在这些文书中，模糊的表述可能会引发不必要的争议和法律问题。

例如，合同中"如果可能"的表述就容易引起歧义，应明确规定双方的责任和义务，避免产生争议。

4. 添加适当的图表

在一些应用文中，使用图表、数据表格等视觉辅助工具，能够有效提高文书的清晰性。

例如，在财务报告中，通过财务数据表格和图表的呈现，可以让读者快速了解公司的财务状况，避免文字描述的复杂性。

1.6 应用文写作的误区

通过了解应用文写作中的常见误区，学生能够深入认识到语言表达中的正式性、规范性和逻辑性的重要性，进而有效避免这些误区，提升写作的专业性和高效性。这不仅有助于学生提高写作水平，还能够强化其责任意识和社会责任感。规范的写作格式、严谨的语言表达和清晰的信息传递，体现了社会对公民在正式场合中理性、准确沟通的期望，同时帮助学生树立正确的职业道德和价值观。

上海市 2024 年度科技创新行动计划申报书

项目名称：上海市人工智能产业创新合作项目

申请单位：上海智睿科技有限公司

项目负责人：李涛，董事长兼CEO

为了响应上海市政府推动人工智能产业创新的号召，本公司计划联合国内外顶尖AI技术研发机构，共同研发基于深度学习和大数据分析的智能制造解决方案，旨在提升传统制造业的自动化水平与智能化能力。我们将建设一个技术研发中心，重点突破智能制造中的数据挖掘与预测算法，提升制造业在产品设计、生产调度、质量控制等方面的智能化水平。

项目目标：

⭕ 技术突破：完成人工智能在智能制造中的核心算法研发，尤其是在高效预测和实时数据处理上的技术突破。

⭕ 产业化应用：在上海及长三角区域的3家制造企业中进行技术应用试点，推动人工智能技术在传统制造业中的落地应用。

⭕ 人才培养：与上海交通大学合作，设立人才培养基地，培养AI领域高端人才，推动技术转化与行业发展。

项目实施方案：

研发阶段：在前两年内，组建跨学科的研发团队，进行深度学习模型、机器视觉算法等核心技术的攻关。与上海交通大学、复旦大学等高校合作，结合产学研优势，确保研发成果的前沿性与市场适应性。

测试阶段：第三年开展与合作制造企业的联合测试，进行技术验证和市场适配，确保技术与生产实际需求的无缝对接。

推广阶段：第四年后，在全国范围内推广成果，特别是在长三角地区的智能制造园区进行大规模推广。

项目预算：

研发投入：5000万元

设备购置：1000万元

人员培训与合作费用：500万元

测试与应用阶段：1500万元

总计：8000万元

申请资金：5000万元(由上海市科技创新行动计划资金支持，按政策要求提供部分配套资金，其他资金由本企业和合作方共同承担)

项目预计成果：

提升上海及长三角地区智能制造水平，推动产业升级。

打造一批具有国际竞争力的人工智能技术产品，推动本公司成为智能制造领域的领军企业。

通过技术突破，带动相关企业、科研机构以及高等院校的协同创新，提升整体产业链的创新能力。

案例分析：

误区1：语言口语化

原文中的部分表达存在口语化的倾向，缺乏应有的正式和规范性。例如，"我们将建设一个技术研发中心"这样的表达过于随意，显得不够正式。应用文特别是政府相关文件中，应该避免口语化、轻松的表达。

修改建议：

将"我们将建设一个技术研发中心"改为"本项目计划建设一个高标准的技术研发中心……"，这样更加正式、规范，同时也更加符合项目申请书应有的语言风格。

误区2：信息不清晰或冗余

原文中的部分信息较为冗长且不够简洁，特别是在项目目标和预算部分。例如，项目目标中的"核心算法研发"和"高效预测与实时数据处理技术突破"虽然都与技术突破相关，但表述有重叠，缺乏清晰的区分。

修改建议：

项目目标部分应避免信息冗余，精简表述，避免重复内容。例如，"完成人工智能在智能制造中的核心算法研发，尤其在高效预测和实时数据处理技术方面取得突破"可以简化为"完成智能制造核心技术的攻关，重点突破深度学习、数据挖掘与实时处理技术"。

预算部分也应具体说明每项预算的用途，避免出现笼统的表述，如"研发投入5000万元"应进一步明确其主要用途。

例如：

研发投入：5000万元(用于核心技术研发、数据平台搭建等)

设备购置：1000万元(用于硬件设备的购买与升级)

人才培训与合作费用：500万元(用于人才培养与学术合作)

测试与应用阶段：1500万元(用于与企业联合测试、产品化阶段)

误区3：缺乏逻辑性

原文中的项目实施方案缺乏清晰的时间框架，导致各个阶段的内容衔接不够紧密，可能让读者感到混乱。此外，部分内容并未按照时间顺序组织，影响了逻辑性和可执行性。

修改建议：

按照时间顺序重新组织项目实施方案，明确每个阶段的具体任务与目标，使其逻辑清晰、层次分明。具体如下。

第一阶段(第1~2年)：完成智能制造核心技术的研发，重点突破深度学习算法、数据挖掘技术等。

第二阶段(第3年)：开展与合作制造企业的联合测试，验证技术应用的实际效果。

第三阶段(第4年后)：在全国范围推广应用，特别是在长三角地区进行技术推广与市场应用。

误区4：格式不规范

原文没有按照正式的应用文格式进行排版，缺乏清晰的段落划分和标题，使得文书显得杂乱，影响其正式性和可读性。

修改建议：

在标题、段落、段落之间等地方使用恰当的排版，使内容条理清晰。例如，可在"项目目标""项目实施方案""项目预算""项目预计成果"添加编号，每类中也应添加相应的编号。对于项目实施方案，建议使用时间框架和编号来清晰地列出每个阶段的任务和目标，增强可读性和条理性。

应用文写作的常见误区是指在实际撰写过程中，写作者可能忽视或误用一些基本的写作规范和要求，导致文书的效果不佳或信息传递失效。这些误区包括格式不规范、语言口语化、信息不清晰或冗余、缺乏逻辑性等。这些问题不仅影响文书的有效性，还可能削弱文书的专业性和可信度。因此，应严格遵循格式要求，使用正式规范的语言，精练内容并确保信息简洁明了，同时注重逻辑性和结构性。通过提升写作质量和避免这些误区，可以确保应用文的准确传达和高效执行。

1.6.1　格式不规范

应用文通常有严格的格式要求，不同类型的文书，如会议通知、工作报告、申请书等，都有各自的格式规定。若格式不规范，容易导致文书失去正式性和权威性，也影响文书的可读性和理解性。格式的规范不仅仅是为了美观，更是为了确保信息清晰传递，便于快速查找和理解。

根本问题。很多写作者在撰写应用文时，往往忽视格式要求，采用自定义的格式或不符合文体要求的结构。这种做法会破坏文书的整体性和正式性，导致读者感到困惑或丧失信任。

影响分析。应用文如果格式不规范，不仅会影响阅读者的第一印象，还可能在正式场合引发误解或错失机会。例如，一份申请书中，正文与附件、标题与落款等格式不统一，可能导致审批者产生疑虑，认为申请人对文书写作不够认真、规范，从而影响申请的审批。

解决方法。写作者应充分了解并遵循各类应用文的格式要求，包括标题、称谓、正文、落款等部分的排版与格式，确保文书符合各行业的标准。

1.6.2　语言口语化

在应用文写作中，语言的正式性和规范性至关重要。应用文通常涉及正式场合，口语化和俚语的使用会让文书显得不专业，也可能导致信息传递的准确性和严谨性受损。

根本问题。口语化表达往往是因为写作者习惯于日常对话中的轻松语气，忽视了应用文所要求的正式和庄重。口语化的用词和句式往往过于随意，缺乏清晰、简练和规范的表达。

影响分析。如果应用文中出现口语化表达，可能导致读者产生误解，甚至影响文书的权威性和信任度。例如，一份请示报告中使用"我们想要知道……"这样的表达方式，会让人感觉不够正式，可能让上级领导认为报告人不够严谨，进而影响决策的接受度。

解决方法。写作者应注意避免使用口语化、俚语以及过于轻松的表达方式。语言应尽量保持正式、规范，尤其在政府文件、学术论文、商务信函等文书中，必须严格遵循正式文体的要求，确保表达严谨且准确。

1.6.3 信息不清晰或冗余

信息不清晰或冗余是指文书中信息表达不明晰、层次不分明，或者在文书中加入了过多无关的内容，导致信息传递失效，影响文书的有效性和效率。应用文的目的通常是高效传达信息，因此在写作时必须避免冗长、重复和无关内容。

根本问题。许多写作者为了详尽描述，常常会在应用文中添加过多的细节或信息，导致文章冗长，重点模糊。特别是在汇报工作或提出申请时，信息冗余会使读者难以从大量信息中快速提取核心内容。

影响分析。如果文书中的信息表达不清晰或冗余，可能导致读者对文书的重点产生误解或错失关键信息，进而影响决策和行动的效率。例如，在写工作总结时，过多的细节可能会掩盖最为关键的成果与问题，让读者无法迅速理解工作的成效或问题所在。

解决方法。写作者应注重简洁明了的表达，去除冗余的内容，确保每段话、每条信息都具有实际意义。可以采用条理清晰的结构进行分段表达，突出文书的核心要点，从而确保读者能够迅速抓住关键内容。

1.6.4 缺乏逻辑性

缺乏逻辑性是指应用文中的信息和内容未能按照合理的顺序进行组织，导致文书结构不清晰，影响理解。这种问题往往出现在内容堆砌、缺乏思考和规划的情况下，信息呈现混乱，导致读者难以跟随作者的思路。

根本问题。许多写作者在写应用文时，未能从逻辑上合理安排内容，可能是因为对写作目标不够明确，或是在写作过程中缺乏清晰的思路框架。文书内容缺乏条理，或者因果关系不清，导致读者难以理清信息。

影响分析。缺乏逻辑性的文书容易让读者产生困惑，无法顺利理解文书的核心内容或作者的意图。例如，在撰写工作报告时，若各项内容无明显的层次和关联，读者可能会感到信息繁杂且混乱，无法迅速掌握问题的本质及处理方案。

解决方法。写作者应在开始写作前，清晰规划文书的结构，确保内容按逻辑顺序呈现。可以使用分段、编号、标题等方式清晰划分不同部分的内容，并确保信息之间有清晰的逻辑联系，避免无序的信息堆砌。

1.7 应用文写作实战演练

1.7.1 会议纪要实战演练

案由：西安智安科技有限公司于2024年11月10日召开了关于其主打网络安全产品"智盾防护软件"(ShieldGuard Pro)的季度开发会议，目的是讨论当前开发进展、解决技术难题，并确定下一阶段的行动计划。

西安智安科技有限公司会议纪要

会议主题：西安智盾防护软件季度开发会议

会议日期：2024年11月10日

会议时间：上午10:00～11:30

会议地点：公司总部大会议室

记录人：王莉

与会人员：张伟(技术总监)、王敏(研发主管)、刘明(市场部负责人)、陈涛(测试工程师)

主持人：李东(CEO)

会议目的：

讨论智盾防护软件的当前开发进展、遇到的技术问题及下一阶段的工作计划，确保产品在2024年12月底如期完成并投入市场。

会议内容：

1. 当前进展汇报

张伟：智盾防护软件目前已完成75%的开发任务，包括防火墙模块的核心功能和部分用户界面优化。但在高负载场景下的性能表现尚未达到预期，需要进一步优化。

王敏：数据加密模块已基本完成开发，正在进行内部测试，预计本月20日前完成全面测试。

陈涛：报告了现阶段发现的主要问题：用户界面在兼容低分辨率设备时存在显示异常；多线程环境下偶发的内存泄漏需要进一步排查。

2. 技术难题讨论

刘明：根据市场反馈，企业用户对多设备同步功能需求较高，而该功能在当前版本中尚未完善。建议技术团队优先开发并确保该功能上线。

张伟：高负载场景性能问题是当前技术团队的主要挑战，需投入更多资源优化数据库查询效率与缓存管理策略。

李东：明确优化内存管理和开发多设备同步功能为当前的优先任务，并要求团队在两周内提出可行方案。

3. 项目时间表调整

(1) 产品整体开发完成时限不变，仍为2024年12月底。

(2) 技术团队须在2024年11月24日前完成性能优化的初步成果展示，确保测试团队能够验证修复效果。

4. 会议决策

1) 优先任务

(1) 优化高负载场景下的性能表现，解决多线程环境内存泄漏问题。

(2) 加快多设备同步功能开发进度，确保在正式发布前完成测试并上线。

2) 时间节点

(1) 性能优化初步方案提交日期：2024年11月24日。

(2) 数据加密模块全面测试完成日期：2024年11月20日。

(3) 确保2024年12月30日前完成所有开发任务。

3) 资源分配

(1) 增派2名资深开发工程师加入性能优化团队，确保任务如期完成。

(2) 由市场部提供更多企业用户需求数据，协助功能设计。

5.行动计划

任务	负责人	完成时间
提交性能优化初步方案	张伟	2024 年 11 月 24 日
数据加密模块全面测试	陈涛	2024 年 11 月 20 日
多设备同步功能开发	王敏	2024 年 12 月 10 日
市场需求数据整理与反馈	刘明	2024 年 11 月 17 日

6.下次会议安排

日期：2024 年 11 月 30 日

时间：上午 10:00

地点：公司总部大会议室

7.总结

通过此次会议，西安智安科技有限公司对智盾防护软件的开发进展进行了全面评估，明确了技术难题的优先解决方案，并制订了后续的任务计划和时间表，为年底顺利发布奠定了基础。

案例分析：

1.核心结构

(1)基础信息：包括会议主题、日期、时间、地点、主持人、记录人、与会人员等，确保完整、准确。

(2)会议目的：简明概括会议目标，突出核心议题。

(3)会议内容：按逻辑顺序记录发言要点，包括进展汇报、问题讨论及解决方案。

(4)决策与行动计划：明确会议达成的决策和任务分工，每项任务注明责任人及完成时间。

(5)下次会议安排：提前确定时间和地点，为后续工作提供保障。

(6)总结：简要概括会议成果及对后续工作的推动意义。

2.语言要求

(1)简洁：提炼核心内容，避免冗长。

(2)准确：确保信息、数据无误。

(3)清晰：使用条理分明的编号或表格格式。

(4)正式：用词规范，避免口语化。

3.本案例亮点

(1)结构完整，层次清晰：会议纪要涵盖基础信息、会议内容、决策与计划、总结等关键部分，并按逻辑顺序呈现，使内容易于理解和查阅。

(2)决策具体，任务分工明确：通过分条列项和表格形式详细列出每项任务的责任人和完成时间，确保决策可操作、任务落实有据可循。

(3)语言精练，便于阅读和执行：用简洁、正式的表达方式提炼会议要点，重点突出任务和时间节点，避免冗长和重复，提升文书的专业性和执行效率。

4.价值与适用场景

适用于团队会议、项目评估、规划研讨等，帮助高效记录和落实会议成果，提升组织与执行力。

1.7.2 工作总结实战演练

案由：成都绿动新能源科技有限公司在2024年致力于研发和推广智能电动汽车，重点突破电池续航技术和自动驾驶功能。年终，公司计划总结年度成果，分析遇到的挑战，并对2025年的发展提出规划。

成都绿动新能源科技有限公司2024年度工作总结

一、2024年工作回顾

2024年是绿动新能源科技有限公司快速发展的一年。我们紧紧围绕公司战略目标，在电池续航技术、自动驾驶功能研发以及市场推广方面取得了显著成果，同时也应对了一系列挑战，为公司持续创新奠定了坚实基础。

1. 技术突破

(1) 电池技术：推出了新一代"超充"固态电池，充电速度提高50%，续航里程达到850公里。此技术在行业内引起广泛关注，并获得"新能源技术创新奖"。

(2) 自动驾驶：完成L3级自动驾驶功能的研发，首批搭载车型成功在北京、上海等城市上路测试，通过率达95%以上。

2. 产品发布与市场表现

(1) 上半年发布了全新车型"绿动X7"，主打高端市场，销量突破2万台。

(2) 下半年推出入门级车型"绿动C3"，月销量连续3个月超5000台，成为公司销量增长的主力车型。

(3) 国内市场占有率从2023年的5.2%提升至8.7%，并成功进入东南亚市场，与泰国和马来西亚签订了5000台采购协议。

3. 品牌影响力

(1) 赞助了2024年"世界新能源大会"，提高了品牌在全球市场的知名度。

(2) 获得"2024年度新能源最佳车企"称号，进一步增强了品牌美誉度。

4. 团队建设与管理优化

(1) 增加了研发人员50名，团队总规模达到500人。

(2) 完成了多轮内部培训，研发、销售与售后团队的协作效率显著提升。

二、2024年工作中的挑战与不足

1. 供应链压力

受原材料价格波动影响，电池成本上涨10%，导致部分车型利润率低于预期。

2. 市场竞争激烈

国内新能源车市场竞争加剧，部分中低端市场被竞争对手抢占，我们需要优化产品定位和推广策略。

3. 自动驾驶功能未完全落地

虽然L3自动驾驶通过了测试，但由于法律法规限制，尚未全面商用，需要与政府部门加强沟通。

三、2025年工作规划

1. 技术研发

(1) 推进L4级自动驾驶技术的研发，计划2025年底完成核心功能开发。

(2) 开发新一代超低成本电池技术，目标在2025年将单车电池成本降低15%。

2. 产品发布

(1) 推出两款全新车型，涵盖高端与中低端市场，满足多元化用户需求。

(2) 加强车联网功能的研发，为用户提供更优质的智能出行体验。

3. 市场拓展

(1) 加强国内二、三线城市的市场布局，扩大经销网络，提高品牌渗透率。

(2) 进一步拓展海外市场，计划与欧洲主要国家签订合作协议，目标海外销量占比提升至15%。

4. 供应链优化

建立稳定的原材料供应渠道，与主要供应商签订长期合作协议，降低价格波动风险。

5. 团队与组织管理

(1) 提升跨部门协作效率，加强技术、市场和售后部门之间的联动。

(2) 持续加强人才引进，优化激励机制，吸引更多优秀人才加入公司。

四、结语

2024 年，绿动新能源科技有限公司克服了行业竞争和供应链挑战，在技术研发和市场拓展方面取得了重要成果。展望 2025 年，我们将继续坚持创新与高效的原则，进一步提升产品竞争力，为新能源行业的可持续发展贡献力量。

总结人：李××

日期：2024 年 12 月 31 日

案例分析：

1. 核心结构

(1) 基础信息：标明总结对象(如公司名称、年度范围)、总结人、时间，确保信息完整。

(2) 工作回顾：系统总结主要成果，涵盖技术突破、市场表现、品牌影响力及团队建设，条理分明，突出核心成就。

(3) 问题分析：直面挑战与不足，从内部问题(如供应链、团队协作)及外部环境(如市场竞争、法规限制)展开具体分析。

(4) 规划与目标：针对问题制定解决方案，明确技术研发、市场拓展、资源优化等未来工作重点。

(5) 总结：概括全年工作的主要成就和经验，展望未来方向，激发信心。

2. 语言要求

(1) 简洁：提炼成果与问题核心，避免冗长赘述。

(2) 准确：确保数据、时间和规划无误，增强权威性。

(3) 清晰：分节分点，按逻辑顺序组织内容，方便阅读。

(4) 正式：用词规范，语气严谨，避免口语化。

3. 本案例亮点

(1) 结构完整，层次清晰：工作回顾、问题分析、规划展望环环相扣，逻辑严谨。

(2) 数据化呈现：用具体数据展示成果与挑战，增强可信度和说服力。

(3) 规划切实可行：针对性强的解决方案，与目标紧密结合，明确责任与行动计划。

4. 适用场景

年度总结、项目报告、部门回顾等正式总结性文书。

📖 本章小结

本章全面介绍了应用文的定义、特征及功能，分析了应用文的分类方法，包括按功能、应用场景和文体进行的分类；明确了应用文写作的主要适用场景，如职场、学术、公共事务、日常生活及跨领域场景，帮助读者理解不同场合下的写作需求。本章还进一步探讨了应用文写作的五大基本原则，包括准确性、简洁性、清晰性、逻辑性和规范性，强调了写作时应遵循的语言表达规范，如正式性、简洁性和清晰性。最后，本章通过分析常见的写作误区，如格式不规范、语言口语化、信息冗余及缺乏逻辑性，帮助学习者避免在实际写作中常见的错误。通过本章的学习，学习者能够掌握应用文写作的基础理论与实践技巧，提高实际应用文写作能力，确保写作效果的规范与高效。

思考与练习：

1. 应用文的核心功能是什么？在不同的应用场景中如何体现？
2. 应用文写作中"简洁性"和"清晰性"原则，为什么对提高写作效率至关重要？
3. 应用文写作中常见的误区有哪些？应如何避免？
4. 在撰写应用文时，如何平衡语言的规范性与实际需求之间的关系？

实践训练：

材料1：某企业需要召开年度工作总结会议，各部门汇报2024年度工作成果，讨论2024年度存在的问题和2025年度的工作计划。公司高层、各部门负责人及关键岗位代表参加会议。学生需根据案由撰写一份正式的会议通知。

根据以下提示内容，撰写会议通知。

会议主题：2024年度工作总结及2025年工作计划会议

参会对象：公司高层及各部门负责人

时间：2024年12月25日上午9:00—11:30

地点：公司总部大会议室

议程：汇报年度工作成果、分析问题、讨论工作计划

特别提醒：参会者需携带各部门工作总结及下一年度计划书。

材料2：中国会计学会计划于2024年12月5日举办"2024年会计研究前沿论坛"，主题是"数字化转型与会计未来发展"。会议主要探讨数字化背景下会计职业的转型趋势、创新技术的应用，以及会计伦理在新环境中的作用。主办方邀请国内外会计领域的专家学者、从业者分享研究成果并开展学术交流。

根据以下提示内容，撰写一份正式邀请函。

主办单位：中国会计学会

会议主题：数字化转型与会计未来发展

会议时间：2024年12月5日9:00—17:00

会议地点：北京国际会展中心3号厅

邀请对象：国内外知名会计学者、从业专家

会议内容：主题演讲、专题讨论、圆桌交流

报名方式：联系邮箱××××@caa.org.cn，截止日期为2024年11月25日。

第 2 章

公文写作

案例导读 | 全国人民代表大会常务委员会关于批准 2023 年中央决算的决议

(2024 年 6 月 28 日第十四届全国人民代表大会常务委员会第十次会议通过)

第十四届全国人民代表大会常务委员会第十次会议听取了财政部部长蓝佛安受国务院委托作的《国务院关于 2023 年中央决算的报告》和审计署审计长侯凯受国务院委托作的《国务院关于 2023 年度中央预算执行和其他财政收支的审计工作报告》。会议结合审议审计工作报告，对 2023 年中央决算草案和中央决算报告进行了审查。会议同意全国人民代表大会财政经济委员会提出的审查结果报告，决定批准 2023 年中央决算。

案例分析：

(1) 公文的文种。该案例中选用的文种是决议，决议的形成必须经过特定的会议(如人民代表大会、党员代表大会、职工代表大会，以及由这些代表大会选举产生的委员会，常务委员会等)进行讨论，并按照法定的程序表决通过，决议具有权威性和指导性。

(2) 公文的结构。决议一般由标题、题注、正文等部分组成。标题必须做到三要素齐备，即"会议名称+事由+文种"。题注即在标题之下的圆括号内注明通过决议的会议名称和日期，相当于一般文种的发文机关和发文时间。正文第一部分一般说明决议的根据和目的，或对所通过的决议的评价；第二部分具体写决议事项，或对于有关事项的贯彻执行要求；最后以会议名义发出号召。

公文是组织内部和组织之间进行沟通和交流的主要工具，规范的公文写作能够确保信息的准确传达和清晰表达；公文是组织对外展示形象和传递信息的重要手段，规范的公文写作能够体现组织的专业性和权威性；公文是组织内部决策和行动的依据，正确的公文写作能够确保文件的合规性和合法性。

(1) 公文写作需要遵循特定的格式要求，简明扼要地表达内容，逻辑清晰。

(2) 公文写作需要使用正式用语和术语，语法准确，文字规范。

(3) 公文写作需要客观中立、谨慎使用缩写词等。

学习目的

1. 了解公文的内涵、特点和作用
2. 掌握不同公文文种的适用依据
3. 掌握公文行文规则及语言表达
4. 掌握撰写公文的规范与技巧

2.1　公文概述

通过学习公文的内涵、特点和作用，学生可增强对国家治理体系的认同感，深刻理解公文作为现代行政工具在服务社会、推动发展中的独特地位，进一步强化对公文公正性和法定效力的认知，激发学生尊重规则、注重公平的职业精神。

公文即公务文书，古代也作"牒牍"(读音dié dú)，公文有广义和狭义之分。广义的公文是指各种法定的社会组织在处理公务过程中形成并使用的具有法定效力和规范体式的文书。狭义的公文是指党政机关实施领导、履行职能、处理公务时所使用的文书。

《党政机关公文处理工作条例》第三条规定，党政机关公文是党政机关实施领导、履行职能、处理公务的具有特定效力和规范体式的文书，是传达贯彻党和国家的方针政策，公布法规和规章，指导、布置和商洽工作，请示和答复问题，报告、通报和交流情况等的重要工具。

2.1.1　公文内涵

公文作为一种特殊的文书形式，其核心内涵在于它所承载的特定意义和功能，这些功能决定了公文在组织管理和社会治理中的重要地位。具体而言，公文的内涵体现在以下几个方面。

1. 权威性

公文是政府机关、企事业单位或社会团体的正式文件，具有法定效力和权威性。它代表了相应机构的决策和指示，是组织意志的具体体现。例如，政府发布的法规和政策文件，不仅要求各级部门和公民遵守，还具有法律层面的约束力。这种权威性确保了公文在组织管理和社会治理中的核心地位，是推动工作落实和维护秩序的重要保障。

2. 公正性

公文的内容必须客观和公正，不偏袒任何一方，体现了公务行为的公正性。无论是法律法规的制定，还是政策的实施，公文都必须基于公正公平的原则。例如，在处理公共事务时，公文需要确保所有利益相关方的权利得到平等对待，避免任何不合理的偏见或歧视。这种公正性是公文公信力的重要来源，也是维护社会公平正义的重要手段。

3. 标准性

公文的写作、审批、发放和管理都需要遵循严格的规定和程序，体现了公文工作的标准化和规范化。这种标准性不仅确保了公文的质量和一致性，还提高了工作效率和管理水平。例如，《党政机关公文处理工作条例》对公文的格式、行文规则等都做出了明确规定，确保了公文在不同层级和部门之间的统一性和可操作性。

4. 公开性

除涉及国家秘密和商业机密外，公文一般应当公开，以提高政务透明度，让公众了解政府工作。这种公开性不仅有助于增强公众对政府工作的信任，还能促进社会监督，确保公文所涉及的决策和执行过程符合公众利益。

5. 实效性

公文是为了实现特定的公务目标而发出的，其内容必须具有明确的目标和实际效果。公文的实效性体现在它能够推动具体工作的开展，解决实际问题，确保决策和指示得到有效执行。这种实效性是公文区别于其他文书的重要特征，也是公文在组织管理中的核心价值所在。

2.1.2　公文特点

公文的特点主要指公文在表现形式和写作风格上的特征，如正式性、准确性、简洁性、客观性和规范性等。

1. 正式性

公文的语言必须正规、庄重，避免使用口语化或非正式的表达方式。这种正式性不仅体现了公文的权威性和严肃性，还确保了其在不同场合下的适用性和专业性。

2. 准确性

公文要求用词精准，避免歧义，确保信息的真实性和可靠性。内容必须基于事实，杜绝虚假或夸大的表述，以保证公文的可信度和执行力。

3. 简洁性

公文语言简洁明了，避免冗长和复杂的句子结构。每个词、每个句子都应有其必要性，确保信息传递高效直接，便于读者快速理解和执行。

4. 客观性

公文基于事实和数据进行撰写，保持客观公正，避免主观偏见或情感色彩。其目的是传达事实和情况，而非个人观点，从而增强公文的公信力。

5. 规范性

公文具有严格的格式要求，包括标题、落款、日期等都有固定的写法。这种规范性不仅确保了公文的正式性，还便于统一管理和阅读理解，提高了公文的可操作性。

2.1.3　公文作用

公文的作用主要有五个方面，分别是领导指导作用、规范制约作用、联系沟通作用、宣传教育作用、凭证依据作用。

1. 领导指导作用

党和国家机关的领导作用，主要是通过制定路线、方针、政策，制定各种办法、措施等来体现和发挥的。而路线、方针、政策、措施等通常以各种公文的形式下达。上级机关下发的文件，就是把领导意图直接发布出去，表明对有关问题的态度，并提出解决问题的意见、办法，这些文件对下级的工作起着领导和指导作用。

2. 规范制约作用

公文作为管理国家和社会事务的重要工具，其本身所具有的权威性和法定性赋予了它很强的规范和约束作用。各级党政机关的各种法规、规章、政令、条例、决定等公文一经正式发布，便在其适用范围内成为相关组织和人员的行为规范，在它的有效时间和适用范围内，无论各级各类社会组织还是个体成员，都必须依照执行，不得违反。

3. 联系沟通作用

一个机关的公务活动，涉及上下左右各机关的工作联系。公文是请示和答复问题、指导和商洽工作，以及沟通情况的重要手段，是加强机关部门之间横向联系的纽带。各级党政机关、社会团体、企事业单位之间，需要经常地用公文传递信息、沟通情况、商洽工作、交流经验。

4. 宣传教育作用

公文的宣教作用，体现在公文文本中就是要提出工作方针、任务和措施，讲解工作意义，提高人们的认识；使人们不但知道要做什么，怎样去做，而且知道为什么要这样做，从而减少盲目性，增强自觉性，把党和政府的意图变为人们自觉的行动，由此把上下左右的意志都集中到完成共同的任务中来。

5. 凭证依据作用

公文是办理公务的凭证和依据。公文立卷归档后，还具有文献的作用，是今后查考工作、研究历史的重要凭证。

2.1.4 公文基本要求

公文是一种正式的文体，其目的是传达信息、表达观点和做出决策，其基本要求如下。

(1) 格式统一。公文应遵循统一的格式要求，包括页眉、页脚、字体、字号、行距等。

(2) 语气正式。公文要求使用正式、客观的语气，避免使用口语化的词汇和表达方式。可以使用一些公文常用的固定词组和套语等。

(3) 语言简洁。公文要求使用简练、准确、规范的语言表达。句子结构要清晰，避免使用复杂、冗长的句子。

(4) 逻辑严密。公文的内容应按照一定的逻辑顺序组织，各部分之间要有明确的逻辑关系。可以使用分段、分节等方式来使内容结构清晰。

(6) 立场公正。公文应保持客观公正的立场，避免主观的偏见和情感色彩。其目的是传达事实和情况，而不是传达个人的感情和观点。

(7) 内容合法。公文要符合相关法律法规的规定，不得违反国家的法律制度和行政规章。

(8) 准确无误。公文在撰写完成后，需要经过仔细校对，确保语句通顺、无错别字和标点错误等。

2.2 公文分类和文种

通过学习各类文种及其适用范围，学生可以认识行政管理中精细化与科学化的工作方式。这不仅能培养学生的职业敏锐度，更通过对具体行政行为的探讨，强化学生对合规性和责任意识的认知，促进公共职业伦理的形成。

2.2.1 公文分类

1. 公文分类的标准

公文的分类标准是指根据公文的性质、用途和内容，将公文分为不同的类别，以方便管理和归档，以下是一些常见的分类标准。

1) 根据性质分类

(1) 行政公文。行政机关发布的文件、通知、函件等。

(2) 党政公文。党委和政府发布的文件、通知、决议等。

(3) 法律公文。法院、检察院发布的判决书、起诉书等。

(4) 经济公文。与经济活动相关的文件、报告、决策等。

(5) 社会公文。社会组织、团体发布的文件、公告等。

2) 根据用途分类

(1) 决策性公文。用于重大决策和指导工作的文件，如决议、决定、指示等。

(2) 组织性公文。用于组织协调、管理运作的文件，如通知、命令、通告等。

(3) 纪律性公文。用于约束行为、规范纪律的文件，如规章制度、办法、条例等。

(4) 叙事性公文。用于叙述事件、情况的文件，如报告、备忘录、简报等。

3) 根据形式分类

(1) 书面公文。以书面形式表达的文件，如公函、公告、公报等。

(2) 口头公文。以口头形式发布的文件，如会议纪要、讲话稿等。

4) 根据内容分类

(1) 政策文件。法律、法规、规章制度等对社会生活和行为进行指导的文件。

(2) 工作方案。具体的工作计划、任务分配、实施步骤等的文件。

(3) 会议纪要。会议讨论、决策过程的记录文件。

(4) 报告。对某个问题或工作进行调研、分析、总结后撰写的报告；向上级提出问题、请求指导或报告工作进展的请示报告。

5) 根据保密级别分类

(1) 绝密公文。对国家安全和利益具有特别重要性的文件。

(2) 机密公文。对国家安全和利益具有重要性的文件。

(3) 秘密公文。对国家安全和利益具有一般重要性的文件。

(4) 内部公文。仅在组织内部流转和使用的文件。

6) 根据层级分类

(1) 中央文件。中央政府发布的文件，适用于全国范围。

(2) 省级文件。省级政府发布的文件，适用于省内各地。

(3) 市(地)级文件。市(地)级政府发布的文件，适用于市(地)范围。

(4) 县(区)级文件。县(区)政府发布的文件，适用于县(区)范围。

(5) 乡镇(街道)级文件。乡镇(街道)政府发布的文件，适用于乡镇(街道)范围。

2. 党政机关公文分类

根据《党政机关公文处理工作条例》(2012年7月1日起施行)第八条的规定，公文种类主要如下。

(1) 决议。适用于会议讨论通过的重大决策事项。

(2) 决定。适用于对重要事项作出决策和部署、奖惩有关单位和人员、变更或者撤销下级机关不适当的决定事项。

(3) 命令(令)。适用于公布行政法规和规章、宣布施行重大强制性措施、批准授予和晋升衔级、嘉奖有关单位和人员。

(4) 公报。适用于公布重要决定或者重大事项。

(5) 公告。适用于向国内外宣布重要事项或者法定事项。

(6) 通告。适用于在一定范围内公布应当遵守或者周知的事项。

(7) 意见。适用于对重要问题提出见解和处理办法。

(8) 通知。适用于发布、传达要求下级机关执行和有关单位周知或者执行的事项，批转、转发公文。

(9) 通报。适用于表彰先进、批评错误、传达重要精神和告知重要情况。

(10) 报告。适用于向上级机关汇报工作、反映情况，回复上级机关的询问。

(11) 请示。适用于向上级机关请求指示、批准。

(12) 批复。适用于答复下级机关请示事项。

(13) 议案。适用于各级人民政府按照法律程序向同级人民代表大会或者人民代表大会常务委员会提请审议事项。

(14) 函。适用于不相隶属机关之间商洽工作、询问和答复问题、请求批准和答复审批事项。

(15) 纪要。适用于记载会议主要情况和议定事项。

2.2.2 公文文种

公文文种是指根据不同的功能和用途，将公文划分为不同的类别或类型。每种公文文种都有其独特的格式、结构和表达方式，以满足特定的办公需求和传达目的。选用合适的公文文种，才能确保公文的严肃性和规范性，更好地发挥公文的权威作用和约束作用，提高组织的办事效率。

1. 公文文种选用依据

公文文种的选用依据通常包括以下几个方面。

(1) 功能要求。根据公文的功能和目的来选择文种。不同的文种有不同的表达方式和格式要求。

(2) 受众需求。考虑公文的受众对象，选择适合他们阅读和理解的文种。不同的受众可能对信息的获取和理解有不同的需求。

(3) 权威性要求。根据公文所涉及的内容和重要性，选择具有一定权威性的文种。有些公文需要表达政府、机关或组织的决策和命令，此时应选择较为正式的文种，以彰显权威。

(4) 表达方式。考虑公文中所要表达的内容和信息，选择最合适的文种来进行表达。不同的文种有不同的表达方式和语气，例如，公告需要简洁明确，报告需要详细全面。

(5) 传达效果。根据希望实现的传达效果，选择最适合的文种。有些公文需要传达决策、指导和安排，此时应选择能够清晰传达意图的文种。

2. 公文文种选用

应根据具体的办公需求和传达目的选择相应的公文文种，具体如下。

(1) 向特定对象或群体传达某项事务、活动或政策的通知，可以选择使用通知文种。

(2) 向公众发布特定信息、通告或公共事务的公告，可以选择使用公告文种。

（3）汇报工作、调查研究结果，提出建议或分析问题，可以选择使用报告文种。

（4）向上级机构或领导请示意见、征求批准或寻求指导，可以选择使用请示文种。

（5）对下级机构或个人的请示事项进行答复、批准或决定，可以选择使用批复文种。

（6）组织、团体或会议做出正式决策、表态或表决，可以选择使用决议文种。

（7）向上级机构或相关部门提交申请、请求或申诉，可以选择使用申请文种。

（8）向内部员工或相关单位传达重要信息、通报工作进展或安排，可以选择使用通报文种。

（9）下达命令、指导工作或布置任务，可以选择使用指示文种或命令文种。

在选择公文文种时，还需要考虑目标受众的需求和阅读习惯，以及相应的法律、规章制度和组织要求。确保选择的文种能够准确、清晰地传达所需信息，并符合相应的格式和要求。

3. 公文文种选用示例

某市政府要发布一份关于土地规划的公文，需要向相关部门、企事业单位以及市民公开说明土地用途和规划方案。在这种情况下，可以选择使用行政公文文种中的通知。

通知作为一种行政公文文种，通常用于向特定对象传达具体的指示、要求或通告。它具有以下特点。

（1）简明扼要。通知文种要求内容简洁明了，重点突出，不涉及过多的解释和理论。

（2）具体明确。通知文种通常包含具体的指示、要求或通告，如规定某项工作的时间、地点、责任人等。

（3）直接有效。通知文种的目的是快速传达信息，让受文者能够迅速采取相应的行动或了解相关事项。

使用通知文种，通过正式的行政公文形式，向相关单位和市民发布土地规划的决策和要求。这样可以确保信息准确传达，方便受众了解土地规划的具体内容和相关要求。

通　知

各相关机关单位、企事业单位、市民：

根据《中华人民共和国土地管理法》有关规定，我市政府近期完成了土地规划工作，并制定了相关的土地用途和规划方案。现将有关事项通知如下。

（1）土地用途划分：根据市政府的决策，对我市各区域的土地进行了详细划分，涉及住宅用地、商业用地、工业用地、农业用地等。具体划分方案请参照附件一。

（2）规划方案公开：为确保土地规划的透明度和公正性，我市政府决定将土地规划方案向全市公开，供各相关单位和市民了解。请各位关注我市政府网站(www.××××××.gov.cn)上的公告栏，下载并查阅附件二中的规划方案。

（3）相关单位责任：各相关单位和企事业单位应根据土地规划方案，合理规划和利用自身所属土地资源。同时，积极配合政府部门的监督和管理工作，确保土地规划的顺利实施。

（4）市民参与：我们鼓励市民积极参与土地规划的讨论和评议，提出宝贵意见和建议。请将您的意见提交至市政府办公室(地址：×××××××××)，或通过电子邮件发送至×××××@×××××.gov.cn。

请各相关单位、企事业单位和市民密切关注和遵守上述通知内容，并按照规定进行相应的工作和配合。如有任何疑问或需要进一步了解，请与我们联系。

特此通知。

××市政府办公室
日期：××××年××月××日

2.3 公文行文关系与行文要求

行文规则的规范性凸显了依法行政的重要性，学生通过学习可以提升法治思维能力，理解规则在明确权责、优化沟通中的作用。语言表达的精准与严谨，培养了学生注重细节、实事求是的态度，促进其形成高效的执行力。

行文是指发文机关向收文机关发送文件，这是公文处理过程的一个重要环节。公文的行文关系和行文方向是公文管理和公文写作的重要组成部分，描述的是公文在组织内外的流动路径和方向。

2.3.1 公文行文关系与行文方向

1. 公文行文关系

行文关系指的是公文在机关内部或者机关之间流动的关系，公文的行文关系通常被划分为三种类型：上行文、下行文和同级行文。

1) 上行文

上行文是指下级机关向上级机关提交的公文，主要是为了向上级机关汇报工作、请示决策或请示指示，如报告、请示等，具有以下作用。

(1) 报告工作情况。下级机关通过上行文向上级机关报告工作进展、完成情况、问题与困难等，以便上级机关了解下级机关的工作状况。

(2) 请示决策。下级机关在遇到需要上级机关决策的重大问题或难题时，可以通过上行文向上级机关请示意见、征求指示，以便上级机关给出相应的决策。

(3) 请求指示。下级机关在面临工作不明确、任务不清晰等情况时，可以通过上行文向上级机关请求指示，以便下级机关明确工作方向和目标。

2) 下行文

下行文是指上级机关向下级机关发出的公文，主要是为了传达上级机关的决定或指示，或者对下级机关的工作进行指导和管理，如通知、命令、决定等，具有以下作用。

(1) 下达任务。上级机关向下级机关下达工作任务、要求完成特定的工作内容，以便下级机关根据上级机关的要求进行工作。

(2) 传达决策。上级机关向下级机关传达决策结果、政策指示等，以便下级机关了解上级机关的决策意图，并据此开展工作。

(3) 指导工作。上级机关向下级机关提供工作指导、方法指导、技术指导等，以便下级机关按照上级机关的要求和指导进行工作。

3) 同级行文

同级行文是指同级机关之间进行工作协调和信息交流的公文，用于协调工作、交流信息、征求意见，如函、备忘录等，具有以下作用。

(1) 协调工作。同级机关之间可能需要协调各自的工作，解决工作中的矛盾、问题和冲突，通过同级行文可以进行有效的协调和沟通。

(2) 交流信息。同级机关之间可以通过同级行文进行工作经验的交流、信息的共享、案例的通报等，以便相互学习和借鉴。

(3) 征求意见。在制定重要政策、决策或处理复杂问题时，同级机关之间可以通过同级行文征求对方的意见和建议，以便综合各方意见做出决策。

2. 公文行文方向

行文方向则是指公文在行文关系中的流动方向，反映了公文在组织内的流动机制和组织的决策结构，包括如下方面。

(1) 纵向。即公文在上下级机关之间的流动，包括上行文和下行文。这是公文最常见的流动方向，它反映了组织的层级关系和指令链。

例如，命令是一种常见的下行文，主要用于下达命令、指示执行特定任务，它通常以严谨、明确的语言，按照特定格式和结构，向下属、部下或特定对象发布命令，要求其执行特定的任务或采取特定的行动。

例如，请示是一种常见的上行文，通过向上级机关提出请求或征询意见，实现了信息沟通和决策协调的目的。请示公文的撰写应当准确、清晰、完整，并具备逻辑严密和文风庄重的特点。

(2) 横向。即公文在同级机关之间的流动，即同级行文。这种流动方向反映了组织内部的协作和协调机制。

例如，函件主要用于同级机关或单位之间的书信往来，通常采用标准书信格式，包括信头、称谓、正文、落款等部分；内容要求简洁明了，表达清晰，避免冗长和废话；函件在正式性方面要求相对较弱，显得亲切和友好；函件的语言应该得体，尽量使用规范的用语和礼貌的措辞。

2.3.2 公文行文要求

1. 公文格式标准化的必然要求

1) 公文格式标准化是公文特定效力的必然要求

公文是具有特定效力、必须强制执行的特殊文书。公文强调庄重和统一。"没有规矩不成方圆"，因此必须通过格式标准化，来体现公文的法定效力或强制性。比如一般合同，当事人签字即可，但公文必须加盖制发机关的印章，这就是体现法定效力的基本保证。公文格式的不规范，不仅影响公文的庄重美观，更重要的是会影响公文的效力。例如，没有主送机关就不知道谁来执行这个公文；没有发文字号，以后引用或执行时就无法对应到该公文上；成文日期不明确，可能就不知道法规从何时开始执行等。因此，标准化的公文格式，有助于体现公文的法定性、严肃性和权威性。

2) 公文格式标准化是公文特定形式的必然要求

公文所具有的特殊性质决定了其具有特定的格式。而公文格式规范与否，将直接影响公文的质量和美观，进而影响公文效力的发挥。有时甚至由于格式不规范造成各种谬误。例如，无主送机关，简称不规范，漏标密级，字号编排混乱，印章与日期分离，生效时间弄错，没有版记，标题与内容不一致，纸张前后大小不一，装订不规范等。这些问题会直接影响公文的严肃性和应有作用的发挥，有时甚至会发生重大失误。因此，公文格式的规范与标准，不是简单的一件小事，应引起各级党政机关的高度重视。

公文处理工作是机关工作的一件大事，也是频次最高的一项日常工作。办文部门每天都在制发公文，如果没有一定的规则，一个领导一个要求，一个秘书一种格式，不仅增加了文秘人员的工作量，而且影响了党政机关的形象。如果对公文格式不重视，甚至认为它只是细枝末节，只要公文内容不出错，格式规不规范无伤大雅，则不仅会损害机关工作的形象，而且会影响公文的质量和效率。因此，公文格式标准化是公文处理工作科学化、制度化和规范化的基本前提。

3) 公文格式标准化是公文处理工作规范化的必然要求

公文格式标准化是确保公文处理工作科学化、制度化、规范化的重要前提和技术支撑。公文格式的每一项内容，都有其存在的必要性，都是为保证公文处理所设立的。例如，公文的份号会显示公文的制发份数，这就能准确掌握公文特别是带有密级的公文的去向，防止和及时发现公文的丢失；紧急程度会告知公文的办理时限；秘密等级会警示公文的阅读范围和保密等级；公文标题会揭示公文的主要内容；等等。总之，公文处理的规范化要求公文格式的标准化与之相适应，公文格式的标准化又保证公文处理的规范化。

2. 常见的公文行文要求

公文行文要求是指在撰写公文时，需要遵循一定的格式和规范，通常要求简明扼要、条理清晰、语言规范。常见的公文行文要求如下。

(1) 标题简单扼要。公文的标题应简明扼要地概括文件主题，并使用统一的格式，如《关于×××的通知》或者《×××规定》等。

(2) 发文机关完整。公文的发文机关应在文件的首部注明，包括完整的机构名称、单位地址、邮编、电话、传真等联系方式。

(3) 发布日期具体。公文的日期应写明文件发布的具体日期，通常位于发文机关下方。

(4) 正文结构清晰。公文的正文应包括开头、主体和结尾三部分。开头应简要说明发文目的、依据和背景；主体部分应详细叙述事实、要求或决定；结尾部分可以包括落款、署名、附件等。

(5) 语言规范准确。公文的语言应规范、准确，避免使用口语化、随意性的表达。应注意使用专业术语，避免模糊词语和歧义。

(6) 逻辑顺序清晰。公文的内容应按照逻辑顺序进行组织，各个要点之间应有明确的层次关系和逻辑连接，段落之间应有合适的过渡。

(7) 用词客观得体。公文应使用得体、客观的用词，避免夸大、贬低或情感色彩过重的表达，以保持公正、中立的态度。

(8) 格式符合规定。公文的格式应符合规定的文件样式，包括纸张尺寸、字体大小、行距、标题居中等要求。

3. 公文行文格式

公文行文格式是指公文各要素在公文文面上所处的位置和排列顺序，它是公文在形式上区别于一般文章的重要标志。《党政机关公文处理工作条例》第九条规定，公文一般由份号、密级和保密期限、紧急程度、发文机关标志、发文字号、签发人、标题、主送机关、正文、附件说明、发文机关署名、成文日期、印章、附注、附件、抄送机关、印发机关和印发日期、页码等组成。

《党政机关公文格式》将版心内的公文格式各要素划分为版头、主体、版记三部分。公文首页红色分隔线以上的部分称为版头；公文首页红色分隔线(不含)以下、公文末页首条分隔线(不含)以上的部分称为主体；公文末页首条分隔线以下、末条分隔线以上的部分称为版记。页码位于版心外。公文要素主要有如下几部分。

(1) 公文种类。公文的种类通常在公文的抬头部分明确标注，如通知、通报、指示、决定、意见、公告等。

(2) 发文字号。公文的发文字号通常包含年度和顺序号两部分，用于表示公文的发文年份和在该年份内的序列号。

（3）发文机关和发文日期。公文通常需要标注发文机关和发文日期，用于表示公文的来源和时间。

（4）正文。公文的正文通常包括引言、主题和结论三部分。引言部分通常简洁明了地介绍公文的背景和目的；主题部分详细阐述公文的主要内容和观点；结论部分总结全文，提出结论或者采取的行动。

（5）图表。公文使用图表可以有效增强信息的清晰度和可读性，图表的格式应符合公文的整体风格和规范要求，应有清晰的标题和必要的标注，包括数据来源、单位、时间等信息。

（6）附件。如果公文包含附件，应在公文的结尾部分明确标注。

行文格式是行政公文撰写的关键方面，保证了公文的正式性、规范性和有效性。

详细内容可查阅《党政机关公文格式》国家标准。

国务院关于废止和修改部分行政法规的决定

为贯彻落实党的二十大和党的二十届二中全会精神，落实党和国家机构改革精神，完整、准确、全面贯彻新发展理念，加快构建新发展格局，着力推动高质量发展，国务院对涉及的行政法规进行了清理。经过清理，国务院决定：

一、对 8 部行政法规的部分条款予以修改。（附件 1）

二、对 13 部行政法规予以废止。（附件 2）

本决定自 2024 年 5 月 1 日起施行。

附件：1. 国务院决定修改的行政法规

　　　 2. 国务院决定废止的行政法规

案例分析：

1）公文的文种

该案例选用的文种是决定，决定是指党政机关对重大行动或重要事项制作的具有强制性、规定性、指导性和领导性的法定公文。该案例的名称是《国务院关于废止和修改部分行政法规的决定》，这一决定对全国各级行政机关是具有强制性和规定性的。

2）公文的结构

（1）标题。根据《党政机关公文处理工作条例》的规定，标题由发文机关名称、事由和文种组成。例如，《国务院关于废止和修改部分行政法规的决定》中的发文机关是"国务院"，事由是"关于废止和修改部分行政法规"，文种是"决定"。需要注意的是，在决定事由前通常用"关于"连接。

（2）正文。根据《党政机关公文处理工作条例》第九条第（九）项的规定，正文是公文的主体，用来表述公文的内容。而决定的正文一般由三部分组成，即开头、主体部分、结尾。

2.4　公文行文规则与语言表达

通过公文格式的统一性，学生能体会到行政工作中规则化、程序化管理的重要性，增强对规范性的尊重与遵守。行文方向的学习则加深学生对组织层级结构的认识，培养团队意识和集体协作精神，强化组织观念。

2.4.1　公文行文规则

1. 公文行文基本规则

公文行文规则主要涉及格式、语言风格、结构和内容等方面，主要包括以下几部分。

(1) 格式规定。公文通常需要按照特定的格式进行编写，包括文件的大小、字体、行距、边距等。公文的格式有助于保证其正式和统一的外观。

(2) 语言风格。公文的语言应该是正式、准确、清晰的，避免使用口语、俚语或不规范的语言。公文的语言应该是中性的，没有个人感情色彩，避免使用第一人称或第二人称。

(3) 结构规定。公文通常包括信头、抬头、标题、正文和信尾五部分。信头包括公文种类、发文字号、发文单位等；抬头指明接收公文的单位或个人；标题表明公文的主要内容；正文是公文的主要内容，通常按照事实、理由、决定或建议的顺序来组织；信尾包括发文单位和日期。

(4) 内容规定。公文的内容应该是真实、准确、全面的，不能有遗漏或错误。公文的内容应该是具体、明确的，避免使用模糊或含糊的语言。

(5) 行文关系。公文的行文关系通常分为上行文、下行文和同级行文。上行文是下级向上级报告情况或提出问题的公文；下行文是上级向下级传达决定或要求的公文；同级行文是同级单位之间交换意见或协调工作的公文。

2. 公文行文格式规范

(1) 公文签发。公文签发是公文生效必备的条件，公文必须经过发文机关负责人签发才能正式生效，公文签发是发文机关负责人履行职责的重要体现。

(2) 涉密公文。涉密公文应当根据涉密程度分别标注"绝密""机密""秘密"和保密期限。涉密公文还应当根据工作需要确定印发传达范围。

(3) 公文标题。《党政机关公文处理工作条例》规定，公文标题由发文机关名称、事由和文种组成。

(4) 公文生效。公文落款中的署名、印章、成文日期是公文生效标志构成的三要素。

(5) 公文时效。要注重公文的时效，各类公文特别是重大突发性事件、重要舆情等应及时上报。

(6) 传达范围。应在附注处注明公文的传达范围，对公文的发放范围、执行时需注意的事项加以说明。

(7) 附件说明。公文如有附件，必须标注对应的附件说明，以确保公文结构的完整。

(8) 印发日期。标识印发日期是为了准确反映公文的生成时效，印发日期以公文付印的时间为准。

(9) 版记。版记应当标注在公文的最后一面，要规范标注版记要素，便于受文者查看版记要素。

(10) 发文字号。发文字号由发文机关代字、年份、发文顺序号组成。规范发文字号便于公文规范化管理。

(11) 份号。份号是同一件公文印制若干份时每份公文的顺序编号。涉密公文一定要标注份号。

(12) 保密期限。除有特殊规定外，绝密级事项不超过三十年，机密级事项不超过二十年，秘密级事项不超过十年。

2.4.2　公文行文语言

公文行文语言是指在编写和撰写公文时所采用的特定语言风格及表达方式。公文行文语言以实用为目的，以传递政策、指令和信息为内容，因此它具有准确、庄重、简要和平实的特点。

1. 公文行文语言的特点

1) 准确

公文行文的语言应该是准确无误的。这意味着使用的词汇和短语需要精确，避免模糊或模棱两可的表达。

《党政机关公文处理条例》第十九条，对公文起草，特别提出了"表述准确"的要求。公文是用来指导工作、反映情况的，一词一句，一个概念，除不能违反法令、政策外，还必须十分贴切，即准确表达作者的意图，而且其含义只能有一种解释，不能有多种解释；更不能给那些善于在公文中钻空子的人，留下各取所需的漏洞。

要做到语言准确，一是词句的内涵与要表达的意图必须完全一致。公文用语都要经过反复推敲。每次修改，都是寻找最恰当的字眼表达意图。二是对词的外延要进行适当和明确的限制，例如，在规定、合同等文书中，特别要注意词义限制，使之无懈可击。三是时间、方位的表述要有严密的限定，如果表述不准或限定不严，就会造成歧义，给工作带来损失。

2) 庄重

一是公文语言要有端庄、严肃的格调，不能有半点的浮躁、油滑，对感情色彩浓的词语要慎重使用或不用。二是公文语言要规范化，才显得庄重严谨。三是合体。公文语言要合乎相应的行文关系。公文分上行文、下行文和平行文，由于行文的方向不同，内容特点不同，措辞和语气就有所不同。

3) 简要

公文语言必须简明扼要，要防止语言拖沓冗长，就要讲究修辞。一是用词要简洁明快。要注意选用概括性、综合性语言，适当用缩略语、成语和简称，达到以少喻多、言简意赅的功效。二是尽可能使用短句，表意简洁明快。三是反复锤炼语言，应从内容出发，把握住中心意思，选用最简短、最通晓的句子表达。

4) 平实

平实就是实在、质朴，如实地叙述事物的本来面目。既不像文学语言那样形象，也不像科学论著语言那样抽象，而是具体、朴素、明白。

2. 公文行文语言的表达

公文行文语言的表达，就是用语言文字把公文的思想内容表现出来的方法，主要是叙述、议论和说明。

1) 叙述

公文的叙述要求简明。一是概括叙述，即对总体情况、发展过程的叙述；二是具体叙述，即对事物、人物某一个方面的详细叙述。

2) 议论

一是公文的议论不是全面铺开、成篇大套的论述，而是少而精地进行议论；二是直接用现成的事理、依据和显而易见的道理进行直接议论或间接议论。

3) 说明

公文中使用说明的地方较多，如对方针政策及各种法规、规章的表达，对发生的事件、出现的问题进行阐述。一是定义说明，即用简练的文字将事物的本质概括出来，给人比较明确的概念；二是注释说明，即对事物的定义或事情的道理进行翔实、全面的解说；三是比较说明，即把两种相同或不同的事物、现象加以比较，以此说明事物的特征或区别；四是引用说明，即引用一些资料来说明事物的特点。

2.5　行政公文写作实战演练

　　行政公文有两大显著特征，一是特定效力，二是规范体式。特定效力意味着公文是党和国家执政和行政的具体体现，具有法律层面上的要求；规范体式要求公文按照一定的书写和印制方式去表现。这对行政公文这一特定的文书形式也提出了更高的要求，特定效力就要求公文在写作时要严肃、严谨、不能出差错，体现权威性；规范体式则要求公文的排布和标志要素统一规范，要标准化。两者相辅相成，互为支撑。

　　行政公文写作要求专业性、理论性、逻辑性，并蕴含政治意义和法律意义，因此，应深入公文本质、熟知公文理论、学会驾驭材料、遵守写作规范、善于积累素材、讲究语言得体等有效办法提升公文写作能力。

2.5.1　通知

农业农村部办公厅关于进一步抓好

当前农业安全生产工作的紧急通知

各省、自治区、直辖市农业农村(农牧)、畜牧兽医、渔业厅(局、委)，新疆生产建设兵团农业农村局，部机关各司局、派出机构、各直属单位：

　　6月21日，宁夏银川市兴庆区富洋烧烤店发生燃气爆炸事故，造成31人死亡、7人受伤。习近平总书记作出重要指示强调，当前正值端午假期，各地区和有关部门要牢固树立安全发展理念，坚持人民至上、生命至上，以"时时放心不下"的责任感，抓实抓细工作落实，盯紧苗头隐患，全面排查风险。近期有关部门要开展一次安全生产风险专项整治，加强重点行业、重点领域安全监管，有效防范重特大生产安全事故发生，切实保障人民群众生命财产安全。为认真贯彻落实习近平总书记重要指示精神，按照党中央、国务院决策部署，现就进一步抓好当前农业领域安全生产工作通知如下。

　　一、迅速传达贯彻习近平总书记重要指示(内容略)

　　二、狠抓细节扎实推进风险隐患排查整治(内容略)

　　三、广泛开展宣传教育持续提升安全意识(内容略)

　　四、加强值班值守强化应急响应和处置(内容略)

农业农村部办公厅

2023年6月23日

案例分析：

文种：通知

写作结构：

(1) 标题——《农业农村部办公厅关于进一步抓好当前农业安全生产工作的紧急通知》，包含"发文机关+发文事由+文种"。

(2) 正文：该案例属于指示性通知，其正文由"缘由+事项"两部分构成。

写作要点：

该案例属于遇紧急情况而进行的发文，根据实际情况写明"紧急通知"，以引起注意。

《党政机关公文处理工作条例》第八条第(八)项规定，通知适用于发布、传达要求下级机关执行和有关单位周知或者执行的事项，批转、转发公文。通知是向特定的受文对象告知或是转达文件或是有关事项，让对象知道或是执行的公文。

1. 通知的特点

(1) 广泛性。通知是各单位、各机关使用频率比较高的文种，传达上级的指示，向下级机关发布必须执行或周知的事项，以及转发上级或不相隶属机关的公文，都可以使用通知。

(2) 方便性。通知行文没有那么多的限定，比起决定、决议、命令等公文要方便，任何级别党政军机关、企事业单位、群众团体都可以发通知。

(3) 时效性。有的通知还具有较强的执行性和约束力，其要求办理或执行的事情不能拖延，必须在限期内完成，否则就可能失效或误事。

2. 通知的分类

(1) 指示性通知。指示性通知用于上级机关指示下级机关如何开展工作，传达领导机关的指示精神的公文。

(2) 任免性通知。任免性通知是用于任免和聘用有关人员的通知。

(3) 事务性通知。事务性通知是用于处理日常工作中的具体事务的文种，也常用于办理临时性的工作事项。这类通知要求把有关要素写得准确、具体、清晰。

(4) 周知性通知。周知性通知用于要求有关机关或单位周知某一活动或事项的公文，它一般不具有强制性。

(5) 发布、批转、转发性通知。这类通知是用于发布有关规章、条例，批转下级机关的公文，转发上级机关或不相隶属机关的公文。

3. 通知的结构

通知一般包括标题、主送机关、正文、附注、落款与成文日期等部分。

(1) 标题。标题一般采用以下两种形式，一是"发文机关名称+事由+文种"，如《农业农村部办公厅关于进一步抓好当前农业安全生产工作的紧急通知》；二是"事由+文种"，如《关于认真开展2021—2022年度"菜篮子"市长负责制考核工作的通知》。

如遇紧急情况而进行的发文，可根据实际情况写明"联合通知、紧急通知、重要通知"等，以引起注意。

(2) 主送机关。通知一般应有主送机关，但有时也可省略。

(3) 正文。通知的正文一般由通知缘由、通知事项、结尾组成。

① 缘由。在正文的开头部分写明发布通知的原因、根据、目的或意义，例如，为认真贯彻落实习近平总书记重要指示精神，按照党中央、国务院决策部署，现就进一步抓好当前农业领域安全生产工作通知如下。

② 事项。这是正文的主体部分，有关指示的事项，安排的工作，提出的措施、步骤等，都要有条理地表达，内容简单的可采用篇段合一的形式，内容复杂的可以分条列项，逐一阐释。

③ 结尾。这是通知的最后部分，一般在发布指示、安排工作时，可在结尾处提出执行的要求，如无必要，这部分可省略。如有必要，结尾处可附上联系方式。

(4) 附注。如有必要，可在附注处附上联系方式。

(5) 落款与成文日期。在正文下右下角部分，标明发文机关名称，并另起一行用阿拉伯数字将年、月、日标全，年份应标全称，月、日不编虚位(即1不编为01)，例如，农业农村部办公厅，2023年6月23日。

4. 通知的写作要点

(1) 具体行动要求。在通知中如有相关行动要求，应明确指出具体细节，包括时间、地点、方式等，并提供必要的联系方式以便于沟通和确认。

(2) 内容简洁明了。通知要注意语言简洁，直奔主题，避免使用复杂或冗长的词语和句子，切勿长篇大论，以免造成误解或理解困难。

(3) 突出重点信息。通知中的重要信息应该被突出显示，可使用加粗、下画线或其他方式来强调关键词或句子。这样可以帮助读者更快地获取到重要信息。

(4) 注重时效性。通知是时效性比较强的文种，特别是下行文，传达有关单位需要执行的事项，必须注重时效性，以免误事或错失良机。

2.5.2 请示

关于印发《黄浦区人民政府关于本区开展第五次全国经济普查的通知》的请示

黄浦区人民政府办公室：

根据《国务院关于开展第五次全国经济普查的通知》(国发〔2022〕22号)、《上海市人民政府关于本市开展第五次全国经济普查的通知》(沪府发〔2023〕2号)要求，区统计局已会同区委宣传部、区委编办、区发展改革委、区民政局、区财政局、区人力资源社会保障局、区规划资源局、区房管局、区市场监管局、区税务局、区大数据中心等部门，起草了《关于本区开展第五次全国经济普查的通知》，拟请区政府发文。

妥否，请批示。

附件：《黄浦区人民政府关于本区开展第五次全国经济普查的通知》

联系部门：黄浦区统计局

联系人：李 琴

联系电话：021-××××××××

黄浦区统计局
2023年3月2日

案例分析：

文种：请示

写作结构：

(1) 标题——《关于印发<黄浦区人民政府关于本区开展第五次全国经济普查的通知>的请示》，包含"发文事由+文种"。

(2) 正文：该案例属于请求批准的请示，其正文由"缘由+主体+结尾"三部分构成。

写作要点：

该案例属于请求批准的请示，所请求的事项要写得具体明确、条项清楚，方便上级机关给予明确批复。

《党政机关公文处理工作条例》第八条第(十一)项规定，请示适用于向上级机关请求指示、批准。请示属于针对性很强的上行文，是下级机关就某项工作或某件事情向上级机关请求作出指示、答复、审核的呈请性、期复性公文。

1. 请示的特点

(1) 呈批性。请示是具有针对性的上行文，上级机关对下级机关所呈报的请示事项，不管是否同意，都必须给出明确的"批复"回文。

(2) 单一性。请示应该是一文一事，通常只写一个主送机关，就算需要同时送其他机关，一般采用抄送形式。

(3) 明确性。请示中应明确指出所需决策、批复或指示，内容应具体、清晰，提出相应的行动要求，以便上级机关能够及时给予指示、决断。

(4) 时效性。请示事项一般属于下级比较急迫的问题或重大事项，上级机关收文后应尽快给予答复，避免造成重大的损失。

2. 请示的分类

根据内容、性质的不同，请示可以分成以下几类。

(1) 请求指示的请示。下级机关针对工作中遇到无权解决或无力解决但必须面对的情况时，向上级机关说明有关情况，并请求上级机关给予答复或提出明确的处理意见。例如，下级机关需要上级机关对原有的政策规定进行明确解释，对如何处理突发事件或者新情况、新问题做出明确指示，对需要变通处理的问题做出审查认定等。

(2) 请求批准的请示。下级机关针对某些具体事宜向上级机关请求批准的请示，主要是为了解决某些具体问题和实际困难，例如，《关于印发<黄浦区人民政府关于本区开展第五次全国经济普查的通知>的请示》。

(3) 请求帮助的请示。下级机关在具体工作中遇到人、财、物方面的困难，自己因权限和能力所限无法解决，提出方案请求上级帮助解决。例如，请求审批某个项目并拨付资金和物资，工作中遇到困难需要上级在人、财、物等方面给予帮助，等等。

3. 请示的结构

请示一般包括标题、主送机关、正文、附件、附注、落款和成文日期等部分。

(1) 标题。请示的标题一般有两种形式：一是"发文机关名称+事由+文种"，二是"事由+文种"，例如，《关于印发<黄浦区人民政府关于本区开展第五次全国经济普查的通知>的请示》。

(2) 主送机关。请示的主送机关是负责受理和答复该文件的机关，每件请示只能写一个主送机关，不能多头请示，例如，黄浦区人民政府办公室。

(3) 正文。正文一般由缘由、主体、结尾三部分构成。

① 缘由。事项缘由是请示是否成立的前提条件，也是上级机关做出批复的根据。缘由的叙述要求具体客观、充分合理。

② 主体。正文的主体部分主要说明请求事项，向上级机关提出具体请求，请示正文的主体内容单一，只适宜请求一件事。所请求的事项要写得具体明确、条项清楚，方便上级机关给予明确批复，例如，区统计局已会同区委宣传部等多个部门，起草了《关于本区开展第五次全国经济普查的通知》，拟请区政府发文。

③ 结尾。应该另起一段，习惯用语一般有"妥否，请批复""当否，请批示""以上请示如无不妥，请批转各地区、各部门研究执行"等，例如，妥否，请批示。

(4) 附件。附件是公文正文的说明、补充或者参考资料。在正文的下方撰写附件信息，例如，附件：《黄浦区人民政府关于本区开展第五次全国经济普查的通知》。

(5) 附注。如有必要，可在附注处附上联系方式，例如，联系部门：黄浦区统计局；联系人：李琴；联系电话：021-×××××××。

(6) 落款和成文日期。落款署发文机关的全称或者规范化简称，一般需要加盖发文机关印章。成文日期和前述的其他行政公文文种相同，例如，黄浦区统计局 2023 年 3 月 2 日。

4. 请示的写作要点

(1) 一文一事。要遵守"一文一事"的原则，公文主旨要鲜明集中，一般只写一个主送机关，不能"多头"请示。

(2) 客观真实。请示的事项客观真实，理由要充分，不能为了让上级领导批准而虚构情况，也不要因为没能认真调查而片面地摆情况、提问题。

(3) 恳切平实。写作语气要恳切平实，要以理服人，以期引起上级的重视，既不能出言生硬，也不能过于客套、谦卑。

2.5.3 报告

最高人民检察院关于开展公益诉讼检察工作情况的报告
——2019年10月23日在第十三届全国人民代表大会常务委员会
第十四次会议上
最高人民检察院检察长 张 军

全国人民代表大会常务委员会：

根据本次会议安排，我代表最高人民检察院报告开展公益诉讼检察工作情况，请予审议。

探索建立检察机关提起公益诉讼制度，是党的十八届四中全会作出的一项重大改革部署，也是以法治思维和法治方式推进国家治理体系和治理能力现代化的一项重要制度安排。党中央对公益诉讼检察工作高度重视。习近平总书记在党的十八届四中全会上专门对建立这一制度作了说明，突出强调"由检察机关提起公益诉讼，有利于优化司法职权配置、完善行政诉讼制度，也有利于推进法治政府建设"。在致第二十二届国际检察官联合会年会暨会员代表大会的贺信中，习近平总书记再次深刻指出："检察官作为公共利益的代表，肩负着重要责任。"全国人大常委会加强公益诉讼检察立法保障，2015年7月作出决定，授权在13个省区市开展为期两年的试点；2016年11月审议试点工作中期报告；2017年6月修改民事诉讼法、行政诉讼法，正式建立这一制度；2018年10月、2019年4月又将公益诉讼检察职权写进修订的人民检察院组织法、检察官法。在习近平同志为核心的党中央坚强领导下，在全国人大及其常委会有力监督下，公益诉讼检察制度从顶层设计到实践落地，从局部试点到全面推开、健康发展，形成了公益司法保护的"中国方案"，受到广泛关注。

一、公益诉讼检察工作全面推开以来的主要情况(内容略)

二、存在的问题(内容略)

三、下一步工作措施和建议(内容略)

委员长、各位副委员长、秘书长、各位委员，列席会议的各位代表：中国特色社会主义进入新时代，党和人民对维护国家利益和社会公共利益提出新的更高要求。全国检察机关将更加紧密团结在以习近平同志为核心的党中央周围，以习近平新时代中国特色社会主义思想为指导，不忘初心、牢记使命，以功成不必在我的态度和建功必定有我的担当，奋力开创新时代公益诉讼检察工作新局面，为实现"两个一百年"奋斗目标和中华民族伟大复兴的中国梦作出新贡献！

案例分析：

文种：报告

写作结构：

(1) 标题——《最高人民检察院关于开展公益诉讼检察工作情况的报告》，包含"发文机关+发文事由+文种"。

(2) 正文：该案例属于工作报告，其正文由"缘由+主体+结尾"三部分构成。

写作要点：

该案例属于工作报告中的专题性工作报告，写作重点突出，实事求是。

《党政机关公文处理工作条例》第八条第(十)项规定，报告适用于向上级机关汇报工作、反映情况，回复上级机关的询问。报告是向上级机关汇报工作、反映情况、提出意见或者建议，答复上级机关的询问的公文，属于上行公文。

作为党政机关公文的报告，和一些专业部门从事业务工作时所使用的、标题中也带有"报告"二字的行业文书，如"审计报告""评估报告""立案报告""调查报告"等不是相同的概念。这些文书不属于党政公文的范畴。

1. 报告的特点

(1) 单向性。报告是下级机关向上级机关汇报工作、反映情况的单向的上行文，无须上级机关给予批复的文件。

(2) 陈述性。报告是下级机关向上级机关汇报工作或反映情况或答复询问的文件，因此，所表达的内容和语言是陈述性的。

(3) 汇报性。报告是下级机关向上级机关或业务主管部门汇报具体工作，让上级机关或主管部门能够掌握基本情况并及时对自己的工作进行指导的行政公文，因此，汇报性是报告的一个很显著的特点。

(4) 事后性。多数报告都是在某项工作结束或已开展了一段时间之后向上级做出的汇报，因此，事后性在报告中是非常明显的。

2. 报告的分类

(1) 工作报告。工作报告是用于总结工作经验，并向上级机关汇报工作进展情况的文件。下级机关要把本机关各项工作的开展情况经常地汇报给上级机关。工作报告又可分为综合性工作报告和专题性工作报告。

(2) 情况报告。情况报告是旨在向上级机关反映有关情况的文种，一般所反映的情况是下级机关在工作中遇到的重大问题或特殊事件，如果隐情不报，则是一种失职的表现。

(3) 答复报告。答复报告属于一种被动行文，是答复上级机关询问的报告。对于较为简单的问题，可以进行口头答复，但涉及较为重要的问题时，往往要用书面报告的形式进行答复。

(4) 报送报告。报送报告是向上级报送文件、物件时所使用的报告。这种报告正文通常非常简略，只需三言两语说明报送的名称、数量、质量、报送的目的即可，如可写明"现将××报上，请指正(请查收)"即可。

3. 报告的结构

报告一般包括标题、主送机关、正文、落款和成文日期等部分。

(1) 标题。标题一般有两种形式，一是"发文机关+事由+文种"，如《最高人民检察院关于开展公益诉讼检察工作情况的报告》；二是"事由+文种"，如《政府工作报告》。

(2) 主送机关。下级向上级机关汇报工作或反映情况等需要做出报告时，需要在标题之下、正文之上标明报送的主送机关。主送机关一般只送一个上级机关，例如，全国人民代表大会常务委员会。但受双重领导的机关报送时可以两个或两个以上。

(3) 正文。正文一般由缘由、主体、结尾三部分构成。

① 缘由。先简要交代写报告的背景或目的，然后再过渡到主体部分，有的报告没有过渡语，例如，2023年《政府工作报告》中的"本届政府任期即将结束。现在，我代表国务院，向大会报告工作，请予审议，并请全国政协委员提出意见"。

② 主体。主体是报告的具体内容，不同类型的报告其主体部分的写法也各有不同。例如，工作报告需要讲工作的情况、所取得的成绩、存在的问题、具体的经验教训，以及今后如何开

展工作；情况报告则重点要将事情或者问题的原委、性质写清楚，还要提出具体的看法，有的还可以提出初步的处理意见供上级参考；答复报告则一定要针对上级机关所询问的问题进行明确的答复，切忌节外生枝。

③结尾。通常用"请审阅""请审议""请查收""特此报告"等作为结语，有的报告则直接把此类结语写在前言部分，例如，《最高人民检察院关于开展公益诉讼检察工作情况的报告》的开头就提到"请予审议"。

(4) 落款和成文日期。落款署发文机关的全称或者规范化简称，一般需要加盖发文机关印章。成文日期和前述的其他行政公文文种相同。

如果是在会议中做工作报告，则在报告的标题下方署会议名称和报告人的职务和姓名，会议名称前加破折号，例如，——2019年10月23日在第十三届全国人民代表大会常务委员会第十四次会议上 最高人民检察院检察长 张军。

4. 报告的写作要点

(1) 重点突出。要分清主次轻重，进行概括说明。报告的重点是放在一定时期内的中心工作或者急需解决的问题。

(2) 实事求是。下级机关向上级反映情况或问题时，要做到实事求是，既不能夸大成绩，也不能掩饰错误或问题。

(3) 报告中不得夹带请示事项。《党政机关公文处理工作条例》第十五条第(四)项明确规定，不得在报告等非请示性公文中夹带请示事项。

2.5.4 函

××省教育厅关于商请联合举办高校毕业生就业洽谈会的函

××省人力资源和社会保障厅：

为进一步促进高校毕业生就业，加强校企人才对接，我厅拟于2024年3月15日至17日举办"××省2024届高校毕业生就业洽谈会"。

贵厅在人才资源统筹、企业联络方面经验丰富，现商请贵厅协助以下事项：

(1) 组织省内重点企业参与洽谈会，提供招聘岗位信息；

(2) 联合开展"就业政策进校园"宣讲活动；

(3) 共同承担会场布置及宣传工作。

如蒙同意，请于2024年1月30日前复函，并附参与企业名单。

附件：1.洽谈会筹备方案；

2.预算草案。

××省教育厅

××××年××月××日

(联系人：王××，电话：0××-×××××××××)

案例分析：

文种：函

标题规范：

(1) 完整结构：发文机关+事由+文种("关于……的函")。

(2) 文种明确，避免使用"通知""申请"等错误名称。

(3) 主送机关：顶格书写，使用全称(不可简写为"人社厅")

正文逻辑:

(1) 背景:说明发函原因(促进就业)。

(2) 依据:肯定对方优势("经验丰富")。

(3) 事项:分条列出具体请求(企业组织、宣讲活动、会场分工)。

(4) 要求:明确回复时限和所需材料(企业名单)。

语言风格:

使用协商性用语("商请""如蒙同意"),体现对平行机关的尊重。

写作结构:

(1) 标题——《××省教育厅关于商请联合举办高校毕业生就业洽谈会的函》,包含"发文事由+文种"。

(2) 正文:该案例属于商洽函,其正文是由"缘由+主体"两二部分构成。

写作要点:

该案例属于商洽函,函的事项部分内容单一,一函一事,行文时直陈其事。

《党政机关公文处理工作条例》第八条第(十四)项规定,函适用于不相隶属机关之间商洽工作、询问和答复问题、请求批准和答复审批事项。函是典型的平行文,函既适用于平行机关之间行文,也适用于不相隶属的机关之间行文,包括上级机关或是下级机关行文。

1. 函的特点

(1) 单一性。一份公函只适宜写一个事项,一般要求一文一事、内容单一、语言简洁明了。

(2) 灵活性。一是格式灵活,除国家高级机关行文时所使用的公函必须严格按照公文的格式、行文要求外,其他函的格式则较为灵活;二是行文方向灵活,即可以平行行文,可以向上行文或者向下行文。

(3) 沟通性。函可以用于不相隶属机关之间互相商洽工作、询问和答复问题,起着良好的沟通作用。

2. 函的分类

(1) 按照性质可以分为公函和便函两种。

① 公函。其中,机关单位进行正式的公务活动往来时用公函。

② 便函则主要用于日常事务性工作的处理。便函不属于正式公文,没有公文格式方面的要求,只需要在最后署上机关单位的名称、成文时间并加盖公章。

(2) 按发文目的可以分为复函和发函两种。

① 复函是为了回复对方所发出的函。

② 发函则是为了某些工作事项而主动发出的函。

(3) 按照作用可以分为以下几种。

① 商洽函。用于请求支持、协助,协商解决某一个问题,如要求赔偿函、联系参观学习函、干部商调函等。

② 答复函。用于答复不相隶属机关之间询问相关方针政策等问题。

③ 询问函。主要用于询问某一具体事项、征求意见、催交物品等。

④ 告知函。用于将某一事项、活动函告对方知晓,或者请对方参加会议、集体活动。

⑤ 请求批准函。用于向有关机关、部门请求批准时使用,如果是下级机关向上级机关请求批准,那就只能用请示而不能用函。

3. 函的结构

函一般由标题、主送机关、正文、落款与成文日期等构成。

(1) 标题。函的标题一般有三种形式：一是"发文机关+事由+文种"；二是"事由+文种"，例如，关于转发地方经验做法进一步加强院前医疗急救服务工作的函；三是"发文机关+事由+受理机关+文种"。

(2) 主送机关。即受文并办理来函事项的机关单位，例如，各省、自治区、直辖市及新疆生产建设兵团联防联控机制(领导小组、指挥部)、国务院联防联控机制各成员单位。

(3) 正文。正文一般由缘由、主体、结尾构成。

① 缘由。发函要说明具体缘由，通常要求交代发函的目的、根据、原因等内容；复函的缘由要引述来文的标题、发文字号，然后说明发文的缘由。

② 主体。说明此函所涉及的事项。函的事项部分内容单一，通常是一函一事，行文时要直陈其事，要用简洁得体的语言将需要告知对方的问题或者意见写清楚。

③ 结尾。发函的结尾通常是向对方提出希望和要求，然后以"特此函请""特此函告"等作为结束语，也可省略。不同类型的函有不同的结束语，具体如下。

- 商洽事项+协商、肃请语气的结束语("妥否，请函复"。"特此函商"等)。
- 询问事项+答复要求或结束语("请研究函复""盼复""特此函询"等)。
- 引述来文并表明态度+答复事项+结束语("特此函复")。

(4) 落款与成文日期。无论是主动发函还是被动复函，落款必须标明发文机关，并加盖公章。成文日期与其他行政公文要求相同。

4. 函的写作要点

(1) 主题明确。紧密围绕着函中所提出的问题和公务事项，要简洁明了，直陈其事，避免空话、套话和空泛的议论。

(2) 礼貌用语。函的用语要做到礼貌平和，切忌使用命令语气，但是也不能为了解决问题就逢迎对方。

(3) 注意请示与请求批准函、批复与答复函之间的区别。请示适用于下级机关向有隶属关系的上级机关请求批准相关事宜，批复适用于上级机关回复有隶属关系的下级机关的请示，请批函、答复函适用于不相隶属的机关之间请求批准相关事宜。

(4) 时效性。复函应及时迅速，要像对待其他公文一样，及时地处理函件，保证公务活动的正常进行。

2.5.5 意见

国务院办公厅关于上市公司独立董事制度改革的意见

国办发〔2023〕9号

各省、自治区、直辖市人民政府，国务院各部委、各直属机构：

上市公司独立董事制度是中国特色现代企业制度的重要组成部分，是资本市场基础制度的重要内容。独立董事制度作为上市公司治理结构的重要一环，在促进公司规范运作、保护中小投资者合法权益、推动资本市场健康稳定发展等方面发挥了积极作用。但随着全面深化资本市场改革向纵深推进，独立董事定位不清晰、责权利不对等、监督手段不够、履职保障不足等制度性问题亟待解决，已不能满足资本市场高质量发展的内在要求。为进一步优化上市公司独立董事制度，提升独立董事履职能力，充分发挥独立董事作用，经党中央、国务院同意，现提出以下意见。

一、总体要求(内容略)

二、主要任务(内容略)

三、组织实施(内容略)

国务院办公厅

2023年4月7日

(此件公开发布)

案例分析：

文种：意见

写作结构：

(1) 标题——《国务院办公厅关于上市公司独立董事制度改革的意见》，包含"发文机关名称＋事由＋文种"。

(2) 正文：该案例属于指导性意见，其正文由"发文缘由+具体意见"两部分构成，没有结尾。

写作要点：

该案例见解、主张明确，体现出意见语体的简明性；涉及一些专业知识的时候，清楚地解释主张什么、不主张什么，保证意见语体的明确性特征得到体现。

《党政机关公文处理工作条例》第八条第(七)项规定，意见适用于对重要问题提出见解和处理办法。意见具有行文多向性、内容广泛性、使用灵活性、作用多样性的特点。意见作为上行文，应按照请示的程序和要求办理，多经过上级批转。作为下行文，文中有明确的贯彻执行要求的，下级应该遵照执行；无明确执行要求的，下级应该参照执行。作为平行文，提出的意见供对方参考。

1. 意见的特点

(1) 内容的参考性。意见是对工作中遇到的重要问题或事项做出的具有建设性和参考性作用的文件，因此，参考性的特点显而易见。

(2) 行文方向的多样性。从行文关系上来说，意见属于比较特殊的文种，它既可以是下行文、上行文，也可以是平行文，在行文方向上具有多样性。

(3) 原则性。意见大多数情况下不是具体的工作安排，它是从宏观上提出见解和意见，比起执行上级机关所发的指示有更大的灵活处理的余地。

2. 意见的分类

按照性质和用途的不同，意见可分为以下几类。

(1) 指导性意见。指导性意见是党政领导机关用以部置工作的下行意见。阐明工作原则、要求，提出见解和处理办法，做出工作安排。

(2) 建议性意见。建议性意见是下级机关向上级提出工作建议、设想的上行意见。可分为"呈报性意见"和"呈转性意见"。

① 呈报性意见是围绕工作中的重要问题向上级献计献策，出主意、想办法，所提的工作意见、建议，供上级决策参考。

② 呈转性意见是职能部门为了搞好某方面的工作而提出的设想、打算，呈送领导审定后批转更广的范围去参照、执行。意见一经上级机关批转，则代表了上级机关的意见。

(3) 评估性意见。评估性意见是专业机构与业务职能部门就某项工作中的问题经调查、研究后，把鉴定、分析、评估结果写成"意见"，提出工作上的见解与处理方法，提交有关方面参考。可分为鉴定性意见和批评性意见。

① 鉴定性意见是为了保证决策的科学性，对某一项工作的成果、某项决策的可行性进行调查论证、评估鉴定后，形成的意见。

② 批评性意见是偏重对工作中出现的问题提出批评而写的意见。

(4) 规定性意见。用于对所属机关、组织和人员提出规范性的要求与措施。这种意见常用于党的领导机关或组织、纪律部门为所制定的党组织及党员行为准则提出具体的执行方法和标准，也有党政联合发文关于行政方面的一些规定意见。

3. 意见的结构

意见一般包括标题、主送机关、正文、落款与成文日期等部分。

(1) 标题。意见的标题一般有两种形式，第一种由"发文机关名称＋事由＋文种"三部分构成，例如，《国务院办公厅关于上市公司独立董事制度改革的意见》；第二种由"事由＋文种"两部分构成，是省略性标题，省略了发文机关。

(2) 主送机关。主送机关在标题下，正文前标明主送机关的名称。意见的主送机关分为两种情况：第一种是直接发布的意见，有主送机关，主送机关的排列方法与一般公文相同，如《国务院办公厅关于上市公司独立董事制度改革的意见》的主送机关是"各省、自治区、直辖市人民政府，国务院各部委、各直属机构"；第二种是需要转发的意见，如《国务院办公厅转发国家发展改革委等部门关于加快推进城镇环境基础设施建设指导意见的通知》则没有主送机关这一项，但是转发该意见的通知，则要把主送机关写清楚，如下案例所示。

国务院办公厅转发国家发展改革委等部门关于加快推进城镇
环境基础设施建设指导意见的通知

国办函〔2022〕7号

各省、自治区、直辖市人民政府，国务院各部委、各直属机构：

国家发展改革委、生态环境部、住房城乡建设部、国家卫生健康委《关于加快推进城镇环境基础设施建设的指导意见》已经国务院同意，现转发给你们，请认真贯彻执行。

国务院办公厅

2022年1月12日

(此件公开发布)

关于加快推进城镇环境
基础设施建设的指导意见

国家发展改革委　生态环境部　住房城乡建设部　国家卫生健康委

环境基础设施是基础设施的重要组成部分，是深入打好污染防治攻坚战、改善生态环境质量、增进民生福祉的基础保障，是完善现代环境治理体系的重要支撑。为加快推进城镇环境基础设施建设，提升基础设施现代化水平，推动生态文明建设和绿色发展，按照党中央、国务院决策部署，根据《中华人民共和国国民经济和社会发展第十四个五年规划和2035年远景目标纲要》，现提出如下意见。

……

(3) 正文。意见的正文一般由发文缘由、具体意见和结尾构成。

① 发文缘由。主要写明提出意见的原因、依据或目的，有时也交代背景，例如，为进一步

优化上市公司独立董事制度，提升独立董事履职能力，充分发挥独立董事作用，经党中央、国务院同意，现提出以下意见。

② 具体意见。具体意见是正文的主体部分，具体写明对重要问题的见解和处理方法，即具体的建议事项、实施要求或措施办法等。这部分一般采用分条列项的方式，将意见表述清楚。如果意见的内容比较多，则可以列出小标题作为各层次的标志，小标题下再分条表述。

③ 结尾。意见的结尾部分可根据不同的种类灵活处理，如下行文的意见，可写成"以上意见，请各部门、各地区按实际情况贯彻执行"，上行文的意见，可写成"以上意见仅供参考"等。值得一提的是，还有一些意见是没有结尾部分的，例如，《国务院办公厅关于上市公司独立董事制度改革的意见》没有结尾部分。

(4) 落款与成文日期。在正文的最后写明发文机关，并标明成文日期，用阿拉伯数字将年、月、日标全，年份应标全称，月、日不编虚位(即1不编为01)。

(5) 附注。附注是公文印发传达范围等需要说明的事项，对公文的发放范围、使用时需注意的事项加以说明。例如，此件公开发布。

4. 意见的写作要点

(1) 意见用词应恰当、准确。意见主要用于推动、指导有关工作，并为改进某些机关的工作提供参考。一般情况下，它没有指令性作用，但是有很强的参考作用。因此，在撰写意见时，注意见解、主张明确，体现出意见语体的简明性。涉及一些专业知识的时候，解释清楚主张什么、不主张什么，保证意见语体的明确性特征得到体现。

(2) 行文要及时可操作。意见一般为解决现实工作中亟待解决的问题而提出，因此，意见的及时性特别重要，错过了时机，也便失去了其应发挥的作用和价值。此外，意见还要求具体可操作，符合实际情况，实事求是。

(3) 讲究政策、体现新意。意见大多是针对现实工作中出现的新情况、新问题，要深入调查研究，深刻掌握党和国家的有关方针和政策，撰写意见要以相关政策为依据，引用相关研究、调查数据，用简明扼要的语言清晰地表达自己的观点和立场。

2.5.6 通告

关于检举税收违法行为奖励的通告
国家税务总局海南省税务局通告2021年第9号

为贯彻落实中央关于进一步优化税务执法方式的部署，有效动员社会力量参与税收精诚共治，守住海南自贸港税收管理风险底线，根据《税收违法行为检举管理办法》(国家税务总局令第49号)及《检举纳税人税收违法行为奖励暂行办法》(国家税务总局 中华人民共和国财政部令第18号)相关规定，现就全省涉税违法行为检举及奖励相关事宜通告如下。

一、涉税违法检举途径

为便于检举人对涉税违法行为进行检举，全省设立24个举报中心及纳税服务中心12366热线负责接收涉税违法行为检举，检举人可根据自身需要选择一处举报中心进行实名或匿名检举。检举可以采用书信、电话、传真、网络、来访等多种形式。具体检举方法如下。

(一) 书信、电话、传真及来访检举的，具体联系地址及电话详见附表。

(二) 网络方式请登录国家税务总局海南省税务局官方网址互动交流栏目中的税收违法行为检举信箱进行登记。

（三）拨打12366纳税服务热线或通过微信关注海南税务微信公众号微办税栏目的举报通道进行登记。

二、涉税违法检举奖励(内容略)

三、检举人权利与义务

实名检举人应当提供营业执照、居民身份证等有效身份证件原件或复印件。检举人应对其所提供检举材料的真实性负责，不得捏造、歪曲事实，不得诬告、陷害他人，弄虚作假骗取奖励的，依法承担相应责任，构成犯罪的，移送司法机关处理。

实名检举事项处理情况由作出处理行为的税务机关的举报中心在15个工作日内反馈处理情况；实名检举事项查处结果由负责查处的税务机关的举报中心在检举事项办结后简要告知办理情况。

税务机关严格依照国家有关法律、行政法规等规定保密，严禁泄露检举人的姓名、身份、单位、地址、联系方式等情况。

特此通告。

附件：国家税务总局海南省税务局举报中心联系方式

国家税务总局海南省税务局

2021年6月10日

案例分析：

文种：通告

写作结构：

(1) 标题——《国家税务总局海南省税务局关于检举税收违法行为奖励的通告》，包含"发文机关+发文事由+文种"。

(2) 正文：该案例属于知照性通告，其正文由"缘由+事项+结尾"三部分构成。

写作要点：

该案例通告内容单一，采用篇段合一的方法。

党政机关公文处理工作条例第八条第(六)项规定，通告适用于在一定范围内公布应当遵守或者周知的事项。通告是在公布社会各有关单位和个人应当遵守或者周知的事项时所使用的公文文种。它既适合国家机关、企事业单位，也适合社会团体在所辖范围内公布有关事项。

1. 通告的特点

通告用于公布大部分人都要遵守或者周知的事项，主要有以下几个特点。

(1) 简洁性。通告通常以简明扼要的方式呈现信息，避免冗长或复杂的句子，使读者能够迅速获取核心内容。

(2) 明确性。通告要以简明扼要的语言，清晰、明确地呈现信息，避免使用含糊不清的语气和冗长复杂的语句，确保受众能够准确理解其内容。

(3) 公开性。通告通常是公开发布的，以便广泛传播和被接收对象共享。可通过多种途径进行发布，如张贴在公共场所、发送电子邮件或在网站上发布。

(4) 针对性。通告通常是为特定的受众群体编写的，以确保信息的针对性和有效性。因此，在编写通告时需要考虑受众的背景、知识水平和需求。

2. 通告的分类

通告主要分为以下三类。

(1) 知照性通告。知照性通告是公布需要有关单位和个人周知的某些事项的通告，如通告停电、停水、电话升位等。

(2) 办理性通告。办理性通告是公布要求有关单位和人员办理的事项的通告。要求办理的事项多为注册、登记、年检等公共行为。

(3) 禁管性通告。禁管性通告是公布一些令行禁止类事项的通告。令行禁止的事项一般为交通管制、查禁违禁物品等事项。

3. 通告的结构

通告一般包括标题、发文字号、正文、结尾、落款和成文日期等部分。

(1) 标题。通告的标题通常采用以下几种形式，一是"发文机关名称+事由+文种"，如《国家税务总局海南省税务局关于检举税收违法行为奖励的通告》；二是"发文机关名称+文种"；三是"事由和文种"；四是只用文种"通告"做标题，如果遇到特别紧急的情况，可以在通告前加上"紧急"二字。

(2) 发文字号。如果是某一行业的管理部门所发布的通告，则可以采用"第×号"的形式，位置在标题之下正中；如果是政府发布通告，则要有正规的发文字号，例如，国家税务总局公告2020年第9号。

(3) 正文。正文主要包括通告缘由、通告事项、结尾。

① 缘由。缘由主要阐述发布通告的背景、依据、目的、原因及意义等。

② 事项。事项是通告正文的核心部分，主要包括周知事项和执行要求。

③ 结尾。一般以"特此通告"等习惯性用语作结；有的通告也会提出执行时间、执行范围和有效期限，如"本通告自发布之日起实施"等。

(4) 落款和成文日期

落款署发文机关的全称或者规范化简称，一般需要加盖发文机关印章，如"国家税务总局"。成文日期和前述的其他行政公文文种相同。

4. 通告的写作要点

(1) 条理分明。通告内容单一，采用篇段合一的方法；通告内容多，应采用分条列项、递进式予以说明，以便浏览者迅速、正确地领会通告的核心。

(2) 明确具体。需要清楚说明受文对象应执行的事项，以便于理解和执行。要避免表述上的主次不分或是忽轻忽重，让人产生繁杂无序的感觉。

(3) 清晰明了。通告应该简洁明了，用简洁的语言表达要传达的信息，避免使用过多的修饰词和复杂的句子结构。

2.5.7 其他常见行政公文概述

党政机关公文体系包括15种主要文种，除已详细分析的通知、请示、报告、函、意见和通告外，其余九种公文(决议、决定、命令、通报、公告、批复、议案、公报和纪要)也在实际工作中广泛应用。这些文种在功能和作用上有所侧重，各自承担着不同的任务和职责。

1. 决议

决议是由会议讨论通过的文件，用于对重要事项或重大决策做出原则性规定。决议通常具有较强的指导性，表达集体意志。

1) 适用场景

(1) 政治性或政策性重大事项的表决和通过，如党代会、人民代表大会的决策。

(2) 行业或组织内部会议的重要决策事项。

2) 写作要点

(1) 标题。标题通常由"发文机关+事由+文种"构成。例如，《全国人民代表大会关于批准〈国家安全法〉的决议》。

(2) 正文。

① 会议背景：简述会议召开情况、议题及重要性。

② 决议内容：详细阐述会议形成的决策或指导意见，条理清晰，结构严谨。

③ 执行要求：提出后续工作方向或具体行动要求。

3) 特点

(1) 高度权威性：决议需经过集体表决通过，体现全体意志。

(2) 宏观指导性：内容侧重原则性和方向性。

2. 决定

决定是行政机关对重大事项或特定问题做出的决策文书，具有明确的执行性和操作性。与决议相比，决定更强调具体性和落实性。

1) 适用场景

(1) 宣布重大措施或政策的实施，例如，《国务院关于深化医药卫生体制改革的决定》。

(2) 对重要事务进行明确处理，如机构调整、干部任免等。

2) 写作要点

(1) 标题：格式为"发文机关+事由+文种"。

(2) 正文。

① 做出决定的背景与依据：简要说明发布决定的原因和法律依据。

② 具体内容：逐条列出决定事项，语言简洁，逻辑清晰。

③ 执行要求：指明具体执行部门和时间要求，确保决定的贯彻落实。

3) 特点

(1) 操作性强：直接指向具体事务，便于实施。

(2) 刚性约束力：对受文机关和相关对象具有强制效力。

3. 命令(令)

命令是具有高度权威性和强制性的公文，用于发布法规、宣布施行重大强制性措施，或进行特定范围内的动员。

1) 适用场景

(1) 公布法律法规的实施，如《国务院令(第741号)》。

(2) 宣布国家或地方层面的紧急措施。

(3) 授予国家级荣誉称号或军队相关命令。

2) 写作要点

(1) 标题：一般为"发文机关+文种"，如《中华人民共和国国务院令》。

(2) 正文。

① 背景说明：说明命令的发布缘由。

② 命令内容：具体说明法规或措施实施的细节，语言庄重。

③ 生效条款：明确命令的生效日期和适用范围。

3) 特点

(1) 强制性：要求受文机关和人员必须严格执行。

(2) 时间敏感性：命令常与特定情势相关，要求迅速执行。

4. 公报

公报是一种具有信息公告性质的公文，用于公开传递重大会议决议、政策或国家事务。其语言通常简洁、概括性强，注重表达的重要性。

1) 适用场景

(1) 发布党代会、人民代表大会的决议和总结性文件。

(2) 国家重大事务的公众通报。

2) 写作要点

(1) 标题：通常直接用"发文机关+文种"，如《中华人民共和国政府工作公报》。

(2) 正文。

① 核心内容概述：对会议精神、政策要点进行高度概括。

② 宣传性语言：注意用语的正面性和鼓动性。

3) 特点

(1) 覆盖面广：公报常通过多种媒体向全社会发布。

(2) 纪实性强：注重内容的真实性和权威性。

5. 通报

通报用于表彰先进、批评错误或传递重要信息，具有较强的教育性和指导性。根据内容可分为表彰性、批评性和情况通报。

1) 适用场景

(1) 表扬先进集体或个人的业绩。

(2) 对违规行为进行点名批评，提出整改要求。

(3) 通报政策执行情况或事件处理进展。

2) 写作要点

(1) 标题：常为"发文机关+事由+文种"。

(2) 正文。

① 通报缘由：说明通报的背景或动因。

② 核心内容：详细阐述所通报的事项，分条列明关键信息。

③ 后续要求：针对通报内容提出行动或整改建议。

3) 特点

(1) 教育性强：通报旨在通过表彰或批评引导行为规范。

(2) 信息透明性：公开发布，确保知晓范围广。

6. 公告

公告用于向社会公众正式公布需要广泛知晓或执行的重大事项，具有法律效力。

1) 适用场景

(1) 宣布法规政策、重大活动安排。

(2) 公布与社会公众密切相关的信息，如《选举公告》。

2) 写作要点

(1) 标题：如《××市人民政府公告》。

(2) 正文。

① 公告事项的背景及依据。

② 明确具体内容，重点突出执行要求。

3) 特点

(1) 针对性广泛：主要面向全社会发布。

(2) 法律效力强：内容具有强制性，需依法执行。

7. 批复

批复是上级机关对下级机关请示事项进行正式答复的文件，具有权威性和针对性。

1) 适用场景

(1) 下级机关申请审批事项的批准。

(2) 对下级请示中的问题做出指示。

2) 写作要点

(1) 标题：格式为"发文机关+关于+事由+文种"。

(2) 正文。

① 请示事项的简要回顾。

② 批复意见：针对问题明确具体决定。

3) 特点

(1) 针对性强：内容专门针对请示事项展开答复。

(2) 指导性明确：批复为后续工作提供具体指引。

8. 议案

议案是政府向同级人民代表大会或其常务委员会提出的正式建议或方案，具有法定程序和重要意义。

1) 适用场景

(1) 提交法律法规草案、政策调整方案等。

(2) 针对重大决策进行提议。

2) 写作要点

(1) 标题：如《国务院关于提请审议〈社会保险法〉的议案》。

(2) 正文。

① 提议的背景和必要性。

② 提议事项及主要内容。

3) 特点

(1) 程序性强：需按照法定程序提出并审议。

(2) 内容严谨：注重合法性和科学性。

9. 纪要

纪要是用于记录会议主要内容和形成决议的文件，注重内容的真实性、完整性和准确性。

1) 适用场景

(1) 记录重大会议的议程和讨论情况。

(2) 反映会议达成的共识和决议事项。

2) 写作要点

(1) 标题：标题常采用"会议名称+文种"的形式，如《全国科技创新工作会议纪要》。

(2) 正文。

① 背景说明：简述会议的时间、地点、与会人员和议题。

② 核心内容：记录会议讨论的主要意见、形成的决议或决定事项。

③ 后续要求：提出落实措施或行动方向。

3) 特点

(1) 真实性：如实反映会议内容，避免主观加工。

(2) 参考性：为后续工作或决策提供参考依据。

2.5.8 十五种行政公文的应用对比

党政机关的十五种公文在功能、结构、语言风格和适用范围上具有显著差异，其应用对比如表2.1所示。

表 2.1 各类公文的应用与对比

公文类型		特点	适用范围	主要作用
决策性公文	决议	权威性、原则性	战略部署、方针政策	统一思想，明确方向
	决定	执行性、具体性	重大事项部署	明确任务，推动落实
	命令	强制性、法律效力	法规施行、紧急措施	动员执行，确保落实
指导性公文	通知	普遍性、灵活性	信息传达、任务布置	上下沟通，发布指令
	通报	教育性、针对性	表彰先进、批评错误	引导行为，规范操作
	通告	公告性、法律性	社会公众需周知事项	广而告之，强化执行力
	公告	告知性、法律效力	法规发布、公众事项公告	明确规定，广泛宣传
	意见	指导性、参考性	政策建议、措施指导	明确方向，提供依据
实施性公文	请示	请求性、单一性	上行审批事项	请求指示，寻求支持
	报告	汇报性、陈述性	汇报工作、反映情况	反馈信息，辅助决策
	函	商洽性、灵活性	平行机关沟通	增强协作，解决问题
	批复	针对性、指令性	答复请示事项	确认事项，指导执行
记录性公文	公报	概括性、公开性	政策发布、会议精神传达	宣传信息，增强公众认知
	议案	程序性、规范性	立法或重大事项审议	推动决策，提供法定程序依据
	纪要	记录性、真实性	记录会议情况	提供参考，落实会议精神

2.6 行政公文写作实战演练

2.6.1 议案实战演练

案由：嵊泗县在"五水共治"政策指引下，以金沙社区为试点，成功实施了污水管网改造工程，有效提升了社区环境质量。然而,随着旅游业的快速发展,环境承载力问题日益凸显,对"美丽海岛"建设提出了更高要求。为此,王国频等12名人大代表提出议案,建议借助"治污"契机,通过一系列具体措施,如村庄风貌改造、基础设施建设、环境保护宣传及卫生保洁机制建立等,全面深化"美丽海岛"建设,旨在打造生态环境优美、产业配套完善的海岛旅游目的地,促进县域经济社会的可持续发展。此议案需经人民代表大会审议,以形成决议并推动实施。

关于借"治污"契机,深入推进"美丽海岛"建设的议案

嵊泗县人民代表大会:

水作为生命之源、生产之要、生态之基,直接关系着一个地方的长远发展。今年,我县全面贯彻落实省、市关于"五水共治"的决策部署,在金沙社区全力推进实施以"治污水"为核心的污水管网改造工程,也进一步促进村庄环境整洁。随着我县旅游业发展,旅游人数攀升,环境承载力接近饱和,我县在新时期要突破发展瓶颈,提高"美丽海岛"建设水平,就要将"治污水"作为"五水共治"工作突破口,形成"天蓝、水净、地绿"的生态环境,加快建设沿线风光、面上整洁、产业配套的"美丽海岛"。

下面就借"治污"契机,深入推进"美丽海岛"建设提出以下几点建议。

要依托治污,注重细节,推动村庄整体风貌改造(内容略)

要借力治污,加大投入,完善村庄基础设施建设(内容略)

要紧扣治污,强化宣传,营造全县环境保护氛围(内容略)

要结合治污,综合整治,建立卫生保洁长效机制(内容略)

王××等12名人大代表
2024年3月5日

案例分析:

文种:议案

特点:程序性强,需经审议通过后形成决议。

适用范围:立法建议、预算调整或重大政策提案。

主要作用:推动立法或决策,为法定程序提供依据。

写作结构:

(1)标题——《关于借"治污"契机,深入推进"美丽海岛"建设的议案》,包含"发文事由+文种"。

(2)正文:该案例属于建议性议案,其正文由"缘由+事项"两部分构成。

写作要点:

该案例属于建议性议案,事项明确具体,切实可行,符合国家和人民利益的需要,符合现行法律、法规和政策。

2.6.2 会议纪要实战演练

案由:苏州市政府第39次常务会议深入审议并决策了关于促进个体工商户高质量发展、行政规范性文件清理与更新、鼓励"工业上楼"工作试点以及促进数字金融实验室发展等多项关键政策措施与实施细则,旨在优化营商环境、推动产业升级、促进数字经济和实体经济深度融合。为明确后续实施方向与重点,确保各项政策得到有效执行,详细整理此会议纪要,并作为撰写详细实施计划及指导相关工作的坚实依据。

苏州市政府第39次常务会议纪要

苏州市常务会议纪要〔2023〕19号

2023年6月12日上午，吴庆文市长主持召开市政府第39次常务会议，审议《苏州市促进个体工商户高质量发展的若干政策措施》《市政府关于废止部分行政规范性文件的决定》《苏州市人民政府关于公布继续施行的市政府行政规范性文件目录的通告》《苏州市鼓励"工业上楼"工作试点方案》和《苏州市促进数字金融实验室发展实施细则(试行)》。

会议议定以下意见：

一、审议《苏州市促进个体工商户高质量发展的若干政策措施》(内容略)

二、审议《市政府关于废止部分行政规范性文件的决定》和《苏州市人民政府关于公布继续施行的市政府行政规范性文件目录的通告》(内容略)

三、审议《苏州市鼓励"工业上楼"工作试点方案》(内容略)

四、审议《苏州市促进数字金融实验室发展实施细则(试行)》(内容略)

会议还研究了其他事项。

出席：吴庆文 顾海东 唐晓东 周达清 施嘉泓 张桥 俞愉

列席：吴琦 张剑 范建青 张焱 蒋华 金晓虎 顾宝春 杨虹 顾红辉 黄志强 汤晶 徐自建

苏州市人民政府办公室整理

2023年6月21日

案例分析：

文种：会议纪要

特点：记录性强，反映会议讨论情况及形成的共识。

适用范围：重要会议或磋商会议的总结记录。

主要作用：为后续工作或决策提供参考依据。

写作结构：

(1) 标题——《市政府第39次常务会议纪要》，包含"会议主持机关+会议名称+文种"。

(2) 正文：该案例属于办公性会议纪要，其正文由"会议概况+主体+结尾"三部分构成。

写作要点：

会议纪要用语简练，用词精当，实事求是地反映会议的内容。

2.6.3 通知实战演练

案由： 为确保《××市网络预约出租车经营服务管理暂行办法(征求意见稿)》能够更加贴近实际、反映民意，××市法制办决定组织召开一场网约车管理意见征求座谈会，广泛收集并认真听取相关从业代表及市民代表对于网约车准入条件、派单机制、硬件设施标准、软性优惠政策以及管理办法可行范围等方面的宝贵意见和建议。为此，特发布此通知，明确会议的时间、地点、参会人员及座谈提纲，并要求参会人员提前准备、积极参与，以确保座谈会的高效有序进行，为政策的最终制定提供坚实的社会基础。

关于召开征求××市网约车管理意见座谈会的通知

各位代表：

近日，我局起草的《××市网络预约出租车经营服务管理暂行办法(征求意见稿)》引发争议。现拟召开座谈会，针对其中较受关注的问题听取公众意见。有关事项通知如下：

一、会议时间：××××年××月××日(周×)××点

二、会议地点：法制大厦301会议室

三、参会人员：相关从业代表各6名、市民代表10名

四、座谈提纲：①对网约车准入条件的讨论；②对网约车派单限制的讨论；③对网约车硬件设施的讨论；④对网约车软性优惠的讨论；⑤对网约车管理办法可行范围的讨论。

五、其他事项：参会人员请围绕主题，提前准备好发言要点，理性分析与讨论。请安排好工作，提前15分钟到达会场。

××市法制办

××××年××月××日

案例分析：

该案例的文种为通知，通知的行文结构如下。

(发文单位)+ 关于事由 + 通知

通知对象：

开头(交代通知缘由：背景、内容、意义等等，文末加上"有关事项通知如下")

主体内容(具体内容，建议分条展开论述，语言简洁、逻辑清晰)

一、……

二、……

三、……

落款(发文单位)

××××年××月××日

特点：灵活广泛，主要用于信息传达或任务布置。

适用范围：布置工作、发布消息或转发文件等。

主要作用：上下级信息交流的主要载体。

写作结构：

(1) 标题——《关于召开征求××市网约车管理意见座谈会的通知》，包含"发文机关+事由+文种"

(2) 正文：该案例属于周知性通知，其正文由"通知概况+主体内容+结尾"三部分组成。

(3) 落款与日期：发文机关名称"××市法制办"及成文日期。

写作要点：

用语简洁，层次清晰，内容明确，强调执行时效和具体要求。

📖 本章小结

本章系统阐述了公文的概念、内涵及其特点，分析了公文的分类和文种选用依据，明确了行文关系、行文方向以及行文规则与语言表达的基本要求。同时，本章详细介绍了行政公文的特点、分类、结构及其撰写要点，强调了实际撰写过程中的规范性与专业性。通过典型案例的分析与实践演练，强化了公文文种选用、行文逻辑及语言运用的实操技能，旨在帮助学习者实现理论与实践相结合，提升高效撰写公文的能力。

思考与练习：

1. 党政机关公文文种有哪些？

2. 公文文种选用依据是什么？

3. 公文的行文关系主要有哪几种？

4. 公文行文语言的基本特点是什么？

实践训练：

材料 1　近日，在山东省青岛市某旅游景区，发生了一起因导游强制游客购物引发的纠纷事件。事件中，一名导游在带团参观景点时，强行要求游客到指定商店购买纪念品，并威胁未购买的游客将无法继续参加接下来的行程。部分游客因不满导游的强制行为，与导游发生了言语冲突。导游的这一行为不仅侵犯了游客的自主选择权，也严重影响了旅游体验。青岛市文化和旅游局对此事件进行了初步调查，并发布了通报。

请以浙江省××市文化和旅游局的身份，撰写一份以此为鉴的自查通知，字数要求500字左右。

材料 2　沈阳作为东北地区的一个重要工业基地，近年来面临着产业结构调整和资源配置的重大挑战。随着传统重工业逐步萎缩，尤其是钢铁、煤炭等产业的衰退，沈阳市的经济增长逐渐放缓。此外，人口老龄化、年轻人才流失、下岗职工再就业困难等问题，逐步成为制约经济发展的主要瓶颈。同时，随着城市化进程的推进，住房、交通等民生问题日益突出，尤其是外来人口的增加使得城市基础设施负担加重。而城乡差距、教育医疗等社会资源分配不均，也对民生的改善造成了挑战。为了推动社会和谐发展，提升人民生活质量，沈阳市政府亟需采取有效的措施解决当前面临的民生难题。

请以沈阳市市长身份，撰写一份将在2025年×月××日第××届市人民代表大会常务委员会第××次会议上做的关于沈阳市民生民计情况的政府工作报告，字数限制为1000字左右。

第 3 章

事务文书写作

📖 **案例导读** | 晨曦文学社 2024—2025 学年第一学期活动计划

为进一步营造校园文化氛围，提升学生人文素养，让文学社充分发挥推动校园文化建设的作用，结合我校实际情况，特制订本学期活动计划。

一、指导思想

以培养学生文学兴趣与能力为目标，打造展示才华的平台，激发文学热情，提升综合素养。

二、任务和要求

通过多样活动激发社员写作兴趣，提高写作水平，加强交流合作，营造文学氛围，推动校园文化发展。

三、活动计划内容

1.9 月期间

　❍ 召开干部工作会，布置学期工作，明确职责分工。

　❍ 开展招新活动，张贴海报吸引新社员，同时招募记者团成员。

　❍ 组织新社员见面会，介绍文学社情况。

2.10 月期间

　❍ 邀请语文教师开展文学辅导讲座，为征文活动做准备。

　❍ 讲座后组织交流讨论。

　❍ 专业老师培训记者，安排实践采访，撰写新闻稿。

　❍ 启动"梦想启航·我的中国梦"征文活动，广泛宣传征稿信息。

3.11 月期间

　❍ 举办"读书论坛"演讲活动，确定主题规则，组织演讲与互动。

　❍ 评选征文活动奖项，邀请评审团评审。

　❍ 记者团开展采访报道，发布校园新闻。

4.12 月期间

　❍ 举行"诵读节"活动，包括朗诵比赛和诗歌默写大赛，制定规则标准，颁奖表彰。

　❍ 整理活动资料展示，扩大影响力。

　❍ 召开年度总结大会，回顾工作，听取建议，规划下学期。

四、活动预算

预计总费用5000元，具体分配如下。

- 讲座费用：1500元(预计3场讲座，每场500元)。
- 奖品费用：1200元(征文比赛、朗诵比赛、演讲比赛等)。
- 宣传费用：1000元(海报、横幅、线上宣传等)。
- 资料印刷费用：800元(活动资料、证书、征稿通知等)。
- 其他费用：500元(应急费用、活动场地布置等)。

五、注意事项

1. 活动策划要贴合学生需求，提高吸引力与参与度。
2. 重视活动安全，提前做好预案。
3. 及时全面宣传活动，利用多种渠道(海报、校园广播、社交媒体等)。
4. 加强与相关部门和教师合作，争取支持。
5. 注重资料收集整理，为文学社发展积累素材。
6. 鼓励社员提出创新性活动建议，增强活动的可持续性。

校晨曦文学社

2024 年 8 月 28 日

案例分析：

应用文分类：该文按文体分类属于事务文书。

结构：标题+正文+落款。

写作要点：

(1) 目标明确性：计划通常清晰地设定了目标，明确了要达成的具体成果或期望的状态。这有助于参与者理解行动的方向和目的。

(2) 步骤详细性：为了实现目标，计划会详细列出实施步骤，包括时间节点、责任分配、所需资源等，确保执行过程有序进行。

(3) 可操作性：计划的制订考虑到实际可行性，步骤具体、措施可操作，便于执行者理解和执行，确保计划能够顺利实施并取得预期效果。

事务文书在日常工作中作用显著，它能沟通各方情况，为工作开展提供方向与指导，如简报反馈基层信息、计划指引工作；可宣传政策方针，教育引导群众，如会务文书传达相关内容、规章文书等规范行为；可积累与提供资料、工作记录，留存组织发展历程等关键信息；此外，通过表彰、批评等能起到宣传教育作用，以计划为参照可检查督促工作，推动组织进步。

1. 目标明确

动笔前需清楚写作目的，如写会议纪要，目的是准确记录会议情况，以便相关人员查阅参考；写申请则是为了获得批准。明确的目标能引导内容的组织与表达。

2. 信息准确

事务文书涉及的事实、数据、观点等信息务必准确无误。像财务报告中的数据要精确，工作汇报中的成绩与问题描述要客观真实，否则会误导决策、影响工作。

3. 内容完整

不同的事务文书有各自必要的组成部分。以工作计划为例，通常要涵盖目标、措施、步骤、时间安排等；工作总结则需包含基本情况、成绩与经验、问题与教训、今后打算等。遗漏关键内容会影响文书功能的实现。

1. 认识事务文书的本质、特性及其应用价值
2. 掌握事务文书的撰写格式与技巧
3. 理解事务文书撰写的基本原则与语言要求
4. 识别并规避事务文书写作中的常见误区

3.1 事务文书概述

事务文书的撰写具有鲜明的实用性和规范性，其核心特征在于准确、高效地传达信息，确保工作的顺利开展。一旦记录出现错误或遗漏，可能导致任务执行不力、工作进度受阻，甚至引发责任不清等问题。因此，撰写事务文书的过程不仅是对工作场景的模拟，更是对责任意识和严谨态度的培养。规范的写作能够强化文书撰写者的责任意识，使其认识到文书的准确性对组织效率和团队协作的重要性，从而推动工作的高效执行和组织目标的实现。

事务文书被称作常用文书、一般应用文、机关应用文等。有广义与狭义之分：广义指党政机关、企事业单位以及各类社会团体或个人在工作、生活中经常使用的文书；狭义指法定公文(即《党政机关公文处理工作条例》所规定的公文种类)之外的全部公务文书。狭义范畴的事务文书是本章讨论的主要内容。从总体上来说，事务文书的写作在符合应用文体一般要求的前提下，有各自不同的写作规范和要求。机关及企事业单位、社会团体常用的事务文书主要有：计划、总结、调查报告、述职报告、简报、讲话稿、演讲词、会议记录等。

3.1.1 事务文书的内涵

事务文书的内涵主要指事务文书作为一种实用型文书所具备的特定意义和功能，通常涵盖以下几个方面。

1. 实用性

事务文书的核心功能是处理日常事务，如计划、总结、报告、通知等，具有很强的实用性和应用性。这些文书帮助组织和个体高效地组织、协调和推进工作，从而提升工作效率和质量。

2. 明确性

事务文书的内容通常十分明确，直接针对具体事务进行阐述和说明。无论是计划的制订、工作的总结，还是会议的纪要、通知的发布，都力求清晰明了，避免产生歧义和误解，确保信息传递的准确性。

3. 规范性

事务文书的撰写和管理遵循一定的规范和标准，如格式的统一、语言的规范、用词的准确等。这些规范性要求确保了文书的正式性和专业性，提升了其权威性和可信度，使其在组织管理中具有更强的执行力。

4. 时效性

事务文书通常与特定的时间节点和工作进度相关联，具有鲜明的时效性。它们需要及时反

映工作进展、传达重要信息、协调各方行动，以确保工作的顺利进行和及时完成。这种时效性要求文书撰写者具备快速反应和高效处理的能力。

5. 沟通性

事务文书是沟通上下级、部门之间以及个人之间的重要工具。它们通过文字形式传递信息、交流思想、协调行动，促进了组织内部和外部的有效沟通和协作。这种沟通性使得事务文书在组织管理中发挥着不可或缺的作用。

3.1.2 事务文书的特点

事务文书的特点主要指其作为一种特定类型的文书所展现出的独特性质和特征，通常包括以下几个方面。

1. 直接应用性

事务文书能够迅速解决实际问题，具有高度的直接应用价值。它们可以立即用于项目管理、活动安排等具体场景，帮助组织和个人高效地应对各种工作需求。

2. 结构明确性

事务文书的结构清晰且固定，便于信息的高效传递和理解。这种明确的结构不仅有助于撰写者组织内容，还便于读者快速获取关键信息，确保信息传递的条理性和逻辑性。

3. 表达精确性

事务文书在语言表达上追求精确无误，避免模糊或含糊其辞。这种精确性确保了信息的清晰传递，使读者能够准确理解文书内容，从而减少误解和执行偏差。

4. 灵活多样性

尽管事务文书遵循一定的规范和格式，但在实际应用中，它们展现出相当的灵活性和多样性。不同类型的事务文书可以根据具体需求进行调整和创新，以适应各种复杂的工作场景。

5. 快速响应性

事务文书通常需要在较短时间内完成，以响应快速变化的工作环境或紧急需求。这种快速响应能力确保了信息能够及时传递和处理，从而提高工作效率和应对能力。

3.1.3 事务文书的分类

事务文书可以根据不同的分类标准进行划分，常见的分类方式包括功能分类、应用场景分类和文体分类。

1. 功能分类

根据事务文书的功能和用途，可以分为以下几类。

1) 计划类

该类文书主要用于对未来工作的内容、措施、方案等进行预先设想和安排，明确工作目标、规划实施步骤、分配资源和时间。常见的计划类文书包括计划、规划、方案等。

2) 报告类

该类文书用于归纳和总结工作的主要内容、成绩、经验、问题和不足，对已完成或正在进行的工作进行系统性回顾和评估。常见的报告类文书包括总结、调查报告、述职报告等。

3) 规章类

该类文书是为规范工作行为、明确工作流程和职责而制定的制约性措施，用于确保工作有序进行，维护组织的正常运行。常见的规章类文书包括规则、制度、章程、守则等。

4) 信息类

该类文书用于向他人传递各类信息，包括工作动态、政策解读、通知事项等，用于促进信息共享和沟通交流。常见的信息类文书包括讲话稿、简报、启事、声明等。

5) 会议类

该类文书是与会议相关的文件，包括为会议召开而准备的文件以及对会议内容的记录和总结。常见的会议类文书包括开幕词、闭幕词、会议报告、会议记录等。

2. 应用场景分类

根据事务文书的应用场景，可以分为以下几类。

1) 行政管理类

该类文书主要用于组织内部的行政管理，包括工作安排、任务分配、进度跟踪等。例如，工作计划、会议纪要、通知等。

2) 业务操作类

该类文书用于指导具体业务操作，包括技术规范、操作流程、质量标准等。例如，操作手册、技术报告、业务流程说明等。

3) 沟通协调类

该类文书用于组织内部和外部的沟通协调，包括信息传递、意见交流、问题反馈等。例如，简报、备忘录、联络函等。

4) 监督评估类

该类文书用于对工作或项目进行监督和评估，包括绩效评估、质量检查、审计报告等。例如，评估报告、审计报告、检查记录等。

5) 记录存档类

该类文书用于记录工作过程和结果，便于后续查阅和存档。例如，会议记录、工作日志、项目档案等。

3. 文体分类

根据事务文书的文体特点，可以分为以下几类。

1) 条文式

该类文书以条文形式呈现，内容简洁明了，便于理解和执行。例如，规章制度、操作规程等。

2) 表格式

该类文书以表格形式呈现，便于数据统计和信息整理。例如，报表、登记表、计划表等。

3) 条文表格结合式

该类文书结合条文和表格的形式，既包含文字说明，又包含数据表格，便于综合呈现信息。例如，综合报告、项目计划书等。

4) 叙述式

该类文书以叙述的形式呈现，内容较为详细，适合描述复杂的情况或过程。例如，工作总结、调查报告等。

3.1.4　事务文书的用途

事务文书的用途主要有四个方面，分别是传达政策、指导工作，加强联系和沟通，查考依据，宣传教育。

1. 传达政策、指导工作

事务文书可将国家有关政策或者上级主管部门的工作要求加以具体化，进行上传下达，指导单位或者部门的工作程序和步骤，能够根据有关规定和精神落实具体工作。

2. 加强联系和沟通

事务文书的行文手续和写作格式相对灵活简便，机关、企事业单位或社会团体的大量日常事务性工作需要用事务文书来承载。事务文书肩负着不可或缺的沟通交流作用。

3. 查考依据

事务文书有很强的资料价值，因为其写作内容具体、使用频率高，且涵盖范围广阔，所以事务文书可成为比较可靠的档案，为以后本单位、本部门的工作打下基础。

4. 宣传教育

事务文书中常用的调查报告、讲话稿等，往往用于阐明工作思路和指导原则，使大家认清工作形势，端正态度，增强工作责任感，明确工作目标和具体步骤，更好地服务于国家建设。

3.1.5　事务文书的写作要求

事务文书作为一种实用性强的文体，旨在高效处理日常事务、沟通协调工作，其写作要求如下。

(1) 格式规范。事务文书应遵循一定的格式标准，如标题明确、日期标注清晰、段落分明等，以确保信息的条理性和易读性。

(2) 语言平实。事务文书应采用平实、简洁的语言，避免使用过于华丽或专业的词汇，以便于读者快速理解和操作。

(3) 内容具体。事务文书的内容应具体明确，直接针对事务本身进行描述和说明，避免冗余和偏离主题的表述。

(4) 逻辑清晰。事务文书应按照逻辑顺序组织内容，确保各部分之间的衔接紧密，便于读者跟随思路，理解文书的整体意图。

(5) 目的明确。事务文书在写作前应明确其目的，如通知事项、汇报进展、请求批准等，以确保文书的针对性和有效性。

(6) 信息准确。事务文书中的信息应准确无误，数据、事实等需经过核实，避免因信息错误导致的误解或决策失误。

(7) 时效性强。事务文书应注重时效性，及时撰写和发布，以满足工作进度的需要，确保信息的及时传递和处理。

(8) 合规合法。事务文书的内容应符合组织规定、行业标准和法律法规的要求，确保文书的合规性和合法性。

3.2　计划与总结

计划的制订需明确目标、规划步骤，体现科学决策和前瞻性思维，有助于高效配置资源、推动工作落实，同时培养组织纪律性和责任担当。总结则通过反思工作成果与不足，促进经验积累和持续改进，弘扬实事求是精神，激励团队协作与进取，增强集体凝聚力。二者相辅相成，不仅提升管理效率，还弘扬集体主义精神，推动组织和社会的持续发展。

3.2.1 计划

北海市银海区 2020 年产业扶贫计划

北海市银海区地处近郊，农业资源丰富，但部分区域存在贫困问题。为推动脱贫攻坚与乡村振兴有效衔接，银海区制订了《2020年产业扶贫计划》，通过特色产业扶持、龙头企业带动、技能培训等措施，帮助贫困户增收致富，计划内容如下。

一、具体目标

(1) 实现贫困户人均收入增长10%以上。

(2) 建成现代果蔬扶贫产业园，新增种植面积3000亩。

(3) 培训新型职业农民500人次。

二、具体措施

(1) 产业扶持：实施"先建后补""以奖代补"政策，鼓励发展特色种植和养殖。

(2) 龙头带动：引进龙头企业，建设扶贫产业园，采用"村集体经济+龙头企业+农户"模式。

(3) 技能培训：开展新型职业农民培训，提升农户种植、养殖技术。

(4) 基础设施建设：完善水利、交通等基础设施，为产业发展提供保障。

三、资金安排

整合财政专项扶贫资金和社会帮扶资金，发放产业补助资金180万元。

四、实施步骤

(1) 试点示范：建设80亩果蔬扶贫产业园试点。

(2) 提档升级：扩大种植面积至206亩，引进先进技术。

(3) 全面推广：带动周边村屯发展大棚种植，新增种植面积3000亩。

五、保障措施

(1) 组织领导：成立专项工作小组，明确责任分工。

(2) 技术支持：开展技能培训，提供技术指导。

(3) 资金保障：确保资金按时足额到位，加强资金监管。

案例分析：

1. 写作结构

(1) 标题：《北海市银海区2020年产业扶贫计划》，采用"区域名+计划内容+时间范围+文种"格式，规范清晰。

(2) 正文：由"计划背景、目标设定、具体措施、资金安排、实施步骤、保障措施"六部分构成，层次分明，逻辑清晰。

2. 写作要点

(1) 标题规范：区域名+计划内容+时间范围+文种，清晰明了。

(2) 结构完整：涵盖六部分，层次分明，逻辑清晰。

(3) 目标明确：设定短期目标，聚焦当年增收任务，可操作性强。

(4) 内容针对性：结合当地资源，聚焦特色产业，如现代果蔬、对虾养殖，措施具体。

计划是某一部门、单位或个人针对预计在一定时期内要完成的工作或任务所编写的书面化、条理化和具体化的应用文书。机关、团体、企事业单位的各级机构，对一定时期的工作预先做出安排和打算时，因为涉及因素众多且关系复杂，为协调行动，要制订工作计划，往往用到的就是"计划"这一文种。

1. 计划的特点

(1) 规划性。计划是对未来将要完成的工作的主观预测，所以在制订计划时，必须对未来工作中可能发生的问题充分估计，提出科学、切实可行的方案，并视实际情况，对计划进行相应调整。

(2) 实践性。计划是今后工作学习的指南，必须有切实可行的方法，保证目标的实现。

(3) 约束力。计划一旦制订下来就需要遵照执行。因为计划在制订过程中考虑的因素众多，某个环节出现纰漏就会影响整个计划的进程和结果。

(4) 业务性。计划是业务性很强的文种。制订者要熟悉业务，按照工作范围涉及的各项业务指标来制订计划。

2. 计划的分类

计划是一个总的名称，在日常学习、工作中常用的规划、设想、方案、意见、安排、打算、要点等，都是计划的具体表现形式。计划业务性强，适用于各行各业，所以其种类繁多，从不同的角度可以对其进行不同的分类。

(1) 根据时间长短，可分为长期计划和短期计划。

长期计划也称规划，是一种战略性的宏观安排，时限较长。

短期计划时限较短，内容比较具体细致，大多是一年，或者是一季、一月、一周、一日的工作安排。

(2) 根据内容涉及的范围，可分为综合计划和专题计划。

综合计划是一种比较全面的计划，涉及的范围较广泛。

专题计划通常是针对某一项具体的工作而制订的，涉及的范围较窄。

(3) 根据内容划分，可分为生产计划、工作计划、科研计划、学习计划等。

(4) 根据承载形式划分，可分为条文式计划、表格式计划、条文表格兼备式计划等。

计划还有其他小类：方案、意见是原则性较强、内容较完整的计划；安排、打算是适用时间较短，内容较具体且侧重于实施步骤的计划；要点则是只列出工作任务中主要事项的计划。

3. 计划的写作要求和注意事项

虽然计划种类较多，但不论是哪一种，在具体的应用中，计划内容的范围都是"做什么""怎么做"和"做到何种程度"三大项，目标、实施方法和步骤是计划所必须具备的三个基本要素。

1) 总体格式要求

计划的格式包含三部分，即标题、正文和落款。

(1) 标题。

计划的标题根据组成要素的不同，通常分为三类。

第一类常用标题的格式是：单位名称＋计划期限＋计划种类，或单位名称＋内容概要＋计划种类。这类标题可以明确地表明什么单位在什么时限内制订的什么内容的计划，如《××中学2016年工作计划》《中共××大学委员会关于开展〈邓小平文选〉学习活动的计划》。

第二类常用标题的格式是：期限＋内容概要＋计划种类，如《国民经济和社会发展第九个五年计划期间国家语言文字工作的计划》。

第三类常用标题的格式是：单位名称＋期限＋内容概要＋计划种类。这类标题不仅表明了是何单位在何期限内的何种计划，而且具体写明了是关于何种工作或活动的计划。

(2) 正文。

正文是计划写作的核心，由基本情况、核心内容、方法与步骤及结尾四部分组成。

① 基本情况。

基本情况又称前言，主要指出制订计划的政策依据，介绍有关的背景情况。例如，某单位要制订一份员工培训计划，要先介绍一下本单位的员工状况，说明进行培训的重要性与必要性。当然，内容单一的计划可以直接切入正题。

② 核心内容。

目标与任务是计划的核心内容，制订计划一定要有目的和要求，分条分项写明目标、任务及其完成时限等。

③ 方法与步骤。

在实际写作中，方法与步骤这一部分也可以与目的和要求合并在一起来写。方法即具体做法，要具体，分工要明确，步骤要有序，这是实现目标的程序安排；步骤是指达到目标、完成任务需要分几步走。

④ 结尾。

结尾部分可总结全文，表明完成计划的决心，或提出希望、发出号召，或指明注意事项。这一部分有时亦可省去。

(3) 落款。

落款通常包括制订计划的单位名称和日期两项内容。如果计划的标题中有单位名称，则可省略。

3.2.2 总结

××企业市场部年度工作总结

过去一年，市场部在公司领导的正确带领下，紧紧围绕公司战略目标，积极开展各项市场推广与营销活动，努力提升公司品牌知名度和产品市场占有率。以下是市场部对过去一年工作的详细总结。

一、工作成果

(一) 品牌建设与推广

品牌形象塑造：深入挖掘公司核心价值观和产品特色，重新设计并优化了公司品牌标识、宣传口号，使其更具时代感和辨识度，为品牌传播奠定了良好基础。

线上推广：加大在社交媒体平台、行业网站的投入，通过定期发布有吸引力的内容、举办线上互动活动，有效提升了品牌曝光度。公司官方微信公众号粉丝量增长了13%，达到8万人；微博话题阅读量突破20万次。

线下活动：积极参加行业展会、研讨会等活动，设立独具特色的展位，展示公司最新产品和技术，吸引众多潜在客户关注。全年共参加34场大型展会，收集潜在客户信息3000条。

(二) 市场调研与分析

定期市场调研：制订详细的市场调研计划，通过问卷调查、访谈、数据分析等方式，对行业动态、竞争对手、客户需求等进行深入研究。全年共完成50份市场调研报告，为公司产品研发、市场策略调整提供了有力依据。

竞争对手分析：密切关注竞争对手的产品、价格、渠道、促销等策略，及时撰写竞争对手分析报告，为公司应对竞争提供了参考建议。通过分析，我们成功发现了市场空白点，为公司新产品的推出提供了方向。

(三) 客户拓展与维护

客户拓展: 制定了有针对性的客户拓展策略,通过电话营销、网络推广、参加行业活动等方式,积极开拓新客户。全年新增客户20家,实现销售额增长15%。

客户关系维护: 建立了完善的客户服务体系,定期回访客户,及时解决客户问题,提高客户满意度。通过客户满意度调查,客户满意度达到了95%,较上一年度提升了6个百分点。

二、工作中的问题与不足

(一) 市场推广效果有待提升

部分市场推广活动的策划和执行不够精准,导致投入产出比不理想。在一些线上推广活动中,参与人数和转化率未达到预期目标。

(二) 市场调研深度不足

虽然开展了大量的市场调研工作,但在某些关键领域的调研深度还不够,对市场趋势的预测存在一定偏差,影响了公司部分决策的准确性。

(三) 团队协作有待加强

市场部门与其他部门之间的沟通协作还存在一些问题,信息传递不够及时、准确,导致部分工作出现重复或延误,影响了工作效率和质量。

三、改进措施

(一) 优化市场推广策略

加强对市场推广活动的策划和执行能力,深入分析目标客户群体的特点和需求,制定个性化的推广方案。同时,加强对推广效果的监测和评估,及时调整策略,提高投入产出比。

(二) 深化市场调研工作

加大市场调研力度,引入先进的调研方法和工具,提高调研数据的准确性和可靠性。加强对市场趋势的研究和分析,培养专业的市场预测团队,为公司决策提供更具前瞻性的建议。

(三) 加强团队协作与沟通

建立健全跨部门沟通协调机制,定期召开部门间沟通会议,及时共享信息,解决问题。加强团队建设活动,增强团队成员之间的信任和默契,提高工作效率和协同能力。

四、未来工作计划

(一) 品牌推广

制订全面的品牌推广计划,加大在主流媒体、行业权威平台的广告投放力度,提升品牌影响力。

策划一系列具有创新性和话题性的品牌活动,如品牌故事征集、线上直播互动等,增强品牌与客户之间的互动和黏性。

(二) 市场调研

持续关注行业动态和市场变化,每季度开展一次深度市场调研,及时掌握市场最新信息。

加强与专业市场调研机构的合作,引入外部专业资源,提升市场调研的专业性和准确性。

(三) 客户拓展与维护

制定个性化的客户拓展方案,针对不同行业、不同规模的客户群体,采取差异化的营销手段,进一步扩大客户群体。

完善客户关系管理系统,建立客户分层分类管理机制,为不同客户提供精准化的服务,提高客户忠诚度。

过去一年，市场部在品牌建设、市场调研、客户拓展与维护等方面取得了一定成绩，但也存在一些问题和不足。在未来的工作中，市场部将继续努力，不断改进工作方法，提升工作能力，为公司的发展做出更大的贡献。

××企业市场部

××××年××月××日

案例分析：

1) 写作结构

(1) 标题：《××企业市场部年度工作总结》，采用"企业名+部门名+文种"格式，规范清晰。

(2) 正文：由"工作成果、工作中的问题与不足、改进措施、未来工作计划"四部分构成，每部分下又细分了具体的小节，结构清晰，层次分明。这种结构有助于读者快速了解市场部的工作全貌，同时也便于后续的分析和讨论。

2) 写作要点

(1) 结构清晰：以"工作成果、问题与不足、改进措施、未来计划"四部分为主体，层次分明，便于理解和分析。

(2) 内容翔实：用具体数据支撑工作成果，如粉丝增长、销售额提升等，增强说服力。

(3) 语言简洁：表达准确、简洁，专业性强，直接传达工作情况。

(4) 问题深入：深入分析现存问题，并提出针对性的改进措施。

(5) 计划明确：未来工作计划目标明确、可衡量，便于执行和评估。

总结是对已做过的工作的整体检查和评价，是指导今后工作的一种应用文体。当工作到一定阶段或告一段落后，对其检查和思考，总结经验和教训，找出规律，并通过文字使其条理化、系统化。

1. 总结的特点

从总结的内容、目的和作用来看，总结具有以下几个特点。

1) 回顾性

总结是针对前一阶段的工作进行的，是对其所做的回顾，要受工作进程的制约，具有阶段性和回顾性的特点。

2) 具体性

总结是对本地区、本部门、本单位或本人一定时期思想、工作、学习的回顾、检查、评价。

3) 理论性

总结的目的是找出经验和教训，以指导今后的工作。在撰写总结时，不能单纯地叙事和说明，而要在此基础上，对已经做过的工作进行深入分析，得出经验与教训，使其上升到理论的高度。

4) 操作性

理论来自实践，又反作用于实践。同样，总结是从实践中产生的，是以实践为基础的，是对工作、学习等实践活动的概括，同时也为实践服务。

2. 总结的分类

总结涉及众多具体业务，种类繁多，依据其分类标准的不同，可以划分为不同的类别。

按内容分，有工作总结、思想总结、学习总结等。

按范围分，有地区总结、部门总结、单位总结、处室总结、班组总结及个人总结等。

按功能分，有汇报性总结、报告性总结、经验性总结等。

按时间分，有年终总结、学年总结、学期总结、半年总结、季度总结、月份总结等。

总结还可以分为综合性总结和专题性总结两大类。综合性总结，是对一个单位、一个部门，在一定时期内整个工作情况的各方面经验、教训所做的比较全面系统的总结，又称全面性总结。这类总结比较全面，对前一阶段的各项活动的经验、教训、存在的问题、今后努力的方向等都要一一叙述。专题性总结是对一定时期的某项工作或某一方面的经验进行专门的总结，而不涉及其他方面的情况。有时题目中并不出现"总结"二字，但其内容仍是对前一阶段某方面工作的总结。目前，许多经验性的总结标题多采用这种方式。

3. 总结的写作要求

总结的写作重点是正文部分，通常包括以下部分。

1) 前言

简要介绍总结的时间范围、背景和目的，概述工作的整体情况，为后续内容铺垫。

2) 工作成果与不足

(1) 工作成果：详细列举在关键领域取得的成绩，用具体数据和事例支撑。

(2) 存在不足：客观分析工作中存在的问题和不足，指出需要改进的地方。

3) 经验和教训

(1) 经验总结：提炼成功经验和有效做法，按内容分类或用简短句子概括。

(2) 教训反思：分析失败或不足的原因，总结教训，避免重复错误。

4) 后续工作计划(可选)

(1) 短期计划：明确未来一段时间(如下一季度或下一年度)的具体工作计划，包括任务分解、时间节点和责任人。

(2) 长期规划：结合公司战略目标，提出未来中长期的工作规划，突出重点任务和预期目标。

说明：如果总结的目的是为未来工作提供指导，建议包含这部分内容；如果仅是回顾过去的工作，则可以省略。

4. 撰写总结的注意事项

(1) 客观真实：基于事实，避免夸大或隐瞒，确保内容真实可信。

(2) 突出重点：围绕核心工作展开，避免面面俱到，重点内容应详细阐述。

(3) 数据支撑：用具体数据和事例增强说服力，避免空泛表述。

(4) 逻辑清晰：层次分明，过渡自然，确保内容连贯性。

(5) 简洁明了：语言简洁，避免冗长，确保读者易于理解。

(6) 注重前瞻性(包含后续计划)：在总结过去的同时，结合未来工作计划，体现前瞻性和指导性。

3.3　简报、会议纪要与备忘录

在撰写简报与备忘录的过程中，通过筛选和整理重要信息，学生能够培养实事求是的态度，提升社会责任感和集体主义精神，强化服务意识。这使得写作实践成为一种全面的素质教育过程，有助于学生在提升专业技能的同时，成为有责任感、有担当的社会主义建设者。

3.3.1 简报

关于2025年第一季度校园安全教育工作总结简报

编号：2025-01-××
编制单位：××大学学生事务处
编制日期：2025年1月18日
发送范围：全校各部门、各学院

一、引言

本简报旨在总结2025年第一季度我校在校园安全教育方面的工作开展情况，包括活动组织、宣传教育、隐患排查及整改等方面。通过本季度的努力，我校在提升师生安全意识、优化校园安全环境方面取得了显著成效。

二、工作开展情况

1. 活动组织

❍ 本季度共组织校园安全知识讲座3场，邀请公安、消防等部门专家进行授课，参与师生达2000余人次。

❍ 开展"安全在我心中"主题班会活动，覆盖全校所有班级，通过案例分享、小组讨论等形式，增强了学生的安全防范意识。

2. 宣传教育

❍ 利用校园广播、电子显示屏、微信公众号等媒介，定期发布安全知识小贴士，累计推送信息50余条，受众广泛。

❍ 制作并发放校园安全手册5000册，内容涵盖交通安全、消防安全、网络安全等多个方面，方便师生随时查阅。

3. 隐患排查及整改

❍ 组织专业团队对校园进行全面安全隐患排查，共发现安全隐患20余处，包括电线老化、消防设施不完善等问题。

❍ 针对排查出的隐患，制定详细的整改方案，并督促相关部门及时整改，目前所有隐患已全部整改完毕。

三、取得成效

❍ 师生安全意识显著提升，本季度校园内未发生重大安全事故。

❍ 通过隐患排查及整改，校园安全环境得到进一步优化。

❍ 校园安全教育工作得到了师生的广泛认可和好评。

四、存在问题及改进措施

❍ 部分师生对安全教育活动的参与度不高，需进一步丰富活动形式，提高吸引力。

❍ 校园安全设施仍需不断完善，计划在下一季度加大投入，提升安全设施水平。

五、未来工作展望

校园安全教育工作是一项长期而艰巨的任务，需要全校师生的共同努力。本季度的工作虽然取得了一定的成绩，但我们仍需保持警惕，继续加强安全教育，优化校园安全环境，为师生创造一个更加安全、和谐的校园环境。

报送单位：××市教育局、××市公安局

送交单位：兄弟院校各相关部门

发放单位：本校各学院、各直属部门

印刷份数：100 份

注：本简报为内部资料，未经许可不得外传。

案例分析：

1) 写作结构

(1) 标题明确，编号清晰。

简报的标题"关于 2025 年第一季度校园安全教育工作总结简报"直接点明了主题和时间范围，使读者一目了然。

编号"2025-01-××"清晰有序，便于归档和查找。

(2) 正文结构完整，层次分明。

正文由"引言、工作开展情况、取得成效、存在问题及改进措施"四部分构成，每部分下又细分了具体的小节，结构清晰，层次分明。这种结构有助于读者快速了解校园安全教育工作的全貌，同时也便于后续的分析和讨论。

2) 写作要点

(1) 结构清晰：以四部分为主体，层次分明，便于理解和分析。

(2) 内容翔实：通过具体数据支撑工作成果，增强说服力。

(3) 语言简洁：表达准确、简洁，专业性强，直接传达工作情况。

(4) 问题深入：深入分析现存问题，并提出针对性的改进措施。

(5) 格式规范：标题、编号、编制单位、编制日期、发送范围等要素完整，排版清晰，便于阅读和归档。

简报是机关、团体、企事业单位编发的反映情况、交流经验、传达信息的一种文体。简报具有向上级机关反映日常工作和业务活动情况，与下级机关或平级单位互相沟通信息的作用。通过简报，可以高效传递工作进展和成效，确保信息的有效传递和接收。

1. 简报的特点

1) 时效强

在时间上，简报有很强的时效性，类似新闻，要求编发快捷。

2) 精简性

简报，顾名思义就是要简，不必做过多评述和议论。形式短小，内容集中，文字简练，反映客观情况。

3) 新颖性

简报与新闻类似，要反映新问题、新情况、新经验、新动向，为人们提供新鲜信息。

4) 保密性

简报通常有不同程度的机密性，发行范围越小，机密程度就越高；反之，发行范围越广，机密程度就越低。

2. 简报的分类

简报涵盖范围众多，按照性质和适用范围，可以将简报分为情况简报、会议简报和动态简报三大类。

1) 情况简报

情况简报又称工作简报，是日常工作中编发的常规简报，范围涵盖工作进展、成绩问题、人员往来、干部任免等。这类简报面广量大。

2) 会议简报

会议简报主要反映会议情况，包括领导讲话、代表座谈及书面发言中的意见、建议，以及会议进程。在比较重要、规模较大的会议期间编发的简报，目的是让与会代表及领导及时了解会议进展和代表们的想法、意见，这类简报编印快速并伴随会议结束而结束。

3) 动态简报

动态简报是简报的主体。动态简报能迅速地报道新近发生的、有意义的各种事实，但只反映客观情况，不进行评论。这类简报常常是报纸、广播新闻的线索。

简报是个笼统的称呼，各级机关、团体、企事业单位中大量印发的各种"简讯""信息""动态""参考""简况"等均属简报范畴。

3. 简报的写作要求

简报虽然种类众多，但都由报头、正文和报尾三部分组成。

1) 报头

报头由名称、期号、编印单位、编印日期、密级、编号等部分构成。

(1) 名称

一般要用套红大字将其印在简报第一页上方居中的位置。简报的名称可以自定，如"生产简报""思想动态""工会信息""审计工作情况"。

(2) 期号

简报的名称下面写简报的期数，如第14期。通常期数以年为时限依次排列，会议简报的期数以一次会议的始终为顺序排列。

(3) 编印单位

编印单位指具体负责编印简报的部门，印在简报名称的左下方，一般是办公室或会议秘书处(组)等机构。印成"××局办公室编"或"××会议秘书处编"字样。

(4) 编印日期

编印日期指简报的印发日期，写成"××××年×月×日"，日期位于简报名称的右下方，与编印单位对应排列。

(5) 密级

密级印在简报名称左上方的空白处。按公文等级划分，视简报内容而定。

(6) 编号

编号即印制简报份数的顺序号，如"编号125"，以数码形式打印在密级的上面。

2) 正文

简报的正文位于标题下，书写结构类似于新闻，通常包含标题、导语、主体三部分。

(1) 标题

标题的书写格式是在横线下居中排印，标题内容要求新颖、醒目、吸引人。

(2) 导语

导语又称作按语，主要用于概括简报的主要事实，揭示简报的中心内容，介绍时间、地点、目的、意义等。

(3) 主体

写法灵活是简报主体的特点，内容只要求做到"达意"，即把主要意思充分表达出来。一篇简报一般集中登载一个问题，如果几个问题比较近似，篇幅比较短小，则可以合编在一期简报之中。简报一般使用叙述的语言，不加评论、解释。简报的正文结束，要用一条粗横实线与报尾分开。

3) 报尾

报尾位于简报最后一页的末尾，这一部分主要包括发送单位和印发份数。发送单位一般要分别标明"报××××(上级单位)、送××××(同级单位或不相隶属的单位)及发××××(下级单位)"，印发份数的写法为"共印××份"。

4. 简报的写作注意事项

(1) 精心选材：精心挑选典型材料，是简报编写的一个基本要求。选材要能够说明问题，揭示事物的本质特征或表明事物发展趋势。

(2) 切合实际：简报的作用是及时反映情况以作为领导机关进行决策的依据。因此，其反映的内容一定要真实可靠，实事求是。

(3) 时效性强：简报类似于新闻，"快"是简报的重要特点。只有快速反映工作中出现的新情况、新问题，才能及时为领导的决策提供依据和前提，其作用才能得到发挥。

(4) 形式简洁：简报写作要注重"简"，这也是为适应其编写速度而提出的要求。应避免在简报中进行长篇大论，大量堆砌原始材料。

3.3.2　会议纪要

会议纪要

会议主题：2025年第一季度销售部门工作规划会议

会议时间：2025年1月22日上午9:00—11:30

会议地点：公司总部第二会议室

主持人：销售部总监 李明

出席人员：销售部全体成员(张伟、王芳、赵雷、刘洋等)

列席人员：市场部总监 陈静(特邀嘉宾)

记录人：销售部助理 张涛

缺席人员：无

会议目的：明确2025年第一季度销售部的工作目标、重点任务及执行策略，确保销售计划的顺利实施。

会议内容：

一、开场与致辞

主持人李明对参会人员表示欢迎，并简要介绍了本次会议的目的和重要性。

二、上一季度工作回顾

张伟汇报了2024年第四季度销售部的整体业绩，包括销售额、客户增长率、市场份额等关键指标。

王芳分享了部分成功案例，分析了成功的原因和可借鉴的经验。

赵雷和刘洋分别就各自负责的区域进行了业绩分析，指出了存在的问题和改进方向。

三、2025年第一季度工作目标设定

李明根据市场趋势和公司战略，提出了2025年第一季度销售部的整体销售目标。

参会人员围绕目标进行了讨论，提出了具体的建议和意见。

经过讨论，确定了各部门和个人的具体销售目标和任务分配。

四、重点任务与执行策略

针对新客户开发，提出了加强市场调研、优化销售渠道、提升客户服务质量等措施。

针对老客户维护，强调了定期回访、定制化服务、增加客户黏性等策略。

制订了促销活动计划，包括线上线下的活动安排、宣传策略等。

强调了团队协作的重要性，提出了定期召开销售例会、加强沟通协作等要求。

五、市场部门支持与合作

市场部总监陈静就市场部如何为销售部提供支持和合作发表了看法。双方就市场调研、品牌宣传、活动策划等方面进行了深入交流，达成了合作意向。

六、会议总结与下一步计划

李明对会议内容进行了总结，强调了本次会议的重要性和取得的成果。

提出了下一步的工作计划和要求，包括定期汇报、跟踪执行进度等。鼓励大家保持积极心态，共同努力实现销售目标。

会议决议：

1. 确定2025年第一季度销售部整体销售目标为150万元，各部门和个人需根据分配的任务制订详细的执行计划。

2. 加强市场调研，优化销售渠道，提升客户服务质量，确保新客户开发工作顺利进行。

3. 定期开展老客户回访活动，增加客户黏性，提高客户满意度。

4. 制订并执行促销活动计划，提高品牌知名度和市场份额。

5. 加强团队协作和沟通协作，定期召开销售例会，分享经验，解决问题。

6. 市场部将为销售部提供市场调研、品牌宣传、活动策划等方面的支持和合作。

记录人签名：张涛

日期：2025年1月22日

案例分析：

文种：会议纪要，用于记录会议内容和决议，传达会议精神。

会议纪要的写作结构。

○ 标题：明确主题。

○ 基本信息：时间、地点、参会人员等，信息完整。

○ 内容：按流程记录，条理清晰。

○ 决议：明确、具体。

○ 签名与日期：规范。

写作要点：

○ 内容全面：记录完整，信息准确。

○ 结构清晰：层次分明，便于理解。

○ 语言简洁：表达简明，易于阅读。

○ 重点突出：决议明确，指导性强。

格式规范：体现正式性。

1. 会议纪要的特点

(1) 内容纪实。会议纪要必须如实反映会议内容，不能脱离会议实际，不能加工改造或虚构创作。它要求客观真实地记录会议情况，确保信息的准确性和可靠性。

(2) 高度凝练。会议纪要围绕会议主旨及主要成果进行整理、提炼和概括，重点放在会议的成果上，而非会议过程。它要求语言简练、表述清晰，以便读者快速了解会议要点。

(3) 行文条理。会议纪要针对会议内容、会议材料及议定的事项进行分层次、分类别的概括和归纳，确保条理分明、眉目清晰、逻辑清楚。这有助于读者理解和把握会议的核心内容。

(4) 表达特殊。会议纪要反映与会人员集体的意志和意向，一般采用第三人称写法，常以"会议"作为表述主体。它多使用"会议认为""会议指出""会议决定"等习惯用语，以体现会议的正式性和权威性。

2. 会议纪要的分类

1) 按会议性质分类

(1) 工作会议纪要。主要用于传达重要的工作会议的主要精神和议定事项，具有较强的政策性和指导性。

(2) 协调会议纪要。用于记载协调性会议、双边或多边会议的相关内容及其所取得的共识和议定事项，对与会各方具有一定的约束力。

(3) 研讨会议纪要。主要记载和反映各种专业会议、学术性会议、讨论性会议等的研讨和研究情况，多用于职能部门或学术研究机构召开的专业会议。

2) 按会议形式分类

(1) 办公会议纪要。对本单位或本系统有关工作问题的讨论、商定、研究、决议的文字记录，以备查考。

(2) 专题会议纪要。专门记述某一方面问题或某一专题的讨论、研究情况与成果。

(3) 座谈会议纪要。侧重于记录工作、思想、理论的某一个问题或某一方面问题的座谈会情况。

(4) 代表会议纪要。侧重于记录会议议程和通过的决议，以及今后工作的建议。

3. 会议纪要的结构

(1) 标题。会议纪要的标题一般由会议名称和文种构成，如《××工作会议纪要》。也有采用"发文机关名称+议题+纪要"或"正标题+副标题"的形式。

(2) 正文。正文是会议纪要的核心部分，包括前言、主体和结尾。

① 前言：概括交代会议的基本情况，包括会议名称、时间、地点、参加人、主持人、会期、形式等，以及会议的主要议题。

② 主体。主要反映会议情况和会议结果。按照逻辑关系，主体部分可以分成会议精神、会议成果和会议要求三部分。

③ 会议精神。主要叙述工作的总体情况、重要意义和主要原则等。

④ 会议成果。主要写会议的决策和部署，包括如何解决问题、如何开展工作等。

⑤ 会议要求。主要写具体工作安排和各部门需要承担的具体工作任务等。

⑥ 结尾。一般标注出席人员、列席人员、缺席人员信息和文件公开属性等。有的会议纪要没有结尾部分，主体内容写完即全文结束。

(3) 落款。包括署名和时间两项内容。署名只用于办公室会议纪要，署上召开会议的领导机关的全称，下面写上成文的年、月、日期，并加盖公章。一般会议纪要不署名，只写成文时间并加盖公章。

2. 会议纪要的写作要点

(1) 准确全面。确保会议纪要的内容准确、全面，不遗漏任何重要信息。同时，要如实反映会议情况，不得加工改造或虚构创作。

(2) 条理清晰。对会议内容、会议材料及议定的事项进行分层次、分类别的概括和归纳，确保条理分明、眉目清晰。这有助于读者理解和把握会议的核心内容。

(3) 语言简练。使用简练明了的语言表述会议纪要的内容，避免冗长和复杂的句子结构。同时，要注意用词的准确性和规范性，确保读者能够准确理解会议要点的含义。

(4) 突出重点。在撰写会议纪要时，要突出重点内容和决议结果。对会议中的重要观点和决策要进行强调和突出，以便读者能够快速了解会议的核心内容和精神实质。

(5) 遵循格式。严格按照会议纪要的写作格式和要求进行撰写，包括标题、正文和落款的排版和布局等。这有助于保持会议纪要的规范性和正式性。

3.3.3 备忘录

备忘录

主题：关于[国家A]与[国家B]文化交流合作的备忘录

日期：2025年3月10日

地点：[国家A首都]，[具体会议地点]

参会方：

○ 国家A

代表：张华，[国家A]文化和旅游部国际合作司司长

○ 国家B

代表：John Smith，[国家B]驻[国家A]大使馆文化参赞

会议目的：

本次会议旨在探讨和推进[国家A]与[国家B]在文化交流领域的合作，促进双方在艺术、教育、文化遗产保护等方面的合作与交流。

会议内容：

1. 开场致辞

双方代表对彼此的参与表示欢迎，并强调了文化交流对两国关系的重要性。

2. 文化交流项目讨论

○ 艺术展览合作

双方同意于2025年10月在[国家A首都]举办[国家B]现代艺术展，展览将持续一个月。

[国家B]负责展品的运输和保险，[国家A]负责场地提供和安保工作。

○ 文化遗产保护合作

☆ 双方同意在文化遗产保护领域开展技术交流与合作，包括专家互访和联合研究项目。

☆ 第一次专家互访计划于2025年12月在[国家B首都]举行，为期一周。

○ 教育交流项目

☆ 双方同意互派留学生和访问学者，每年各10名，交流期限为一学期。

☆ 双方将共同设立奖学金，资助优秀学生和学者的交流活动。

3. 合作机制

双方同意建立定期沟通机制，每半年举行一次双边会议，评估合作进展并规划后续活动。

4.其他事项

双方同意在2025年6月前完成相关合作协议的起草和签署工作。

会议成果:
- 确定了2025年10月举办[国家B]现代艺术展的具体安排。
- 确定了文化遗产保护领域的合作计划。
- 确定了教育交流项目的初步框架。
- 确定了定期沟通机制和下次会议的时间安排。

签署:

本备忘录记录了本次会议的主要内容和双方达成的共识,一式两份,由双方代表签字确认。

国家A代表:张华

国家B代表:John Smith

日期:2025年3月10日

备注:

本备忘录为非正式文件,旨在记录双方的初步共识。具体合作细节将在后续协议中进一步明确。

案例分析:

文种属于备忘录,用于记录会议共识、行动计划或重要事项,具有提示性和参考性,通常不具备法律约束力。

写作结构:
- 标题:明确主题。
- 基本信息:日期、地点、参会方。
- 内容:按议题或流程记录,重点突出共识和行动计划。
- 成果:总结会议达成的主要成果。
- 签署:双方代表签字确认。
- 备注:说明文件性质或后续事项。

写作要点:

内容简洁:重点记录关键信息,避免冗长。

责任明确:清晰列出责任方和时间节点。

格式规范:信息完整,条理清晰。

语言正式:措辞严谨,体现正式性。

备忘录是一种用于记录、提醒或传达重要信息的简短书面文件或电子文档。其主要目的是帮助人们记住需要关注或执行的任务、决策、事件或信息,以确保工作的顺利进行和信息的准确传递。

1. 备忘录的特点

(1) 结构清晰。备忘录通常包含标题、日期、收件人、主题、正文和结尾等部分,结构规范,便于读者快速理解和把握内容。

(2) 简洁明了。备忘录以简洁的文字形式呈现信息,避免冗长复杂的描述,方便阅读理解。

(3) 正式性。作为书面文件,备忘录具有一定的正式性,适用于正式场合和商务沟通。

(4) 高效性。备忘录能够迅速传递信息，减少口头沟通中的歧义和误解，提高工作效率。

(5) 可保存性。备忘录可以保存下来，作为日后查阅的依据，有效避免信息遗失。

(6) 可追踪性。通过记录备忘录的编号、日期等信息，可以追踪信息的流转和执行情况。

2. 备忘录的分类

1) 按适用对象分类

(1) 个人备忘录：主要帮助个人记录重要事项、提醒待办任务等。

(2) 公司备忘录：在公司内部使用，用于记录会议内容、决策结果、任务分配等，也是书面合同的一种形式，但通常不具有法律约束力。

(3) 外交备忘录：在外交活动中使用，内容一般是对某一具体问题的详细说明和据此提出的论点或辩驳，便于对方记忆或查对。

2) 按内容分类

(1) 指示备忘录：用于传达上级对下级的指示或要求。

(2) 请求备忘录：用于向上级或相关部门提出请求或建议。

(3) 移交备忘录：在人员变动或项目交接时使用，记录移交的内容、责任等。

(4) 通知备忘录：用于公布公司政策、规章制度或重要通知。

(5) 其他类型：根据具体需要，还可以有准许备忘录、项目进度备忘录等。

3) 按形式分类

(1) 纸质版备忘录：如便签、日记本/记事本、日历等。

(2) 电子版备忘录：如手机App、电脑桌面端备忘录、Web版备忘录等。

(3) 手机软件与Web版相结合的云端同步备忘录。

3. 备忘录的写作要求

(1) 结构规范：备忘录应包含标题、日期、收件人、主题、正文和结尾等部分，确保结构清晰，易于理解。根据具体情况，正文部分可采用分条列款或说明陈述式来写。

(2) 内容准确：备忘录的内容必须忠于事实，不能随意添加、变换角度或断章取义。行文要严谨，用词要准确、简洁而周详，防止对方发生曲解。

(3) 简明扼要：备忘录的内容应简明扼要，突出重点，避免冗长和复杂的描述。写作时应尽量使用简短的句子和段落，使内容更加清晰易懂。

(4) 格式灵活：备忘录的写法比较灵活，可长可短，因事而异。根据约定俗成的写作模式加以撰写，如果是告知性的备忘录，事情比较简单，行文则简洁明了；如果是申述观点类的说明性备忘录，则要有着明确的表述和某些细节的说明。

4. 撰写备忘录的注意事项

(1) 明确目的：在写作备忘录之前，首先要明确备忘录的目的，是为了提醒、告知还是传达某种信息。开头要写清楚签署备忘录的缘由、目的，以引导收件人理解备忘录的核心内容。

(2) 注重礼貌：备忘录的语言要礼貌得体，避免使用过于生硬或负面的措辞。反馈类备忘录一般遵循"书面表扬、当面批评"的原则。

(3) 控制篇幅：备忘录应尽量简短，不要过长，避免给读者带来阅读负担。一般情况下，备忘录不长于一页，并以要求某种行为而结束。

(4) 注意保密：如果备忘录涉及敏感信息，应注明保密级别，并采取相应的保密措施。确保备忘录只发送给相关的人员或部门，避免信息泄露。

(5) 及时分发：备忘录编写完成后，应及时分发给相关的收件人，确保信息能够及时传达。如有需要，可以在备忘录中注明紧急程度，以提醒收件人及时处理。

(6) 跟踪执行：对于需要执行的备忘录，应跟踪其执行情况，确保各项任务得到落实。如有必要，可以在备忘录中注明执行期限和负责人，以便后续跟踪和督促。

3.4　规章制度

通过学习撰写规章制度，学生能够更加深入地理解法律法规和规章制度的重要性，从而树立起法治精神和规则意识。这有助于学生自觉遵守法律法规，维护社会秩序，同时也能够增强学生的自我保护意识，避免受到不法侵害。通过公文格式的统一性，学生能体会到行政工作中规则化、程序化管理的重要性，增强对规范性的尊重与遵守。行文方向的学习则加深学生对组织层级结构的认识，培养团队意识和集体协作精神，强化组织观念。

3.4.1　规章制度的概述

×× 公司合同管理制度
总　则

第一条

为强化合同管理工作，有效规避失误，切实提升公司经济效益，依据《中华人民共和国民法典》以及其他相关法规要求，并紧密结合公司实际状况，特制定本制度。

第二条

本制度适用于公司对外签订的各类合同。

第三条

合同管理作为企业管理的关键部分，对于推动公司经济活动顺利开展以及实现经济利益增长，均具备积极且重要的意义。

分　则

第四条

合同谈判应当由总经理或者副总经理协同相关部门负责人一同参与，严禁个人独自与对方进行合同谈判。

第五条

签订合同必须严格遵循国家法律、政策以及相关规定。

第六条

签约人在签署合同之前，务必仔细了解对方当事人的详细情况。

第七条

签订合同应当全面贯彻"平等互利、协商一致、等价有偿"原则，以及"价廉物美、择优签约"原则。

第八条

除即时清结的合同外，其他合同均应采用书面形式，并统一使用公司规定的合同文本。

第九条

合同对于各方当事人权利与义务的规定要明确、具体，文字表述需清晰、准确。合同内容需重点关注以下方面。

首部：需准确写明双方的全称、签约时间及签约地点。

正文：以建设合同为例，其内容涵盖工程范围、建设工期、中间交工工程的开工及竣工时间、工程质量、工程造价、技术资料交付期限、材料和设备供应责任、拨款与结算、竣工验收等条款。

结尾：注意双方都应当使用合同专用章，原则上不使用公章，并明确注明合同有效期限。

第十条

签订合同时，除合同履行地在我方所在地的情况外，签约时应尽量争取约定合同由我方所在市的人民法院管辖。

第十一条

任何人对外签订合同，都应以维护本公司合法权益、提高经济效益为根本宗旨，绝不允许在签订合同时谋取私利，违反者将依法予以严肃惩处。

第十二条

合同在正式签订之前，必须按照规定上报领导进行审查批准，经批准后方可正式签订。

第十三条

合同审批权限具体如下。

通常情况下，合同由董事长授权总经理进行审批。

以下合同需由董事长审批：标的超过50万元的；投资10万元以上的联营、合资、合作及涉外合同。

若合同标的超过公司资产的1/3，需由董事会审批。

第十四条

合同原则上由部门负责人负责具体经办，拟定初稿后必须提交分管副总经理进行审阅，之后依据合同审批权限开展审批工作。对于重要合同，必须经过法律顾问审查。合同审查的要点主要包括：合同的合法性；合同的严密性；合同的可行性。

第十五条

根据法律规定或实际业务需求，合同还可根据情况呈报上级主管机关进行鉴证、批准，或者报工商行政管理部门鉴证，也可请公证处进行公证。

第十六条

合同依法成立后，即具备法律约束力。

附　则

第十七条

公司所有合同均由办公室统一登记编号、经办人签名后，按审批权限分别由董事长、总经理或其他书面授权人签署。

第十八条

办公室会同有关部门认真做好合同管理的基础工作。具体如下。

建立合同档案。

建立合同管理台账。

填写"合同情况月报表"。

××公司

20××年××月××日

案例分析：

1) 写作结构

(1) 标题：《××公司合同管理制度》，采用"公司名+文种"格式，规范清晰。

(2) 正文：由"总则、分则、附则"三部分构成，每部分下又细分了具体的条款，结构清晰，层次分明。这种结构有助于读者快速了解合同管理制度的全貌，同时也便于后续的分析和讨论。

2) 写作要点

(1) 结构清晰：以"总则、分则、附则"三部分为主体，层次分明，便于理解和分析。

(2) 内容翔实：通过明确合同管理的各个环节(如谈判、签订、审批、执行等)，增强制度的可操作性。

(3) 语言简洁：表达准确、简洁，专业性强，直接传达合同管理的具体要求。

(4) 注重细节：如合同审批权限、合同文本的使用、合同内容的规范等，确保合同管理的严谨性。

(5) 基础扎实：制度中规定了合同管理的基础工作，如建立合同档案、合同管理台账等，为合同管理提供了有力支持。

规章制度是国家机关、社会团体，企事业单位为了建立正常的工作、学习、生产、生活秩序，依据政策法令制定的一种具有法规约束力的事务文书。它是各种制度、规定、守则、章程、条例、办法、公约、标准、须知等的总称。

1. 规章制度的分类

1) 正式规章制度

由国家机关、社会团体、企事业单位根据实际需要，以单位名义制定的规章制度，具有较强的约束力。这类规章制度通常具有明确的法律依据和行政强制性，要求全体成员严格遵守。

常见形式：条例、制度、规则、规定、办法等。

2) 组织章程类

单位或社会团体为明确组织的性质、宗旨、任务、组织机构、成员条件、权利、义务及活动方式等，使其成员遵循和执行而制定的条文。这类条文有一定的约束力，但不具有行政上的强制性，主要通过组织内部的共识和自律来实施。

常见形式：章程。

3) 群众公约类

群众在自觉自愿的基础上，经过充分讨论而订立的共同遵守的条文。这类条文具有自我约束和相互监督的作用，强调成员的自主性和参与性，不依赖行政强制力。

常见形式：公约、规定等。

2. 规章制度的用途

1) 规范行为

规章制度明确行为准则，补充法律法规，规范人们在工作、学习、生产、生活中的行为，确保其符合组织和社会要求。

2) 维护秩序

通过约束和规范作用，规章制度在各领域建立良好秩序，保障活动的正常进行，提升效率，减少混乱。

3) 明确职责

清晰划分各部门和岗位的职责与权限，避免职责不清和推诿扯皮，提升组织运行效率和执行力。

4) 保障权益

明确各方权利和义务，为解决纠纷提供依据，保障组织和个人的合法权益，维护稳定和谐。

3.4.2 规章制度的写作结构

规章制度一般由标题、正文、落款三部分组成。

1. 标题

标题一般由制定者+事由(或内容)+文种组成。例如，《飞翔职业学校考试规定》。

(1) 标题的变体：有的可省略制定者，如《考试规定》；有的可省略事由，如《学生会章程》。

(2) 标题的特殊说明：如果规章制度是草案或暂行、试行的，可在标题内写明"暂行""试行"等，也可在标题下加括号，注明"试行""草案"等。

2. 正文

正文是规章制度的主要组成部分，写作时本着先总后分，先原则后具体的方法，其内容可大致分成以下三部分。

1) 开头

规章制度的开头因种类不同而稍有差异，一般是简明概括地说明制定的依据、目的及基本原则。

对于条文不多的文种，可直接罗列规章条款，无须单独的开头部分。

2) 主体

这是规章制度的具体内容，是核心部分。

内容较简单的，一般用条文表达。内容比较丰富的，则先分章节，再分条款表述。

要求：条文应明确、具体、可操作，避免模糊表述。

3) 结尾

一般写明规章的适用范围、实施时间、解释权限等。

特殊情况：部分文种则不需结尾。

3. 落款

署名：在正文右下方写署名(制定单位或部门)。如果标题中已写明单位名称，署名可省略。

日期：写明制定日期，通常位于署名下方。

3.4.3 规章制度的写作要点

1. 规章制度的写作要求

1) 符合方针政策

规章制度的制定必须符合党和国家的有关方针、政策和法规，确保其合法性和合规性。要紧密结合本单位或本部门的实际需要，具有针对性和可操作性。

2) 结构严谨

规章制度的结构应严谨、清晰，逻辑连贯。正文部分应按照"开头、主体、结尾"的顺序组织内容，条文表述应层次分明，避免逻辑混乱或重复。

3) 内容简要

内容应简洁明了，避免冗长和复杂的表述。条文应直接针对具体事项，突出重点，确保读者能够快速理解和执行。

4) 语言规范

语言表达应简明、准确、规范，避免使用模糊或歧义的词汇。条文应使用正式语言，避免口语化表述，确保其权威性和严肃性。

5) 明确具体

规章制度应明确具体，避免笼统和模糊的表述。条文应详细规定具体行为、职责、权限和流程，确保执行时有明确依据。

6) 具有可操作性

规章制度应具有实际的可操作性，避免过于理想化或难以执行的内容。条文应结合实际情况，确保在实际工作中能够有效执行。

2. 规章制度的写作注意事项

1) 定期更新

规章制度应根据实际情况定期进行检查、修订或补充，确保其时效性和适应性。特别是涉及法律法规变化或组织结构调整时，应及时更新。

2) 广泛征求意见

在制定规章制度时，应广泛征求相关部门和人员的意见，确保条文的科学性和合理性。通过集体讨论和反馈，避免因个人主观判断导致的偏差。

3) 审核与批准

重要的规章制度应经过严格的审核和批准程序，确保其合法性和有效性。必要时，可提交上级主管部门或法律专家进行审查。

4) 培训与宣传

规章制度制定后，应通过培训、会议、内部刊物等方式进行广泛宣传，确保相关人员了解并熟悉内容，提高执行效率。

5) 存档与备案

规章制度应妥善存档，并按要求向上级主管部门备案。存档时应注明版本号、修订日期等信息，便于查阅和管理。

3.5　事务文书写作实战演练

3.5.1　简报实战演练

案由：高校作为知识传播和人才培养的重要阵地，积极开展节能减排工作，对于推动全社会形成绿色发展方式和生活方式具有重要的示范引领作用。××大学作为一所规模较大的综合性院校，拥有多个教学区、生活区和科研机构，能源消耗总量较大。日常教学、办公过程中，照明设备、空调、电脑等电器长时间使用，存在一定程度的能源浪费现象；学生宿舍内，部分同学节能意识薄弱，如人走灯不关、电器待机等情况较为常见。因此，××大学于2025年4月10日至16日举办了以"绿色校园，节能先行"为主题的节能宣传周活动。

校园节能宣传周活动简报

编号：2025-02-22-03
主题：2025年春季学期校园节能宣传周活动总结
日期：2025年4月22日
发送范围：全校各部门、各学院
编制单位：××大学后勤保障部

一、活动背景

为响应国家节能减排号召，提高全校师生的节能意识，××大学于2025年4月10日至16日举办了以"绿色校园，节能先行"为主题的节能宣传周活动。活动旨在通过多样化的宣传和实践活动，推动校园节能减排工作，营造绿色、低碳的校园环境。

二、活动内容

(一) 启动仪式

4月10日上午，节能宣传周启动仪式在图书馆前广场举行。校领导出席并发表讲话，强调节能工作的重要性和紧迫性，呼吁全体师生积极参与节能行动。

(二) 节能知识讲座

邀请能源专家举办了一场主题为"节能减排与可持续发展"的讲座，详细介绍了节能的重要意义、日常节能技巧及绿色能源的应用。讲座吸引了300余名师生参加，现场互动热烈。

(三) 节能主题展览

在校园主干道设置节能主题展板，展示节能知识、节能成果及校园节能措施。展览持续一周，吸引了大量师生驻足观看，有效提升了节能意识。

(四) 节能实践活动

1. "光盘行动"倡议：在食堂张贴"光盘行动"海报，倡导师生珍惜粮食，减少浪费。活动期间，食堂剩饭剩菜量减少了20%。

2. 校园节能巡查：组织志愿者对校园内的水电使用情况进行巡查，及时关闭未使用的电器设备，减少能源浪费。

3. 能源紧缺体验活动：在"全国低碳日"当天，关闭无必要使用的办公楼(教学楼)电梯、照明、空调、电脑、打印机、复印机等电器及办公设备，用切身体验深化师生低碳环保理念。

三、活动成效

1. 节能意识显著提升：通过本次宣传周活动，全校师生的节能意识显著增强，节能减排理念深入人心。

2. 节能措施有效落实：活动期间，校园水电使用量较上月同期下降15%，节能效果显著。

3. 校园氛围更加绿色低碳：通过多样化的宣传活动，校园内形成了良好的节能氛围，师生参与度高，活动效果良好。

四、后续计划

1. 持续开展节能宣传：定期举办节能知识讲座和主题展览，巩固节能宣传成果。

2. 加强节能管理：完善校园节能管理制度，定期检查和维护节能设备，确保节能措施长期有效。

3. 推动绿色校园建设：结合校园发展规划，逐步引入更多绿色节能技术和措施，打造低碳、环保的绿色校园。

编制人：×××
审核人：×××
批准人：×××

案例分析：

文种：简报。

特点：简报具有信息传递迅速、内容简洁明了、针对性强的特点，适用于及时反映校园活动进展和成效，便于全校师生了解和参与。

适用范围：适用于校园内各类活动的宣传、总结和信息传递，如节能宣传周、文化活动、学术讲座等。

主要作用：及时传达活动信息，总结经验，推广成果，增强师生参与感和认同感。

写作结构：

(1) 标题：《××大学2025年春季学期校园节能宣传周活动简报》，包含"活动主题+文种"，规范清晰。

(2) 正文：由"工作背景、活动内容、活动成效、后续计划"四部分构成，结构清晰，层次分明。这种结构有助于读者快速了解节能宣传周活动的全貌，同时也便于后续的分析和讨论。

写作要点：

(1) 结构清晰：以"工作背景、活动内容、活动成效、后续计划"四部分为主体，层次分明，便于理解和分析。

(2) 内容翔实：通过具体活动内容(如节能知识讲座、主题展览、实践活动等)，增强简报的可操作性和说服力。

(3) 语言简洁：表达准确、简洁，专业性强，直接传达活动的核心内容。

(4) 数据支撑：用具体数据(如水电使用量下降、参与人数等)支撑活动成效，增强说服力。

(5) 展望未来：提出后续计划，明确未来工作的方向和目标，体现活动的持续性和前瞻性。

3.5.2 用人单位劳动规章制度实战演练

案由：××公司是一家专注于软件开发的企业，随着业务拓展，员工规模从最初的30人迅速增长至150人。原有的劳动规章制度是基于小规模团队制定的，已无法适应公司当前的发展需求。例如，考勤管理方面，仅规定了上班时间，对于迟到、早退的界定和处理方式模糊，导致部分员工出勤随意，影响团队协作和项目进度；薪酬福利制度中，绩效工资的评定标准不明确，缺乏量化指标，引发员工对薪酬公平性的质疑；在培训与职业发展方面，没有系统的规划和制度保障，员工晋升渠道不清晰，优秀人才流失风险增加。为解决这些问题，××公司决定全面修订劳动规章制度。

××公司劳动规章制度

一、总则

(1) 目的：为建立规范有序的劳动管理秩序，保障公司和员工的合法权益，促进公司持续稳定发展，依据相关法律法规，结合公司实际情况，制定本规章制度。

(2) 适用范围：本制度适用于××公司全体在职员工。

(3) 基本原则：遵循合法、公平、公正、平等自愿、协商一致、诚实信用原则，确保制度的合理性和有效性。

二、招聘与入职

(1) 招聘流程：明确招聘需求发布、简历筛选、面试、录用审批等环节的具体流程和责任部门，确保招聘工作高效、公正。

(2) 入职手续：新员工入职需提供真实有效的个人资料，签订劳动合同、保密协议等相关文件，办理入职登记和工作交接。

三、考勤与休假

(1) 工作时间：实行标准工时制，每周工作五天，每天工作八小时，明确上下班打卡时间。

(2) 考勤管理：详细规定迟到、早退、旷工的认定标准及相应的扣薪和处罚措施，如迟到1～10分钟扣50元，迟到超过30分钟按旷工半天处理等。

(3) 休假制度：涵盖法定节假日、年假、病假、婚假、产假、陪产假等各类休假的申请条件、休假天数和审批流程。年假根据员工工作年限确定，如工作满1年不满10年的，年休假5天。

四、薪酬福利

(1) 薪酬结构：员工薪酬由基本工资、绩效工资、加班工资、津贴补贴等构成，明确各部分的计算方式和发放周期。

(2) 绩效工资评定：制定量化的绩效评估指标体系，从工作任务完成情况、工作质量、团队协作等方面进行考核，根据考核结果确定绩效工资系数。

(3) 福利待遇：包括社会保险、住房公积金、节日福利、年度体检、团建活动等，明确各项福利的享受条件和标准。

五、培训与发展

(1) 培训体系：建立新员工入职培训、岗位技能培训、职业发展培训等多层次培训体系，规定培训计划制订、组织实施和效果评估的流程。

(2) 职业晋升：明确员工晋升的条件、标准和程序，设立管理和技术双通道晋升路径，为员工提供多元化发展空间。

六、劳动纪律与奖惩

(1) 劳动纪律：规定员工在工作时间内的行为规范，如禁止在工作时间玩游戏、浏览无关网站等，违反者将视情节轻重给予相应处罚。

(2) 奖励制度：对工作表现突出、为公司做出重大贡献的员工，给予奖金、荣誉证书、晋升机会等奖励。

(3) 惩罚制度：针对不同程度的违规行为，制定警告、罚款、降职、解除劳动合同等处罚措施，确保制度的严肃性。

七、劳动合同管理

(1) 合同签订：明确劳动合同签订的时间、期限、内容等要求，确保合同签订的合法性和规范性。

(2) 合同变更：规定劳动合同变更的条件和程序，经双方协商一致可变更合同内容。

(3) 合同解除与终止：详细说明劳动合同解除和终止的情形、程序以及经济补偿的支付标准。

八、附则

(1) 解释权：本规章制度由××公司人力资源部门负责解释。

(2) 生效日期：本制度自发布之日起生效，如有与国家法律法规相抵触的条款，以国家法律法规为准。

××公司人事处

20××年××月××日

案例分析

1. 写作结构

(1) 标题：《××公司劳动规章制度》，直接表明主体和文种，简洁明了。

(2) 正文：采用总则、分则和附则的结构。总则明确目的、适用范围和基本原则；分则涵盖招聘入职、考勤休假等多个方面，详细规定各项劳动管理内容；附则说明解释权和生效日期，结构严谨，层次分明。

2. 写作要点

(1) 结构清晰：各章节内容划分合理，逻辑连贯，便于员工理解和查阅，也有利于公司在管理过程中准确执行。

(2) 内容翔实：对劳动管理的各个环节进行详细规定，如薪酬结构、绩效评定、晋升条件等，具有很强的可操作性，能有效指导公司日常管理工作。

(3) 语言规范：使用规范、准确的语言，避免模糊和歧义，确保制度的严肃性和权威性。

(4) 符合法规：依据相关法律法规制定，保障了制度的合法性，降低公司法律风险。

(5) 结合实际：充分考虑公司业务特点和发展阶段，如针对员工规模扩大带来的管理问题进行制度优化，使制度贴合公司实际需求。

本章小结

本章对事务文书写作进行了全面而细致的阐述。首先，从事务文书的内涵、特点、分类及用途出发，深入剖析了其在日常工作和沟通中的重要作用。随后，系统讲述了事务文书的写作要求，为撰写高质量的事务文书提供了明确指导。接着，分别针对计划与总结、简报、工作纪要与备忘录、规章制度等具体事务文书，详细讲解了它们的写作结构和写作要点，并通过案例分析加深理解。最后，通过实战演练，旨在帮助学习者巩固所学知识，提升事务文书写作的实际应用能力，为未来的职业生涯和学术研究，奠定坚实基础。

思考与练习：

1. 事务文书的内涵是什么？

2. 事务文书的用途有哪些？

3. 计划的特点是什么？

4. 规章制度的写作结构是什么？

实践训练：

材料 1：某公司近期完成了一次大型产品发布会，活动内容包括新产品展示、技术讲解、客户互动等。活动持续了两天，吸引了超过 500 名客户和合作伙伴参与。发布会结束后，公司收到了大量积极的反馈，客户对新产品的性能和设计表示高度认可。然而，活动中也暴露出一些问题，如部分客户反映现场秩序较为混乱，互动环节时间安排不合理等。

要求：请以公司市场部经理的身份，撰写一份产品发布会总结报告。内容包括：活动背景、活动内容、活动成果、存在问题、改进措施等。字数要求 800 字左右。

材料 2：随着城市的发展，某社区内私家车数量急剧增加，停车难问题日益凸显。居民随意停车，占用消防通道、小区出入口等公共区域，不仅影响居民正常出行，还存在严重的安全隐患。此外，社区内公共设施老化，健身器材损坏严重，无法满足居民日常锻炼需求；小区绿化杂乱，缺乏定期维护，影响社区美观。为改善社区居住环境，提升居民生活质量，社区管理部门计划对社区进行综合整治。

要求：请你为该社区管理部门制订一份社区综合整治计划，字数要求 500 字左右。

第 4 章

经济类文书写作

案例导读 | 建设工程施工合同

发包人(全称)：某市农业农村局

承包人(全称)：联落建设集团有限公司

依照《中华人民共和国民法典》《中华人民共和国建筑法》及其他有关法律、行政法规、遵循平等、自愿、公平和诚实信用的原则，双方就本建设工程施工事项协商一致，订立本合同。

一、工程概况

工程名称：某市2023年度节水灌溉建设项目工程。

工程地点：某市某镇某村。

工程内容：

(1) 节水灌溉系统的安装和调试工作，具体包括但不限于滴灌管道的铺设、喷灌系统的安装、泵站的建设和自动化控制系统的接入。

(2) 完成对现有灌溉设施的改造，提升灌溉效率。

(3) 进行土地平整和管道埋设，确保灌溉系统的高效运行。

(4) 提供相关技术支持和培训，确保项目后期的可持续管理和操作。

资金来源：市财政专项资金与国家补贴资金。

二、工程承包范围

承包范围：招标文件，以及工程量清单、图纸全部内容。

三、合同工期

开工日期：2023年3月15日

竣工日期：2023年6月15日

合同工期总日历天数92天。

四、质量标准

工程质量标准：合格(工程中所使用的材料有国家标准的必须满足国标，没有国标规定的必须满足行业标准与相关质检部门出具的质量合格检验报告)。

五、合同价款

中标金额：肆佰零伍万贰仟叁佰柒拾捌元贰角壹分(4 052 378.21元人民币)，此价款为不可变价款。

综合单价：详见承包人的报价书。

六、项目经理

项目经理：张三(身份证号码：12345678)

七、组成合同的文件

组成本合同的文件包括如下内容。

(1) 本合同协议书。

(2) 本合同专用条款。

(3) 本合同通用条款。

(4) 中标通知书。

(5) 投标书、工程报价单或预算书及其附件。

(6) 招标文件、工程量清单。

(7) 图纸。

(8) 标准、规范及有关技术文件。

双方有关工程的洽商、变更等书面协议或文件视为本合同的组成部分。

八、本协议书中有关词语含义本合同第二部分《通用条款》中分别赋予它们的定义。

九、承包人向发包人承诺按照合同约定进行施工、竣工并在质量保修期内承担工程质量保修责任。

十、发包人向承包人承诺按照合同约定的期限和方式支付合同价款及其他应当支付的款项。

十一、合同生效

合同订立时间：2023年1月2日

合同订立地点：某市农业农村局

本合同双方约定经发包人、承包人双方签字、盖章后生效，本合同一式陆份，具有同等法律效力。

十二、争议

双方在履行合同过程中产生争议时，协商解决，协商不成的，依法向某市人民法院提起诉讼。

发包人：(公章)	承包人：(公章)
法定代表人：	法定代表人：
委托代理人：	委托代理人：
地址：	地址：
邮政编码：	邮政编码：
电话：	电话：
开户银行：	开户银行：
账号：	账号：
2023年1月2日	2023年1月2日

案例分析：

(1) 该案例中选用的文种属于经济类文书中合同类文书。它是合同双方(发包人和承包人)就某项建设工程达成的正式协议，明确了工程内容、合同金额、工期、质量标准等具体条款。

(2) 经济类文书的结构。本案例选用的建设工程施工合同主要构成要素包括合同双方的基本信息、工程概况和资金来源、合同价款与支付方式、工期与延期条款等。

(3) 写作要点如下。

○ 条款明确、具体：合同中的每一项内容都需要具体明确，避免模糊不清。

○ 结构规范、层次分明：合同的条款按照标准格式和逻辑顺序安排，使合同内容一目了然，便于双方理解和执行。

○ 正式、法律效力：合同语言正式、规范，符合《中华人民共和国民法典》的要求，且每个条款都具备法律效力。

○ 责任明确：合同中明确了承包人和发包人各自的义务与责任，如发包人承诺支付款项、承包人承诺按质量标准完成施工等。

经济类文书在企业、政府等组织的日常工作中起着重要作用。其写作规范可以帮助实现工作目标的明确传递，并为决策提供依据。有效的经济类文书写作不仅能提高工作效率，还能为组织提供必要的信息支持。

1. 格式要求

经济类文书需遵循清晰简洁的格式。无论是报告、请示还是通知，都应结构明确，重点突出，避免冗长的内容，确保读者能够迅速掌握核心信息。

2. 语言要求

经济类文书的语言应保持正式、规范、简练。避免使用口语化或情感化的表达，确保语言的准确性和客观性。

3. 风格要求

经济类文书通常要求内容客观中立，避免过于主观地判断。尤其是在提出建议、请求时，需要从全局角度出发，综合考虑各方面因素，确保建议的可行性和合理性。

学习目的

1. 了解经济类文书的内涵、特点和作用
2. 理解各种经济类文书的应用场景
3. 熟悉各种经济类文书的内容结构以及编写要点
4. 掌握撰写经济类文书的规范与技巧

4.1 经济类文书概述

通过学习经济类文书的特征、作用和分类，学生可以深刻认识其在经济管理与决策中的重要性，培养注重数据分析、遵循规则、公平公正的职业精神，强化理性思考与依法决策的能力。同时，本节融入职业道德、社会责任和文化自信的教育，帮助学生树立科学精神和实践意识，为未来从事经济管理、政策制定等工作奠定坚实基础，成为推动社会经济发展的高素质人才。

经济类文书是应用文的一个重要分支，它是一种专有文书，是以经济活动为主要内容的应用文，是反映经济情况，处理经济事务，研究、解决经济实用问题的一种具有特定格式的专业应用文。广义的经济类文书是指所有与经济活动相关的文书，涉及的范围更广，涵盖宏观、微观各层面的经济活动，狭义的经济类文书则是指更为具体的文书，通常集中于经济管理、决策和分析等实际操作中的文书。

4.1.1　经济类文书的特征

经济类文书是基于经济活动的实际需求所产生的文书，具有一系列独有的特征。与一般应用文不同，经济类文书不仅涉及复杂的经济决策，还反映了特定经济问题的解决方案。经济类文书具有七大特征。

1. 政策性

经济类文书受国家经济政策、法规和规章制度的直接影响，是政策的载体，必须严格遵循党和国家的方针政策及相关法律法规，具有明确的政策导向性。

2. 实用性

经济类文书具有明确的实用目标，旨在解决具体的经济问题或处理特定的经济事务，内容紧扣实际需求，直接针对问题核心。

3. 真实性

经济类文书的内容必须真实可靠，数据准确无误，基于客观事实，杜绝虚构或不实内容。

4. 规范性

经济类文书在形式上具有严格的规范要求，包括格式、内容结构和写作方法，确保文书的标准化和统一性，具备清晰度、可操作性和法定效力。

5. 定量性

经济类文书依赖大量数字和统计数据来表述问题或支持论点，注重定量分析，以增强内容的准确性和说服力。

6. 专业性

经济类文书涉及特定的经济领域，具有较强的专业性。它使用专业术语和方法，针对特定受众群体，要求写作者具备经济学、财务、管理等方面的知识。

7. 时效性

经济类文书具有较强的时效性，由于经济环境变化迅速，信息需要及时传递和响应，否则可能失去实际效用。

4.1.2　经济类文书的作用

在信息化与数字化时代，经济类文书在现代经济活动中仍发挥着不可替代的作用，主要体现在以下几个方面。

1. 传达和贯彻经济政策

经济类文书是传递经济政策、法规和政府决策的主要工具。通过正式文书如政策通知、实施方案等，确保党和政府的各项经济决策、法规及政策能够准确传达至各相关单位或公众，保障政策的有效落实。

2. 反馈经济信息，促进协调与决策

经济类文书作为组织内部及各相关单位之间的沟通桥梁，有助于及时反馈经济活动的信息，促进不同部门间的协调与配合。各类经济报告、会议纪要和统计数据等，能够有效传递工作进展、问题诊断和解决方案，从而优化决策过程和执行力。

3. 规范经济活动，推动管理优化

通过撰写工作计划、预算审查报告、执行总结等文书，确保各项工作按程序、标准执行，并为未来的工作提供经验教训的总结，有效推动管理体制的完善与优化，提升组织的工作效率。

4. 记录和保存经济活动，提供法定凭证

各类合同、协议、审计报告、财务报表等，不仅详细记录了经济活动的全过程，还作为重要的法律凭证，对争议解决和法律保护起到关键作用。

5. 支撑经济决策，优化资源配置

经济类文书中的报告、分析文件和预测研究等，为决策者提供所需的经济数据和趋势分析，帮助其在复杂的经济环境中作出科学决策，推动经济目标的实现。同时，通过预算报告、项目建议书等形式，有效指导资金、人员与物资的合理分配，提高运营效率，避免资源浪费，实现经济效益最大化。

4.1.3　经济类文书的分类

经济类文书使用范围广，其写作内容、格式也有较大差异。经济类文书的分类基于其功能属性和实际用途，由于财经工作的复杂性和多样化，经济类文书的文体种类繁多，分类标准也难以统一。按照功能性质，将经济类文书划分为以下九类。

1. 信息类文书

信息类文书包括市场调查报告、市场预测报告、可行性分析报告和项目分析报告等，这类文书主要用于收集、整理和传递信息，为决策提供依据。

2. 合同与协议类文书

合同与协议类文书包括合同与协议书，这类文书是明确经济活动中各方权利义务的书面凭证，是经济交往中不可或缺的重要文体。

3. 招标与投标类文书

招标与投标类文书包括招标书与投标书，用于经济活动中的招标投标环节，旨在规范招投标程序和内容，促进公平竞争。

4. 总结报告类文书

总结报告类文书涵盖审计报告与财务总结，主要用于反映经济活动的财务状况与管理成效，为优化经济管理提供重要参考。

5. 宣传与推广类文书

宣传与推广类文书包括广告文案、营销策划书、产品说明书等，主要用于经济活动中的市场推广和产品宣传，旨在吸引目标受众、提升品牌知名度、推动产品销售。

6. 通知与通告类文书

通知与通告类文书包括通知、公告、启事、通报等，主要用于发布信息、传达指令或进行沟通协调，确保经济活动的正常运行。

7. 计划与方案类文书

计划与方案类文书包括工作计划、实施方案、预算编制等，主要用于对经济活动的目标、内容、步骤、预算等进行事先规划，确保活动的有序开展。

8. 金融类文书

金融类文书包括贷款申请书、融资计划书、信用报告等，主要用于金融机构与企业之间的经济活动，涉及融资、贷款、信用评估等内容。

9. 法律保障类文书

法律保障类文书包括仲裁申请书、诉讼文书等，主要用于经济活动中可能涉及的法律纠纷或权益保障事项。

4.1.4 经济类文书的写作规范

经济类文书作为经济活动中的重要工具，具有较强的实用性和规范性。为了确保其在实际工作中发挥作用，写作者需要遵循明确的写作规范和基本要求。

1. 符合经济规律与政策

经济类文书需紧密结合财经工作的实际情况，遵守相关法律法规、政策方针及业务程序。写作内容要体现经济活动的客观规律，确保合法合规，避免与政策相冲突。

2. 主题明确、结构合理

主题应直接围绕经济工作或任务展开，明确核心思想，避免内容空泛或主题偏离。文章结构需逻辑清晰、层次分明，便于受众快速理解和应用。

3. 语言规范、表达准确

语言要求简明扼要、准确严谨，避免含糊其辞或语言冗长。用词需符合经济专业术语和公文规范，同时遵循语法规则，做到表达清楚无误。

4. 材料真实、数据可靠

经济类文书必须以事实为依据，引用的数据需来源可靠，确保材料的真实性和准确性，避免虚假夸大或片面分析。

5. 版式美观、形式规范

文书的版面设计需工整清晰，格式规范，标题、段落、字体等要符合相关要求，呈现出严谨性与专业性，同时方便阅读和查阅。

4.1.5 经济类文书的注意事项

1. 保持实用性

经济类文书应以解决实际问题为目标，避免内容空洞或偏离工作实际，强调具体性与可操作性。

2. 遵循时间要求

经济类文书常涉及紧迫的事务处理，需确保文书在规定时间内完成并发布，以免影响经济工作的时效性。

3. 重视读者需求

根据文书的受众特点，调整语言表达和内容侧重，确保文书既符合规范又满足阅读需求。

4. 防止泄密

对于涉及商业机密或敏感数据的文书，需严格保密，遵守相关保密制度，避免信息外泄。

4.2 信息类文书

通过学习信息类文书的写作，学生能够系统掌握信息收集、整理与分析的方法，提升逻辑思维与科学决策能力。同时，信息类文书写作的学习强调数据的真实性与分析的客观性，能够帮助学生树立正确的职业道德观念和社会责任感。

4.2.1 市场调查报告

××市文化产业市场发展现状与趋势调查报告

1. 调查背景

文化产业作为新兴产业，对经济结构优化和社会文化繁荣具有重要作用。本报告旨在分析某地区文化产业发展的现状、问题与机遇，为进一步推动文化产业升级提供依据。

2. 调查方法

调查时间：2024年12月1日至2024年12月31日

调查方式：

(1) 数据分析：收集当地统计局发布的文化产业相关数据。

(2) 问卷调查：针对100家文化企业和500位消费者进行问卷调研。

(3) 实地访谈：与10家文化企业负责人和相关专家进行深度访谈。

3. 调查内容与数据分析

2024年，该地区文化产业总产值达300亿元，同比增长12%。文化旅游业占比最高(45%)，其次为数字文化产业(25%)和影视传媒业(20%)。70%的消费者更倾向于数字文化产品，尤其是短视频和在线游戏；本地文化消费主要集中在线上平台，占比65%。根据调查数据显示，存在以下三个问题：文化产业链条尚未形成完整闭环，资源整合不足；本地文化企业原创能力较弱，数字化转型滞后；企业对政府扶持政策的认知与利用度较低。

4. 结论与建议

该地区文化产业发展总体向好，但与全国领先地区相比仍有较大差距；数字文化产业增长潜力巨大，但需提升创新能力和内容质量；政策扶持和产业协同发展是推动文化产业升级的关键。建议完善产业生态、加大政策扶持力度、推动数字化转型、发展文化品牌、加强人才培养。

××文化研究中心

2025年1月2日

附件：

问卷调查样本与统计数据

案例分析：

(1) 市场调查报告旨在通过调研数据、访谈记录及分析总结，为政府决策部门和企业提供重要参考，确保政策制定和产业规划的科学性与有效性。

(2) 市场调查报告采用规范的结构，包括标题、撰写单位与日期、正文部分及附件，层次分明，语言简洁明了。

(3) 报告语言客观、严谨，基于翔实的数据和访谈材料进行论述，增强了报告的专业性和说服力。

市场调查报告是以科学的调研方法为基础，对市场环境、消费者需求、竞争状况等相关信息进行系统收集、整理和分析后形成的书面材料。其核心目的是为企业或机构的决策提供依据，帮助了解市场动态、评估市场潜力、发现问题并制定有效的应对策略。在现代经济中，市场调查报告已成为企业经营管理和战略规划的重要参考依据，是连接市场信息与商业决策的重要桥梁。

1. 市场调查报告的特点

1) 科学性

市场调研报告以科学的方法为核心，采用系统的调查流程和严格的统计方法，确保数据的客观性和真实性。

2) 针对性

市场调研报告始终围绕特定的主题或问题展开，内容具有明确的目标导向。针对某一行业、细分市场或特定产品或服务，市场调研报告都致力于解决实际需求。

3) 系统性

市场调研报告以系统化的结构呈现，涵盖调查目标、数据收集方法、数据分析结果，以及结论与建议等内容。报告通过条理清晰的逻辑框架展示调研过程，确保信息流畅连贯。

4) 数据驱动性

数据是市场调研报告的核心基础，通过定量分析与定性分析相结合，确保报告内容的权威性和准确性。数据驱动性表现在对市场规模、消费者行为、竞争状况等信息的量化呈现，并通过统计图表和模型直观展示结果。

5) 时效性

市场调研报告注重与市场环境的同步性，确保信息的实时性和结论的有效性。报告的时效性使企业在快速变化的市场中成为决策者的有力工具。

2. 市场调查报告的分类

1) 按内容含量分类

(1) 综合性市场调查报告：涵盖多个方面的市场情况，如市场供求关系、购销状况、消费情况等。

(2) 专题性市场调查报告：针对某一特定问题或方面进行深入调查，如某一产品的市场占有率、消费者对某一品牌的满意度等。

2) 按调查对象分类

(1) 市场供求情况市场调查报告：调查市场的供求关系，包括市场需求量、供应量、市场饱和度等。

(2) 产品情况市场调查报告：调查某一产品或一类产品的质量、价格、使用状况、技术服务等。

(3) 消费者情况市场调查报告：调查购买某一产品或一类产品的消费者的数量、地区分布、性别、年龄、职业、民族、文化程度等。

3. 市场调查报告的结构与写作要点

市场调查报告是一种严谨的应用文体，其结构清晰、逻辑性强，旨在呈现调查结果并为决策提供支持。市场调查报告主要由首部、主体、尾部构成。

1) 首部

市场调查报告的首部主要包括标题、摘要和引言。标题应简明扼要地概括调查主题，突出对象、内容和形式；摘要用简练的语言总结调查背景、方法、主要发现和结论，通常字数为

100～200字，方便读者快速了解核心内容；引言则详细介绍调查的背景、目的、意义，以及调查范围和问题，为后续内容提供清晰的逻辑起点和背景信息。

2) 主体

市场调查报告的主体部分主要包括调查背景与目的、调查方法与过程和调查结果与分析。

调查背景与目的主要说明市场调查的背景和必要性，解释为什么需要开展这项调查及调查的服务目标。撰写时应突出市场的特点或变化，明确调查希望解决的具体问题或目标，使读者对调查的意义有清晰的理解。背景描述需简洁明了，避免冗长，而目的陈述则需直接突出重点，确保逻辑清晰。

调查方法与过程部分需要详细介绍调查采用的具体方法和实施步骤，包括样本选择标准、数据收集方式(如问卷、访谈、统计数据分析等)、调查时间和地点安排。写作时要确保方法的科学性和合理性，逻辑清楚且具备可操作性，同时在叙述中体现调查过程的严谨性和细节完整性，避免泛泛而谈。

在调查结果与分析部分，需要全面呈现收集到的主要数据，并对其进行深入分析，揭示市场的现状、趋势以及潜在问题。撰写时应以数据为基础，通过图表、图形等形式使结果更加直观，同时在分析中保持逻辑性和条理性，紧扣数据进行解读，避免主观臆测或冗长的叙述。

3) 尾部

在结尾部分，无须再次标注调研单位及日期，因为这些信息已在报告的标题页呈现。大型市场调查报告的结尾部分通常包含附录。附录部分主要涵盖调研所使用的问卷、技术性内容及其他可能需要的补充材料。对于较为简单的调查问卷报告，其结尾部分一般由附录、作者署名以及报告完成日期组成。附录部分的内容与前述相似，署名处应填写负责撰写调研报告的单位或个人名称，而报告完成日期则需精确到年、月、日。

4.2.2　市场预测报告

直播带货行业 2024—2026 年市场预测报告

××传媒有限公司
2024 年 5 月 20 日

一、执行摘要

本报告对中国直播带货行业在2024—2026年的发展趋势进行了预测。预计未来三年，直播带货市场规模将继续保持增长，但增速将有所放缓，行业竞争将更加激烈，合规化程度将进一步提高。

二、市场概况

行业定义：直播带货指通过直播平台向用户展示商品并促成销售的电商模式。

市场规模：2023年中国直播带货市场规模约为××亿元，预计2024年将达到××亿元，2026年将突破××亿元。

主要参与者：包括头部主播、MCN机构、电商平台、品牌商家等。

行业特点：互动性强、转化率高、营销成本相对较低。

三、市场预测 (2024—2026 年)

1. 总体规模

(1) 2024年：市场规模预计增长××%，达到××亿元。

(2) 2025年：市场规模预计增长××%，达到××亿元。

(3) 2026年：市场规模预计增长××%，达到××亿元。

2. 细分趋势

(1) 品类：食品、美妆、服装等品类仍是主力，但新兴品类(如家居、健康)潜力巨大。

(2) 平台：短视频平台(如抖音、快手)将保持领先地位，电商平台直播(如淘宝直播、京东直播)将加速发展。

(3) 人群：年轻消费群体仍是主要受众，但中老年群体的潜力逐渐释放。

3. 行业趋势：

(1) 合规化：行业监管将加强，主播、平台、商家需更加规范运营。

(2) 内容化：直播内容将更加专业化、垂直化，注重内容质量和用户体验。

(3) 差异化：头部主播将加快差异化竞争，中小主播需寻求细分领域发展。

四、风险提示

1. 监管风险：政策变化和监管收紧可能影响行业发展。

2. 竞争风险：行业竞争激烈，中小玩家生存压力加大。

3. 用户流失风险：用户审美疲劳，对内容和商品质量要求更高。

五、结论与建议

直播带货行业未来三年仍将保持增长，但需警惕风险，抓住机遇。建议平台加强合规管理，主播提升内容质量，商家注重品牌建设。

案例分析：

(1) 该案例中选用的文种属于经济类文书中的市场预测报告，其语言专业客观，结构清晰，内容涵盖市场概况、预测数据和行业趋势，旨在为相关从业者和决策者提供决策参考。

(2) 该报告有效地分析了直播带货行业的发展现状和未来趋势，为企业制定战略和规划提供了必要的信息支持，展现了市场预测报告在经济决策中的作用。

(3) 该报告体现了经济类文书写作的几个关键要素：数据翔实可靠，分析逻辑清晰，语言专业客观，结构完整规范，且重点突出。

市场预测报告以科学的分析方法为基础，对市场环境、消费者行为、竞争态势等诸多因素进行系统评估和预测，最终形成的书面报告。其核心目标在于为企业战略决策提供前瞻性思考，辅助企业洞察市场未来走向，评估潜在机遇与挑战，并据此制定有效的市场策略及应对预案。在日益复杂的商业环境中，市场预测报告已成为企业制定中长期发展规划、进行资源配置、规避风险的重要工具，是连接市场远景与商业行动的关键环节。

1. 市场预测报告的特点

1) 科学性

市场预测报告以科学的方法和理论为基础，通过定性和定量的分析手段，对未来市场的发展趋势进行预测。写作时需依赖真实可靠的数据，采用逻辑严密的分析模型，确保结论具有科学依据。

2) 前瞻性

市场预测报告的核心在于对未来的预见。它通过分析当前市场环境、历史趋势以及相关变量，预测未来市场的发展方向和可能变化，为决策提供前瞻性指导。

3) 时效性

市场预测报告需符合当前的经济环境和市场动态，反映最新的信息和趋势。过时的数据和分析可能导致预测失去参考价值，因此撰写时需确保数据和结论紧跟实际情况。

2. 市场预测报告与市场调查报告的不同

1) 目的不同

市场预测报告注重对未来市场趋势的分析与预测，帮助决策者制定中长期的规划和战略。而市场调查报告旨在反映当前市场的实际状况，侧重于数据的收集与整理，提供市场现状和问题的客观描述。

2) 时间维度不同

市场预测报告面向未来，基于现有数据推测市场的变化趋势。市场调查报告关注的则是现状及近期的市场数据，基于当前市场环境得出结论。

3) 内容侧重点不同

市场预测报告倾向于分析市场发展潜力、未来需求趋势、行业风险及机遇。而市场调查报告主要是对市场规模、消费者行为、竞争情况等实际信息的记录和分析。

4) 作用不同

市场预测报告回答"未来可能会怎样"，为预见和应对市场变化提供指引。市场调查报告倾向于解决"现在发生了什么"，帮助理解市场的当前状况。

3. 市场预测报告的类型

1) 按预测内容分类

(1) 市场需求预测报告：针对未来市场对某种商品或服务的需求规模和趋势进行预测，帮助企业规划生产和销售。

(2) 市场供给预测报告：分析未来市场的供给能力，包括行业生产能力、库存状况等，预测市场供需平衡情况。

(3) 市场价格预测报告：对商品或服务的价格变化趋势进行预测，帮助企业制订定价策略或投资计划。

2) 按时间维度分类

(1) 短期预测报告：针对几个月或一年的市场发展情况进行预测，侧重解决当前运营决策问题。

(2) 中长期预测报告：预测范围为几年到十几年，主要为企业战略规划和投资决策提供依据。

3) 按预测方法分类

(1) 定量预测报告：运用数学模型和统计方法(如回归分析、时间序列分析等)进行数据分析和趋势预测。

(2) 定性预测报告：通过专家意见、市场调研、情景分析等方法，结合经验和判断预测市场趋势。

(3) 综合预测报告：结合定量与定性方法，综合分析市场数据和主观判断，得出较为全面的预测结论。

4. 市场预测报告的结构与写作要点

市场预测报告主要包含标题、前言、正文、建议、结尾和附录六部分。

1) 标题

公文式标题一般由范围、对象、时间和文种名称构成。而文章式标题更加灵活多样，文种名称可用"走势""趋势""展望"等词语。在撰写标题时，务必做到简洁明了，准确概括报告的核心内容；公文式标题更注重规范性，而文章式标题则更强调吸引力，选择合适的文种名称能清晰地表明报告的性质。

2) 前言

前言部分简要说明预测的缘由、预测对象或预测结论。写作时要开门见山，直接点明研究背景和目的，语言力求精练，避免冗长；可以在前言部分概括性地提及预测的关键结论，以此引起读者的兴趣。

3) 正文

(1) 现状分析：介绍市场当前的状况，包括市场规模、增长率、主要驱动因素和阻碍因素等。在进行现状分析时，需要使用数据支撑，保证分析的客观性；重点突出，应着重分析市场规模、增长率等关键指标；深入剖析驱动因素和阻碍因素，为后续的市场预测奠定坚实的基础。

(2) 市场细分：将市场按照不同的标准分成不同的细分市场，并对每个细分市场的特点、规模、增长趋势、主要参与者和市场竞争状况等进行介绍分析。市场细分标准的选取要合理，符合市场实际情况；对每个细分市场的分析要深入，突出它们之间的差异性，重点关注其增长潜力、竞争格局，从而为决策提供依据。

(3) 市场机会与挑战：对市场所面临的机会和挑战进行分析，评估市场增长潜力和风险程度，并给出建议和措施。机会与挑战的分析应结合实际情况，做到客观全面；抓住市场的主要矛盾，突出重点进行分析；同时，应提出有针对性的建议，为后续的市场策略制定提供参考。

(4) 市场预测：根据过去的市场趋势、当前的市场状况和未来的市场变化趋势等因素，对市场的未来发展进行预测和展望。市场预测应基于科学的方法和可靠的数据，避免主观臆断；定量预测应为主，并辅以定性分析；预测结果应明确、可度量，并注明预测区间和置信度。

4) 建议

在分析和预测的基础上，提出具体的改进意见、建议和措施。这些建议应具有可操作性，能够为决策者提供明确的行动指南。写作建议时，应紧密结合之前的市场分析和预测结果，确保建议具有针对性；同时，建议要具体可行，避免空泛；从实际出发，为决策者提供清晰的行动路径。

5) 结尾

结尾部分应与前言互相照应，深化主题，重申报告的观点。可以总结全文的主要内容，强调预测结果的重要性和建议的可行性。写作结尾时，应总结全文，呼应前言，强调预测结果的重要性，并重申报告的观点，同时可适当展望未来，进一步深化主题，提升报告的价值。

6) 附录

附录包括相关资料、表格、图表、文献、方法和统计数据等。附录部分应详细列出所有参考文献和数据来源，以便读者进一步查阅和验证。撰写附录时，应提供必要的数据支持和参考依据，增强报告的可信度；所有的数据来源必须清晰注明，便于追溯和验证；内容应详细，方便读者深入研究。

4.2.3 可行性研究报告

可行性研究报告是一种在项目决策前，对拟议项目在技术、经济、市场、社会、环境等多方面进行全面、系统、深入分析和论证的书面报告，其核心目标是评估项目实施的可能性、可行性，以及潜在的风险与收益，为决策者提供科学依据。它广泛应用于投资决策、项目立项、融资申请、战略规划、技术研发及政策评估等多个领域。

对于决策者而言，可行性研究报告提供了全面、客观、科学的决策依据，帮助他们明确项目目标，优化资源配置，降低决策风险；对项目实施方而言，报告指导项目设计，识别潜在风险，并提高项目成功率；对融资机构，报告有助于评估还款能力、降低信贷风险；而对社会而言，则有助于促进资源有效配置、降低投资风险，并最终促进可持续发展。

1. 可行性研究报告的特点

1) 全面性和系统性

一份可行性研究报告应涵盖项目或方案的全貌，从技术、经济、市场、法律等多维度进行深入剖析，旨在为决策者提供详尽无遗的信息支撑。

2) 公正性与客观性

该报告需秉持客观、公正的态度，对各项因素进行准确评估，排除主观偏见，确保决策者依据准确无误的信息做出明智选择。

3) 实践性与执行性

报告应提出切实可行的建议和策略，助力决策者在项目执行阶段有效化解难题，从容应对各类挑战。

2. 可行性研究报告的分类

1) 按研究深度和侧重点分类

(1) 初步可行性研究：侧重于对项目的初步概念、市场前景、技术方案等进行概括性分析。

(2) 详细可行性研究：研究内容详尽，包括市场、技术、财务、经济、环境、社会等多个方面，对项目进行全面深入的分析和论证。

2) 按研究内容侧重分类

(1) 技术可行性研究报告：侧重于评估项目所采用的技术是否成熟、可行、可靠，是否能够满足项目需求。

(2) 经济可行性研究报告：侧重于评估项目的经济效益和盈利能力，判断项目是否具有经济价值。

(3) 市场可行性研究报告：主要评估市场需求、市场规模、竞争格局、潜在客户等，判断项目是否具有市场前景。

(4) 社会可行性研究报告：评估项目对社会的影响，包括就业、环境、文化、社区等，判断项目是否符合社会发展目标。

(5) 环境可行性研究报告：评估项目对环境的影响，包括污染、资源消耗、生态破坏等，判断项目是否符合环保要求。

(6) 综合可行性研究报告：强调多方面的综合评估，如项目的技术、经济、市场、社会、环境等方面。

3. 可行性研究报告的结构与写作要点

可行性研究报告通常由首页、标题、主体内容、总结与提议，以及附录图表和文档组成。

1) 首页

首页通常是独立呈现的封面，主要标注项目标题、承办单位、项目负责人、团队成员名单以及报告完成日期等信息。在撰写首页时，务必确保信息的完整性和准确性，使其既能清晰展示报告的基本信息，又能体现报告的正式性和专业性。

2) 标题

标题一般明确指出项目承办单位、项目名称及报告类型，也可适当简化单位名称。撰写标题时，务必做到简洁明了，准确概括报告的核心内容，并且清晰地表明报告的性质。

3) 主体内容

主体部分是可行性报告的核心，通常涵盖以下要点。

(1) 项目与企业简介。作为引言，介绍项目基本情况、企业背景、项目发起单位、编制依据以及立项缘由等项目相关细节。在撰写项目与企业简介时，要力求内容翔实、重点突出，既要为读者提供必要的背景信息，又要引出项目的核心内容。

(2) 项目建设的必要性与产出规划。涵盖项目需求分析、政策合规性审查、项目战略目标与功能定位、建设内容与规模、项目实施方式等内容。在撰写这部分时，应充分论证项目建设的合理性和必要性，清晰地阐述项目的目标和规划，以及选择何种实施方式。

(3) 项目选址与要素保障。包括项目拟建地点、建设条件、要素保障能力评估、土地征用补偿方案(如适用)等内容。在撰写项目选址与要素保障时，需要综合考虑各种因素，详细分析项目选址的可行性和要素保障的可靠性，确保项目建设的顺利进行。

(4) 项目建设方案。从技术、设备、工程、资源开发、建设管理等多个角度探讨项目的可行性，并设计基本方案。在撰写项目建设方案时，应从多个角度对项目的可行性进行深入探讨，并设计出切实可行的基本方案，确保项目的技术可行性。

(5) 项目运营方案。涉及运营模式选择、服务方案、生产运营计划、安全保障措施、组织架构设置、绩效管理等内容。撰写项目运营方案时，需要充分考虑项目的运营模式、服务方案、生产运营计划及安全保障措施，并建立完善的组织架构和绩效管理体系，确保项目的长期稳定运营。

(6) 项目融资与财务方案。包括项目投资估算、盈利能力分析、融资可行性分析、偿债能力评估、财务可持续性分析等内容。在撰写项目融资与财务方案时，应深入分析项目的投资估算、盈利能力、融资可行性、偿债能力及财务可持续性，为项目的融资决策提供可靠的依据。

(7) 项目影响评估。从资源利用效率、节能效果、环境保护、碳排放与碳中和分析、经济影响、社会影响等多个方面进行评价。撰写项目影响评估时，要从多个维度对项目的影响进行全面评估，确保项目符合可持续发展的要求。

(8) 项目风险管理方案。预测项目实施过程中可能遇到的风险，并提出相应的应对预案。在撰写项目风险管理方案时，应充分考虑项目实施过程中可能遇到的各种风险，并提出相应的应对预案，确保项目顺利推进。

4) 总结与建议

综合项目实施方案的关键要素，给出项目是否可行的综合评价或结论，并针对项目潜在的问题和风险提出建议。撰写总结与建议时，务必做到客观、公正、全面，既要给出明确的结论，又要提出切实可行的建议，为决策者提供有价值的参考。

5) 附录图表和文档

提供必要的图表、数据、资料文件等，作为主体内容的补充说明材料。在撰写附录图表和文档时，应确保信息的真实性和准确性，为读者提供必要的补充说明和支持，以增强报告的整体可信度。

4.2.4　项目分析报告

项目分析报告是对已完成或正在进行的项目进行全面、系统性评估的书面文件，其核心在于监控项目进展、衡量项目绩效、识别潜在问题，并为项目管理和决策提供反馈。此类报告广泛应用于项目管理、企业运营及组织战略调整等领域。项目分析报告的作用在于，为项目管理者提供项目状态的实时信息，为企业管理者评估项目贡献和绩效提供依据，并促进项目团队的有效沟通和透明运作。

1. 项目分析报告的特点

1) 针对性

项目分析报告专注于特定项目，分析内容围绕项目的具体目标展开，涵盖项目背景、市场环境、资源条件、技术要求等，确保分析结果直接为项目决策服务。

2) 深入性

报告注重对项目核心问题的深度剖析，从多维度挖掘项目的潜在价值、可能风险及未来趋势，为决策提供详尽的信息支撑。

3) 系统性

项目分析报告通常涉及多个领域的综合分析，包括市场状况、技术可行性、财务效益、政策支持和风险评估等。通过系统化的视角，全面评估项目的整体可行性。

4) 数据性

以数据为核心，项目分析报告依托翔实的统计数据、市场调查结果和科学模型分析，为分析结论提供客观依据。数据的权威性和真实性直接影响报告的质量与可信度。

5) 决策性

项目分析报告的最终目标是为决策者提供可靠依据。通过明确的问题分析和解决方案，帮助管理层做出科学、合理的决策，降低决策风险。

6) 动态性

项目分析报告不仅关注当前的静态数据，还需考虑动态变化的外部环境，如市场趋势、政策调整和技术更新等，确保报告的时效性和适应性。

2. 项目分析报告的分类

1) 按分析内容分类

(1) 市场导向型分析报告：以市场需求和竞争格局为核心，评估项目的市场前景和目标群体。

(2) 技术导向型分析报告：重点关注技术可行性、创新能力及技术投入与效益的匹配度。

(3) 财务导向型分析报告：分析投资回报率、成本收益比、资金流动性及财务风险等。

2) 按用途分类

(1) 项目立项分析报告：用于项目申请和立项审批，主要论证项目的必要性和可行性。

(2) 项目实施分析报告：为项目具体实施阶段提供指导，涵盖进度安排、资源配置和技术细节。

(3) 项目评估分析报告：用于项目完成后的效果评估，回顾目标实现情况并总结经验。

3) 按决策需求分类

(1) 战略性项目分析报告：侧重于项目的长远战略意义，为企业或机构制定发展规划提供依据。

(2) 战术性项目分析报告：关注具体实施层面的操作性，为项目的短期执行提供详细指导。

3. 项目分析报告的结构与写作要点

项目分析报告主要包括前言、项目概况、市场分析、技术分析、财务分析、风险评估、结论与建议和附件。项目分析报告的写作需注重逻辑性和数据支撑，以结构清晰、语言简练为原则。

在撰写过程中,应根据项目的具体特点和决策需求,突出重点分析,确保内容针对性强、科学性高,为项目的顺利实施提供可靠依据。

1) 前言

前言是对报告背景、目的、研究方法和分析范围的概述。在撰写前言时,务必简洁明了地阐述报告的背景信息,清晰地说明报告的目的和意义,准确地描述研究方法,并明确报告的分析范围,以便读者快速了解报告的整体框架。

2) 项目概况

项目概况需要对项目的基本情况进行详细描述,包括项目性质、规模、位置及目标。项目概况需要明确项目的基本属性,说明项目实施地点及其地理优势,阐述项目目标,如经济效益、社会效益或战略意义。在撰写项目概况时,务必做到信息完整、描述清晰,让读者对项目有一个全面而准确的认识。

3) 市场分析

市场分析主要是研究项目所在市场的需求状况、竞争格局及未来发展趋势,描述市场现状及其关键指标(市场容量、增长率等),分析目标客户群体及其需求偏好,研究竞争对手的产品、策略及市场份额,预测未来市场的发展前景和潜在风险。在进行市场分析时,应注重数据的可靠性和分析的逻辑性,力求全面、客观地呈现市场现状,并准确预测未来的发展趋势,为项目决策提供有力支持。

4) 技术分析

技术分析部分需要探讨项目所需的技术方案、设备需求和技术可行性,详细描述项目使用的核心技术、工艺流程及技术创新,评估技术引进、自主研发或合作开发的成本和可行性,分析技术实施可能遇到的困难及应对方案。在撰写技术分析时,务必保证技术描述的准确性和专业性,同时要客观评估各种技术方案的优劣,并提出切实可行的应对方案,为项目顺利实施提供技术保障。

5) 财务分析

通过财务分析,计算项目的资金需求、成本构成、收益及风险,进行财务可行性论证。在撰写财务分析时,应采用科学的财务分析方法,准确计算各项财务指标,全面评估项目的财务可行性,并为项目的投融资决策提供依据。

6) 风险评估

风险评估要求识别项目潜在风险并提出应对措施。在撰写过程中,按类别列出可能的风险,并对每种风险进行定性和定量分析。在进行风险评估时,应力求全面、客观,既要识别出所有潜在风险,又要分析风险发生的可能性和影响程度,并提出有效的应对措施,以降低项目风险。

7) 结论与建议

该部分对项目的总体可行性进行总结,并提出具体实施建议。在撰写结论与建议时,要基于前述的分析,给出明确的结论,并提出具有针对性和可操作性的建议,为决策者提供有价值的参考。

8) 附件

附件是指补充报告正文的详细数据和技术文档,包括调研数据、访谈记录、技术说明、图表等支撑材料。确保附件与正文内容一致,便于查阅和验证,并能提供有力的支撑,方便读者查阅和验证,提高报告的整体可信度。

4.3　协议类文书

通过了解协议类文书的特点、结构和写作要点，学生不仅能掌握规范商业行为、明确权责的重要工具，还能深入理解契约精神和法治理念。这将有助于他们未来在职业生涯中树立诚信品格，培养契约和规则意识，形成依法办事、以理服人的思维方式，从而在经济建设和社会治理中，自觉遵守法律法规，维护公平正义，为构建和谐稳定的社会环境贡献力量。

空调购销合同

合同编号：20240808-001

甲方(卖方)：广州市鼎盛空调销售有限公司

地址：广州市天河区珠江新城

法定代表人：王强

联系人：李明

联系电话：020-12345678

乙方(买方)：深圳市阳光科技有限公司

地址：深圳市南山区科技园

法定代表人：张华

联系人：陈丽

联系电话：0755-87654321

甲乙双方经友好协商，就乙方购买甲方空调事宜达成如下协议。

第一条　产品信息

序号	产品名称	品牌型号	数量/台	单价/元	总价/元	备注
1	鼎盛变频挂机空调	KFR-35GW/BP3DN8Y-B1	10	2800	28 000	1.5匹，三级能效，含遥控器
2	鼎盛变频柜机空调	KFR-72LW/BP3DN8Y-B1	2	5500	11 000	3匹，三级能效，含遥控器
合计	—	—	—	—	39 000	—

第二条　合同总金额

本合同项下空调总金额为人民币(大写)：叁万玖仟元整(小写：39 000元)。

第三条　付款方式

乙方应在本合同签订之日起3日内，向甲方支付合同总金额的30%作为预付款，即人民币11 700元。

乙方应在甲方交付并安装调试完毕空调后5日内，向甲方支付剩余的尾款，即人民币27 300元。

乙方付款方式：银行转账。

甲方收款账户信息：

户名：广州市鼎盛空调销售有限公司

开户银行：中国工商银行广州分行珠江新城支行

银行账号：1234567890123456789

第四条　产品交付与安装

交货时间：甲方应在本合同签订之日起7日内将空调送达乙方指定地点并完成安装调试。

交货地点及安装地点：深圳市南山区科技园阳光科技大厦××层。

安装标准：甲方应按照国家相关标准进行空调安装，并保证安装质量，包括但不限于内外机安装牢固、管线连接正确、制冷剂添加符合要求等。

产品所有权：空调所有权自甲方完成交付、安装调试且乙方付清全款之日起转移给乙方。

第五条　产品质量保证

甲方保证所提供的空调为鼎盛原厂正品，符合国家相关质量标准和本合同约定。

甲方对空调主机提供6年的质保，压缩机提供10年的质保。

如因产品质量问题，乙方应在收到空调后3日内书面通知甲方，甲方应及时安排维修或更换，如维修无法解决，则更换同型号全新产品。

第六条　违约责任

如甲方未按约定时间交货或完成安装调试，每逾期一日，应向乙方支付合同总金额的0.1%作为违约金，但累计违约金不超过合同总金额的5%。

如乙方未按约定时间付款，每逾期一日，应向甲方支付逾期金额的0.05%作为违约金。

任何一方违反本合同约定，给对方造成损失的，应承担赔偿责任。

第七条　争议解决

凡因执行本合同所发生的或与本合同有关的一切争议，双方应通过友好协商解决；协商不成的，应向广州市天河区人民法院提起诉讼。

第八条　其他约定

本合同自双方签字盖章之日起生效。

本合同一式两份，甲乙双方各执一份，具有同等法律效力。

未尽事宜，双方可另行协商签订补充协议，补充协议与本合同具有同等法律效力。

甲方(盖章)：广州市鼎盛空调销售有限公司　　乙方(盖章)：深圳市阳光科技有限公司

日期：2024年8月8日　　　　　　　　　　日期：2024年8月8日

案例分析：

(1) 该案例属于协议类文书中的经济合同，具体而言是购销合同中的买卖合同。购销合同是市场经济中最常见的经济类文书之一，它明确了买卖双方在商品交易中的权利和义务，是商业活动的重要法律凭证。

(2) 该合同明确了买卖双方的权利与义务，防止交易纠纷；详细规定了交易标的、价格、付款方式等关键要素，为交易提供明确依据；同时，明确了违约责任和争议解决方式，为双方提供法律保障。

(3) 该合同充分体现了经济合同的规范性和严谨性，符合经济合同的基本要求，具有较强的可执行性。

4.3.1　协议书

协议书作为一种重要的法律文书，是平等主体为明确彼此权利义务、达成共同意愿而签订的书面文件，它以协商一致为基础，旨在建立、变更或终止特定的民事法律关系或经济合作关系。协议书的应用范围十分广泛，涵盖了商业合作、技术转让、项目投资、房屋租赁、劳动人事、知识产权许可等多个领域，它既可以用于规范双方之间的合作细节，也可以用于解决争议或明确责任分担。协议书是维系商业和社会运转的重要工具，也成为各主体之间建立信任、有效沟通、协同发展的重要载体。

1. 协议书的特点

1) 法律约束力

协议书的首要特点也是最核心的特点，就是具有法律约束力。一旦协议书签订生效，协议各方都必须严格按照协议内容履行各自的义务，否则将承担相应的法律责任。

2) 协商一致性

协议书的达成必须是各方协商一致的结果。任何一方都不能强迫或单方面修改协议内容。各方必须在平等自愿的基础上进行协商，最终达成共同认可的协议。

3) 权利义务对等性

协议书中各方的权利和义务通常是对等的。任何一方都不能在协议中获得过分的利益，也不能承担过分的义务。

2. 协议书的类型

1) 按照协议的目的和内容分类

(1) 合作协议：用于明确合作各方在特定项目或活动中的权利义务，共同目标和合作方式，如合资、合营等。

(2) 转让协议：用于明确所有权、使用权的转移，如股权转让、技术转让等；租赁协议侧重于约定租赁物的使用权、租金、租赁期限等。

(3) 借款协议：用于明确借款方和贷款方在借贷关系中的权利义务。

(4) 服务协议：用于明确服务提供方和服务接受方之间的服务内容、质量标准和责任。

2) 按照协议的主体分类

(1) 企业间协议：通常涉及商业合作、股权转让、技术许可等，多为具有商业性质的交易。

(2) 企业与个人间协议：如劳动合同、聘用协议、承包协议等，通常涉及劳动关系、雇佣关系或服务提供。

(3) 个人间协议：包括民间借贷、房屋租赁、合伙协议等，通常是自然人之间的交易或合作。

(4) 政府间协议：如国际条约、区域合作协议等，具有政治性或行政性。

3) 按照协议的法律效力分类

(1) 具有法律约束力的协议书：如合同，一旦签署，各方必须严格遵守，违反协议将承担法律责任。

(2) 不具有法律约束力的协议书：如备忘录、意向书等，通常只作为合作意愿的表达，不具有强制执行力，但可以作为未来签订正式合同的依据。

3. 协议书的结构和写作要点

1) 标题

标题应明确指出协议的类型，如"合作协议""买卖协议""租赁协议"等。标题应简洁明了，准确反映协议的性质和内容，以便于快速识别和检索。

2) 协议各方信息

协议书的关键要素是要清晰列出协议各方的名称或姓名、住所或地址、法定代表人或授权代表的姓名、联系方式等，确保各方身份的准确性。务必准确完整地填写各方信息，确保信息真实可靠，避免因信息错误导致法律纠纷。

3) 协议目的和范围

协议书要求明确说明协议的目的，以及协议适用的范围和内容。如果协议涉及多个方面，需明确各方面的具体内容。目的和范围的界定应清晰明确，避免模糊和含糊，确保协议的适用范围不超出约定范围。

4) 权利义务条款

权利义务条款是协议书最重要的部分，应明确各方在协议中的权利和义务，必须具体、详细、明确。权利义务应当对等，避免出现不公平条款。同时详细说明各方需要履行的具体事项，需细致周全，力求覆盖所有可能的情况，并确保权利义务的平衡，避免出现漏洞。

5) 违约责任条款

协议书需明确约定违约责任，包括违约金的计算方式、赔偿金额、违约行为的认定等，以约束各方行为，保证协议顺利履行。违约责任条款应当明确，避免出现无法执行的情况。

6) 争议解决条款

在协议书中，需要明确约定双方发生争议时的解决方式，如协商、调解、仲裁或诉讼等。如果选择诉讼，可约定管辖法院。

7) 生效条款

生效条款要求明确协议生效的条件，如签字盖章、特定日期等。如有需要，可约定协议的有效期。生效条款应简洁明了，避免含糊不清，确保协议生效条件明确易于判断。

8) 结尾

结尾应明确约定各方签字或盖章的位置，并确保签字或盖章的真实性；注明协议的份数，并约定各方持有的份数；明确协议的签署日期。结尾部分应规范完整，确保协议的真实性和有效性，避免因格式问题产生争议。

4.3.2 合同

合同是以双方或多方当事人意思表示一致为基础，旨在设立、变更或终止民事权利义务关系的协议。它是平等主体之间为达成特定目的而自愿达成的具有法律约束力的契约。合同广泛适用于各种经济活动、商业交易、社会交往及民事法律关系，其应用范围涵盖了商品买卖、服务提供、租赁借贷、工程建设、知识产权转让等众多领域。在现代社会中，合同不仅是维护市场经济秩序、保障交易安全的重要工具，还是促进社会资源有效配置、维护各方合法权益的关键机制。通过明确当事人的权利义务、规范交易行为，合同为经济发展和社会稳定提供了坚实的法律基础。

1. 合同的特点

1) 法律约束力

合同是一种法律行为，具有法律效力。一旦签订并满足法律规定的条件，各方当事人必须按照合同的约定履行义务，任何一方违约将承担法律责任。

2) 当事人意愿的合意

合同的成立以当事人双方或多方的意思表示一致为基础。合同内容必须在协商一致的情况下达成，体现了平等协商、自由意志的原则。

3) 明确的权利义务关系

合同明确约定了各方的权利和义务内容，为履约提供依据。它可以减少不确定性和纠纷，保障交易的顺利进行。

4) 双向性或多向性

合同一般涉及两个或多个主体，体现了权利义务的相互性。例如，一方享有权利的同时，另一方履行义务，形成相互关联的法律关系。

5) 目的性和实践性

合同的签订和履行以实现某种经济或社会目的为导向，通常服务于交易、合作、雇佣等实际需要。合同的履行往往伴随着经济活动或法律行为的完成。

2. 合同的类型

1) 按合同性质分类

(1) 双务合同：合同双方均需履行义务并相互给付对价，如买卖合同、租赁合同。

(2) 单务合同：仅一方当事人承担义务，另一方仅享有权利，如赠予合同。

2) 按合同标的分类

(1) 买卖合同：以货物、财产或权益的买卖为标的的合同。

(2) 租赁合同：以财产使用权的出租为标的的合同。

(3) 服务合同：提供劳务或服务为标的的合同，如劳务合同、委托合同。

(4) 建设工程合同：以工程施工、勘察、设计为标的的合同。

3) 按合同形式分类

(1) 书面合同：以书面形式订立并载明具体条款的合同。

(2) 口头合同：双方通过口头协议达成合意的合同。

(3) 推定合同：双方通过行为表示同意的合同，如默示合意。

4) 按履行方式分类

(1) 即时履行合同：在短时间内完成义务履行的合同，如日常商品买卖合同。

(2) 持续履行合同：需要在较长时间内持续履行义务的合同，如长期供货合同、租赁合同。

5) 按合同目的分类

(1) 经济合同：以经济利益为目的的合同，如贸易合同。

(2) 民事合同：与个人权益相关的合同，如婚前财产协议。

(3) 劳动合同：规范劳动者与用人单位权利义务的合同。

3. 合同的结构和写作要点

根据《中华人民共和国民法典》，当事人订立合同可以采用书面形式、口头形式或其他形式。书面形式包括合同书、信件、电报、电传、传真等可以有形地表现所载内容的形式。以电子数据交换、电子邮件等方式能够有形地表现所载内容，并可以随时调取查用的数据电文，也视为书面形式。

当事人可以参照各类合同的示范文本订立合同。根据《中华人民共和国民法典》第四百七十条，合同的内容由当事人约定，一般包括以下条款：

(1) 当事人的姓名或者名称和住所；

(2) 标的；

(3) 数量；

(4) 质量；

(5) 价款或者报酬；

(6) 履行期限、地点和方式；

(7) 违约责任；

(8) 解决争议的方法。

在撰写合同过程中，首先应关注合同主体及内容，确保当事人身份明确、标的物描述清晰、权利义务对等、履行条款具体、价款支付明晰、违约责任明确、争议解决方式约定清晰，并充分考虑不可抗力、保密等特殊条款，以构建一份完整、严谨且具有可操作性的合同框架。其次，在合同语言及格式方面，应力求语言准确简练，避免歧义，条理清晰，逻辑严谨，避免模棱两可的表达，同时务必在签署前认真校对，确保没有错误或遗漏，以增强合同的规范性和可读性。最后，建议对于重要合同寻求专业法律意见，合同双方充分沟通协商达成一致，并妥善保存合同文本，以确保合同的合法有效和顺利执行。

4.3.3　其他协议类文书

除合同和协议书外，还有一些特殊的协议类文书，它们在法律效力、形式和应用场景上与合同有所不同，但同样在商业和法律实践中发挥重要作用。这些协议类文书通常用于初步协商、意向表达或特定场景下的权利义务安排。

1. 意向书

意向书是一种用于表达合作或交易初步意愿的文件，通常用于商业谈判的早期阶段。

1) 意向书的特点

(1) 法律约束力较弱，通常不具有强制执行力。

(2) 主要用于记录双方的初步意向、谈判框架或合作方向。

(3) 常作为签订正式合同的前期文件。

2) 意向书的撰写要点

(1) 明确双方主体信息。

(2) 描述合作意向和初步条款。

(3) 说明后续签订正式合同的计划和时间表。

××事项的合作意向书

甲方：＿＿＿＿＿＿＿＿＿＿＿＿

乙方：＿＿＿＿＿＿＿＿＿＿＿＿

双方经初步协商，拟在＿＿＿＿＿＿项目中开展合作。本意向书旨在明确双方的初步合作意向，具体合作细节将在后续正式合同中进一步明确。

一、合作意向

双方同意在＿＿＿＿＿＿领域开展合作，具体合作内容包括但不限于＿＿＿＿＿＿。

二、后续安排

双方将在本意向书签订后的＿＿＿个月内，就合作的具体条款进行进一步协商，并签订正式合同。

三、其他条款

本意向书自双方签字盖章之日起生效，有效期为＿＿＿个月。

2. 协商备忘录

协商备忘录是一种用于记录双方协商结果或重要事项的文件，通常用于确认双方的共识。

1) 协商备忘录的特点

(1) 法律约束力较弱，但具有一定形式上的约束力。

(2) 内容较为灵活，通常不涉及复杂的法律条款。

(3) 可作为后续正式协议的基础。

2) 协商备忘录的撰写要点

(1) 简明扼要地记录协商内容。

(2) 明确双方的权利义务和后续行动计划。

××事项协商备忘录

甲方：_____

乙方：_____

双方经协商一致，就_____项目达成以下共识，并签署本备忘录以资共同遵守。

一、项目概述

双方同意共同开展_____项目，项目目标为_____。

二、权利义务

1. 甲方负责_____。

2. 乙方负责_____。

三、后续步骤

双方将在本备忘录签订后的____个月内，就合作的具体条款进行进一步协商，并签订正式合同。

四、其他条款

本备忘录自双方签字盖章之日起生效，有效期为____个月。

3. 授权书

授权书是一种授权他人代表自己行使特定权利或履行特定义务的文件。

1) 授权书的特点

(1) 法律约束力较强，明确授权范围和期限。

(2) 通常用于委托代理事务。

2) 授权书的撰写要点

(1) 明确授权人和被授权人的信息。

(2) 规定授权范围和期限。

(3) 明确授权的终止条件。

4. 证明书

证明书用于证明某一事实或权利的文件。

1) 证明书的特点

(1) 法律约束力较弱，主要用于证明事实。

(2) 内容较为简洁，通常不涉及复杂的条款。

2) 证明书撰写的要点

(1) 明确证明的内容和目的。

(2) 提供必要的事实依据。

4.4　招标与投标类文书

> 通过学习招标与投标类文书的特点、结构和写作要点，学生不仅能熟练运用经济活动中规范交易流程、选拔优质合作方的关键载体，还能深刻体悟其背后蕴含的公开透明、择优录取的价值取向。本节能引导学生在未来的职业实践中，树立阳光操作的理念，强化公平竞争的意识，进而形成遵规守纪、程序正义的思维模式，从而在参与经济建设和社会治理时，自觉维护市场秩序，杜绝暗箱操作，助力构建清明高效的社会环境。

4.4.1　招标书

招标书

[招标单位名称]

[招标单位地址]

[招标单位联系电话]

[招标单位电子邮件]

[日期]

[投标人名称]

[投标人地址]

[投标人联系电话]

[投标人电子邮件]

尊敬的先生/女士：

我们诚邀贵公司参与我们的项目招标。本次招标的项目是[项目名称]，现向贵公司提供以下相关信息。

1. 项目概述

项目名称：[项目名称]

项目背景：[项目背景介绍]

项目目标：[项目目标介绍]

项目规模：[项目规模介绍]

项目时间计划：[项目时间计划]

项目地点：[项目地点]

2. 投标资格要求

注册资格：[注册资格要求]

经验要求：[经验要求]

技术能力：[技术能力要求]

财务状况：[财务状况要求]

3. 投标文件要求

投标文件组成：[投标文件的组成部分]

格式要求：[投标文件的格式要求]

递交方式：[投标文件的递交方式]

截止时间：[投标截止时间]

4. 技术规格和要求

技术规格：[技术规格要求]

质量要求：[质量要求]

工作流程：[工作流程要求]

安全标准：[安全标准要求]

5. 合同条款和条件

付款方式：[付款方式]

保修期：[保修期要求]

违约责任：[违约责任规定]

6. 评标标准和程序

评标标准：[评标标准介绍]

评标程序：[评标程序介绍]

7. 提问和答复

联系人：[联系人姓名]

联系方式：[联系人电话/电子邮件]

提问截止日期：[提问截止日期]

答复日期：[答复日期]

请贵公司在[投标截止日期]之前提交完整的投标文件，并按照招标文件的要求递交。如有任何疑问或需要进一步信息，请及时与我们联系。

感谢贵公司对本次招标的关注和参与，我们期待与贵公司建立合作关系，并共同推进该项目的成功实施。

谢谢！

[招标单位名称]

[招标单位签名]

[招标单位日期]

案例分析：

(1) 本应用文文种属于招标函，具有发布信息、规范流程、筛选投标人、建立合作关系及形成法律约束的作用，是招标活动中不可或缺的重要文件。

(2) 招标函的写作务必做到清晰、准确、全面、规范。既要充分传递信息，又要规范投标行为，确保招标活动顺利进行。

招标书又称招标文件，是招标人向潜在投标人发布招标信息、规定投标程序和要求，并提供项目相关信息的正式文件。它涵盖了招标项目的方方面面，为投标人参与竞标提供必要的信息，并以此规范整个招标过程。招标书的核心在于规范和引导投标过程，确保招标活动的公平、公正、公开和透明。它并非简单的项目介绍，而是包含了法律意义的文件，对招标人和投标人双方都有约束力。

1. 招标书的特点

1) 规范性

招标书是严格按照相关法律法规和招标程序编制的,具有很强的规范性。招标书必须符合《中华人民共和国招标投标法》,以及各行业、地方的招标投标管理规定,以确保招标活动的合法合规。

2) 约束性

招标书对招标人和投标人双方都具有法律约束力。招标人必须按照招标书的要求组织招标活动,不得随意更改招标条件,否则可能承担法律责任。同时,投标人必须按照招标书的要求编制和提交投标文件,一旦中标,必须按照合同约定履行义务。

3) 专业性

招标书的编写需要具备专业的知识和技能。它涉及工程、技术、法律、财务等多个领域的知识,需要专业人员根据实际情况进行编制,以确保招标书的准确性、科学性和合理性。

4) 竞争性

招标书的目的是通过公平竞争,选择最优的投标人,从而达到招标人的最佳利益。

2. 招标书的类型

1) 按照招标方式分类

(1) 公开招标书:指的是招标方通过报纸、电台、电视台及互联网等公共渠道发布招标信息的文书,旨在吸引尽可能多的潜在投标人参与。

(2) 邀请招标书(选择性招标):指的是采购方基于供应商或承包商的资质和过往表现,挑选若干家(通常不少于三家)符合条件的法人或其他组织,直接向其发出招标邀请的文书。

2) 按照合同期限分类

(1) 长期招标书:通常指的是中标后签订的采购合同期限较长的招标文书,一般为一年以上。

(2) 短期招标书:指的是中标后签订的采购合同期限较短的招标文书,通常为一年或一年以内。

3) 按照招标范围分类

(1) 国际招标书:指的是面向国内外所有潜在供应商发布的招标文书。

(2) 国内招标书:指的是仅面向国内供应商发布的招标文书。

3. 招标书的结构和写作要点

招标文件通常由标题、正文及结尾三个主要部分构成,部分招标文件还会附加合同条款,如建筑工程招标文件、物资采购招标文件等。

1) 标题

标题有四种典型格式:第一种是结合招标单位名称、招标的属性、内容、方式及文档类型,如"绿岛国际建筑集团城市广场建设公开招标文件";第二种仅包含招标的属性、内容、方式与文档类型,如"蓝国新区垃圾处理工程公开招标文件";第三种是招标单位名称搭配文档类型,如"橙光科技招标文件";最后一种单纯标注文档类型"招标文件"。此外,还有一种较为罕见的宣传式标题,如"寻承包商为蓝海化工厂项目",这类标题更具个性化,但在正式、庄重的场合中较少使用。

标题应简洁明了,准确传达招标的核心信息,选择格式时需考虑招标的正式程度和目标受众,大型项目宜用详细信息标题,灵活或广泛受众项目可采用简化或个性化标题。

2) 正文

正文部分是招标文件的核心,分为引言和主体两部分。引言着重说明招标的背景和缘由,简要介绍项目的背景、目的，以及招标的法律和政策依据，为读者提供项目的宏观视角。主体部分则需详尽阐述招标方式、涵盖范围、操作流程、具体要求、合同签订准则、招标过程中的权利与义务、组织架构，以及其他相关注意事项等内容。主体作为正文的关键，一般采用逐条列举的形式，即条款式，部分招标文件为了使内容更加条理化，会借助表格来呈现关键信息，即表格式。

正文的写作要点在于确保信息的完整性和准确性，语言应清晰、简洁，避免歧义，同时要符合相关法律法规和行业标准。

3) 结尾

结尾部分应注明招标单位的名称、地址、联系电话和传真号码等信息，以便投标方能够便捷地与招标单位建立联系并参与竞标。

结尾的写作要点是提供准确的联系方式，确保信息的可访问性和实用性，同时保持语言的正式和礼貌，以便于与投标方建立良好的沟通基础。招标文件是缔结合同的基础，因此其内容和措辞必须精确严谨，无须冗长，只需清晰扼要地介绍必要内容，突出关键点，避免无休止的罗列和堆砌。此外，招标文件多用于商业交易场合，应秉持平等、诚恳的原则，避免表现出傲慢或谦卑的态度。

4.4.2 投标书

投标书

[你的公司名称]

[你的地址]

[城市，邮编]

[日期]

[投标机构名称]

[投标机构地址]

[城市，邮编]

尊敬的先生/女士：

我们谨以此函向贵公司提交我们的投标书，希望能有机会为贵公司提供我们的服务。我们对贵公司的项目非常感兴趣，并相信我们具备为贵公司提供高质量和专业的服务所需的能力和经验。

以下是我们的投标书内容。

1. 公司介绍：介绍公司背景、历史、经验及专业领域知识和技术能力。

2. 项目概述：简述项目背景、目标和范围。

3. 解决方案：描述解决方案的方法、流程和技术，以及如何满足项目要求。

4. 团队能力：介绍团队成员的经验、专业知识和资质。

5. 时间计划：提供项目的时间计划，包括关键里程碑和交付日期。

6. 费用估算：列出费用估算，包括项目费用、材料费用和其他相关费用。

7. 质量保证：说明质量保证措施，包括质量控制流程和相关标准。

8. 合同条款：列出合同条款，包括付款方式、保密条款和违约责任等。

9. 参考案例：提供过去类似项目的参考案例，证明能力和经验。

我们相信，我们所具备的专业知识、技术实力与坚定承诺，足以成为贵公司项目理想的合作伙伴。我们致力于与贵公司构建长期合作关系，助力贵公司成就卓越。

如您有任何疑问或需深入了解投标详情，欢迎随时联系。我们期待与贵公司的合作机会，盼望能尽早与您详细讨论项目细节。

谢谢您对我们的关注和考虑。

[公司名称]

[联系人姓名]

[职位]

[联系方式]

案例分析：

(1) 投标函作为一种关键的应用文书，承载着表达投标意愿、展现企业实力、阐述项目方案、确立合作基础，以及形成初步法律约定的多重作用，是投标流程中极为关键的一环。

(2) 撰写投标函时，必须确保内容的明确性、精确性、完整性与合规性。要精准传达投标方的核心优势、项目理解与实施策略等关键信息，让招标方迅速把握投标方的价值所在；依据招标文件的要求，规范自身投标行为，从格式到内容都严格遵守相关规定，以体现投标方的专业素养与对招标流程的尊重，从而保障投标活动的有效性与合法性，为成功中标奠定坚实基础。

投标书也称为投标文件，是潜在投标人(个人、公司或组织)响应招标人的招标邀请，为竞争特定项目或合同而提交的一份正式书面文件。它是一份详细阐述投标人能力、技术方案、报价、服务承诺等内容的综合性文件，是招标人评估投标人是否符合要求，并最终决定选择哪家合作的重要依据。

投标书的核心作用在于展现投标人的实力，表达合作意愿，并承诺履行相关义务。它不仅仅是一份报价单，更是一份全面的商业计划，旨在说服招标人选择自己，从而赢得项目或合同。

1. 投标书的特点

1) 响应性

投标书必须是对招标文件的积极响应，表明投标人愿意按照招标文件的要求参与竞标，并承诺履行相关义务。投标书的内容必须与招标文件的要求相符，不能偏离或遗漏。

2) 竞争性

投标书的核心目标是争取中标，因此必须具备竞争力。投标人需要在投标书中充分展示自身的优势和实力，在技术方案、商务报价、服务承诺等方面都力求做到最优，以赢得招标人的青睐。

3) 针对性

投标书必须针对具体的招标项目进行编制，不能套用模板或照搬其他投标书。投标人需要认真研究招标文件，充分理解招标要求，结合自身实际情况，制定出具有针对性的投标方案。

4) 保密性

投标书的内容涉及投标人的商业机密和技术方案，需要严格保密。投标书在提交给招标人之前，需要采取必要的保密措施，避免泄漏。

5) 承诺性

投标书中包含的各项承诺对投标人具有约束力，一旦中标，投标人必须按照投标书的承诺履行义务，否则可能承担违约责任。投标书是一种法律意义上的承诺文件。

2. 投标书的类型

1) 按照招标项目性质分类

(1) 工程类投标书：针对各类建筑工程、市政工程、交通工程、水利工程等项目的投标书。

(2) 货物类投标书：针对各种设备的采购、原材料的供应、办公用品的购买等项目的投标书。

(3) 服务类投标书：针对咨询服务、设计服务、IT服务、培训服务、物业服务等项目的投标书。

2) 按照招标方式分类

(1) 公开招标投标书：针对公开招标项目，所有符合条件的供应商均可参与投标。

(2) 邀请招标投标书：针对邀请招标项目，招标方只邀请特定的供应商参与投标。

(3) 竞争性谈判投标书：针对竞争性谈判项目，招标方与多家供应商进行多轮谈判，最终确定中标者。

3) 按照投标内容侧重点分类

(1) 技术标投标书：侧重于技术方案、技术实力、技术参数等方面的投标书。

(2) 商务标投标书：侧重于报价、付款方式、售后服务等方面的投标书。

(3) 综合标投标书：综合考虑技术、商务、服务等多个方面的投标书。

3. 投标书的结构和写作要点

投标书是在深入理解招标文件、完成现场考察和调研后，由投标单位精心编制的正式文件，它不仅是对招标公告要求的回应与承诺，还包含了具体的报价和相关事宜，旨在争取中标。因此，投标书的格式和内容必须严谨规范，无论是采用表格形式、说明形式还是综合形式，通常包含标题、招标单位名称、正文、附件和落款这四个基本部分。

1) 标题

投标书的标题通常有四种常见格式：投标单位名称加上投标项目和文种，如"××建设集团有限公司××商业综合体建设项目投标书"；投标单位名称加文种，如"××建设集团有限公司投标书"；投标项目加文种，如"××商业综合体建设项目投标书"；或者直接使用"投标书"作为标题。

2) 招标单位名称

在投标书的标题下方顶格位置，需清晰书写招标单位的全称，作为投标书的主送机关。一般按照招标文件中指定的联系单位来填写，如"××商业综合体建设项目招标办公室"。

3) 正文

投标书的正文分为引言、主体和结尾三部分：引言部分应简洁明了地介绍投标单位的名称、投标策略、目标及中标后的承诺等；主体部分是投标书的核心，需根据招标文件的要求，详细阐述投标的具体指标、实现指标的措施以及投标书的有效期限；结尾部分通常以提出建议的方式结束，比如请求招标单位的支持与配合，或者表明对招标单位可能不接受最低报价或考虑其他投标书的理解，并提供投标单位的联系方式，包括全称、地址、邮编、联系电话、传真及法定代表人等信息。

4) 附件

部分投标书只需在正文中简要表明态度和保证事项；而有些则需要根据具体情况，附加报价明细表、施工流程图等附件。以建筑工程投标书为例，附件通常包括工程量清单、单位工程主要部分的标价明细表、单位工程主要材料清单或重要大型工程的保证书等相关资料。

5) 落款

投标书的落款部分应注明投标单位名称或个人姓名，并加盖印章，同时在下方标注投标书的撰写日期。在某些情况下，如果正文结尾部分已经包含了投标单位全称、法定代表人姓名、联系方式和撰写日期等信息，落款部分可能会被省略。

需要注意的是，表格式投标书通常由招标单位预先制定，投标方只需按照要求填写。此外，大多数投标书都配有封面，在封面上需填写招标单位名称、招标项目名称、投标单位名称、负责人或法定代表人姓名，并在封面右下角注明标书的投送日期。撰写投标书时，自我介绍应真诚，提出的措施和方法要切实可行，内容表述要规范。

4.5 总结报告类文书

通过学习报告总结类文书的内涵、要点、构成以及撰写方法，学生不仅能娴熟驾驭经济活动中客观呈现财务状况、评价经营绩效的重要工具，还能深刻领会其背后蕴含的实事求是、诚信负责的职业操守。引导学生树立求真务实的作风，培养严谨细致的习惯，从而在参与经济建设和社会管理时，自觉秉持客观公正，拒绝虚假信息，洞察经济运行的本质，守住诚实守信的底线。

4.5.1 财务总结

甲股份有限公司20××年度财务总结报告(节选)

1. 引言

本报告旨在总结甲股份有限公司(以下简称"本公司")20××年度的财务业绩、财务状况及经营状况，并对未来的财务发展做出展望。本报告基于本公司经审计的财务报表编制，力求客观、真实地反映公司20××年的财务表现。

2. 关键财务指标总结

指标	20××年度(人民币/万元)	20××年度(人民币/万元)	同比增长率
营业收入	15 000	12 000	25%
营业成本	9 000	7 000	28.6%
毛利润	6 000	5 000	20%
净利润	1 500	1 200	25%
总资产	20 000	18 000	11.1%
总负债	8 000	7 000	14.3%
净资产	12 000	11 000	9.1%
经营活动现金流量净额	2 000	1 500	33.3%

分析：

20××年本公司营业收入和净利润均实现了显著增长，增长率分别为25%和25%。这主要得益于市场需求增加和新产品线的成功推出。

营业成本的增长略高于收入增长，导致毛利率略有下降，需在未来关注成本控制。

总资产和净资产均有增长，表明公司资产规模和盈利能力均有所提升。

经营活动现金流量净额大幅增长，表明公司现金流状况良好。

3. 财务状况分析

资产负债表分析：本公司资产结构较为健康，流动资产占比较高，长期资产稳定增长；负债方面，短期债务占比较高，长期债务风险可控。

利润表分析：本公司营业收入稳步增长，毛利率保持在较高水平，但需进一步提升成本控制能力；期间费用控制良好，但需关注研发费用投入。

现金流量表分析：本公司经营活动现金流量充裕，投资活动现金流量相对较少，表明公司主要依赖于自身运营产生现金流量。融资活动现金流量有所增加，主要用于扩大生产规模。

关键比率分析：资产负债率略有上升，但仍保持在合理水平；净资产收益率有所提升，表明公司盈利能力增强；流动比率和速动比率均高于1，表明公司短期偿债能力良好。

4. 经营业绩分析

市场表现：本公司在20××年成功拓展了新的市场渠道，市场份额有所提升，品牌影响力不断增强。

产品表现：新产品线的推出取得了良好的市场反馈，为公司带来了新的增长点。老产品的销售额依然保持稳定。

客户关系：本公司重视客户关系管理，客户满意度持续提高，为未来业务增长打下了坚实基础。

5. 预算执行情况分析

20××年本公司大部分预算指标均实现或超额完成，但部分支出项目(如市场推广费用)略高于预算，需进一步分析原因并改进预算管理。

6. 未来展望与计划

财务目标：预计明年营业收入同比增长20%，净利润同比增长22%。

发展战略：将继续加大研发投入，推出更多具有竞争力的新产品；积极拓展海外市场，扩大市场份额；进一步加强成本控制，提高运营效率。

风险管理：关注市场风险、信用风险和操作风险，并制定相应的风险应对措施。

7. 结语

2023年，甲股份有限公司在全体员工的共同努力下，取得了良好的经营业绩和财务表现。未来，我们将继续秉承稳健经营的原则，不断创新，努力实现可持续发展，为股东创造更大的价值。

甲股份有限公司

(公司盖章)

20××年××月××日

案例分析：

(1) 文种属于财务总结报告，旨在系统总结公司年度财务表现、经营状况，并对未来发展做出展望。报告以经审计的财务数据为基础，向内部管理层、股东及其他利益相关者提供决策依据，具有总结过去、分析现状、规划未来的重要作用。

(2) 财务总结的撰写重点在于数据分析和趋势解读，通过对关键财务指标、财务状况、经营业绩、预算执行情况的分析，揭示公司盈利能力、偿债能力、运营效率等关键信息。同时，报告需基于数据分析对公司未来发展提出合理建议和规划，并提示潜在风险，以确保公司可持续发展。

财务总结是各类组织(包括但不限于企业、事业单位、社会团体)在特定会计期间结束后，为全面反映其财务状况、经营成果及现金流量等信息，依照相关会计准则和管理要求编制的具有特定效力和规范体式的书面文件。财务总结是组织进行财务管理、经营决策、绩效评估、风险控制的重要工具。它能帮助组织全面了解财务状况，评估经营成果，并为未来的发展规划提供依据。

1. 财务总结的特点

1) 总结性

财务总结是对特定期间(如月度、季度、年度)企业财务活动和经营成果的全面回顾和概括。它是对过去一段时间财务状况的集中呈现和总结,以便管理层了解企业财务表现的全貌。

2) 定量性

财务总结以财务数据为基础,包括收入、成本、利润、资产、负债、现金流等关键指标,通过定量分析,客观反映企业的财务状况和经营业绩。

3) 分析性

财务总结不仅要罗列数据,更重要的是对数据进行深入分析,揭示财务状况的趋势、原因和潜在风险。

4) 比较性

财务总结通常会将本期数据与前期数据、预算目标、行业平均水平等进行比较,从而评估企业的财务表现,衡量业绩好坏,并找出差距和改进方向。

5) 时效性

财务总结需要及时编制,以便管理层及时了解企业的财务状况,并根据实际情况调整经营策略和财务计划。越及时的数据,对决策的指导意义越大。

6) 导向性

财务总结通过分析过去的财务表现,可以预测未来的财务发展趋势,并提出相应的财务计划和目标。

2. 财务总结的类型

1) 按时间周期划分

(1) 年度财务总结:对一个会计年度(通常为1月1日至12月31日)的财务活动进行的全面总结。年度财务总结是最为正式和全面的财务报告,它通常包含详细的财务报表(如资产负债表、利润表、现金流量表)、财务分析、管理层讨论和分析(MD&A),以及未来展望。年度财务总结是企业外部审计的基础,也是投资者和监管机构最为关注的财务报告。

(2) 季度财务总结:对一个会计季度的财务活动进行的总结。季度财务总结通常比年度财务总结简短,但仍然包含主要财务报表和财务分析。季度财务总结有助于管理层及时了解企业财务状况的变化,并根据情况调整经营策略。

(3) 月度财务总结:对一个会计月份的财务活动进行的总结。月度财务总结通常最为频繁,主要目的是帮助管理层了解短期财务表现,及时发现并解决问题。月度财务总结的内容相对简单,主要关注收入、成本、利润和现金流等关键指标。

(4) 中期财务总结:对一个会计年度中期的财务活动进行的总结,通常是半年或一个季度的财务报告的补充。中期财务总结可以帮助企业提前了解全年的财务状况,以便及时调整策略。

2) 按报告对象划分

(1) 内部财务总结:主要用于企业内部管理层,提供详细的财务信息和分析,帮助他们进行经营决策和绩效评估。内部财务总结的内容通常比较详细,包括各种管理会计报表和分析报告。

(2) 外部财务总结:主要用于企业的外部利益相关者,如投资者、债权人、监管机构等,提供公开的财务信息和分析,满足他们的信息需求。外部财务总结的内容需要符合相关的会计准则和报告规范,其目的在于透明地展示企业的财务状况和经营业绩。

3) 按报告内容侧重划分

(1) 综合性财务总结：包含所有主要的财务报表和分析，全面反映企业的财务状况、经营成果和现金流量。

(2) 专项财务总结：侧重于分析某一特定方面的财务信息，如成本分析报告、收入分析报告、资金流动性分析报告、投资回报分析报告等。

(3) 预算执行总结：主要比较实际财务数据与预算目标，分析预算执行的偏差，找出偏差原因，并提出改进措施。

4) 按报告编制依据划分

(1) 按照会计准则编制的财务总结：按照国内或国际会计准则编制的财务报表和总结，具有较高的规范性和可比性。

(2) 按管理需要编制的财务总结：根据企业自身的管理需要编制的财务报告和分析，内容可能更加灵活和个性化，注重内部管理和决策的需要。

3. 财务总结的结构和写作要点

财务总结通常包含以下几个核心部分：标题、引言、关键财务指标总结、财务状况分析、经营业绩分析、预算执行情况分析、风险分析与管理、未来展望与计划、总结与建议，以及结尾部分。

1) 标题

标题要明确标明总结的期间和内容，简洁明了，突出重点。

2) 引言

引言需简要介绍总结的目的、范围和依据，概括本期财务表现的关键亮点，为读者提供整体印象。

3) 关键财务指标总结

关键财务指标总结以表格或图形的形式呈现本期主要的财务指标，如营业收入、营业成本、毛利润、净利润、资产总额、负债总额、现金流量等。可以提供前期数据或预算目标作为比较，并分析增长或下降的原因。例如，可以使用表格列出本年度和上年度的各项财务指标，并计算出增长率或下降率，并附以简要的文字分析。

4) 财务状况分析

财务状况分析需要详细分析资产负债表，包括资产结构、负债结构、所有者权益等。同时，解读财务比率，如流动比率、速动比率、资产负债率、净资产收益率等，评估企业的财务风险和偿债能力。分析利润表和现金流量表中影响利润、现金流情况的关键因素。分析时，可以使用图表或图形展示财务状况，使其更直观易懂。

5) 经营业绩分析

经营业绩分析一般是根据企业在特定期间内的经营成果解读，如市场份额、销售额、产品成本、客户满意度等，将财务数据与业务运营结合起来分析，找出影响经营业绩的关键因素，分析不同产品线或业务部门的业绩，找出优势和劣势。

6) 预算执行情况分析

预算执行情况分析比较实际财务数据与预算目标，分析预算执行的偏差，并找出偏差原因，评估预算管理的有效性，并提出改进措施。

7) 风险分析与管理分析

风险分析与管理分析企业面临的各种风险，如市场风险、信用风险、运营风险、法律风险等，提出相应的风险管理措施和建议，强调企业在风险管理方面的努力和成效。

8) 未来展望与计划

未来展望与计划是基于对过去财务数据的分析，对未来的财务状况进行预测，进而提出相应的财务计划和目标，并制订相应的行动计划，为未来的发展方向提供参考。

9) 总结与建议

总结与建议是对本期财务状况和经营成果进行总结性陈述，提出有针对性的改进建议，为管理层提供决策参考，再次强调企业的财务目标和发展方向。

10) 结尾

结尾需注明报告编制单位、编制日期，并签字盖章。

4.5.2 审计报告

审计报告

ABC字(20××)第××号

甲股份有限公司全体股东：

一、审计意见

我们审计了甲股份有限公司(以下简称"贵公司")的财务报表，包括20××年12月31日的资产负债表，20××年度的利润表、现金流量表和所有者权益变动表，以及相关财务报表附注。

我们认为，后附的财务报表在所有重大方面按照企业会计准则的规定列报，公允反映了贵公司202××年12月31日的财务状况以及20××年度的经营成果和现金流量。

二、形成审计意见的基础

我们按照中国注册会计师审计准则的规定执行了审计工作。审计报告的"注册会计师对财务报表审计的责任"部分进一步阐述了我们在这些准则下的责任。按照中国注册会计师职业道德守则，我们独立于贵公司，并履行了职业道德方面的其他责任。我们相信，我们获取的审计证据是充分、适当的，为发表审计意见提供了基础。

三、管理层和治理层对财务报表的责任

贵公司管理层(以下简称"管理层")负责按照企业会计准则的规定编制财务报表，使其实现公允列报，并设计、执行和维护必要的内部控制，以使财务报表不存在由于舞弊或错误导致的重大错报。

在编制财务报表时，管理层负责评估贵公司的持续经营能力，披露与持续经营相关的事项(如适用)，并运用持续经营假设，除非管理层计划清算贵公司、终止运营或别无其他现实的选择。

治理层负责监督贵公司的财务报告过程。

四、注册会计师对财务报表审计的责任

我们的责任是对财务报表执行审计工作，以对财务报表是否按照企业会计准则的规定在所有重大方面公允列报发表审计意见。我们的目标是对财务报表整体是否不存在由于舞弊或错误导致的重大错报获取合理保证，并出具包含审计意见的审计报告。合理保证是高水平的保证，但并不能保证按照审计准则执行的审计在某一重大错报存在时总能发现。错报可能源于舞弊或错误，如果合理预期错报单独或汇总起来可能影响财务报表使用者依据财务报表做出的经济决策，则通常认为错报是重大的。

在按照审计准则执行审计工作的过程中，我们运用职业判断，保持职业怀疑。同时，我们也执行以下工作。

(1) 识别和评估由于舞弊或错误导致的财务报表重大错报风险；设计和执行审计程序以应对

这些风险，并获取充分、适当的审计证据，作为发表审计意见的基础。由于舞弊可能涉及串通、伪造、故意遗漏、虚假陈述或凌驾于内部控制之上，未能发现由于舞弊导致的重大错报的风险高于未能发现由于错误导致的重大错报的风险。

(2) 了解与审计相关的内部控制，以设计恰当的审计程序，但目的并非对内部控制的有效性发表意见。

(3) 评价管理层选用会计政策的恰当性和作出会计估计的合理性。

(4) 对管理层运用持续经营假设的恰当性得出结论。基于所获取的审计证据，如果对贵公司持续经营能力的存在重大疑虑，则需要提请财务报表使用者关注财务报表中的相关披露；如果未披露相关信息，则发表非标准审计意见。我们的结论基于审计报告日可获取的审计证据。然而，未来的事项或情况可能导致贵公司不能持续经营。

(5) 评价财务报表的整体列报，包括其结构、内容以及是否公允列报了相关的交易和事项。

我们与治理层就计划的审计范围、时间安排和重要的审计发现等事项进行沟通，包括在审计过程中识别出的值得关注的内部控制缺陷。

××会计师事务所(特殊普通合伙)　　　　　　　中国注册会计师：＿＿＿＿＿＿

中国·北京　　　　　　　　　　　　　　　　　(项目合伙人)

　　　　　　　　　　　　　　　　　　　　　　20××年××月××日

案例分析：

(1) 文种属于审计报告，是注册会计师在完成审计工作后出具的专业鉴证文件。该报告旨在对被审计单位的财务报表是否在所有重大方面按照适用的会计准则公允列报发表意见，具有鉴证、监督和信息披露的作用，为财务报表使用者提供合理保证。

(2) 审计报告的核心在于其审计意见和形成审计意见的基础。报告通过清晰阐述管理层和注册会计师的责任，以及审计工作执行的过程和程序，来确保审计过程的透明度和审计意见的可靠性。同时，报告也强调了审计的局限性，指出合理保证并非绝对保证，以提醒财务报表使用者谨慎使用。

审计报告是由注册会计师在执行审计工作后，对被审计单位的财务报表发表审计意见的书面文件，它以独立、客观的视角，评价财务报表是否在所有重大方面按照适用的会计准则公允列报，从而为财务报表使用者提供合理保证，增强财务信息的可靠性，并为投资者、债权人、管理层及其他利益相关者的决策提供重要参考，是市场经济秩序中不可或缺的监督机制。

1. 审计报告的特点

1) 独立性

审计报告的核心在于其独立性，即审计师必须独立于被审计单位，不受任何利益关系的干扰，客观公正地执行审计工作，并发表独立的审计意见。

2) 专业性

审计报告是由具有专业资格的注册会计师编制的，他们必须具备扎实的会计、审计、财务管理等方面的专业知识，并能运用专业的审计技术和方法，对财务报表进行分析和评价。

3) 鉴证性

审计报告是对被审计单位财务报表真实性和公允性的鉴证，注册会计师通过执行一系列审计程序，获取充分适当的审计证据，以此为基础对财务报表是否按照适用的会计准则公允列报发表意见。

4) 评价性

审计报告不仅是对财务报表的简单复核，更是对财务报表是否公允列报进行评价，注册会计师需要在审计过程中运用职业判断，对财务报表中存在的错报风险进行评估，并对被审计单位的内部控制的有效性进行评估。

5) 客观性

审计报告需要基于审计过程中获取的客观证据进行编制，注册会计师不能带有任何主观偏见，也不能为了迎合被审计单位或利益相关者的需求而歪曲事实。这种客观性是审计报告公正性的保障。

2. 审计报告的类型

按照审计意见类型作为划分标准，可将会计师事务所出具的审计报告分为无保留意见的审计报告与非无保留意见的审计报告，其中，非无保留意见的审计报告可以进一步分为保留意见的审计报告、否定意见的审计报告和无法表示意见的审计报告。

按照审计意见类型是最常见的分类方式，除此以外，审计报告还可以按照审计目的划分为财务报表审计报告、内部控制审计报告、专项审计报告和合规审计报告；按照审计范围划分可以划分为全面审计报告和局部审计报告；按照审计机构划分，可划分为注册会计师审计报告、政府审计机关审计报告、内部审计部门审计报告。

3. 审计报告的结构和写作要点

1) 政府审计机关出具的审计报告要素

政府审计机关出具的审计报告要素包括标题、文号、被审计单位名称、审计项目名称、内容、审计机关名称和签发日期。

(1) 标题：标题应明确指出审计报告的类型，如"关于[被审计单位名称]的财务收支审计报告"，务必简明扼要，突出审计事项。

(2) 文号：文号应符合政府公文规范，便于报告的存档和查询，并体现报告的官方属性。

(3) 被审计单位名称：准确填写被审计单位的完整名称，确保报告的指向性明确。

(4) 审计项目名称：准确填写审计项目的名称，如"[被审计单位名称] 2023年度预算执行情况审计"，突出审计范围和对象。

(5) 内容：这是报告的核心部分，应详细描述审计发现的问题，并提出审计意见和整改建议；内容要实事求是，突出重点，确保审计意见客观公正。

(6) 审计机关名称：明确列出审计机关的名称，以体现报告的权威性。

(7) 签发日期：填写审计报告的签发日期，以确定报告的有效期限，并体现报告的时效性。

2) 注册会计师签发的审计报告要素

根据《中国注册会计师审计准则第1501号》，注册会计师签发的审计报告应当包括标题、收件人、审计意见、形成审计意见的基础、管理层对财务报表的责任、注册会计师对财务报表审计的责任、按照相关法律法规的要求报告的事项(如适用)、注册会计师的签名和盖章、会计师事务所的名称、地址和盖章，以及报告日期。

(1) 标题：标题应明确指出报告的类型，例如"审计报告"，并表明是独立注册会计师出具的。

(2) 收件人：明确列出审计报告的收件人，通常是被审计单位的股东或董事会。

(3) 审计意见：这是报告的核心，注册会计师需要明确表达对财务报表的意见，包括无保留意见、保留意见、否定意见或无法表示意见。意见应简明扼要，清晰表达审计结论。

(4) 形成审计意见的基础：详细说明注册会计师执行审计工作所依据的审计准则，以及获取审计证据的情况，为审计意见提供支持。

(5) 管理层对财务报表的责任：明确被审计单位管理层在财务报表编制和内部控制方面的责任，以明确各方责任。

(6) 注册会计师对财务报表审计的责任：详细阐述注册会计师在审计过程中所履行的职责和执行的审计程序，使读者了解审计工作的范围和局限性。

(7) 按照相关法律法规的要求报告的事项：若有需要，根据相关法律法规的要求，在报告中披露特定事项。

(8) 注册会计师的签名和盖章：必须由执行审计工作的注册会计师签名并加盖执业印章，以明确注册会计师的个人责任。

(9) 会计师事务所的名称、地址和盖章：必须列出会计师事务所的名称和地址，并加盖会计师事务所公章，以明确会计师事务所的机构责任。

(10) 报告日期：填写审计报告的签发日期，以确定审计意见的有效期限。

3) 内部审计部门出具的审计报告要素

中国内部审计协会2019年12月发布的《第3101号内部审计实务指南——审计报告》第二十四条规定，审计报告的一般格式包括：标题、发文字号、密级和保密期限、收件人、正文、附件、内部审计机构署名或盖章，以及报告日期。

(1) 标题：标题应明确指出审计报告的类型和审计对象

(2) 发文字号：按照内部审计部门的规定，填写报告的发文字号，便于报告的存档和管理。

(3) 密级和保密期限：根据审计报告的保密等级，注明报告的密级和保密期限。

(4) 收件人：明确列出审计报告的收件人，通常是管理层或相关负责人。

(5) 正文：这是报告的核心部分，应详细描述审计发现的问题，并提出审计意见和整改建议；内容要实事求是，突出重点，并采用适当的审计证据加以支撑。

(6) 附件：如果有需要，可将相关的审计证据或支持文件作为附件附在报告后。

(7) 内部审计机构署名或盖章：报告应由内部审计部门署名或盖章，以明确内部审计机构的责任。

(8) 报告日期：填写审计报告的签发日期，以确定报告的有效期限。

4.6　经济类文书写作实战演练

4.6.1　协议类文书实战演练

案由： 北京星辰科技有限公司与上海海纳软件有限公司于2024年11月15日签订了关于共同开发智能家居控制App的软件开发合作协议，目的是明确双方在App开发、测试、上线、运营及后期维护过程中的权利义务、费用分担、技术标准、违约责任等事项，以确保合作项目的顺利进行。

北京星辰科技有限公司与上海海纳软件有限公司
软件开发合作协议

协议编号：XC-HN-20241115-001

甲方：北京星辰科技有限公司　　　　　　乙方：上海海纳软件有限公司

地址：北京市海淀区中关村大街　　　　　地址：上海市浦东新区世纪大道

法定代表人：李强　　　　　　　　　　　法定代表人：张华

联系人：王丽　　　　　　　　　　　　　联系人：陈明

联系电话：010-12345678　　　　　　　　联系电话：021-87654321

电子邮箱：wangli@bjxc.com　　　　　　　电子邮箱：chenming@shhn.com

鉴于：

甲方是一家专注于人工智能技术研发的企业，在智能家居领域拥有领先技术；乙方是一家在软件开发方面具有丰富经验的企业，尤其擅长移动端应用开发。双方均有意愿通过合作，共同开发一款具有市场竞争力的智能家居控制App。

双方经友好协商，达成以下协议。

一、合作内容

1. 甲方负责提供智能家居控制App的核心算法及技术支持。

2. 乙方负责App的UI设计、前端开发、后端开发、测试和上线运营支持。

3. 双方共同负责产品的功能迭代及后期维护。

二、知识产权

1. 本协议项下合作开发的App，其知识产权归双方共同所有。

2. 双方未经对方书面同意，不得擅自使用、转让或泄露任何技术信息或商业秘密。

三、合作期限

本协议自双方签字盖章之日起生效，有效期为两年，自2024年11月15日至2026年11月14日止。期满后，如双方有意继续合作，可提前一个月协商续签事宜。

四、费用分担

1. 本协议项下，甲方需向乙方支付软件开发费用共计人民币50万元整。

2. 首期支付20万元，于本协议签订后5个工作日内支付；二期支付20万元，于App完成初步测试并满足约定标准后5个工作日内支付；尾款10万元，于App正式上线并稳定运行一个月后5个工作日内支付。

五、技术标准

1. 乙方应严格按照甲方提供的技术规范和要求进行开发，保证App的质量和性能。

2. App需满足用户体验良好、运行稳定、安全可靠、操作简便等标准。

3. 双方可定期沟通，对技术标准进行调整和完善。

六、违约责任

1. 任何一方违反本协议约定，均应承担相应的违约责任，并赔偿由此给对方造成的损失。

2. 若因乙方原因导致项目延期或质量不合格，乙方应承担相应的赔偿责任，并返还已支付的款项。

3. 若因甲方原因导致项目无法正常进行，甲方应承担相应的赔偿责任，并支付乙方由此造成的实际损失。

七、争议解决

双方若在履行本协议过程中发生争议，应首先友好协商解决。协商不成，任何一方均可向协议签订地有管辖权的人民法院提起诉讼。

八、其他

1.本协议未尽事宜，双方可另行协商签订补充协议，补充协议与本协议具有同等法律效力。

2.本协议一式两份，双方各执一份，具有同等法律效力。

甲方(盖章)：北京星辰科技有限公司	乙方(盖章)：上海海纳软件有限公司
甲方代表(签字)：李强	乙方代表(签字)：张华
签订日期：2024年11月15日	签订日期：2024年11月15日

案例分析：

1.核心结构

(1)标题：协议书的标题为"北京星辰科技有限公司与上海海纳软件有限公司 软件开发合作协议"，明确指出了协议的类型为"软件开发合作协议"，简洁明了，准确地反映了协议的性质和内容，便于快速识别和检索。

(2)协议各方信息：协议书清晰列出了协议各方的名称、地址、法定代表人、联系人、联系方式等信息，确保了协议主体资格的真实可靠，避免了因信息错误可能导致的法律纠纷。

(3)协议目的和范围：协议目的和范围的界定清晰明确，避免了模糊和含糊之处，确保了协议的适用范围不超出约定范围。

(4)权利义务条款：协议书详细列出了双方在合作中的具体义务和权利，描述细致周全，力求覆盖可能出现的情况，并保证了权利义务的平衡，避免出现漏洞。

(5)违约责任条款：协议书明确约定了违约责任，有效地约束了各方行为，保证协议顺利履行。

(6)争议解决条款：明确约定了双方发生争议时的解决方式为"友好协商"，避免了争议发生后因解决方式不明而导致的进一步纠纷。

(7)生效条款：生效条款简洁明了，避免了含糊不清，确保协议生效条件清晰易于判断。

(8)结尾：结尾部分明确约定了各方签字或盖章的位置，确保了协议的真实性和有效性，避免因格式问题产生争议。

2.语言要求

(1)严谨：用词准确、规范，避免使用模糊或歧义的词语。

(2)明确：条款具体、详细，避免产生歧义，确保可执行性。

(3)正式：使用正式的书面语言，避免口语化表达。

(4)清晰：结构清晰，条理分明，便于阅读和理解。

3.本案例亮点

(1)要素齐全：协议书包含协议书的各个要素，结构完整，内容翔实。

(2)权利义务明确：明确了双方在合作中的权利、义务和责任，避免后续纠纷。

(3)违约责任可操作：对违约情形进行了细致的约定，明确了赔偿标准，增强了协议的约束力。

(4)条款规范：用语正式，逻辑清晰，符合协议书的写作规范。

4.价值与适用场景

适用于各种商业合作、项目合作、技术合作等场景，可作为双方明确权利义务、规范合作行为的重要法律文件，有效降低合作风险，保障合作顺利进行。

4.6.2　财务总结实战演练

案由： 编制未来科技有限公司2024年度财务总结报告，报告内容包括财务指标分析、经营业绩评估、预算执行情况、风险分析及未来发展规划，旨在为公司管理层和股东提供全面、客观的财务信息，辅助公司战略决策。

未来科技有限公司 2024 年度财务总结报告

1. 引言

本报告旨在总结未来科技有限公司(以下简称"本公司")2024 年度的财务业绩、财务状况和经营情况，并对未来的财务发展做出展望。本报告基于本公司经审计的财务报表编制，力求客观、真实地反映公司在 2024 年的财务表现。2024 年，公司在市场竞争日益激烈的情况下，实现了营收和利润的双增长，展现了较强的经营韧性。

2. 关键财务指标总结

指标	2024 年度(人民币/万元)	2023 年度(人民币/万元)	同比增长率
营业收入	14 400	12 000	20%
营业成本	8 400	7 000	20%
毛利润	6 000	5 000	20%
净利润	2 160	1 800	20%
总资产	18 000	15 000	20%
总负债	7 200	6 000	20%
净资产	10 800	9 000	20%
经营活动现金流量净额	3 000	2 500	20%

2024 年度，本公司营业收入同比增长 20%，净利润同比增长 20%，实现了显著增长，主要得益于新产品线的成功推出和市场份额的扩大。毛利润的增长率为 20%，与营业成本的增长率持平，表明公司在成本控制方面仍有提升空间。总资产和净资产均有增长，表明公司资产规模和盈利能力有所提升。经营活动现金流量净额增长 20%，表明公司现金流状况良好。

3. 财务状况分析

资产负债表分析：本公司资产结构较为合理，流动资产占比 60%，长期资产占比 40%，资产配置均衡。负债结构方面，短期债务占比 70%，长期债务占比 30%，短期偿债压力较大，但整体负债风险可控。

利润表分析：本公司营业收入稳步增长，毛利率保持在较高水平(41.7%)，但仍需进一步提升成本控制能力。其间费用控制良好，但研发费用投入占比略有下降，需持续关注研发创新能力。

现金流量表分析：本公司经营活动现金流量充足，投资活动现金流量为负，主要是为了扩大生产规模和新产品研发投入。融资活动现金流量为正，主要用于补充运营资金，维持资金链稳定。

关键比率分析：资产负债率 40%，维持在合理水平；净资产收益率 20%，表明公司盈利能力较强；流动比率 1.5，速动比率 1.2，均高于 1，表明公司短期偿债能力良好。

4. 经营业绩分析

市场表现：本公司在 2024 年成功拓展了线上销售渠道，并加强了与现有客户的合作关系，市场份额稳步提升。

产品表现：新推出的智能家居产品线市场反馈良好，销售额持续增长，成为公司新的增长点；原有主打产品线销售额稳定。

客户关系：本公司重视客户关系管理，客户满意度持续提高，为未来的业务增长打下坚实的基础，客户复购率达到35%。

5. 预算执行情况分析

2024年本公司大部分预算指标均实现或超额完成，但市场推广费用略高于预算，主要原因是为应对市场竞争，增加了线上推广力度。总体而言，预算执行情况良好，但仍需进一步加强预算控制。

6. 风险分析与管理分析

本公司面临的主要风险包括市场竞争风险、技术创新风险、信用风险等。因此，公司加强了市场调研，以应对市场竞争风险；增加了研发投入，以应对技术创新风险；加强了应收账款管理，以应对信用风险。未来将持续关注并及时调整风险管理措施。

7. 未来展望与计划

财务目标：预计2025年营业收入同比增长15%，净利润同比增长18%。

发展战略：将继续加大研发投入，推出更具竞争力的产品；拓展全国市场，扩大市场份额；优化运营效率，降低生产成本；加强品牌建设，提高市场影响力。

行动计划：加强研发团队建设；拓展全国市场销售渠道；优化供应链管理，降低成本。

8. 总结与建议

2024年，未来科技有限公司在全体员工的共同努力下，取得了良好的经营业绩和财务表现，盈利能力显著提升。公司资产负债结构合理，现金流状况良好。建议继续加大研发投入，积极开拓市场，同时加强内部管理，提高运营效率，控制风险，实现可持续发展，为股东创造更大的价值。

未来科技有限公司

2025年1月12日

案例分析：

1. 核心结构

(1) 标题：明确了报告的时间和内容，简洁明了。

(2) 引言：简要介绍了报告的目的、范围和依据，概括了财务表现亮点。

(3) 关键财务指标总结：通过表格形式呈现关键财务数据，并进行同比分析。

(4) 财务状况分析：对资产负债表、利润表、现金流量表进行详细分析，并解读关键比率。

(5) 经营业绩分析：从市场、产品、客户等方面分析了经营业绩。

(6) 预算执行情况分析：比较了实际数据与预算目标，分析偏差原因。

(7) 风险分析与管理分析：分析了企业面临的主要风险，并提出了风险管理措施。

(8) 未来展望与计划：基于过去分析，提出了未来的财务目标和发展战略。

(9) 总结与建议：总结了本年度的财务状况和经营成果，并提出了建议。

(10) 结尾：注明了编制单位和编制日期，加盖公章。

2. 语言要求

(1) 准确：数据真实准确，分析客观。

(2) 简洁：表达简洁明了，避免冗长。

(3) 专业：使用专业的财务术语和表达方式。

(4) 逻辑：分析逻辑清晰，条理分明。

3. 本案例亮点

(1) 结构完整：报告涵盖了财务总结的所有核心部分。

(2) 数据翔实：提供了丰富的财务数据和指标，并进行了同比分析。

(3) 分析深入：对财务报表和经营业绩进行了深入分析，揭示了影响财务表现的关键因素。

(4) 建议明确：基于分析提出了具有针对性的改进建议，为管理层决策提供参考。

4. 价值与适用场景

适用于企业年度财务报告、内部财务管理报告、投资者沟通等场景，帮助企业管理层了解公司财务状况、经营业绩和发展趋势，为决策提供支持。

📑 本章小结

本章全面介绍了经济类文书写作的定义、特征、作用及分类，并深入探索了其写作规范与注意事项。本章涵盖了信息类文书、合同与协议类文书、招标与投标类文书，以及总结报告类文书等经济类文书的关键类型。通过学习各种文书的特点、类型、结构和写作要点，读者将能够深刻理解经济类文书的内在逻辑和外在形式，掌握其核心写作技巧，并在实际经济活动中，有效利用这些文书进行信息传递、规范行为、保障权益、实现商业目标。通过学习本章，读者能掌握经济类文书的写作技巧，提高在实际经济活动中的沟通效率，保障经济活动规范有序地进行。

思考与练习：

1. 经济类文书的文种都有哪些？

2. 经济类文书的作用是什么？

3. 经济类文书写作的基本过程和注意事项是什么？

4. 在撰写经济类文书时，如何平衡专业性与通俗易懂之间的关系？

实践训练：

材料1：甲公司(一家科技初创企业)与乙公司(一家具有市场营销经验的企业)计划合作开发一款面向年轻消费群体的智能健康App，双方需要通过签订一份协议书，以确保合作顺利进行。学生需根据案由撰写一份正式的合作协议书。

根据以下提示内容，撰写协议书。

合作双方：甲公司为甲方，乙公司为乙方。

合作项目：智能健康App开发及市场推广。

合作内容：甲方负责App的核心技术研发、产品维护及技术支持，乙方负责App的市场推广、渠道拓展、品牌建设及用户运营。双方共同负责产品设计、功能迭代及收益分成。

收益分成：双方按照实际收益的比例(需自行设定比例)进行分成。

合作期限：自协议签署之日起，为期三年。

材料2：某投资公司计划投资建设一家位于市中心的精品酒店。为了评估该项目的投资价值和风险，公司需要开展一项详细的可行性研究，学生需根据材料撰写一份可行性研究报告的大纲。

根据以下提示内容，撰写可行性研究报告的大纲。

项目名称：市中心精品酒店建设项目可行性研究。

项目背景：随着旅游业的发展，市场对高端精品酒店的需求日益增长，市中心地区具有优越的地理位置和潜在的客源。

项目目标：评估该项目在经济、技术、市场、环境等方面的可行性。

第 5 章

法律文书写作

案例导读 | 如何撰写民事起诉状?

2021年2月，张××到××电脑商城准备买一台笔记本电脑。在××电脑销售公司销售员王××的劝说下，他花了18 000元买了一款苹果新出品的笔记本电脑。回家后，张××的朋友李××来他的住处玩，看到了张××的新电脑。李××发现张××的电脑不是苹果新出品的笔记本电脑，而是一个翻新的二手货，其价值远不值张××所付出价格。

张××持对方开具的发票及电脑要求退货，王××不但不搭理他，反而对他恶言相向。张××认为我有证据，辛辛苦苦挣的钱不能这样被骗，想到法院告××电脑销售公司，他应该如何书写这份民事起诉状?

民事起诉状

原告：张××，男，××××年××月××日出生，××市××公司职员，现住××市××区××路×××号，联系电话：××××××××。

被告：××市××电脑销售公司，注册地址：××市××区××商城×号，联系电话：××××××××。

王××，××市××电脑销售公司职员，联系电话：××××××××。

诉讼请求：

1.被告××市××电脑销售公司收回其所售苹果电脑，返还原告电脑款18 000元。

2.被告××市××电脑销售公司承担诉讼费用。

事实与理由：

2021年2月25日，原告张××到位于××电脑商城准备买笔记本电脑一台，进入××电脑销售公司，销售员王××向其推荐了苹果一款新出品的笔记本电脑，并用店内该型号机样品向张××进行展示。在王××的推荐下，张××决定购买该款电脑，双方商定价格为18 000元。张××当场微信扫码付款，王××将一台笔记本电脑提供给张××，并开具了发票和销售合同。

原告张××回家后，经朋友的提醒，发现所购买的电脑根本不是苹果新出品的笔记本电脑，而是一个翻修过的二手货，其价值远不值张××所付出价格。原告与王××电话协商时对方不予理睬，两天后即2月27日，原告找到××电脑销售公司，王××不仅不予理睬，反而对原告恶言相向。

原告张××现向贵院提出请求，要求××电脑销售公司收回该台电脑，并返还电脑款。希望人民法院可以依法支持原告上述诉讼请求，以维护原告作为消费者的合法权益。

证据和证据来源、证人姓名及住址如下。

(1) 2021年2月25日张××购买电脑发票一张。

(2) 证人：李××，可随时出庭作证，证明原告所购电脑不是新款的苹果电脑，而是翻新的二手货。

此致
敬礼！

××市××区人民法院

起诉人：张××

××××年××月××日

附件：1. 本诉状副本2份；
　　　2. 证据2份。

案例分析：

(1) 应用文分类：该文按文体分类属于起诉状文书。

(2) 结构：标题+称呼+正文+结尾+落款。

(3) 写作要点如下。

该起诉状的事实和理由部分详细写清了所诉事项的经过、具体内容及纠纷产生的原因，格式规范、条理清楚。

① 正式性：起诉状语言正式、规范，使用了如"诉讼请求""证据来源"等专业术语，符合法律文书的写作标准。

② 清晰性：结构清晰，逻辑严密，事实和理由部分详细阐述了所诉事项的经过、具体内容及纠纷产生的原因，便于法院理解和审查。

③ 严谨性：语言精准，避免模糊表述。例如，请求人民法院依法支持原告的诉讼请求，以维护原告作为消费者的合法权益。

法律是社会的产物，我们的生活离不开法律。法律文书作为司法行政机关、当事人、律师等在解决诉讼和非讼案件时使用的规范文本，以及法律事件的记载凭证，在我们的生活中发挥着重要作用。法律文书作为一种特殊文书，其书写内容、结构形式、语言表达等都具有鲜明的特点。

(1) **合法性**。必须根据法律的规定，按照不同的文种、要求和时限进行撰写。法律文书的制作必须符合一定的法律程序和履行一定的法律手续。

(2) **客观性**。必须根据具体的案情事实来适用具体的法律条款，反映和体现实体法和程序法的规定，内容必须具有客观真实性，材料要受到事实的严格限制。

(3) **规范性**。法律文书的撰写都有固定的格式要求，无论是表格文书，还是文字说明式文书，均应统一体例，便于制作、查阅和实施。

(4) **准确性**。在撰写法律文书时，语言表述必须准确无误。无论是对案情事实的叙述、对问题性质的认定，还是对处理意见的说明，都必须做到准确无误。

📖 **学习目的** |

1. 了解法律文书的概念、属性和特征
2. 掌握法律文书的写作要求
3. 了解法律文书的文种分类
4. 掌握不同文种的法律文书内容结构和书写格式

5.1 法律文书概述

国有国法，家有家规。不同性质的事件在法律上会有不同的解决程式及途径。本节介绍相关法律文书的基本知识，不仅能够提升学生的法律文书写作能力，还能够培养学生的法治精神和公正意识，对于提升个人专业素养、保证办案质量、适应实践需要及维护个人权益等方面都具有重要意义。

5.1.1 法律文书的概念和种类

1. 法律文书的概念

法律文书有广义和狭义两种解释。广义的法律文书是指在国家和社会的法制活动中，一切具有法律效力和法律意义的文书。狭义的法律文书仅指司法机关在办理各类诉讼案件中依法制作的各类文书，具有公文性质。

2. 法律文书的种类

法律文书的种类一般包括起诉状、答辩状、上诉状、公证书、授权委托书、仲裁文书、裁定书、判决书等。

5.1.2 法律文书的特点和作用

1. 法律文书的特点

1) 法律的约束性

"以事实为依据，以法律为准绳"是我国社会主义法治的司法原则。"以事实为依据"是指司法机关最终确认案件的依据，必须是经过查证的客观事实，这是诉讼文书叙述案情的基本要求；"以法律为准绳"是指诉讼文书的说理分析、提出的理由和请求，必须符合法律条文，有相关的法律依据。这样形成的诉讼文书，具有鲜明的法律约束性。

2) 制作的规范性

法律文书的制作必须和一定的法律程序相联系，具有严格的规定。什么情况依据什么法律，制作什么文书，制作的主体、内容和要求，如何提交送达，等等，都必须有法律依据，有严格的规范，任何人不得任意制作和更改。

3) 语言的准确性

法律文书的语言有自己的规律，即"法律语言"。它多用法律术语、书面语言、文言词汇、专有名词等，追求的是语言准确无误，明白清楚，色彩庄重严肃，不含糊，无歧义，利于执行。

2. 法律文书的作用

1) 实施法律的保证

法律文书所作的裁决，是执法的凭据。按裁决执行，是司法工作者的神圣职责，是维护法律尊严的行为。法律文书起到了实施法律的得力工具作用，从而使法律发挥其强大的威力。

2) 司法活动的记录

法律文书是司法实践活动全过程的忠实记录和法律凭证，从中可以看出一个案件办理全过程和前因后果。如刑事案件，通过立案、侦查、批捕、起诉、判决、执行等阶段的文书案卷的查阅和分析，可检查执法情况，以利改进司法工作。

3) 考察干部的依据

法律文书可以作为一把尺子，去测量法律工作者的思想素质、业务水平、文字功夫等方面能力，为考察和使用干部提供客观和正确的依据。

5.2 起诉状

通过学习起诉状，学生能够全面掌握起诉状从概念、作用到各类具体文案的写作知识与技巧，提升各类起诉状文案创作实操水平。同时通过明确课程目标，我们可以有效地培养学生的法律意识、公正观念和社会责任感为法治社会建设培养更多优秀的法律人才。

民事起诉状

原告名称：××建筑工程公司

所在地址：××省××市××街××号

电话：×××××××

企业性质：全民 工商登记核准号：(略)

经营单位和方式：(略)

开户银行：(略)账号：×××××××

被告名称：××贸易公司

所在地址：××市××街××号

电话：×××××××

诉讼请求：

(1) 要求被告继续履行双方××年×月×日签订的油毡购销合同。

(2) 要求被告承担未交货部分货款总值3%的违约金41万元。

(3) 要求被告依法承担本案的诉讼费。

事实与理由：

××××年×月×日，原告与被告签订了一份油毡购销合同。合同中规定：被告供给原告规格为5×50的油毡10 000吨(每吨价格为1400元，其中××××年9月供货3000吨，12月供货7000吨)。合同签订后，被告只于××××年9月交货200吨，到目前为止，尚有9800吨未交货。原告认为，被告不全部履行合同，不是因为没有履行能力，而是因为当时市场上油毡价格上涨，被告见利忘义，为多赚取利润，将本应供给原告的油毡转卖他人、属故意违约，给原告带来巨大的经济损失。为了维护原告合法权益不受侵犯，特诉至人民法院，请依法判处。

证据和证据来源、证人姓名和住址：

证据一：××××年×月×日原被告签订的经济购销合同一份。

证据二：××××年×月×日原告收到被告供应200吨油毡的验货入库单。

此致

××市中级人民法院

起诉人：××建筑工程公司

××××年××月××日

案例分析：

(1) 应用文分类：该文按文体分类属于起诉状文书。

(2) 结构：标题+称呼+正文+结尾+落款。

(3) 写作要点如下。

① 民事起诉状的事实和理由部分，写清了合同签订的经过、具体内容、纠纷产生的原因等，总体上格式规范、条理清楚、详略得当。

② 诉讼状的格式规范，包含了标题、正文和落款等必要要素，语言简洁明了。同时，具体描述诉讼请求符合真实情况，避免了含糊不清的表达。

5.2.1 起诉状的概念与分类

起诉状是指当事人认为其合法权益受到侵害，为维护和实现自身的合法权益，依法向人民法院提起诉讼时适用的法律文书。

起诉状包括：民事起诉状、行政起诉状、刑事自诉状和刑事附带民事起诉状。

5.2.2 民事起诉状

民事起诉状是指原告认为自己的民事权益受到侵害或者与他人发生争议时，为维护自身合法权益而依法向法院提起民事诉讼，诉请法院作出裁判时所制作的法律文书。《中华人民共和国民事诉讼法》第一百零九条规定，起诉应当向人民法院递交起诉状，并按照被告人数提出副本。书写起诉状确有困难的，可以口头起诉，由人民法院书记员记入笔录，并告知对方当事人。

1. 民事诉讼起诉条件

《中华人民共和国民事诉讼法》第一百零八条规定：起诉必须符合下列条件：

(1) 原告是与本案有直接利害关系的公民、法人和其他组织；

(2) 有明确的被告；

(3) 有具体的诉讼请求和事实、理由；

(4) 属于人民法院受理民事诉讼的范围和受诉人民法院管辖。

2. 民事起诉状事项

《中华人民共和国民事诉讼法》第一百一十条规定：起诉状应当写明下列事项：

(1) 当事人的姓名、性别、年龄、民族、职业、工作单位和住所，法人或者其他组织的名称、住所和法定代表人或者主要负责人的姓名、职务；

(2) 诉讼请求和所根据的事实与理由；

(3) 证据和证据来源，证人姓名和住所。

3. 民事起诉状结构

民事起诉状一般由首部、正文和尾部三部分构成。

1) 首部

(1) 文书名称，即在诉状上部居中书写"民事起诉状"。

(2) 原告的基本情况，《中华人民共和国民事诉讼法》第一百一十条规定。

(3) 被告的基本情况，与前述原告的写法相同。

2) 正文

(1) 诉讼请求，这是原告要求人民法院解决民事权益的具体事项。

(2) 事实，该部分主要叙写民事权益发生争议或受到侵害的事实经过。

3) 尾部

(1) 致送人民法院的名称。

(2) 起诉人签名或盖章。

(3) 递交起诉状的时间，具体到年月日。

(4) 附项，主要写附起诉状副本的份数、附证据材料的名称和份数等。

5.2.3 行政起诉状

行政起诉状

原告：黄××，女，42岁，汉族，××省××县人，系已故被害人原××贸易公司法定代表人黄成之姐。现住××市××区××街40号。

被告：××市公安局。

法定代表人：张××，局长。

第二人：××省×贸易石油化工公司。

法定代理人：杨××，经理。

诉讼请求：

(1) 请求撤销被告××市公安局非法拘禁被害人黄成的违法行为。

(2) 责令被告及第三人返还和赔偿因被告非法扣留并已无理付给第三人的所属原告财产2 050 000元及利息327 600元人民币。

(3) 责令被告赔偿因非法拘禁行为所造成的被害人黄成本人及所在公司的损失。

(4) 诉讼费用由被告及第三人全部承担。

事实和理由：

20××年4月23日，××市公安局突然将因公出差到××市的××兴达贸易公司经理黄成非法拘禁，并借故对其收审。声称：××省××贸易石油化工公司状告兴达贸易公司诈骗其货款1 870 000元，要求兴达贸易公司及黄成本人偿还本息2 380 000元，否则不予放人。原告黄××(黄成之姐)被迫付给××市公安局人民币2 050 000元，41天后，黄成才获得自由。由于黄成无辜被××市公安局非法拘禁，身心健康受到严重摧残，20××年6月20日不幸身亡，致使黄成所在公司关门停业，损失惨重。

原告认为，被告非法拘禁被害人黄成，是一起典型的公安机关强行抓捕经济纠纷案当事人作"人质"，帮助他人敲诈勒索的严重违法行为。对被告的这一违法行为，理应被确认为非法。因为，被害人黄成及所在公司与第三人××贸易石油化工公司从未发生过任何业务往来，何来欠债诈骗之说。被告置上述事实于不顾，竟将利用"人质"非法从原告处勒索来的205 000元巨款划走，违反了公安部关于公安机关不得非法越权干预经济案件处理的通知等文件的规定，给原告及被害人造成了极其严重的经济损失。

为了维护原告黄××及被害人黄成的合法权益，根据《中华人民共和国行政诉讼法》的规定，特向人民法院提起诉讼，恳请人民法院依法判处。

此致

××市中级人民法院

具状人：黄××

××××年××月××日

附：1. 诉状副本1份；

2. 证据5件。

案例分析：

(1) 应用文分类：该文按文体分类属于起诉状文书。

(2) 结构：标题+称呼+正文+结尾+落款。

(3) 写作要点如下。

① 行政起诉状应首先明确注明文书名称"行政起诉状"，原告和被告的基本信息要准确完整，包括姓名、性别、年龄、住址、联系方式等。如果原告是单位，还需注明单位名称、法定代表人等信息。

② 诉讼请求：清晰地写出请求法院判决的内容，本文中撤销被告××市公安局非法拘禁被害人黄成的违法行为，具体明确。

③ 事实与理由：详细陈述行政行为的相关事实，包括时间、地点、经过等，说明被告的行政行为存在的违法之处及其依据的法律法规，理由要充分且有说服力。

行政起诉状是公民、法人或者其他组织认为行政机关及其工作人员的具体行政行为侵犯其合法权益，以行政机关为被告向人民法院提起行政诉讼，为请求法院作出撤销被告的具体行政行为的裁判而制作的法律文书。《中华人民共和国行政诉讼法》第二条规定，公民、法人或者其他组织认为行政机关和行政机关工作人员的具体行政行为侵犯其合法权益，有权依照本法向人民法院提起诉讼。

1. 行政起诉条件

公民、法人或者其他组织提起行政诉讼，应当提交行政起诉状。《中华人民共和国行政诉讼法》第四十一条规定，提起诉讼应当符合下列条件：

(1) 原告是认为具体行政行为侵犯其合法权益的公民、法人或者其他组织；

(2) 有明确的被告；

(3) 有具体的诉讼请求和事实根据；

(4) 属于人民法院受案范围和受诉人民法院管辖。

2. 行政起诉状结构

行政起诉状与民事起诉状的结构和行文格式相同，由首部、正文和尾部三部分组成。

1) 首部

(1) 文书名称，即在文书顶端居中书写"行政起诉状"。

(2) 原告基本情况，原告是公民的，依次写明原告姓名、性别、年龄、民族、籍贯、职业、工作单位及职务、住址。原告是法人或其他组织的，书写方法与民事起诉状相同。

(3) 被告基本情况，应依次写明被告的名称、住所，以及法定代表人或者主要负责人的姓名、职务。

2) 正文

(1) 诉讼请求，诉讼请求是原告向人民法院提出的具体权利主张。

(2) 事实和理由，行政诉讼实行举证责任倒置，由被告对具体行政行为的事实根据和法律根据负举证责任。

(3) 证据材料，对证据材料进行表述，是行政起诉状正文的重要组成部分。

3) 尾部

(1) 尾部应依次写明：致送人民法院名称。

(2) 附项，书写行政起诉状副本的份数。

(3) 起诉人签名或者盖章。

(4) 注明起诉的年月日。

5.2.4 刑事自诉状

刑事自诉状

自诉人：杨××，女，1978年4月18日出生，汉族，××市××县人，农民，住××市××县××乡×村。

委托代理人：齐××，男，1980年10月9日出生，汉族，××市××县人，××公司技术员，住××市××县××路20号，系自诉人之弟。

被告人：董××，男，1978年1月4日出生，汉族，××市××县人，系××市××县××厂工人，住本厂工人宿舍。

案由和诉讼请求：

被告人董××犯虐待罪，请求法院依法追究被告人刑事责任。

事实与理由：

我与被告人董××系夫妻关系，2002年结婚，生一男孩董××(9岁)，婚后感情尚好。自2005年7月被告人与女职工林××来往密切，后发展为通奸关系。我知道后曾多次向××厂领导反映要求解决，因种种原因未能及时得到解决。被告人董××为了达到与我离婚和林××结婚的目的，自2005年开始，从精神上、肉体上、经济上长期虐待、摧残我，使我的身心受到严重伤害。根据《中华人民共和国刑法》第二百六十条的规定，被告人的行为已构成虐待罪，情节恶劣，请求人民法院依法追究被告人董××的刑事责任。

证人姓名和住址，其他证据名称、来源：

我患有精神分裂症的事实，有××医院诊断证明证实；被告人董××用剪刀将我右手扎伤的事实，有××医院外科诊断证明和邻居王××、刘××证实，现王××、刘××与我住同村。

此致

××县人民法院

自诉人：杨××

××××年××月××日

附：本诉状副本1份。

案例分析：

(1) 应用文分类：该文按文体分类属于起诉状文书。

(2) 结构：标题+称呼+正文+结尾+落款。

(3) 写作要点如下。

(1) 该刑事自诉状的格式符合要求，行文流畅，表述清楚，观点明确，重点突出。

(2) 引用法律条款应当写明所引用法律的全称，如本文中"根据《中华人民共和国刑法》第二百六十条"应改为"根据《中华人民共和国刑法》第二百六十条"。

刑事自诉状是指自诉案件的被害人或者法定代理人，根据事实和法律直接向人民法院控诉被告人的犯罪行为，要求追究被告人刑事责任的法律文书。

1. 刑事自诉状写作条件

(1) 刑事自诉状指控的犯罪行为属于法定的自诉案件的范围。

(2) 刑事自诉状应当以自诉人的名义写作。

(3) 刑事自诉状中必须书写清楚下列事项，即明确的被告人、具体的诉讼请求，并附有能证明被告人犯罪事实的证据。

(4) 自诉的犯罪行为属于受诉人民法院管辖的范围。

2. 刑事自诉状结构

刑事自诉状由首部、正文和尾部构成。

1) 首部

(1) 文书名称，在文书顶端居中书写"刑事自诉状"。

(2) 当事人基本情况，刑事自诉案件的自诉人分别称为"自诉人"和"被告人"。

2) 正文

(1) 案由和诉讼请求，案由是指被告人涉嫌的罪名；诉讼请求是指自诉人向人民法院提出的要求给予被告人刑事处罚的具体要求。

(2) 事实与理由，这是自诉人要求追究被告人刑事责任的事实根据和法律根据。

(3) 证据表述，自诉人提起刑事自诉，应当有足够的证据证明其诉讼请求，否则人民法院将不予受理。

3) 尾部

(1) 致送人民法院的名称。

(2) 附项，即附自诉状副本的份数。

(3) 自诉人或者代为自诉的人签名或者盖章。

(4) 提起自诉的具体年月日。

5.2.5 刑事附带民事起诉状

附带民事起诉状

原告人：张××，女，40岁，汉族，本市××小学教师，住本市××路××街××号。

被告人：李×，男，46岁，汉族，个体商贩，住本市××路××街××号。

诉讼请求：

追究被告人李×故意侮辱、伤害罪并要求赔偿医药费、营养费、误工费共计人民币××元。

事实与理由：

自从××××年×月×日自诉人张××搬入现住所后，即与被告人李×成为邻居。本月×日张××因李×将新进货物堆放在公用过道上妨碍行走，曾建议李×别这样做，李×置之不理。第二天李×又将别的货物堆放在过道上，张××不小心将一摞纸盒碰倒而因急着上班并未察觉，李×发现后口出秽语并怀恨在心。十天后(即本月×日)下班时李×将一堆杂物故意放在通往张

××家的过道口,张××路过时向李×提出"能不能把东西挪开点",李×当即破口大骂,什么"穷酸样儿""臭老九"等不堪入耳。此时,正巧张××的丈夫王××也下班回家,见状即与李×发生争吵;李×理屈词穷即开始耍泼,举起拳头就向王××胸口打来,王××顺势一拉一操,李×扑空摔倒,爬起后李×恼羞成怒,捡起一根木棍随手打在王××的后脑上,王××当即昏倒。李×还不解恨,又向王××身上狠打几棍,猛踢两脚。张××和邻人马上把王××送往医院救治,经诊断确诊为脑外伤×度,缝合×针,并造成轻微脑震荡。现治疗初愈。

以上事实,清楚地说明被告人李×野蛮成性,故意侮辱、伤害他人,情节恶劣,触犯了刑法××条和××条,已构成侮辱罪和故意伤人罪。根据《中华人民共和国刑事诉讼法》第×条规定,原告人提起诉讼,请求法院追究被告人李×的刑事责任,并要求赔偿被伤人王××医药费××元,误工损失费××元,合计人民币××元。

此致

××市××区人民法院

具状人:张××

××××年××月××日

附:1. 诉状副本×份;

  2. 医院诊断证明×份;

  3. 医药费处理单据×份;

  4. 邻居孙××、张××、刘××均可作证。

案例分析:

(1) 应用文分类:该文按文体分类属于起诉状文书。

(2) 结构:标题+称呼+正文+结尾+落款。

(3) 写作要点如下。

① 该刑事自诉状的格式符合要求,行文流畅,表述清楚,观点明确,重点突出。

② 引用法律条款应当写明所引用法律的全称,如本文中"根据《中华人民共和国刑事诉讼法》第×条"应改为"根据《中华人民共和国刑事诉讼法》第×条"。

刑事附带民事起诉状是指在刑事诉讼进行过程中,附带民事诉讼原告人向人民法院提出诉讼请求,要求法院判令被告人赔偿因其犯罪行为导致附带民事诉讼原告人遭受的物质损失的法律文书。

1. 刑事附带民事起诉的法律依据

《中华人民共和国刑事诉讼法》第九十九条规定,被害人由于被告人的犯罪行为而遭受物质损失的,在刑事诉讼过程中,有权提起附带民事诉讼。被害人死亡或者丧失行为能力的,被害人的法定代理人、近亲属有权提起附带民事诉讼。如果是国家财产、集体财产遭受损失的,人民检察院在提起公诉的时候,可以提起附带民事诉讼。

2. 刑事附带民事起诉状结构

刑事附带民事起诉状由首部,正文和尾部构成。

1) 首部

(1) 标题:写"刑事附带民事起诉状"。

(2) 当事人基本情况:当事人基本情况这一部分主要是原告人和被告人的基本情况。当事人是公民的,应当写明姓名、性别、出生年月日、民族、籍贯、职业(或工作单位和职务)、住址;当事人是法人、其他组织的,应写明其名称、所在地址、法定代表人(或代表人)的姓名、法定代表人(或代表人)的职务和联系电话。

2) 正文

(1) 诉讼请求，具体写明要求附带民事诉讼被告人赔偿的范围、具体数额。

(2) 事实与理由，附带民事诉讼本质上是一种民事诉讼，因此该部分的具体写法可参照民事起诉状的制作方法。

(3) 证据和证据来源，证人姓名和住址。有关举证事项，应写明证据的名称、件数、来源或证据线索。有证人的，应写明证人的姓名、住址。

3) 尾部

(1) 致送人民法院的名称。

(2) 自诉人签名，自诉时间。

(3) 附项主要应当列明材料的内容以及份数，并标注分项。

5.3　答辩状

通过学习答辩状，学生能系统掌握其概念、类型、内容结构与写作要点，熟练运用各种方法进行创作，大幅提升实操能力。培养学生的政治认同感和价值观，弘扬爱国主义精神，增强社会责任感，以及提高辩证思维能力和沟通表达能力。

民事答辩状

答辩人：××市××××房地产开发总公司代表何××，公关部经理。

案由：上诉人张××因房屋拆迁一案，不服××市××区〔20××〕民字第19号的判决，提出上诉。现答辩如下。

答辩理由：为了适应本市商业发展的需要，我公司于20××年12月向市城建规划局提出申请报告，要求拓宽新建丝绸百货大楼前面场地150平方米。市城建局于12月25日以市城建字〔20××〕71号批文同意该项工程。同年在拓宽场地过程中，需要拆迁租住户张××一户约18平方米的住房，但张××提出的要求过于苛刻。几经协商，不能解决。答辩人不得已于20××年1月××日投诉于××市××区人民法院。××市××区人民法院于20××年2月以〔20××〕民字第19号判决书判处张××必须于20××年3月底前搬迁该屋，并由市房地产开发总公司提供不少于原居住面积的房屋租给张××居住，但张××仍无理取闹。据此，答辩人认为张××的上诉理由是不能成立的。

一、张××说我们拓宽新建丝绸百货大楼前面的场地是未经批准的。这是没有根据的。一审法庭曾审查过房地产开发总公司要求拓宽新建丝绸百货大楼前面场地的报告和市城建局城建字〔20××〕71号的批文，并当庭概述了房地产开发总公司的报告内容，还全文宣读了市城建局的批文。这些均有案可查。张××不能因为要求查阅市城建局的批文，未获准许，而否认拓宽工程的合法性。

二、张××说我们未征得她本人同意，与房主×××订立房屋拆迁协议是非法的。这更无道理。张××租住此屋，只有租住权，并无房屋所有权。所有权理当归属房主×××。我们拓宽场地，拆毁有碍交通和营业的房屋，理当找产权人处理，张××无权干涉和过问。

应当指出，对于张××搬迁房屋一事，我们已做了很大的让步和照顾。我们答应她在搬迁房屋时提供离现居住房屋500米的××新建宿舍大楼底层朝南房间一间，计20平方米，租给她居住。而张××还纠缠不清，漫天要价。扬言不达目的，决不搬迁。

综上所述，答辩人认为××市××区人民法院的原判决是正确的，合法而又合情合理，应予维持。

此致

××市中级人民法院

答辩人：何××

××××年××月××日

附：本答辩状副本1份

案例分析：

(1) 应用文分类：该文按文体分类属于答辩状文书。

(2) 结构：标题+称呼+正文+结尾+落款。

(3) 写作要点如下。

① 答辩状的案由应简洁明了地介绍案件情况，引出答辩正文。

② 答辩理由应针对原告的诉讼请求及其所依据的事实与理由进行反驳与辩解。这部分应详细阐述被告的观点、事实依据和法律依据。答辩理由通常包括以下两方面。一是案件事实答辩：对原告所述事实的真实性进行核实，如有异议，应坚决否认并提供反驳证据。二是适用法律答辩：对原告提出的法律依据进行反驳，阐述自己的观点和法律依据。

③ 答辩请求在阐明答辩理由的基础上，针对原告的诉讼请求向人民法院提出自己的主张。答辩请求可能包括要求人民法院驳回起诉、否定原告请求事项的全部或一部分、提出新的主张和要求(如追加第三人)、提出反诉请求等。

5.3.1 答辩状的概念与分类

答辩状是指被告人针对原告向法院提交的起诉状中的诉讼请求，直接予以承认，或者提出起诉状中陈述的诉讼请求不成立、没有法律根据、没有事实根据或证据不足等抗辩理由的法律文书。

与起诉状相对应，答辩状也分为民事答辩状、刑事答辩状和行政答辩状。

5.3.2 民事答辩状

民事答辩状是指民事案件的被告人或者被上诉人，针对原告在起诉状或者上诉人在上诉状中提出的诉讼请求、事实陈述、证据材料和法律依据，进行答复和辩驳而制作的法律文书。《中华人民共和国民事诉讼法》第一百一十三条规定，人民法院应当在立案之日起五日内将起诉状副本发送被告，被告在收到之日起十五日内提出答辩状。被告提出答辩状的，人民法院应当在收到之日起五日内将答辩状副本发送原告。被告不提出答辩状的，不影响人民法院审理。

1. 民事答辩状的作用

首先，民事答辩状的内容要么是对起诉状、上诉状中提出的诉讼请求和事实陈述进行承认，要么是进行抗辩。其次，被告或被上诉人提出答辩状，是其反驳对方的诉讼请求，维护自身合法权益的重要诉讼手段，是我国民事诉讼法上确立的当事人诉讼权利平等原则的重要体现。

2. 民事答辩状的结构

民事答辩状属于叙述式文书，没有严格的格式限制，一般由首部、正文和尾部三部分构成。

1) 首部

(1) 文书名称：居中书写"民事答辩状"。

(2) 答辩人身份情况：依次写明答辩人的姓名、性别、年龄、民族、职业、工作单位和住所。答辩人是法人或其他组织的，应当写明法人或其他组织的名称、所在地址、法定代表人或者主要负责人的姓名、职务。需要注意的是答辩状无须写明对方当事人的身份情况。

2) 正文

(1) 导语：导语即答辩的根据和对象。一般情况下表述为"×××诉×××一案，法院已经受理。现根据事实和法律，答辩如下"。

(2) 答辩理由：答辩理由即答辩的事实根据和法律根据。答辩理由的写作应对应于起诉状或上诉状中的内容，对对方当事人的诉讼请求、事实主张、证据材料和法律根据，以及当事人是否适格、法院是否享有管辖权等立案条件，依据事实和法律，分别表明自己的观点。

(3) 答辩意见：在充分阐释答辩理由的基础上，答辩人应提出自己的答辩意见。

3) 尾部

致送的人民法院，答辩状副本份数，答辩人签名或盖章，答辩日期，具体到年月日。

5.3.3 刑事答辩状

刑事答辩状

答辩人：张××，男，62岁，汉族，××省××市人，××××学院退休教师，住××市××××大院宿舍区甲楼×门×号。

因殷××诉我侵犯名誉权一案，现答辩如下。

我与原告(实为本案自诉人，下同)原系同事，都在××××学院××××教研室任教，我于2010年退休。2011年暑假，我曾为××会计师事务所和××××教研室牵线，二者合办一期《××××条例》辅导班。2012年元月2日，教研室同事赵××、钱××、孙××、李××来我家中看望我。聊天中，他们谈道：教研室在与××会计师事务所合办《××××条例》辅导班时，原告拿着她儿子刚刚创办的公司的发票(据说免税)告诉学员们，交10元钱开100元发票，交100元开1000元发票，开资料费回去可以报销。于是学员们纷纷交钱买假发票，但具体数目不详。我随即打电话给××会计师事务所的周××询问此事，周××亦证实此事，并表达不满，还说可以提供学员名单备查。我觉得原告作为一名共产党员这样做是十分错误的，便给学校纪委写了信，希望他们调查。如属实，应加强教育。6月14日，离退休干部、职工中的党员进行支部活动。活动中，离退休干部、职工中的党员对学院工作提了许多意见和建议，我也提到对类似原告虚开发票这样的问题，应做认真调查，不能只听她本人一句话就过去了。活动结束后，恰巧原告从会场门口路过，有人说："说曹操，曹操就到。"原告就问："说我什么？"我说："关于办班开假发票的事，希望你再跟任××如实谈一下。"原告甩了一句"少跟我来这一套"，就匆匆走了。活动之后的这个过程，只不过一分钟，根本不容我有在大庭广众"侮辱"她的言行。我认为，我退休前是系总支纪检委员，退休后也应该维护党风党纪。我向纪委写信反映原告的问题，在党员活动中交流我所了解的情况，与原告当面交谈中表达我对她的希望，这既是一个共产党与公民的权利，也是一个共产党员与公民的义务，根本谈不上侵犯名誉权。根据上述事实和理由，现提出答辩请求如下：①驳回原告之诉讼请求；②责令原告向我赔礼道歉。

此致

××市人民法院

答辩人：张××

××××年××月××日

案例分析：

(1) 应用文分类：该文按文体分类属于答辩状文书。

(2) 结构：标题+称呼+正文+结尾+落款。

(3) 写作要点如下。

① 刑事答辩状是针对自诉人在自诉状中所述事实不实而展开答辩的：先写自诉人所犯错误，有时间、有环境、有答辩人发现的过程、有答辩人核对的环节；再写答辩人对自诉人所犯错误的态度，详述事情经过；最后从权利与义务上进行说理，并对全文进行归纳。

② 该答辩状以时间为序，陈述事实，重点突出，最后提出请求，有理有节，是较好的实例，但缺少附项部分。

刑事答辩状是指为了平等地保护每一个公民的合法权益，包括被控告犯罪的人，法律规定对于被害人提起自诉的案件，被告人也可以"针锋相对"地进行反驳，以表明自己没有犯罪或情节轻微。而相应的，被告人就此答辩向法院提交的文书即为刑事答辩状。

刑事答辩状结构如下。

1) 首部

(1) 标题：写明"刑事答辩状"。

(2) 答辩人的基本情况：包括答辩人的姓名、性别、年龄、民族、籍贯、职业和住址等信息。如果是法人或其他组织，还需列明单位名称和法定代表人信息。

(3) 答辩事由：说明答辩人因何案提出答辩，具体行文为"因××(案由)一案,现提出答辩如下"。

2) 正文

(1) 针对事实的错误进行反驳：对原告在诉状中提出的事实进行反驳，提供相反的事实和证据。

(2) 针对援用法律的错误进行反驳：对原告援用的法律条文进行辩驳。

(3) 针对定性错误进行辩驳：对原告的定性错误进行反驳。

3) 尾部

尾部包括致送人民法院的名称和落款，即答辩人姓名和具状日期。

5.3.4 行政答辩状

行政答辩状

答辩人：×××市公安局××区公安分局，所在地址：×××市××区政府路10号。

法定代表人：张××，职务：局长，电话：××××××。

委托代理人：赵××，×××市公安局××区公安分局干部。

因原告李××诉我局行政处罚侵犯其合法权益，现我局依据事实和法律答辩如下。

一、我局对李××的行政处罚是依法行使职权，并不构成超越职权。2022年7月5日，我局接到报警，××区东明面粉厂职工李××与王××因琐事发生争执，李××将王××打伤。我局民警林××、商××接到报警后火速赶到现场，王××被打伤躺在地上。林××、商××进行现场勘验，对双方当事人进行了询问，对现场群众进行了询问，并制作了笔录。李××对笔录核实，认为无误。后经法医鉴定王××构成轻伤。我局在认真调查、核实的基础上，听取了双方当事人的叙述和辩解，依据《中华人民共和国行政处罚法》第××条、《中华人民共和国治安管理处罚法》第××条的规定作出了对李××行政拘留15天、罚款300元的行政处罚。本案原告对被害人王××的人身造成了伤害，违反了《中华人民共和国治安管理处罚法》，我局依法作出行政处罚，是依法履行职权的行为，处罚合法、合理，并没有侵犯李××的合法权益。

二、原告对我局工作人员违反法定程序的指控并不成立。处罚程序，经过了立案、调查取证、说明理由、当事人陈述与申辩、作出处罚决定、送达我局工作人员在处理李××一案时，严格按照《中华人民共和国行政处罚法》规定程序，手续齐全，程序合法，并不存在原告所说的违反法定程序的情况。

三、原告对我局工作人员打骂、接受当事人贿赂的指控并不成立。我局工作人员依法调查、取证，依法制作讯问笔录，并不存在打骂、威逼的情况。不准打人、骂人，是公安机关的一项重要纪律；"刑讯逼供"更是为刑法所禁止的犯罪行为。在这方面，我局对干警一直有严格的要求，如有违反，定然及时从严处理。我局工作人员在现场询问李××时，有众多群众在场，群众可以证明我局工作人员没有打骂、威胁行为。李××在我局执行行政拘留期间，我局工作人员没有提讯过李××，更不会存在打骂、威逼行为。关于原告指控我局工作人员收受另一方当事人贿赂的问题，我局已经做了调查，调查结果证实原告的指控并不存在。以上是针对原告诉讼请求及其所指证据，我局所做的答辩。

此致
×××市××区人民法院

答辩人：×××市公安局××区公安分局
法定代表人：张××(盖章)
委托代理人：赵××(盖章)
××××年××月××日(盖公章)

附：1. 本答辩状副本2份；
　　2. 证人证言3份；
　　3. 法医鉴定书1份；
　　4. 《中华人民共和国行政处罚法》《中华人民共和国治安管理处罚法》复印件3份；
　　5. 调查笔录2份。

案例分析：

(1) 应用文分类：该文按文体分类属于答辩状文书。

(2) 结构：标题+称呼+正文+结尾+落款。

(3) 写作要点如下。

① 起诉状属于立论，而答辩状属于驳论。驳论文章强调针对性，应避开枝节问题，抓住对方的"软肋"，在关键问题上一针见血。该起诉状能够根据本案的特点，将写作的重点放在对事情经过的交代上，在分析和论证上利用案件事实和相关的法律层层深入，很有说服力。

② 行政答辩状应具有真实性、针对性、逻辑性、法律性，遵循上述要点，答辩人可以更有效地撰写行政答辩状，以维护自身的合法权益。

行政答辩状是行政诉讼中的被告(或被上诉人)针对原告(或上诉人)在行政起诉状(或上诉状)中提出的诉讼请求、事实与理由，向人民法院作出的书面答复。提出答辩状是诉讼当事人的一项诉讼权利，而不是诉讼义务。根据《行政诉讼法》第四十三条第二款的规定，被告不提出答辩状的，不影响人民法院审理。

1. 行政答辩状结构

1) 首部

(1) 标题：居中写明"行政答辩状"。

(2) 答辩人的基本情况：答辩人是作为第一审被告或第二审被上诉人的行政机关时，答辩状应当先记明答辩人的单位全称和地址，接下来另起一行列出该单位的法定代表人或主要负责人的姓名、职务、电话，然后再另起一行逐一列出委托代理人及其姓名、职务；答辩人是作为第二审被上诉人的不服行政机关具体行政行为的行政管理相对人时，应当记明答辩人的姓名、性别、年龄、民族、职业、工作单位、住所、联系方式或者其他组织的名称、地址和法定代表人(或者主要负责人)的姓名、职务、联系方式。如果答辩人委托律师代理诉讼，只要写明其姓名及律师事务所名称即可。

(3) 答辩事由：写明答辩人因××一案进行答辩。具体写法通常为："答辩人因××(原告或上诉人)提起××(事由)一案，现答辩如下"。

2) 正文

(1) 答辩理由：答辩理由是答辩状的主要部分，大体包括以下内容。

一是就案情事实部分进行答辩。对原告(或上诉人)在起诉状(或上诉状)中所叙述的案件事实经过与实际情况不符的地方，必须明确提出并予以纠正。如果起诉状(或上诉状)中所说的事实存在，也应当明确表示，说明事实没有出入。

二是就具体行政行为的正确性进行答辩。行政诉讼法第三十二条规定，被告对作出的具体行政行为负有举证责任，应当提供作出该具体行政行为的证据和所依据的规范性文件。根据这条规定，可以针对原告(或上诉人)起诉状(或上诉状)中的论点，提出充分的证据证明案情事实，列举有关的法律法规并适当摘引其相应的条款进行辩驳，说明自己做出的具体行政行为所适用的实体法和程序法都是正确的。

三是就法定程序方面进行答辩。如果起诉状(或上诉状)指责被告(或被上诉人)做出的具体行政行为不符合法定程序，而且这种指责是没有根据的，应当依法予以驳斥。

(2) 证据和证据来源、证人姓名和住址。

(3) 提出答辩主张：在提出事实和法律方面的答辩之后，应提出自己的答辩主张，即要求对具体行政行为判决维持、部分撤销，还是表示愿意重新做出具体行政行为。

3) 尾部

写法与民事起诉状基本相同。

2. 行政答辩状的写作注意事项

(1) 需要进行答辩的，可能是作为第一审被告或第二审被上诉人的行政机关，也可能是作为第二审被上诉人的不服行政机关具体行政行为的行政管理相对人。

因此，当被诉行政机关进行答辩时，不仅要对原告(或上诉人)的诉讼请求和提出的事实、理由进行反驳，还必须提供自己作出该具体行政行为的证据和所依据的规范性文件，否则就会导致败诉。当作为第二审被上诉人的公民、法人或其他组织进行答辩时，应当对上诉人上诉的请求、事实和理由进行答复、辩解和反驳。

(2) 根据我国《中华人民共和国行政诉讼法》第四十三条的规定，人民法院受理行政诉讼案件后，应当在立案之日起五日内，将起诉状副本发送给被告。被告应当在收到起诉状副本之日起十日内向人民法院提交作出具体行政行为的有关材料，并提出答辩状。《最高人民法院关于执行若干问题解释》第六十六条规定，原审人民法院收到上诉状，应当在五日内将上诉状副本送达其他当事人，对方当事人应当在收到上诉状副本之日起十日内提出答辩状。律师写作答辩状时，应注意答辩期限。

5.4　上诉状

　　通过学习上诉状，学生能系统掌握其概念、分类、特点、内容结构与写作要点，通过各类上诉状文书的实践写作，培养学生的法治观念，使其深刻理解法律的重要性和作用；自觉遵守法律法规，增强学生的公正司法意识；同时引导学生认识到司法公正对于社会和谐稳定的重要性，将专业知识教育与思想政治教育相结合，培养学生的法治精神、公正司法意识、诚信守法观念及社会责任感。

民事上诉状

　　上诉人：陈××，女，×年×月×日出生，汉族，××厂职工，住××市××区×街×号。

　　被上诉人：张××，女，×年×月×日出生，汉族，××厂职工，住××市××区×街×号。

　　上诉人因遗产纠纷继承一案，不服××××年×月×日收到(××××)××初字第××号民事判决书，提起上诉。上诉的请求和理由如下。

　　上诉请求：

　　1. 请求法院撤销(××××)××初字第××号民事判决书；

　　2. 请求法院驳回被上诉人的诉讼请求；

　　3. 请求法院判决被上诉人承担本案，上诉费。

　　事实与理由：

　　一、一审法院程序严重违法

　　(一) 一审法院违背当事人的意愿将审判程序由普通程序转换为简易程序审理，这明显违反了《最高人民法院关于适用简易程序审理民事案件的若干规定》第二条第二款"人民法院不得违反当事人自愿原则，将普通程序转为简易程序"。由于一审法院的程序违法直接影响到上诉人在一审中的各种程序权利，造成上诉人仓促应诉，使上诉人处于极为不利的境地。

　　(二) 在上诉人依照法律规定提交证人出庭申请书的情况下，一审法院开庭审理中认定我方证人(证明被上诉人是否对其父亲尽到赡养义务)出庭作证不合法，不予采纳。但在(××××)××初字第××号民事判决书中，对我方出庭证人××、××证言因何不予认可却未加以阐述。这明显违反民事诉讼法诉讼证据规则，从根本上导致了一审法院对本案关键事实认定不清。

　　二、一审法院认定事实不清

　　一审法院对上诉人在一审中提出的："被上诉人自××年对其父亲不理不睬，不尽赡养义务，依法不应当继承财产"的事实毫未理会，也未予以认定。

　　综上，一审法院审理程序严重违法、认定事实错误，应当依法予以改判。

　　此致

　　××第一中级人民法院

上诉人：陈××

××××年××月××日

　　附：1. 本上诉状副本1份；

　　　　2. 一审证人出庭申请书；

　　　　3. 被上诉人于××年前后遗弃其父亲的材料(证明内容：被上诉人自××年对其父亲不理不睬，不尽赡养义务)。

案例分析：

(1) 应用文分类：该文按文体分类属于上诉状文书。

(2) 结构：标题+称呼+正文+结尾+落款。

(3) 写作要点如下。

① 该民事上诉状请求事项写得明确、具体、详尽。想达到什么目的，没有说空话套话，而是直接提出，对于上诉理由部分，有理有据，措辞要得体。

② 注意不能只是说"请求上级法院依法作出公正判决"或者是"请求上级法院给我做主"等类的空话。上诉理由切忌无限上纲，要避免重复叙述，也不必说明对判决中哪些部分表示同意等。

5.4.1　上诉状的概念与分类

上诉状是指当事人不服第一审人民法院的判决或裁定，在法定期限内请求上一级人民法院对本案再次进行审理时制作的法律文书。

上诉状包括：民事上诉状、刑事上诉状、行政上诉状。

5.4.2　民事上诉状

民事上诉状是指民事诉讼当事人不服第一审法院做出的判决、裁定，在法定期限内向上一级法院提出上诉，请求撤销或变更原裁判而制作的法律文书。我国《中华人民共和国民事诉讼法》第一百四十七条规定，当事人不服地方人民法院第一审判决的，有权在判决书送达之日起十五日内向上一级人民法院提起上诉。当事人不服地方人民法院第一审裁定的，有权在裁定书送达之日起十日内向上一级人民法院提起上诉。

1. 民事上诉条件

(1) 必须是有上诉权的人才能提起上诉。

(2) 上诉状必须在法定的上诉期限内提出，才能发生上诉的法律效力。即不服一审判决的，上诉期限为15日；不服一审裁定的，上诉期限为10日。

(3) 上诉的对象必须是还没有发生法律效力的民事判决、裁定，这主要是地方各级人民法院作出的第一审判决裁定。

2. 民事上诉状的法律依据

我国《中华人民共和国民事诉讼法》第一百四十八条规定，上诉人应当递交上诉状。上诉状的内容，应当包括当事人的姓名，法人的名称及其法定代表人的姓名或者其他组织的名称及其主要负责人的姓名；原审人民法院名称、案件编号和案由；上诉的请求和理由。这是诉讼当事人制作民事上诉状的法律依据。

3. 民事上诉状结构

民事上诉状由首部、正文和尾部三部分构成。

1) 首部

(1) 文书名称：在民事上诉状的顶端居中书写"民事上诉状"。

(2) 上诉人基本情况：依次写明上诉人的姓名、性别、年龄、民族、籍贯、职业、工作单位及职务、住所。

(3) 被上诉人基本情况，与上诉人基本情况写法相同。

2) 正文

(1) 案件来源是一个过渡性、程式化的段落,该部分应写明案由、原审法院名称和案件的编号。

(2) 上诉请求应当写明要求二审法院撤销或变更原裁判的具体要求。

(3) 上诉理由是上诉请求的根据,应写明上诉请求的事实根据和法律根据。

3) 尾部

(1) 致送人民法院的名称。

(2) 附项,书写民事上诉状副本的份数。

(3) 上诉人签名或盖章。

(4) 注明上诉年月日。

5.4.3 刑事上诉状

刑事上诉状

上诉人(原审被告):陈××,男,汉族,47岁,××省××市××县人,农民,住××省××市××县××乡××村,现羁押在××县看守所。

上诉人因过失杀人案,不服××县人民法院2022年××月××日(2022)××法刑初字第×号刑事判决,现提出上诉。

上诉请求:

请求××市中级人民法院依法撤销××县人民法院(2022)××法刑初字第×号刑事判决、宣告上诉人陈××无罪。

上诉理由:

我与死者朱××同住一村,平日虽无密切往来,但也无冤无仇。这次事件的发生过程是我路过他家门口时,他家的狗追出来咬我,我拣了路边的石头朝狗打去;死者见状,便对我进行无理辱骂,说我"打狗欺主",并叫喊要跟我"没完";在争辩中,我用石头打了一下他的腿;被打后,他急忙往家跑,看样子是回家取凶器;因跑急了,他在上门口台阶时,一跤跌倒,头部碰在石阶的边角上,致脑出血死亡。他的死,虽和我吵架有联系,但对于这种后果的发生,我一无故意,二无过失。他的死,实属意外。《中华人民共和国刑法》第十六条明确规定:"行为在客观上虽然造成了损害结果,但是不是出于故意或者过失,而是由于不能抗拒或者不能预见的原因所引起的,不是犯罪。"对照本案案情,我的行为不构成犯罪。而一审判决却认为,死者的死亡是由于我在后边"紧追不放"。一审判决还认为,对于被害人朱××在前边疾跑,可能摔倒致伤、致死的后果,我"应当预见而没有预见",存在一定的过失。这些认定都是错误的。首先,我并没在后边"紧追不放",在厮打中,双方都有进退,当我发现他不是进,而是往家跑时,我并没有追赶。至于他摔倒造成的后果。更无从谈起我"应该预见而没有预见"。一审判决这样牵强附会地认定我犯有过失杀人罪、一不符合事实,二不符合法律规定。这样的判决是错误的,因此,我提出上诉,请求二审法院查明事实,依法宣告我无罪,维护我的合法权益。

此致

××市中级人民法院

上诉人:陈××

××××年××月××日

附:1. 上诉状副本2份;

2. 张审判员审问我的庭审记录。

案例分析：

(1) 应用文分类：该文按文体分类属于上诉状文书。

(2) 结构：标题+称呼+正文+结尾+落款。

(3) 写作要点如下。

① 撰写刑事上诉状时，必须注意格式与内容要求、写作注意事项，以及副本与提交要求等方面，以确保上诉请求得到法律程序的正当审查和合理评估。

② 但要注意的是，引用法律条款应当写明所引用法律的全称，如本文中"根据我国《中华人民共和国刑法》第十六条规定"应改为"根据《中华人民共和国刑法》第十六条规定"。

刑事上诉状是刑事诉讼被告人、自诉人及其法定代理人，不服地方各级人民法院第一审刑事判决、裁定，在法定期限内依照法定程序向上一级人民法院提出上诉请求，要求变更或者撤销原判决、裁定的法律文书。

两审终审制是我国刑事诉讼法规定的一项基本诉讼制度，不服地方各级人民法院第一审刑事判决、裁定而提出上诉，是法律赋予当事人的一项重要诉讼权利。

1. 刑事上诉状的适用条件

(1) 刑事上诉状只能由具有上诉权的人制作和提交。

(2) 刑事上诉状指向的对象只能是地方各级人民法院做出的第一审刑事判决或裁定。

(3) 刑事上诉状必须在法定期限内制作和提交。

2. 刑事上诉状结构

刑事上诉状由首部、正文和尾部构成。

1) 首部

(1) 文书名称：在文书顶端居中书写"刑事上诉状"。

(2) 上诉人基本情况：应当依次写明上诉人(原审被告人/原审自诉人)姓名、性别、年龄、民族、籍贯、职业、工作单位及职务、住所。

(3) 被上诉人基本情况：被上诉人的基本情况与上述写法基本相同。需要注意的是，公诉案件中没有被上诉人。

2) 正文

(1) 案由：根据最高人民法院的司法解释，案由部分应当写明：案由、收到一审裁判的时间、第一审法院的名称和裁判文书号。

(2) 上诉请求：上诉请求是上诉人因不服第一审法院的裁判，而向第二审法院提出的具体要求。

(3) 上诉理由：上诉理由主要是说明原裁判认定事实不清、证据不足或者适用法律错误、程序违法等事由，以论证上诉请求成立的事实根据和法律根据。

3) 尾部

(1) 致送人民法院的名称。

(2) 附项，主要写明所附上诉状副本份数，以及所附证据材料情况。

(3) 上诉人签名或者盖章，上诉的年月日。

5.4.4 行政上诉状

行政上诉状

上诉人(一审原告)：××省××市第三建筑公司，地址：××市××区××街×号。

法定代表人姓名：蒋×，职务：经理，电话：×××××，企业性质：全民，工商登记核准号：×××××××，经营范围和方式：一、××××××××××，二、×××××××××××，开户银行：中国工商银行××分理处，账号：×××××××。

被上诉人(一审被告)：××省工商局，地址：××市××区××街×号。法定代表人姓名：全××，职务：局长。

上诉人因××省工商行政管理局行政处罚一案，不服××市××区人民法院2010年×月×日(2010)×行初字第×号行政判决，现提出上诉。

上诉请求：

1. 撤销××市××区人民法院(2010)×行初字第×号维持行政处罚的判决；

2. 要求判决被上诉人赔偿上诉人经济损失×××××元。

上诉理由：

1. ××市第三建筑公司没有违反国家工商法律规定，其工程合同符合被上诉人审验的营业许可范围。2010年3月，被上诉人在处理××市医药公司中药饮片厂与上诉人××市第三建筑公司建筑安装工程合同纠纷中，以我公司非法转包工程主体部分为由，认定该工程合同系违法合同，并给予罚款一万元的处罚。上诉人认为这种行政处罚是错误的。因为我公司虽然将工程土建中的一部分转包给外地施工单位，但我公司并未放弃对建设工地进行工程技术、质量、经济的管理，而且××市医药公司中药饮片厂对转包一事完全知情，亦未提出任何异议，依据住建部发布的法规，该转包是合法的。

2. 上诉人因受被上诉人的错误行政处罚，使信誉及业务活动受到很大损失，某些客户对上诉人的信誉表示怀疑，纷纷提出取消已签合同，极大影响了上诉人的正常业务。而且行政机关对上诉人的罚款是从流动资金中划拨的，影响了上诉人流动资金的使用和业务活动的开展，使上诉人的经济收入蒙受重大损失。与去年同期相比，直接经济损失达×××××元。根据《中华人民共和国行政诉讼法》第六十七条第1款、第68条第1款之规定，××省工商行政管理局应赔偿由此给上诉人造成的经济损失。

综上所述，被上诉人所作出的行政处罚是不符合事实的，是错误的。一审法院维持被上诉人行政处罚的判决是不合法的。为此，请求××市中级人民法院依法撤销原判，判令被上诉人赔偿上诉人经济损失×××××元。

此致

××市中级人民法院

上诉人：××市第三建筑公司

20××年××月××日

附：上诉状副本1份。

案例分析：

(1) 应用文分类：该文按文体分类属于上诉状文书。

(2) 结构：标题+称呼+正文+结尾+落款。

(3) 写作要点如下。

① 行政上诉状的写作要点包括标题与当事人信息、案由与上诉请求、上诉事实与理由、证据与证据来源、尾部与附项，以及写作注意事项等方面。在撰写行政上诉状时，上诉人应全面、准确地陈述事实，正确引用法律，提供充分的证据，以支持其上诉请求。

② 上诉理由是行政上诉状的重点，应通过事实和证据说明原审错误所在，阐明自己的观点，以实现上诉的目的。该行政上诉状层次清楚、结构完整、符合规范，但上诉理由部分的阐述不够深入，没有提出很有力的证据，因此总体说服力较弱。

　　行政上诉状是行政诉讼的当事人不服人民法院做出的未生效的第一审行政判决、裁定，在法定期限内向上一级人民法院提交的请求重新审理、撤销或变更原审裁判的法律文书。行政上诉状既是行政诉讼当事人声明上诉的诉讼文书，也是第二审人民法院适用行政诉讼法中规定的第二审程序对行政案件进行上诉审判的依据。

　　行政上诉状结构如下。

1) 首部

　　(1) 标题：居中写上"行政上诉状"。

　　(2) 当事人基本情况：分别写明上诉人和被上诉人的相关情况。

　　(3) 上诉事由：这一部分包括案由，原审人民法院名称，处理时间，文书的名称、字号，以及作出上诉的表示等内容。通常表述为"上诉人因与被上诉人××纠纷一案，不服××人民法院××××年××月××日(××××)××字第××号行政判决(裁定)，现依法提出上诉"。

2) 正文

　　(1) 上诉请求：一般包括撤销原判决、裁定，进而要求驳回诉讼请求或驳回起诉；要求发回重审；要求部分或全部改判，要求改判的应当具体说明改判的请求。

　　(2) 事实与理由：该部分是行政上诉状的重点，通过事实和证据，说明原审的错误所在，阐明自己的观点，以实现上诉的目的。

　　(3) 证据：如有新的证据、证人，应写明向人民法院提供的能够证明上诉要求的证据名称、件数，证人姓名和住址。

3) 尾部

　　尾部的写法与民事起诉状基本相同。

5.5　公证书与授权委托书

　　通过学习公证书与授权委托书，学生能全面掌握其概念、分类等知识。理解公证书的公证证明作用和授权委托书的代理保障功能后，在实践中提升写作能力。同时，培养严谨的公证与代理意识，增强法治观念和诚信守法自觉性，塑造公正负责的职业品格，提升逻辑思维、语言表达等综合能力，为法律职业发展和法治社会建设奠定坚实基础。

公证书

〔2023〕鲁济证民字第××号

　　申请人：李××，女，1985年8月12日出生，公民身份号码：××××，住济南市××区××街道××号。王××，男，1982年3月5日出生，公民身份号码：××××，住济南市××区××街道××号。

　　公证事项：财产分割协议公证。

　　申请人李××与王××因解除婚姻关系，自愿达成《财产分割协议》，并于2023年6月20日共同向本处申请办理协议公证。

　　根据《中华人民共和国公证法》第十一条、第三十六条及《中华人民共和国民法典》第一千零七十六条之规定，本公证员对申请人身份、民事行为能力及协议内容进行了审查，确认如下。

双方自愿签订协议，意思表示真实。

协议约定：

(1) 济南市××区××小区×号楼×单元×室房产归李××所有；

(2) 鲁A×××××号机动车归王××所有；

(3) 双方无共同债务，个人债务自行承担。

协议内容未违反法律强制性规定及公序良俗。

兹证明：李××与王××于2023年6月20日在本公证员面前签署《财产分割协议》，签约行为真实合法，协议内容受法律保护。

中华人民共和国山东省济南市××公证处

公证员：张××

××××年××月××日

附：1. 《财产分割协议》原件一份(共3页)；

2. 申请人身份证复印件各一份；

3. 不动产权证、车辆登记证复印件。

案例分析：

(1) 文体分类：属于公证文书中的财产协议公证书，用于确认民事法律行为的合法性。

(2) 结构：标题+称呼+正文+结尾+落款。

(3) 写作要点如下。

① 公证书应确保内容的真实性、准确性、完整性和合法性，遵循公证机构的格式和要求，确保公证书的规范性和权威性。同时，公证员应严格履行公证职责，确保公证过程的公正、公平和透明。

② 该公证书内容撰写准确、清晰地描述事件或行为，并注明相关当事人信息、见证人信息和公证机关信息。遵循法律法规的规定，并确保内容客观中立、真实可信。

5.5.1 公证书的概念与分类

公证书是指国家公证机关根据当事人提出的公证申请，按照法定的程序依法证明法律行为、有法律意义的事实和文书的真实性、合法性，以保护公民身份上、财产上的权利和合法利益而制作的各类法律文书的总称。

1. 按照适用范围的不同可划分为：国内公证书、涉外公证书和涉港澳台公证书

国内公证文书是指不含涉外因素的公证书。涉外公证书是指公证机构办理涉外公证所出具的公证文书，即公证事项中含涉外因素，如公证当事人、证明对象或者证书使用地等诸多因素中至少含有一个涉外因素。涉港澳台公证书是指公证机构办理涉港澳台公证时出具的公证文书。

2. 按照公证事项的不同性质，公证书可分为以下五类

(1) 法律行为公证书。如合同公证书、遗嘱公证书、委托公证书、财产赠予公证书、有奖活动公证书、继承公证书等。

(2) 法律事实公证书。如出生公证书、结婚公证书、亲属关系公证书、学历公证书、学位公证书、法人资信情况公证书等。

(3) 文书公证书。如证明印鉴属实的公证书、证明专利证书的公证书、证明文件的副本与原本相符的公证书、证明董事会决议的公证书等。

(4) 债权文书公证书。公证机关对于符合一定条件的债权文书可以依法赋予强制执行的效力，如追偿债款、物品等，统称为强制执行公证书。

(5) 其他事务公证书。如票据拒付公证书、不可抗力公证书、商标权公证书、家庭经济状况公证书、选票公证书、查无档案记载公证书、保管遗嘱公证书等。

3. 按照制作格式和要求的不同，可划分定式公证书和要素式公证书

(1) 定式公证书是指按照固定的格式语言，填充其中的变量撰写的公证书。

(2) 要素式公证书是指文书内容由规定的要素构成，行文结构、文字表述等则由公证员根据具体的公证事项酌情撰写的公证书。

5.5.2　公证书的结构

公证书的框架结构公证书的结构一般由首部、正文和尾部构成。定式公证书的结构框架，主要是由程式化用语组成，写作要素已经被固定在文书的相关位置，不注重对事实的叙述和理由的分析，因此制作方法比较简单。这里以要素式公证书为主来分析公证书的结构，要素式公证书主要由首部、正文和尾部构成。

1. 首部

(1) 文书名称：在文书开头居中位置写"公证书"。

(2) 文书编号：编号的位置在公证书名称的右下方，由年度、制作机构简称、公证处及公证类别代码和公证书顺序号组成，写为"［××××］×证×字第××号"。公证类别代码分为国内民事、国内经济、涉外民事、涉外经济、涉港澳、涉台等。年度编码和顺序号编码使用阿拉伯数字。

(3) 当事人的基本情况：当事人指"申请人"和"关系人"，如果具体案件中没有"关系人"，此项就不写。申请人为自然人的，依次写明其姓名、性别、出生年月日、住址。如为外国人还应写明国籍。申请人为法人的，首先写明法人全称和住所地，另起一段写明法定代表人的姓名、性别、出生日期。申请人为非法人组织的，首先写明其全称、住所地，另起一段写明代表人的姓名、性别、出生日期。申请人有委托代理人的，应在"申请人"下面另起一段，写明委托代理人姓名、性别、职务和住址。

(4) 公证事项：公证事项是要素式公证书的新增内容，应单列一项，写明公证证明对象的名称或类别。一是公证对象。要素式公证书公证的对象主要是证据保全、现场监督和合同协议。二是申请事由。明确写明三个要素：申请人提出申请的时间；申请人向公证机构提出申请、要求公证的意思表示；公证对象的具体类别。

2. 正文

(1) 公证书正文又称"证词"。公证书正文的基本内容可以从不同角度进行分类，这也是公证书的一个显著特色。

(2) 按照写作要素区分，公证书的正文包括两大部分。一是"必备要素"。"必备要素"是公证书证词中必须具备的内容，一般包括：申请人姓名或全称、申请日期及申请事项。二是"选择要素"。"选择要素"是指根据公证证明的需要，或者根据当事人的要求，酌情在公证书证词中写明的内容。

(3) 按照结构要素区分，公证书的正文包括以下几部分。一是公证机构查明的事实。应如实写明案件发生的时间、地点、具体过程和相关证据等内容，具体写作方法可参照其他法律文书。

二是公证的理由。公证的理由即公证的事实依据与法律依据，其中的法律依据包括实体法、程序法、暂行条例及程序规则等。三是公证结论。公证结论即公证书的主题，是公证书的制作目的。

3. 尾部

(1) 公证机构名称：名称必须用全称，不能用简称，位置在证词右下方。

(2) 公证员签名章或签名：签名章为横排式，应使用蓝色印油。

(3) 出证日期：出证日期即出具公证书的年月日，用汉字的数字表示，年度用全称。出证日期应当为主办公证员签发公证书的签字日期。

4. 公证机构印章及钢印

公证处印章使用红色印油，加盖在出证日期上。

5.5.3 授权委托书的概念与分类

授权委托书是当事人把代理权授予委托代理人的证明文书。

它可分为民事诉讼代理的授权委托书和民事代理的授权委托书。

1. 民事诉讼代理的授权委托书有以下特点

(1) 它是当事人、第三人、法定被代理人委托他人代为诉讼的一种文书，是委托代理人为被代理人进行诉讼活动的依据。只有委托人签名或盖章的授权委托书才有效。

(2) 它是根据被代理人在诉讼中的授权而成立的文书，规定了委托代理人的代理权限。委托代理人有了诉讼代理权，才能在代理权的范围内为代理人实施诉讼行为，如查阅案卷、陈述辩论、审查证据等。被代理人授予的权限有多大，委托代理人就行使多大权限，受委托人无权行使没有被授予的权限。委托代理人在代理权限内的诉讼行为，与当事人自己实施的诉讼行为有同等效力。委托代理人根据代理权所实施的一切诉讼行为，其法律上的后果一概由被代理人承担。

(3) 它是被代理人向人民法院送交的文书。委托代理人的代理权确定之后，就可书写授权委托书。被代理人应当向受理案件的人民法院送交这种文书，以证明代理权的确定及其范围。如果要变更或解除代理权，被代理人应当书面告知人民法院，并通知有关当事人。案件在审结、裁判或双方和解后，授权委托书的效力即告终结，代理权也同时消失。

2. 民事代理的授权委托书的特点

(1) 它是非诉讼性的委托代理文书，由被代理人委托代理人在一定权限范围内进行民事法律行为，如委托他人出卖、管理房屋等。

(2) 它同样是根据被代理人的授权而成立的文书。被代理人授予的权限有多大，委托代理人就行使多大权限。委托人委托的权限，应当依法进行，不得违反法律、法规的规定。委托必须出于被代理人的自愿，代理人不得强行要求代理。委托人委托的代理权限应具体明确，不能笼统含糊。

(3) 被代理人授权代理之后，应给予代理人授权委托书，作为代理的凭据。

5.5.4 授权委托书的结构

1. 民事诉讼代理的授权委托书

民事诉讼代理的授权委托书，由以下四部分组成。

(1) 名称。名称应写明"授权委托书"字样。

(2) 委托人(被代理人)和受委托人(代理人)的个人基本情况，即姓名、性别、年龄、民族、籍贯、职业、住址。

受委托人可以是当事人的近亲属，即夫妻、父母、成年子女和同胞兄弟姐妹，也可以是律师、人民团体和当事人所在单位推荐的人，或是人民法院许可的其他公民。未成年或被剥夺政治权利的人，不能担任代理人；参与案件审理的审判员以及他们的近亲属，也不能担任本案的代理人。

(3) 诉讼委托的实质内容包括以下三个方面。

① 委托代理的是什么案件。要写明案件的名称，如继承案或经济合同纠纷案等。

② 写明"委托人×××自愿委托×××，并经其同意为受委托人"。

③ 必须具体说明委托的事项和权限。委托人所委托代理的事项和权限，根据委托人的授权而有所不同。诉讼委托书应说明是特别授权委托或一般委托。如果是特别授权委托，应说明"代为承认、放弃、变更诉讼请求，进行和解，提起原诉或者上诉"。其目的是明确责任，以便受委托人按委托人明确的委托权限进行诉讼。如有超越代理权限的行为，对委托人不发生法律效力。按照诉讼委托书中所规定的代理权所实施的一切诉讼行为，其法律后果均由委托人承担。因此，诉讼委托书在具体说明委托事项和权限时，其法律用语的含义应十分明确，不能笼统含糊，如"给予法律上的帮助"和"部分诉讼代理"等含义不清的用语应当忌用。

(4) 结尾。委托人和受委托人分别签名或盖章，并注明具体日期(年、月、日)。

2. 民事代理的授权委托书

民事代理的授权委托书也由四部分组成，具体如下。

(1) 名称。名称应写明"委托书"或"×××委托书"字样。

(2) 委托人和受委托人(代理人)各自的基本情况，即姓名、性别、年龄、民族、籍贯、职业、住址或单位名称。

(3) 所规定的权限内容和范围。这是委托书的主体部分，应根据具体情况表述。如果是一次性有效的委托书，应当规定实施某一特定行为的权限；如果是专门委托书，应当规定在某一时期内实施同一行为的权限(如某企业委托某人出卖产品的委托书)；如果是全权委托书，应当规定实施由经营财产所产生的各种法律行为的权限(如全权代理处理房产的委托书)。

(4) 结尾。委托人和受委托人分别签名或盖章，并注明具体日期(年、月、日)。

5.6 判决书与裁定书

通过学习裁判书与裁定书文书的概念、分类、内容结构等知识，学生可以掌握其写作技巧，实现知识传授与价值引领的有机结合。通过案例教学、互动讨论和写作实践等方法，培养学生的法治观念、法律职业道德和社会主义核心价值观，为我国法治建设贡献力量。

北京市海淀区人民法院
刑事判决书

公诉机关：北京市海淀区人民法院。

被告人：马××，男，1986年12月12日出生于黑龙江省××县，汉族，初中文化，农民，户籍所在地(略)。暂住地(略)，因涉嫌寻衅滋事，于2008年7月17日被羁押，同年8月13日被逮捕，现羁押于××市××区看守所。

被告人：邹××，男，1987年7月17日出生于吉林省××县，汉族，初中文化，农民，户籍所在地(略)。暂住地(略)，因涉嫌寻衅滋事，于2008年7月18日被羁押，同年8月13日被逮捕，现羁押于××市××区看守所。

××市××区人民检察院以××检刑诉(2008)0824号起诉书指控被告人马××、邹××犯寻衅滋事罪，于2008年12月26日向本院提起公诉。本院依法适用简易程序，公开开庭审理了本案，被告人马××、邹××到庭参加诉讼。本案现已审理终结。

××市××区人民检察院起诉书指控：被告人马××、邹××于2008年7月5日23时许，在××市××区××镇××路××超市门口，酒后无故对刘××、汤××进行殴打，致使刘××面部皮肤损伤，经法医鉴定为轻伤。2008年7月17日，马××、邹××被传唤到案。对上述指控，公诉机关提供了被告人供述、事主陈述、伤情鉴定、到案经过等证据材料，并认为被告人马××、邹××的行为触犯了《中华人民共和国刑法》第二百九十三条的规定，已构成寻衅滋事罪，应当依法追究其刑事责任，提请本院依法判处。

在法庭审理中，被告人马××、邹××对起诉书指控的事实未提出异议，且有事主刘××、汤××的陈述，证人吴××的证言、伤情鉴定结论书、到案经过等证据证实，足以认定。另本院主持调解被告人马××、邹××与被害人刘××就经济赔偿问题达成协议，由被告方赔偿被害人人民币8000元。该协议已履行。被害人请求对二人从轻处罚。

本院认为，被告人马××、邹××酒后无故滋事，随意殴打他人，情节恶劣，其行为已经构成寻衅滋事罪，应予惩处。××市××区人民检察院起诉书指控被告人马××、邹××犯寻衅滋事罪，事实清楚、证据确实充分，指控罪名成立。但被告人认罪态度好，有悔罪和积极赔偿的表现，且被害人亦请求对其从轻处理，故酌情对二被告人从轻处罚。综上，对被告人马××、邹××依照《中华人民共和国刑法》第二百九十三条第(一)项之规定，判决如下。

一、被告人马××犯寻衅滋事罪，判处有期徒刑八个月。

(刑期从判决执行之日起计算，判决执行以前先行羁押的，羁押一日，折抵刑期一日，即自2008年7月17日起至2009年3月16日止)

二、被告人邹××犯寻衅滋事罪，判处有期徒刑八个月。

(刑期从判决执行之日起计算，判决执行以前先行羁押的，羁押一日，折抵刑期一日，即自2008年7月17日起至2009年3月16日止)

如不服本判决，可于接到判决书的第二天起十日内通过本院或者直接向××市第一中级人民法院提出上诉，书面上诉的应当提交上诉状正本一份，副本一份。

审判长×××

审判员×××

20××年××月××日

书记员×××

案例分析：

(1) 应用文分类：该文按文体分类属于判决书文书。

(2) 结构：标题+称呼+正文+结尾+落款。

(3) 写作要点如下。

① 在撰写判决书时，应确保内容的真实性、准确性、完整性和逻辑性，遵循法院的格式和要求，使用正式、严谨的法律语言。同时，判决书应清晰、明确地表述法院的判决结果和理由，以便当事人和公众理解。

② 判决书应确保法律文书的正式性、准确性和权威性。

5.6.1　判决书的概念与分类

判决书是指人民法院对刑事、民事案件进行审理后，依法以国家审判机关的名义对案件实体问题和程序问题做出具体法律效力的判定，并按照判定内容、依照法定格式所制作的法律文书，称为判决书。判决书是人民法院的文书中所占比重最大的一类文书，是人民法院审判工作的重要组成部分。制作判决书也是人民法院审判人员的一项重要任务，因此，人民法院审判人员应当采取严肃的态度，认真地制作。

判决书主要分为刑事判决书和民事判决书两大类。

刑事判决书可以分为若干种类。按内容不同可以分为有罪判决书和无罪判决书；有罪判决书又可以分为科刑判决书和免刑判决书。按照裁判案件的方式不同，可以分为刑事判决书和刑事裁决书。按照审判程序的不同，可以分为第一审刑事判决书、第二审刑事判决书、再审刑事判决书和刑事附带民事判决书。

民事判决书按照审判程序的不同可以分为第一审民事判决书、第二审民事判决书、再审民事判决书等。

5.6.2　判决书的结构

下面以第一审刑事有罪判决书为例，着重介绍其结构。

第一审刑事有罪判决书，是指人民法院对于所受理的刑事案件，依照第一审程序审理终结，事实清楚，证据确凿，确认被告人的行为构成犯罪，应负刑事责任，依法做出的书面处理结论。

1. 首部

(1) 标题：在文书的上部正中写"×××人民法院"，判处涉外案件时，各级法院均应冠以中国的国名。

(2) 文书编号：在标题右下方写文书编号，如"[年度]×刑初字第×号"。

(3) 公诉机关和诉讼参与人情况：包括公诉机关(如"公诉机关×××人民检察院")和被告人的身份信息(姓名、性别、出生年月日、民族、籍贯、职业或职务、单位和住址等)。

2. 正文

(1) 案由和审判经过：包括人民检察院指控被告人犯罪的事实和罪名，以及人民法院受理案件的时间、审判组织的组成、是否公开审理及开庭审理的过程等。

(2) 案件事实和证据：详细阐述公诉机关指控的犯罪事实，被告人的供述和辩解，以及经法庭审理查明的证据，包括证人证言、物证、书证、鉴定意见等。

(3) 判决理由和法律依据：详细阐述法院对案件事实的认定，对被告人行为是否构成犯罪的法律分析，并明确列出判决所依据的法律条文。

3. 结尾

(1) 判决结果和执行方式：明确宣告被告人是否有罪，具体的刑罚种类、刑期和执行方式。对于需要赔偿经济损失的案件，还会明确赔偿的金额和支付方式。

(2) 上诉权利和上诉期限：告知被告人的上诉权利和上诉期限，通常为接到判决书的第二日起十日内。

(3) 合议庭成员签名和判决日期：包括合议庭组成人员的署名和判决日期。

5.6.3 裁定书的概念与分类

河南省驻马店市中级人民法院
民事裁定书

(2024)豫17破申69号

申请人：杨××，女，2001年5月17日出生，汉族，住河南省××县杨庄户乡张王庄村委××组。

被申请人：××县××有限公司，住所地：××县××街道××号楼××楼。

法定代表人：王××，该公司执行董事兼总经理。

杨××申请××县××公司执行转破产清算一案，本院于2024年11月14日立案。

本院经审查认为，本案债权债务关系明确、财产状况明晰，为切实避免程序空转，快速高效地保护当事人的合法权益，本案由河南省××县人民法院审理较为适宜。且已经报请河南省高级人民法院批准。依照《中华人民共和国民事诉讼法》第三十九条第一款、《最高人民法院关于适用<中华人民共和国民事诉讼法>的解释》第四十二条规定，裁定如下。

本案由河南省××县人民法院审理。

本裁定一经做出即生效。

审判长：董××

审判员：史××

审判员：杜××

20××年××月××日

法官助理：白××

书记员：耿××

案例分析：

(1) 应用文分类：该文按文体分类属于裁定书文书。

(2) 结构：标题+称呼+正文+结尾+落款。

(3) 写作要点如下。

在写作裁定书时，需注意以下几点。

① 核实案号年份、原被告的身份证号码和住址等信息，确保准确无误。

② 叙事要有顺序，条理清晰，按照一定的逻辑顺序进行阐述。

③ 法条依据要逐一核查，注意法条更新和诉讼时效问题。

④ 裁定内容要分清楚原被告，避免写反，确保裁定的准确性和权威性。

裁定书是人民法院在审理案件或者在判决执行过程中，为解决程序问题而做出的书面决定。它主要用于处理诉讼过程中的程序事项，如准许上诉、抗诉，或者对案件进行管辖、财产保全等。

裁定书按照法律不同的规定可以分为准予上诉的民事裁定书、不准上诉的民事裁定书和准许复议的民事裁定书等。按程序的不同可以分为第一审民事裁定书、第二审民事裁定书、再审民事裁定书、督促程序的民事裁定书、公示催告程序的民事裁定书、企业法人破产还债程序的民事裁定书和执行程序的民事裁定书等。

5.6.4　裁定书的结构

裁定书的主要内容包括裁定的事项、理由及其他应予裁明的事宜。它必须明确、具体地说明裁定的内容，以便当事人和相关部门了解并执行。

裁定书通常由首部、正文、尾部三部分组成。

1. 首部

(1) 标题：标题应分两行写明法院名称和文书种类。例如，"广东省中山市第二人民法院"和"民事裁定书"。

(2) 编号：在标题的右下方注明编号，格式为"[年度]×民×字第×号"。

(3) 当事人身份概况：写法与一、二、再审民事判决书相同，可以参照相关规定进行编写。

2. 正文

(1) 案由：简要说明案件的基本情况。

(2) 事实：详细描述案件的起因、双方当事人的主张及证据。

(3) 理由：法院的判断和最终的裁定结果，包括法律依据和具体条款。

(4) 裁定结果：根据具体情况，可能是驳回起诉、诉讼保全、先行给付、准予或不准撤诉、中止或终结诉讼等。

3. 尾部

(1) 联系方式和送达地址：通常包括法院的联系方式、送达地址等信息，以便当事人了解如何获取更多关于案件的信息或进行后续的法律行动。

(2) 上诉期和合议庭组成人员：写明上诉期和合议庭组成人员或独任审判员署名等。

此外，根据最高人民法院发布的新版民事诉讼文书样式，还应注意在首部中的"案件由来和审理经讨"添加特定的法律依据，如小额诉讼程序的适用情况。

5.7　仲裁文书与裁决报告

通过学习仲裁文书与裁决报告的概念、作用、特点、内容结构等知识，读者可以理解仲裁文书与裁决报告起到的法力效应；通过案例教学、写作实践等方法，读者可以了解在仲裁过程中必须遵守法律法规，确保仲裁结果的合法性和公正性，从而培养其法治意识。同时，仲裁文书与裁决报告是体现仲裁公正性的重要载体，确保仲裁结果的公正性，有助于培养学生的公正精神，使他们在未来的职业生涯中能够坚守公正原则。

裁决报告

报告编号：××-××-××××

报告日期：2024 年 7 月××日

裁决机构：××仲裁委员会

案件名称：关于××公司与××公司合同纠纷的裁决报告

当事人信息：申请人：××公司　法定代表人：×××

住所：××××　委托代理人：×××，××律师事务所律师

被申请人：××公司　法定代表人：×××　住所：×××

委托代理人：×××，××律师事务所律师

案由：

申请人××公司与被申请人××公司因履行《××合同》(合同编号：××××)发生争议，申请人认为被申请人未按照合同约定履行义务，导致申请人遭受经济损失，故向本仲裁委员会提起仲裁申请，请求裁决被申请人赔偿损失并承担相关费用。

争议事实：

合同内容：双方于××××年××月××日签订《××合同》，约定被申请人向申请人提供××服务，服务期限为××个月，费用为××元。

申请人主张：申请人称被申请人未按照合同约定的时间和服务标准提供服务，导致申请人项目延期，造成经济损失××元。

被申请人反驳：被申请人认为其已按照合同约定提供了服务，且申请人未按时支付服务费用，存在违约行为。

裁决理由：

本仲裁委员会经过对双方提交的证据进行审查，并听取了双方当事人的陈述和辩论，认为：

合同效力：《××合同》系双方真实意思表示，内容合法，应认定为有效合同。

履行情况：被申请人提供的服务确实存在延迟和不符合合同标准的情况，申请人提供的证据充分证明了这一点。

损失计算：申请人提供的损失计算依据合理，且与被申请人的违约行为有直接因果关系。

被申请人抗辩：被申请人关于申请人未按时支付服务费用的抗辩，因未提供充分证据支持，本仲裁委员会不予采纳。

裁决结果：

根据《中华人民共和国民法典》及相关法律法规，本仲裁委员会裁决如下。

被申请人××公司应赔偿申请人××公司经济损失××元。

被申请人××公司应承担本案仲裁费用××元。

上述款项共计××元，被申请人应于本裁决书送达之日起××日内支付给申请人。

当事人权利：

如对本裁决不服，当事人可在收到本裁决书之日起××日内向××市中级人民法院申请撤销或不予执行本裁决。

裁决机构：××仲裁委员会

裁决员：×××

附注：本裁决书一式三份，申请人、被申请人和本仲裁委员会各执一份。

案例分析：

(1) 应用文分类：该文按文体分类属于裁决文书。

(2) 结构：标题+称呼+正文+结尾+落款。

(3) 写作要点如下。

① 简洁清晰：正文要点突出，避免冗长描述。

② 裁决理由：理由充分，事实明确。

③ 裁决结果：结果具体、明了，避免模糊。

5.7.1　仲裁文书的概念

仲裁文书是指在仲裁活动过程中，由仲裁机构和仲裁当事人依据《中华人民共和国仲裁法》

和仲裁规则制作的具有法律效力的文书。这些文书在仲裁活动中具有重要作用，是仲裁活动的真实记录和反映，确保仲裁程序的顺利进行。

5.7.2 仲裁文书的内容、作用与效力

1. 仲裁文书的内容

1) 基本信息

(1) 申请人信息：包括姓名、性别、年龄、职业、工作单位和住所等。如果是法人或其他组织，还需写明单位名称、住所和法定代表人或主要负责人的姓名、职务等。

(2) 被申请人信息：同样需要写明姓名、性别、年龄、职业、工作单位和住所等。

(3) 仲裁请求：明确提出自己的具体要求，例如，要求支付工资、加班工资、解除劳动合同的经济补偿金等。如果有多项请求，应分条列出。

(4) 事实和理由：详细陈述事实情况，包括入职时间、工作岗位、劳动合同签订情况、工资支付情况等。同时，阐述要求仲裁的理由，根据相关法律法规说明被申请人的行为如何侵犯了自己的权益。

(5) 证据和证人信息：列出支持仲裁请求的证据，如劳动合同、工资条、考勤记录等，并说明证据的来源。如果有证人，需写明证人的姓名和住所。

2) 其他信息

仲裁文书的结尾应写明此致的仲裁机构名称，申请人签名并注明申请日期。

2. 仲裁文书的作用

(1) 仲裁文书是解决纠纷的重要工具，通过明确当事人的权利与义务，帮助双方明辨是非、分清责任，从而有效解决纠纷，维护当事人的合法权益。其次，仲裁文书具有依据和凭证作用，每个仲裁程序的开始和执行都必须有法定的依据和凭证。仲裁文书是法律的具体化，是针对具体案件做出的执行法律决定的书面形式，确保仲裁活动的顺利进行。

(2) 仲裁文书还具有宣传教育作用。仲裁文书不仅对当事人有强制执行的作用，也对周围的人起到宣传教育效果，增强法治观念，促进团结和谐的劳动关系。

(3) 仲裁文书还是检查仲裁工作质量和实施效果的重要依据，有助于总结经验，改进工作。仲裁文书的法律效力体现在其一旦作出即具有法律效力，非经法定程序不得随意变更。如果一方不执行仲裁裁决内容，另一方有权向人民法院申请强制执行。

3. 仲裁文书的效力

(1) 法律效力：仲裁文书自作出之日起即发生法律效力。根据《中华人民共和国劳动争议调解仲裁法》的相关规定，仲裁裁决书一旦作出，即具有法律约束力。特别是对于追索劳动报酬、工伤医疗费、经济补偿或者赔偿金等争议，如果金额不超过当地月最低工资标准十二个月，这类仲裁裁决为终局裁决，裁决书一经做出便具有法律约束力。

(2) 执行与约束：仲裁文书对当事人具有法律拘束力，当事人应当履行裁决内容。如果一方当事人不自动履行，另一方当事人有权向人民法院申请执行。根据《中华人民共和国劳动争议调解仲裁法》第五十一条，当事人对发生法律效力的调解书、裁决书，应当依照规定的期限履行。一方当事人逾期不履行的，另一方当事人可以依照民事诉讼法的有关规定向人民法院申请执行。

(3) 特殊规定：对于除追索劳动报酬等特定争议外的其他劳动争议案件，当事人对仲裁裁决

不服的，可以在收到仲裁裁决书之日起十五日内向人民法院提起诉讼；期满不起诉的，裁决书即发生法律效力。这一规定既体现了仲裁裁决的权威性，也保障了当事人通过司法途径寻求进一步救济的权利。

(4) 申请撤销的情形：当事人提出证据证明裁决有下列情形之一的，可以向仲裁委员会所在地的中级人民法院申请撤销裁决：

① 没有仲裁协议的；

② 裁决的事项不属于仲裁协议的范围或者仲裁委员会无权仲裁的；

③ 仲裁庭的组成或者仲裁的程序违反法定程序的；

④ 裁决所根据的证据是伪造的；

⑤ 对方当事人隐瞒了足以影响公正裁决的证据的；

⑥ 仲裁员在仲裁该案时有索贿受贿、徇私舞弊、枉法裁决行为的。

5.7.3　裁决报告的概念

裁决报告是裁决者根据投诉争端及其发现的事实所提出的解决方案及适当的补偿方式的报告。它是对争议或投诉案件进行深入调查和分析后，由专业人员作出的正式结论和建议。

5.7.4　裁决报告的内容、作用与效力

1. 裁决报告的内容

(1) 案由：简要说明争议或投诉的起因和背景。

(2) 事实：详细阐述双方当事人的争议焦点、各自的主张和证据，以及裁决者对这些事实和证据的调查结果。

(3) 裁决理由：裁决者根据事实和证据，结合相关法律法规和政策，对争议问题进行分析和判断，并说明作出裁决的依据和理由。

(4) 裁决结果：明确列出裁决者对争议问题的处理决定，包括要求当事人履行的义务、支付的金额或其他补偿方式等。

(5) 当事人权利：告知当事人对裁决结果不服时可以享有的后续法律权利，如上诉、申请撤销或申请强制执行等，并说明行使这些权利的时限和方式。

2. 裁决报告的作用

(1) 解决争议：裁决报告为争议双方提供了一个明确的解决方案，有助于化解矛盾，维护社会稳定。

(2) 保护权益：通过调查和分析，裁决报告能够保护当事人的合法权益，防止不公正待遇。

(3) 提供法律依据：裁决报告中的裁决理由和法律依据为当事人提供了明确的法律指导，有助于增强法律意识。

3. 裁决报告的效力

裁决报告一旦作出并送达给双方当事人，即产生法律效力。当事人应当履行裁决报告所确定的义务，否则将面临法律制裁。同时，裁决报告也为当事人提供了明确的法律指导，有助于增强法律意识，维护社会稳定。综上所述，裁决报告是裁决者在处理争议或投诉案件后编制的一种正式文件，它具有明确的内容、作用和制作流程，并产生相应的法律效力。

5.8　法律文书写作实战演练

5.8.1　起诉状实战演练

案由：张三与李四签订了一份合同，约定由张三向李四提供一批货物，李四在收到货物后支付货款。然而，在合同履行过程中，李四收到货物后却未按约定支付货款，导致双方产生纠纷，运用《中华人民共和国民法典》相关法律规定分析案例，并提出解决方案。

民事起诉状

原告信息：姓名：张三　性别：男　年龄：26　民族：汉

住址：陕西省××市××县××街道××号

联系电话：×××××××

被告信息：姓名：李四　性别：男　年龄：26　民族：汉

住址：陕西省××市××县××街道××号

联系电话：×××××××

案由：合同纠纷

诉讼请求：

请求法院判令被告李四立即支付原告张三货款共计人民币 58 900 元；请求法院判令被告李四支付逾期付款利息，自 2022 年 9 月 2 日起至实际付款之日止，按年利率 1.95%计算；请求法院判令被告李四承担本案全部诉讼费用。

事实与理由：

原告张三与被告李四于 2022 年 8 月 15 日签订了一份货物供应合同(合同编号：520457)，合同约定由原告张三向被告李四提供一批指定货物，货物清单及价格详见合同附件。合同同时约定，被告李四应在收到货物后 10 日内一次性支付全部货款至原告指定账户。

合同签订后，原告张三严格按照合同约定履行了供货义务，于 2022 年 8 月 22 日将货物全部交付给被告李四，并经被告李四验收确认无误。然而，被告李四在收到货物后，却未按合同约定支付货款，虽经原告多次催讨，被告至今仍拒不支付。

原告认为，双方签订的货物供应合同系双方真实意思表示，合法有效，双方均应严格遵守。现被告李四的行为已构成严重违约，侵犯了原告的合法权益，依法应承担违约责任。为此，原告特依据《中华人民共和国民法典》等相关法律法规的规定，向贵院提起诉讼，恳请贵院依法支持原告的诉讼请求。

证据清单：

(1) 货物供应合同原件及复印件；

(2) 货物交付验收单原件及复印件；

(3) 原告向被告催讨货款的聊天记录或书面通知；

(4) 其他与本案有关的证据材料。

此致

××市中级人民法院

起诉人：张三

××××年××月××日

案例分析:

1. 核心结构

(1) 基础信息:包括原、被告信息,确保完整、准确。

(2) 诉讼请求:简单明了,突出诉求。

(3) 事实与理由:按逻辑顺序陈述事实,阐述合理的理由与法律条文,支持请求。

(4) 证据清单:提供支持诉讼请求的相关证据,为法院的判决提供依据。

2. 语言要求

(1) 简洁:提炼核心内容,避免冗长。

(2) 准确:确保信息、数据无误。

(3) 清晰:使用条理分明的编号或表格格式。

(4) 正式:用词规范,避免口语化。

3. 本案例亮点

(1) 结构完整,层次清晰:起诉书涵盖基础信息、诉讼请求、事实与理由、证据清单等关键部分,并按逻辑顺序呈现,使内容易于理解和查阅。

(2) 语言精练,便于阅读和执行:用简洁、正式的表达方式表达请求,重点突出,避免冗长和重复,提升文书的专业性和执行效率。

4. 价值与适用场景

该类起诉状适用于解决民事纠纷,帮助个人或团体实现自身利益的维护。

5.8.2 上诉状实战演练

案由: 在2019年初,由于生活所迫,李飞曾经参与了一起诈骗案件,并因此被依法拘留数日。在接受审判后,李飞被判定犯有诈骗罪。一审法院认为,李飞以非法占有为目的,采用虚构事实、隐瞒真相的方法,骗取他人财物,数额巨大,其行为已构成诈骗罪。根据被告人犯罪的事实、性质、情节及社会危害程度,依照《中华人民共和国刑法》的相关规定,判决李飞犯诈骗罪,判处有期徒刑十年,并处罚金人民币20 000元。李飞不服此判决,认为一审法院在量刑过重,故提出上诉,运用《中华人民共和国民法典》相关法律规定分析案例,并提出解决方案。

刑事上诉状

上诉人信息:上诉人(一审被告人)李飞,男,××××年××月××日出生,汉族,系一名普通的工薪阶层,住址:福建省厦门市集美区××路××号,身份证号码:××××××××××××××××××。现羁押于厦门市看守所。

上诉人代理人信息:

委托代理人:张强,美极律师所属律师。

上诉请求:

请求厦门市中级人民法院依法减轻厦门市集美区人民法院(2019)125法刑初字第1号刑事判决,重新裁定李飞的刑罚幅度,并给予应有的宽大处理。

上诉理由:

罪行不应当受到如此严厉的惩罚:根据《中华人民共和国刑法》第二百八十四条(注:此处法条引用可能不准确,因诈骗罪相关法条并非第二百八十四条,此处仅为示例,实际应引用与诈骗罪相关的法条)及类似案例,李飞认为其并未造成严重的社会危害,也未造成实际财产损失(或指出财产损失远低于指控金额)。一审法院在量刑时未对相关依据进行认真核实，导致量刑过重。

证据缺失导致量刑难以证明合法性：李飞指出，一审庭审中使用的证据主要为其口供及涉案金额转账记录等，但这些证据存在明显问题。首先，口供是在受到诱导和威胁的情况下做出的，并不真实；其次，涉案金额转账记录未经客观证实，可能存在被篡改的可能性。因此，这些证据不足以支持一审法院的量刑决定。

量刑不符合法定的刑罚幅度：李飞认为，根据《中华人民共和国刑法》的相关规定，诈骗罪的最高刑期虽为有期徒刑，但在具体量刑时应考虑被告人的个人情况、行为后果及悔罪表现等因素。一审法院未充分考虑这些因素，而是单纯以涉案金额为基准进行量刑，导致刑期过重。同时，法院也未给予李飞任何宽大处理的补偿，严重侵犯了其合法权益。

基于以上理由，李飞请求二审法院对以下事项进行重新审定、核实和裁定：

对李飞的诈骗行为与金额进行重新认定；

对李飞的证言和涉案金额进行重新考虑和权衡；

结合相关证据，重新裁定李飞的刑罚幅度，并给予应有的宽大处理。

综上所述，李飞表示其已深刻认识到自己的错误，并愿意承担相应的法律责任。但鉴于一审法院在量刑过程中存在的瑕疵和不当之处，恳请二审法院依法公正审理此案，给予李飞一个公正、合理的判决结果。

此致

厦门市中级人民法院

上诉人：李飞

2019年7月12日

附：1. 上诉状副本2份；

　　2. 张审判员审问我的庭审记录。

案例分析：

1. 核心结构

(1) 基础信息：包括上诉人、代理人信息，确保信息完整。

(2) 上诉请求：简单明了，突出诉求重点。

(3) 上诉理由：阐述支持诉讼请求的事实依据和法律条文，具体说明需要重新裁定的范围与内容。

2. 语言要求

(1) 简洁：提炼核心内容，避免冗长。

(2) 准确：确保信息、数据无误。

(3) 清晰：使用条理分明的编号或表格格式。

(4) 正式：用词规范，避免口语化。

3. 本案例亮点

(1) 结构完整，层次清晰：上诉状涵盖基础信息、上诉请求、上诉理由等关键部分，并按逻辑顺序呈现，法院能快速获取上诉请求。

(2) 语言精练，便于阅读和执行：用简洁、正式的表达方式表达请求，重点突出，避免冗长和重复，提升文书的专业性和执行效率。

4. 适用场景

该上诉状适用于刑事诉讼被告人、自诉人及其法定代理人，不服地方各级人民法院第一审刑事判决、裁定，在法定期限内依照法定程序向上一级人民法院提出上诉请求，要求变更或者撤销原判决、裁定的情形。

📖 本章小结

　　本章系统介绍了法律文书的基本概念、种类、特点及作用，并通过具体案例详细阐述了起诉状、答辩状、上诉状、公证书、判决书、裁定书、仲裁文书及裁决报告等常见法律文书的写作结构和内容要点。读者能够充分了解法律文书在法律程序中不仅是记录法律活动的重要载体，更是保障当事人合法权益、维护法律公正的关键工具；能够掌握法律文书的基本写作规范和应用价值，为法律实践奠定基础。

思考与练习：

1. 什么是起诉状，分为哪几种？什么是答辩状，分为哪几种？

2. 什么是上诉状，分为哪几种？什么是公证书？

3. 什么是判决书，分为哪几种？什么是裁定书，分为哪几种？

4. 什么是仲裁文书，有哪些作用？什么是裁决报告，有哪些作用？

实践训练：

根据以下素材，请选择法律文书的文种，并撰写相应的法律文书。

材料1：刘××自2018年以来，因琐事与陈××多次发生争执，并恶语相加。陈××将此事反映到被告人刘××所在单位，刘××受到单位领导的批评教育。为此，刘××十分不满，多次当众对陈××进行辱骂。2022年1月16日早晨，被告人刘××在街上将准备去上班的陈××拦住，用"下贱""婊子""不要脸"等下流语言对陈××辱骂近一小时，围观行人达数百人。2月10日晚，刘××在住宅附近，再次用下流的语言当众辱骂陈××，引起数百人围观。陈××因此受到刺激，精神恍惚，卧床静养达二十余天。

材料2：××市场监管局以××医院在城市晚报做医疗广告系虚假宣传，损害消费者的权益为由，认定××医院所做的广告内容违反了《中华人民共和国广告法》的规定，对××医院作出"罚款10 000元"的处罚。同时，××市场监管局认为××医院未取得《医疗广告审查证明》而发布该医疗广告，违反了《医疗广告管理办法》的规定，对××医院作出"罚款10 000元"的处罚。××医院认为××市场监管局的做法违反了《中华人民共和国行政处罚法》的规定，行政行为明显不当。但××区人民法院经审理，认为××市场监管局的行政处罚决定并没有违反"一事不再罚"，对××市场监管局的行政处罚决定未予以撤销。××医院认为一审判决在认定事实上存在严重错误，现提起了上诉。

第 6 章

教育类文书写作

📖 **案例导读** | **教学成果奖：深职大—华为"课证共生共长"模式**

教学成果简介：

深圳职业技术大学与华为公司深度合作，创新信息通信技术技能人才培养模式，成功斩获国家级职业教育教学成果奖。该模式紧密贴合行业需求，实现了学历教育与职业认证的高度融合，为职业教育领域提供了示范性范例。

一、成果背景

随着信息技术的快速发展，行业对信息通信技术技能人才的需求急剧增长且要求不断提高。学校敏锐捕捉到这一趋势，与华为公司合作，致力于打造一种适应行业需求的高素质技术技能人才培养新模式。

二、教学设计

1. 学情分析

学校调研发现，学生对前沿信息技术兴趣浓厚，但对行业实际需求和职业认证标准了解不足。

2. 教学目标

以培养适应行业需求的高素质技术技能人才为导向，明确学生应具备的知识、技能和素质。例如，学生需掌握华为网络设备的配置与管理技能，能够独立完成企业网络架构的搭建与优化，并考取华为相关职业认证。

3. 教学内容

紧密围绕华为技术体系和行业实际应用场景，将5G通信技术、云计算应用等最新技术融入课程，注重实践教学环节，引入企业真实项目。

4. 教学策略

采用项目驱动教学法，学生分组完成华为企业提供的实际项目任务，由学校教师与华为技术专家共同指导。

5. 教学评价

构建多元化评价体系，将项目完成质量、职业认证考试通过率、企业实习表现等纳入评价指标，全面评估学生学习效果。

6. 成果成效

(1) 学生在华为相关职业认证考试中的通过率大幅提高。

(2) 就业竞争力显著增强，毕业生深受华为及其合作伙伴企业的欢迎。

(3) 学校教师的专业水平得到提升，与企业合作开展了多项科研项目，推动了教学与科研的协同发展。

案例分析：

深圳职业技术大学与华为的"课证共生共长"模式，展现了科学合理的教学设计、翔实可行的教学方案，以及对教学成果的精心培育与推广的重要性。

(1) 教学设计方面：深入的学情分析为精准定位教学目标奠定了基础，确保教学内容与行业需求紧密相连，教学策略的有效选择为教学活动的顺利开展提供了保障。

(2) 教学方案方面：教学方案是将教学设计付诸实践的蓝图，涵盖教学背景分析、教学过程规划和教学评价设计，为教学活动的有序进行提供了明确指导。

(3) 成果推广方面：教学成果的形成与推广不仅体现了教学实践的成效，更是对教学理念、模式的创新与升华，为更多职业院校提供了可借鉴的范例。

教育类文书写作不仅是沟通的桥梁，更是教育理念与实践的载体。无论是教学设计、教育案例，还是教学成果的总结与推广，文书的撰写都承载着传递知识、分享经验、启迪思考的重要使命。这要求作者在准确传达信息的同时，兼顾逻辑性、可读性和启发性，将复杂的教育实践转化为清晰、生动的文字表达。

📖 学习目的

1. 掌握教学设计的概念、特点和步骤

2. 掌握教学方案的内涵、原则和内容

3. 了解教学成果的撰写步骤和主要文本

6.1　教学设计类文书

教学设计类文书犹如基石，支撑着整个教学大厦。深入学习其相关知识，教师能精准把握教学要素，提升教学质量，促进学生全面发展，这是教育进步的关键。对教学设计类文书的研究可激发教师创新与实践，推动教学改革，使其在教学中成长，塑造积极职业态度，为教育事业注入强大动力。

《数控加工技术》课程标准

一、课程定位与任务

(一)课程性质

《数控加工技术》是数控技术应用专业的核心专业技能课程，以典型零件为依托，运用理实一体教学法，着重培养学生数控车削加工工艺制定与机床操作技能。该课程与《机械识图》《数控原理》等先修课程紧密相连，共同助力学生掌握数控车削综合技能，为其职业发展奠定基础。

(二)课程任务

本课程旨在引导学生深度掌握数控加工核心技能与知识体系。在机械加工中，学生要依据零件图纸选合适数控车床与刀具，依材质和精度确定工艺参数并编程，操作机床加工时监控状态处理问题，正确使用和保养工具。课程培养学生独立思考等品质、团队协作等能力及职业道德等意识，激发创新意识，助力成为高素质人才，满足行业需求。

二、课程目标

通过本课程学习，学生可以掌握数控车床操作、零件图分析、机床与刀具选择、工艺确定、程序编制等知识；能正确使用、保养维护夹具、刀辅具、量检具；可进行中等难度零件数控车削加工并解决实际问题；同时培养热爱企业、工作的态度，以及责任感、团队合作、创新等精神。

(一) 素质目标

1. 养成独立思考、严谨务实习惯。

2. 通过小组合作，提升表达、沟通、协调与团队协作能力。

3. 树立职业道德、质量与安全意识。

4. 培养创新意识。

(二) 知识目标

1. 学会计算数控编程基点、节点坐标。

2. 掌握编程指令含义、格式及用法，能用固定循环指令编程。

3. 懂得编制数控车削加工工艺文件。

4. 了解根据工艺文件选择、调整数控车床刀具。

(三) 能力目标

1. 熟练操作数控车床。

2. 能够手工编写数控车床程序。

3. 熟练运用数控车床指令。

4. 可依图纸编程并据程序确定零件形状。

5. 能优化加工参数、制定工艺流程。

三、课程内容

与企业协作分析数控技术应用专业相关岗位任务与能力，依职业与认知规律整合出12个理实一体教学项目。项目结合企业实际与教学需求，涵盖职业标准知识点与技能点。(课程项目描述表略)

四、学生考核与评价

本课程考核注重职业能力，结果与过程、定量与定性、教师与学生自评互评相结合，激发学习热情。

考核环节	考核要点	占比	考核方式
项目学习过程	理论知识运用、实操技能水平、团队协作表现	50%	课堂表现、作业、小组项目成果评估等
中级工考试	理论知识、操作技能	20%	统一考试
期末考试	课程核心知识综合掌握	30%	闭卷或线上测试

五、教学实施与保障

(一) 教学实施

1. 教学策略

教学遵循"做中学、学中做"原则，采用"项目引领、任务驱动、能力递进"策略。按项目难度分层教学，从简单零件加工起步打基础，再到复杂件加工提升综合能力。以企业模拟任务驱动学习，过程中教师全程指导监控，及时纠错引导。同时引入企业案例与新技术，促进知识技能迁移拓展，鼓励学生创新，以适应行业复杂需求。

2. 教学方法

以工作过程为导向，采用"双师教学""项目教学"等特色方式与多样教学方法，如任务驱动法、案例教学法等，激发兴趣，提升能力。课程以学生为主体、教师为主导，师生互动。

(二) 实施保障

1. 师资队伍

由学校专任教师和企业兼职教师组成，企业兼职教师不少于20%，"双师型"教师占专任教师比例不低于50%。

2. 教学条件

采用理实一体教室，数控车床功能完备，为学生提供充足独立实操机会。教室布局合理，理论讲授区配备多媒体教学设备，便于教师直观演示教学内容；实操加工区安全设施齐全、工具充足，保障学生安全、规范、高效开展实训；网络覆盖全面，支持学生实时查阅资料、在线交流，促进知识技能吸收转化。

3. 教材及相关资源

建设课程网站，含校本教材、课件、案例库等丰富资源，为师生提供教学服务，正逐步完善为自主互动平台。

案例分析:

该课程标准具有以下特点。

1. 核心目标突出，聚焦提升学生数控加工实践与综合职业能力，教学活动紧扣主题。

2. 功能定位精准，围绕数控加工岗位需求构建完整人才培养链，助力学生职业发展。

3. 格式架构清晰，遵循规范逻辑连贯，各板块条理分明，便于把握课程要点。

4. 内容切实可行，教学策略、考核方式紧密联系教学实际，所涉任务驱动、分层教学、多元考核等均有具体实施路径，为教学活动给予有力指导。

教学设计是教师日常工作中的关键环节。教师如何对课程标准、教材及学情展开深入分析，又该确定何种教学目标，设计怎样的教学活动与教学任务？这些问题的答案，充分彰显了教师对学科内容、目标，以及对教育的深刻理解与独特看法。

在教育领域中，教师专业能力的发展无疑是提升教学质量的重要途径。而教学设计能力，恰是从众多教学能力中提炼而出的上位能力，更是提高教师专业水平与教学能力的核心内容之一。

6.1.1　教学设计的概念和理论

教学设计自20世纪60年代被引入学校教育后，便作为一门独立的知识体系得到了迅速的发展。

1. 教学设计的概念

教学设计就是为教学活动制订工作蓝图的过程。具体来说，教学设计是以解决实际教学问题、优化教学过程、提高教学效果为目的，运用当代教学理论、系统理论和传播理论等，预先对教学系统中的教学目标、教师、学生、教学内容、教学方法、教学媒体等要素进行分析、合理组合和科学安排的过程。

2. 教学设计的理论基础

教学设计的理论基础是学习理论、教学理论和传播理论。

1) 学习理论

学习理论作为探索人类学习本质及其形成机制的心理学理论，对教学设计起着重要的指导作用。教学设计的核心目标是为学习创造适宜环境，依据学习需求精心设计不同的教学计划。因此，教学设计必须广泛深入地了解学习及学习行为。

学习理论基础主要涵盖以斯金纳、华生等人为代表的行为主义学习理论，该理论通过外部刺激与行为反应的联结来塑造学习行为；以布鲁纳、奥苏贝尔等为代表的认知主义学习理论，注重学习者的认知过程与知识结构构建；以皮亚杰和维果茨基为代表的建构主义学习理论，认为学习是学习者主动建构知识的过程；以罗杰斯和马斯洛为代表的人本主义学习理论，强调学习者的自我实现与个性发展。

2) 教学理论

教学理论作为研究教学一般规律以解决教学问题的科学，与教学设计紧密相连。教学设计的教学理论基础丰富多样，主要包括斯金纳程序教学理论，其强调小步骤、及时反馈和自定步调的学习方式以提高教学效率；布鲁姆教育目标分类理论，将教育目标分为认知、情感和动作技能三个领域，为教学目标设定和评价提供明确框架；布鲁纳以认知结构为中心的课程论思想、发现式学习和探究式教学理论，注重培养学生主动探索精神和认知结构构建；奥苏贝尔有意义教学理论，强调新旧知识的联系和有意义学习的发生。

3) 传播理论

教学过程本质上是一个信息尤其是教育信息的传播过程，在这一过程中存在着内在的规律与理论。1948年，美国政治学家拉斯维尔在《社会传播的构造与功能》一书中，运用"5W"公式简洁地呈现了一般传播过程中的五个基本要素以及直线型传播模式，即传播者(谁)、信息(说什么)、媒体(渠道)、接收者(给谁)、效果(效果)。

以"5W"公式来剖析教学过程，能够发现教学传播过程至少涵盖以下要素：传播者(教师或其他教学信息源)、信息(教学内容)、媒体(教学媒体)、接收者(教学对象)、效果(教学评价)。

6.1.2 教学设计的内容

1. 了解学生发展

对学生进行分析是各类教学设计的起点，包含以下两方面内容。

(1) 剖析学生特征。教学设计者要关注学生的年龄、性别、社会背景、学习风格、成熟程度等方面。

(2) 确定学生的"最近发展区"。教学设计者要了解学生现有发展水平，确定其在他人协助和指导下可能达到解决问题水平，将教学与学生发展相联系，以学生发展为教学前提和结果，让教学引领学生发展。

2. 把握教学目标

科学合理的教学目标对教学活动起决定性和制约性作用。教学目标包含以下四个要素。

(1) 行为主体：目标应以学生而非教师为行为主体。

(2) 行为动词：需用可观察、可测量的动词描述学生行为，如解决、辨别、比较等。

(3) 情境或条件：要涵盖是否允许用辅助工具、有无信息提示、时间限制等，比如说明考试能否带工具，限时多久完成任务等。

(4) 表现水平或标准：用以评价学生学习表现或结果达到的程度。

3. 整合教学内容

科学统整教学内容是教学设计的关键与主体部分。教学设计者需做好以下两点。

(1) 精选内容：剔除无关内容，挑选契合学生"最近发展区"、能启迪思维的内容。

(2) 合理组织：结合逻辑顺序与心理顺序组织教学内容。逻辑顺序即知识系统的内在逻辑，心理顺序是学生学习的认知规律。

4. 选择教学策略

教学策略是教师为实现教学目标，在教学过程中采取的相对系统的行为。教学设计者选择教学方法时需做到以下两点。

(1) 明确标准：依据教学目标、任务、师生特点及教学条件等，广泛了解教学方法，对比并优化组合。

(2) 合理选环节：结合学科特点和教学需求，设计与统筹教学环节，突出重点、兼顾全面。

5. 设计教学评价

教学评价是依照一定标准，运用科学可行的手段，系统收集教学相关信息，对教学活动的过程和结果进行价值判断。通常，教学评价设计主要有以下两个取向。

(1) 目标参照的终结性评价设计：教学前就关注结果，旨在检查教学目标的达成度。

(2) 过程取向的形成性评价设计：伴随教学进程即时设计，用于评价学生表现、教师教学方式及师生互动情况。

6.1.3 学生发展分析

教学设计首先要关注教学对象，以学生的特征为教学设计的出发点。

1. 学情分析的内容

1) 学习起点

对学生学习起点的分析，主要从初始能力和个体学习经验两方面入手。

(1) 初始能力分析：一是预备技能分析，即分析新知识学习所需的预备知识和技能，这是开展新知识学习的基础；二是目标技能分析，了解学生对教学目标的掌握程度，这有助于合理确定教学内容的详略；三是学习态度分析，可通过问卷调查、查阅资料或经验判断，了解学生对所学内容的态度。

(2) 个体学习经验分析：主要是引导学生将已有经验融入知识形成过程，获取与自身经历相结合的知识，从而促进知识的有效吸收。

2) 发展差异

学生之间存在客观的个体差异，体现了每个学习主体的独特性。在课堂教学中，难以对所有个体差异变量进行详细区分研究。教师可通过长期观察分析了解学生特点，在教学前针对性地预设教学内容。依据学生差异，分析他们可能面临的困难，设定弹性教学目标，让每个学生都能在原有基础上有所提升。

3) 思维方式

教师在教学设计时，除了诊断学生初始能力、分析背景知识，还需关注学生的思维方式、学习态度和兴趣，具体包括以下方面。

(1) 信息加工风格：如有些学生喜欢结合挑战性任务主动学习。

(2) 感知刺激感官：如学生观看教学视频时注意力集中，表明动态视听觉刺激能提升学习效果。

(3) 感情需求：如教师合理的鼓励可激发学生的学习动机。

(4) 社会性需求：如班级凝聚力会对群体学习效果产生影响。

(5) 环境和情绪要求：如多数学生在安静环境中学习效率更高。

2. 学情分析的途径

学情分析贯穿于教学全过程，从教学设计的初始阶段到教学实施的各个环节，再到教学评价的反馈与改进，它始终为教师提供精准的依据和方向，确保教学内容与方法能够贴合学生实际需求，促进每个学生在知识、能力和情感态度上的全面发展。

1) 课前学情分析

课前学情分析是教学设计的基础，它关注学生的现有知识、学习方式、思维特点等。通过测验、访谈和问卷调查等方法，教师可以了解学生的学习难点，为教学目标和内容的设定提供依据。在设计测验时，需要明确测验目标、内容的诊断性及注意事项，确保测验结果能够准确反映学生的学习状况。

2) 课中学情分析

课中学情分析关注学生在课堂上的学习状态，关键在于收集学生学习表现的证据和对教学的反应，还要分析这些行为背后的意义。学情信息的来源多样，包括课堂观察者、教师和学生自己。在课中观察阶段，主要任务是教师记录和整理学生的互动、参与度、问题解决能力等关键表现，并根据这些观察结果调整教学策略。

3) 课后学情分析

课后学情分析着重于评估学生的学习成果，它不仅回答了"学生学到了什么"的问题，还为教师提供了教学反思和改进的依据。主要方法包括后测、学生访谈和作业分析等。这些方法不仅用于评估学生的学习成果，还应与课前学情分析相呼应，以便进行前后对照。具体操作时，教师应确保这些方法能够反映出学生从课前到课后的学习进展，从而为新一轮的教学设计提供准确的信息。

3. 学情分析的方法

1) 经验分析法

教师依据自身教学经验分析学情。若教师经验丰富全面且善于反思总结，基于此的学情分析便更易于开展并且深入，成果往往具有较高教学价值。但该方法存在局限，易陷入经验主义与主观主义，分析可能主观片面。毕竟教学情况复杂，学生群体各异，仅靠经验很难全面精准把握学情。

2) 观察法

教师在教学中直接观察学生课堂表现、学习行为、参与度及互动情况等，借此了解学生学习状态、兴趣点与困难点。比如观察学生小组讨论表现，可知其合作能力与思维活跃度；观察学生对不同教学环节的反应，能判断教学方法有效性。

3) 问卷调查法

设计针对学生的问卷，涵盖学习习惯、知识掌握程度、学习需求及对教学的期望等问题。通过学生作答教师可以获得较系统客观的学情数据。

4) 访谈法

挑选不同层次学生个别访谈，深入了解其学习感受、困惑与建议。相较于问卷调查，访谈能更深入挖掘学生内心想法，且可依学生回答进一步追问。

5) 测试法

通过阶段性测试、小测验等了解学生知识掌握与学习能力。测试结果反映学生在不同知识领域的强弱，为教师调整教学进度与重点提供依据。同时，分析学生答题情况，还能发现其思维方式与解题习惯等问题。

6.1.4 教学目标设计

在教育体系中，教学目标构成一个分层次的架构：最顶层是学校的教育宗旨，这是一个较为宽泛且抽象的概念，它代表了学校教育追求的总体方向，并作为设计和安排各类课程及学科领域的基础；次一级是课程目标，它更具体，针对特定课程，依据学习领域和学生发展水平，将宏观的教育宗旨细化为具体的行为目标；最底层是教学目标，即课堂或单元学习目标，它们是将课程目标进一步细化到可操作层面，明确描述预期的具体行为成果，指导教学活动的实施。

1. 教学目标设计原则

1) 明确性原则

教学目标的设计必须清晰明确，确保学生和教师都能准确理解预期的学习成果。目标的表述应具体、直接，避免使用模糊或笼统的语言。

2) 可测量性原则

教学目标应当是可以量化或质化评估的，以便于观察和评价学生的行为表现。应使用具体的行为动词来描述目标，确保目标的可操作性。

3) 相关性原则

教学目标应与学生的学习需求、兴趣和职业发展紧密相关，与课程内容和学科标准保持一致，帮助学生将学习内容与实际应用相结合，提高学习的实用性和有效性。

4) 可实现性原则

教学目标应在学生的能力范围和可用资源条件下是可实现的，考虑学生的先验知识和技能水平。目标设定切实可行，既符合学生的实际水平，又具有一定的挑战性，激发学生的学习动力。

5) 灵活性原则

教学目标应具有一定的灵活性，以适应不同学生的学习节奏和风格。教师应根据学生的学习进展适时调整教学目标，以满足学生的个性化学习需求。

2. 教学目标设计的方法

1) 以课程标准为基准

课程标准从宏观角度提出学科课程性质与理念，在内容标准等部分明确课程内容及学生掌握程度，并给出活动探究建议。教师设定教学目标应以课程标准为基准，把握以下两点。

(1) 关注课程理念，理解整体课程目标，在课时教学目标中渗透学科教育价值，实践课程理念。

(2) 围绕课程标准的基本要求和核心能力确定教学内容广度深度，参考活动探究建议挖掘隐性目标，设置合理行为条件和教学活动。

2) 以教材为依托

(1) 教师需全面理解教材，把握编者意图，研究知识的编排逻辑和顺序，并对比不同教材的处理方式，选择最适合学生学习的编排方法。

(2) 教师应深入研究教材内容，明确其在教学体系中的地位和作用，分析知识结构和特征，包括教材内容的逻辑关系、层次脉络，以及所包含的知识类型和涉及的技能。

(3) 教师要准确识别教材中的重点和难点，其中重点指学生必须掌握的核心内容，难点指学生难以理解或易混淆的部分。

3) 以学情为基础

教材和课程标准面向普通学生群体，而教师面对的学生则各有特点。因此，教师需深入理解学情，找准学生的最近发展区，设定合理的教学目标。对于简单的教学任务，可能一步到位；而对于复杂的任务，则需要通过多个最近发展区逐步实现教学目标。

4）以社会需求为导向

高校承担着人才培养、科学研究、社会服务和文化传承创新的职能，其中社会服务是其重要组成部分。教学大纲和教材往往是静态的，而社会的发展是动态的，教材内容相对时代的进步总是存在滞后。因此，教师在制定教学目标时，应体现社会变化，反映社会对人才培养的需求。这要求教师在教学目标的设定中，不仅要考虑当前的社会需求，还要预见未来发展趋势，培养能够适应社会发展的人才。

6.1.5 教学策略的设计

教学策略指的是教师为达成既定教学目标而制定和实施的一系列教学行动方案。

1. 教学媒体的选择

在教学过程中，教学媒体的选择是实现教学目标的重要环节，其依据需综合考量以下因素。

1）依据教学目标

教学目标决定了媒体的类型和内容，是选择教学媒体的出发点。教学媒体的选择应与教学目标紧密对应，以确保媒体能够有效支持教学目标的达成。如教学目标是提升学生的职业技能，教师选择视频教程和模拟软件作为教学媒体，以提供实际操作的模拟练习，帮助学生掌握必要的技能。

2）依据教学内容

教学内容的性质和复杂度是选择教学媒体的关键考量因素。不同学科和不同性质的教学内容对媒体的呈现方式有不同的需求。如在教授外语口语时，教师选择视频会议软件与外国合作学校进行实时交流，让学生在真实的语言环境中练习口语和听力。

3）依据教学对象

学生的年龄、认知水平、学习风格和先验知识影响教学媒体的选择。教师需考虑如何通过媒体来适应和促进学生的个性化学习。如对于视觉学习者，教师选择丰富的图表、图像和色彩编码的笔记作为教学媒体，以帮助学生更好记忆和理解复杂的概念。

4）依据教师能力

教师对媒体的熟悉程度和使用能力也会影响媒体的选择。教师应选择那些能够增强其教学效果的媒体，并能够熟练操作。如精通信息技术的教师会制作互动式课件，将复杂的程序代码和软件开发过程以互动的方式呈现给计算机科学专业的学生。

5）依据现实条件

学校的技术基础设施、经济条件和可获得的媒体资源限制了教学媒体的选择范围。教师需在现有资源条件下选择最合适的媒体。如在资源有限的情况下，教师利用在线开放课程作为补充教学材料，以丰富学生的学习资源。

2. 教学方法的运用

1）讲授法

讲授法是以教师为中心的教学方法，教师通过口头讲解系统地传授知识。该方法适用于介绍新的理论知识、概念和原则。在使用讲授法时，教师应确保内容的逻辑性和连贯性，明确教学目标，并突出重点和难点。同时，教师应注意控制语速和音量，确保学生能够清晰地接收信息，并适时提问以激发学生的思考和参与。

2）讨论法

讨论法是以学生为中心的教学方法，通过小组或全班讨论的方式，促进学生主动参与和观点交流。该方法适用于深化理解、培养批判性思维和解决问题的能力。在使用讨论法时，教师应选择有争议性或开放性的问题作为讨论主题，并明确讨论规则，如轮流发言、尊重他人观点等。同时，教师需引导讨论，适时总结和深化讨论内容，确保每个学生都有机会发言，并鼓励学生批判性思考，而不仅仅是表达观点。

3) 演示法

演示法是通过教师展示实物、模型、图表、幻灯片、视频等直观教具，向学生展示知识或技能的教学方法。该方法适用于展示复杂概念或操作技能，使学生通过观察获得感性认识。在使用演示法时，教师应准备与教学内容紧密相关的演示材料，并在演示过程中辅以口头解释，以增强学生的理解。演示后，教师应组织学生讨论，以加深印象。教师需确保演示材料的清晰度和可见度，并保持演示的简洁明了。

4) 情景模拟法

情景模拟法是通过模拟真实场景来进行教学的方法。该方法适用于提供学生实际操作的机会，通过模拟真实情境，让学生在模拟中参与角色扮演，体验真实的情境，学习相关的知识和技能。在使用情景模拟法时，教师应设计各种情景，确保情景的真实性和相关性，并在模拟前后提供指导和反馈。同时，教师需引导学生进行反思，以加深对知识的应用和理解。

5) 启发式教学法

启发式教学法是以问题为导向，通过提问和引导来激发学生思考和探索的教学方法。该方法适用于激发学生的好奇心和探究精神，培养解决问题的能力。在使用启发式教学法时，教师应设计具有挑战性的问题，引导学生主动寻找答案，并在过程中提供适当的提示和反馈。同时，教师需鼓励学生提出自己的问题，并在解决问题的过程中培养批判性思维。

6) 项目教学法

项目教学法是让学生在完成一个具体项目的过程中学习和应用知识的教学方法。该方法适用于培养学生的综合实践能力和创新能力。在使用项目教学法时，教师应设计目标明确、具有实际意义的项目，并在项目实施过程中提供必要的指导和反馈。同时，教师需确保学生在项目中发挥主动性，鼓励团队合作和创新思维。

7) 翻转课堂法

翻转课堂法是要求学生在课前通过视频或其他材料自学新知识，课堂时间则用于深入讨论、解决问题和应用知识的教学方法。该方法适用于提高课堂效率和学生的主动学习能力。在使用翻转课堂法时，教师需提供高质量的自学材料，并设计有效的课堂活动以促进学生的深入学习。同时，教师应注意监控学生的自学进度，并在课堂上提供个性化的指导。

教师选择教学方法时，应综合考量教学目标、学生特征、教学内容、资源条件及个人教学风格，以确保所选方法能有效促进学生的学习和教学目标的实现。

3. 教学环节的设计

教学环节的设计需紧密围绕教学目标与学生特点，合理编排教学步骤，灵活运用各类教学程序，以实现教学效果的最大化。基于常用教学程序的教学环节设计如下。

1) 传递—接收程序

(1) 激发学习动机：通过讲述知识在生活中的实际应用或有趣的学科故事，激发学生的学习兴趣和动力。

(2) 复习旧课：以提问、听写等方式回顾上节课的重点知识，强化学生记忆。

(3) 讲授新课：运用讲授法系统讲解新知识，结合演示法辅助学生理解。

(4) 巩固运用：安排课堂练习，让学生运用新知识解决问题，教师巡视指导。

(5) 检查：通过课堂提问、小测验等方式检查学生对知识的掌握情况，及时查漏补缺。

2) 引导—发现程序

(1) 提出问题：创设问题情境，提出具有启发性的问题，引发学生思考。

(2) 做出假设：引导学生根据已有知识和经验，对问题做出假设。

(3) 推理验证：组织学生通过实验、讨论、查阅资料等方式进行推理和验证假设。

(4) 得出结论：帮助学生总结归纳，得出正确结论，培养学生的探究能力。

3) 示范—模仿程序

(1) 定向：教师向学生展示正确的操作方法、行为规范等，让学生明确学习目标和标准。

(2) 参与性练习：学生在教师的指导下，进行初步的模仿练习，教师及时纠正错误。

(3) 自主练习：学生进行独立练习，巩固所学技能。

(4) 迁移：设计新的情境，让学生将所学技能应用到新情境中，实现技能的迁移。

4) 情境—陶冶程序

(1) 创设情境：利用多媒体、实物等手段创设生动的教学情境，营造良好的学习氛围。

(2) 参与活动：组织学生参与角色扮演、小组讨论等活动，让学生在情境中体验和感悟。

(3) 总结转化：引导学生对活动进行总结反思，将情感体验转化为内在的认知和价值观。

6.1.6 教学评价的设计

1. 教学评价设计的原则

1) 目标明确化

教学评价的目的应当与职业教育的目标紧密结合，即培养学生的专业技能和职业素养。评价不仅要衡量学生对专业知识的掌握程度，还要评估其职业技能的应用能力和创新解决问题的能力。评价结果应用于指导教学改进和学生个性化发展。

2) 主体多元化

在教学评价中，多元化评价主体的参与尤为重要。除了教师和教育管理者，行业专家和企业代表也应纳入评价体系，以确保教学内容与行业需求对接，评价结果真实反映学生的职业适应能力。学生自评和同伴评价能够提高学生的自我反思能力和团队合作精神。

3) 方式多样化

职业教育强调实践技能的培养，因此评价方式应包括实际操作考核、项目作业、模拟工作环境的任务完成等。这些评价方式能够更准确地反映学生的专业技能水平和实际操作能力。同时，应结合定性评价和定量评价，全面评估学生的综合能力。

4) 设计科学化

教学评价设计应基于教育心理学和职业发展理论，确保评价指标的科学性和合理性。评价指标应涵盖知识掌握、技能应用、问题解决、团队合作和创新能力等多个维度。评价工具的开发和应用应经过严格的验证和测试，确保其有效性和可靠性。

5) 结果实用化

评价结果的应用应促进教学和学习的持续改进。对于学生而言，评价结果应作为学习反馈，指导其调整学习策略和职业规划。对于教师而言，评价结果应作为教学反馈，指导教学内容和方法的调整。对于学校管理者而言，评价结果应作为教育质量监控的重要依据，指导教育资源的合理配置和教育政策的制定。

6) 反馈及时化

教学评价的及时性对于学生的学习动力和教学的及时调整至关重要。评价结果应及时反馈给学生，以增强其学习的紧迫感和成就感。同时，教师应根据评价结果调整教学计划，提供针对性的辅导和支持。

2. 教学评价设计的要点

1) 重视学生自我评价

重视学生的自我评价对于学习活动的促进作用至关重要。自我监控是学生学习能力的核心，涉及计划、检查、评价、反馈、控制和调节等环节。教师应鼓励学生进行自我评价，以提高他们的自我监控能力。在教学实施环节，教师应引导学生在课堂活动结束时对学习对象、过程、思维方式等进行总结和反思，通过反思加深对知识和方法的理解，形成认知策略，发展认知结构。

2) 突出活动表现评价

通过活动表现评价学生的探究能力和情感态度与价值观。评价学生的探究能力和情感态度与价值观，通过活动表现来实现。总结与反思要求结构合理、内容全面，引导学生自主完成，并具有针对性。同时，强调将所学知识和方法迁移到真实情境和其他领域，重视学生在探究过程中的积极态度、创新精神、行为规范和价值观的培养。

3) 实施教学评一体化

实现教学评一体化是发展学生核心素养的关键。教学评价应以发展学生的核心素养为目的，提高学业质量。教学评一体化旨在突破传统教学与评价的隔离，使评价成为教学的有机组成部分。"教""学""评"应紧密围绕核心素养，监测诊断"教"和"学"的结果，提高教学质量。教师的教、学、评活动应以学生的思维能力发展为核心，促进核心素养的全面发展。

6.2　教学实施类文书

教学实施类文书是教学活动顺利开展的关键。深入研究教学方案的撰写与评估，教师能将教学理念融入教学各环节，规划流程、选择方法、运用资源、构建评价，激发学生潜能，保障教学质量，推动教育创新。

直播运营实务教学方案

一、教学基本信息

课程名称	直播运营实务		
课程类型	○公共基础课 ○专业基础课 ●专业核心课○选修课		
所属专业名称	电子商务		
课程性质	●必修 ○选修		
开课年级	二年级	开课时间	2023 年 5 月
学时	2	学生人数	28
使用教材的名称及出版单位	《直播电商教程》高等教育出版社		
教学方式	○线下 ○线上 ●线上线下混合式		

（续表）

学情分析		授课对象为电子商务专业二年级学生，共 28 名。通过前序课程数据分析，80% 的学生掌握电子商务基础理论，40% 能熟练使用数据分析工具。学生偏好实践操作，85% 希望通过真实项目任务提升实操能力，70% 更倾向于通过视频课程和互动练习学习。60% 的学生在小组任务中表现出较强的团队协作能力，在线学习数据显示，学生对案例分析、情境模拟等环节参与度较高
教学目标	素质目标	1. 树立尊重客观性数据、实事求是的职业精神 2. 培养学生利用专业知识与技能服务区域经济发展，助力乡村振兴的家国情怀
	知识目标	1. 了解直播数据分析的基本思路 2. 掌握直播数据分析的通用指标及具体内容
	能力目标	1. 根据直播数据分析基本思路，完成复盘计划表的填写 2. 具备对"行走苗乡，助农直播"进行数据分析，实事求是给出改进措施的能力
教学重点		1. 了解直播数据分析的基本思路 2. 掌握直播数据分析的通用指标及具体内容
教学难点		对真实任务"行走苗乡，助农直播"进行数据分析，给出改进措施
教学环境设计及资源准备	教学环境	智慧教室
	教学资源	互动学习平台、直播 App 等

二、教学策略

本课程以学生真实直播数据为教学依据，依托文化育人、任务引领、教育合力的教学理念，对接地区教学资源，教学内容对标真岗位、真项目、真技术，遵循职业院校学生的认知规律及心理特征，联系学生生活实际，构建以学生为中心的岗课赛证线上线下融通育人教学模式。设定"四结合"教学策略，实施"三段四环"教学流程，将课堂与岗位相结合，全流程赛练结合，全方位培养学生职业能力和职业素养；采用任务驱动、小组探究等方式，让学生参与直播数据分析过程，关键环节、关键技能反复训练，从而强化教学重点。运用信息化平台、数字化资源、AI 等新技术、"双师课堂"化解教学难点。从国家、集体、个人三个维度挖掘思政元素，将课程思政与教学内容同项设计、有机融入，培养学生精益求精的职业精神及为乡村经济发展服务的精神。

三、教学环节与教学内容

课前				
教学环节（用时）	教学内容	教师活动	学生活动	设计意图
测学情	上传微课视频，学生完成预习知识测试	1. 在互动学习平台上传直播数据复盘微课及直播复盘表，发布任务清单 2. 分析学生自测结果，确定教学重难点，调整教学策略	1. 接受课前自学任务，明确学习目标 2. 完成自学测试	根据学生自学测试结果，调整教学策略

课中				
教学环节（用时）	教学内容	教师活动	学生活动	设计意图
导任务（15min）	课前任务分析，下达学习任务	展示全部四个小组课前作业，点评学生课前学习情况	1. 认真做好课前任务分析总结记录 2. 明确学习任务	查漏补缺，提高学生参与学习的兴趣

（续表）

课中				
教学环节 （用时）	教学内容	教师活动	学生活动	设计意图
探新知 (30min)	1. 直播数据分析基本思路 2. 直播数据分析的通用指标及具体内容	1. 小组优化方案汇报：小游戏"拍拿放"确定小组回答优化方案顺序，小组派代表展示预习成果，进行汇报 2. 概念知识讲解：学生共同总结直播数据分析的基本思路，教师及时补充不足 3. 案例分析：教师结合案例分析直播数据分析的通用指标及具体内容	1. 新知学习：总结新知并查漏补缺 2. 完成案例分析学习：针对直播数据分析的通用指标及具体内容在案例中的运用进行分析，学会融会贯通	1. 游戏环节活跃课堂氛围，增强学生课堂学习兴趣和学习注意力 2. 突出教学重点 3. 引入案例重点培养学生实事求是、诚信带货、拒绝虚假宣传的职业精神
练技能 (30min)	优化直播复盘效果数据分析	1. 小组讨论，获取直播后台数据，结合教材复盘评价表，分析小组直播后台数据，讨论实战优缺点，可用智能聊天机器人帮助解决问题 2. 填写好的总结表拍照上传至互动学习平台 3. 邀请企业资深数据分析师进行线上指导交流 4. 巡视、督促学生现场练习，并给出相应的建议	1. 接受课堂技能训练任务 2. 小组进入在线会议 3. 通过讨论，以及"双师"指导，分析直播后台数据，讨论出优化方案 4. 上传工作手册	1. "双师"课堂突破教学难点 2. 直播数据分析，"双师"指导培养学生尊重数据客观性、实事求是的精神
评优良 (15min)	1. 多元评价 2. 知识总结：复盘小技巧	1. 在互动学习平台上完成学生自评、互评 2. 企业导师线上评价 3. 教师总结点评 4. 播放驻村书记评价视频 5. 通过对小组讨论工作手册进行评价，归纳总结本节课学习知识点	1. 小组完成线上知识测试 2. 小组听取各方评价 3. 总结反思团队及自身的技能不足之处，关注日后职业发展目标	1. 多元评价，关注学生增值评价，促进学生全面发展 2. 通过驻村书记评价，增强学生的学习自信心，厚植学生爱国爱家乡情怀

课后				
教学环节 （用时）	教学内容	教师活动	学生活动	设计意图
固本领	直播数据复盘相关知识点扩展内容	1. 进行线上答疑：教师在互动学习平台上回答学生的疑问 2. 组织线上评价：组织学生对课堂小组表现进行结果性评价 3. 布置进阶任务：根据本节学习直播修改方案，在企业导师指导下进行直播，检验学习成果	1. 线上互动，畅所欲言：学生进行成果分享、交流讨论，在互动学习平台上向教师提出疑问 2. 完成线上评价：学生对课堂小组表现进行评价打分 3. 巩固所学，完成拓展训练	1. 学生线上分享、交流、提问，教师答疑，有效进行知识的巩固 2. 拓展任务检验真知，锻炼学生直播技能

四、教学效果与教学反思

（一）教学效果

1. 知识目标

(1) 完成知识与能力目标，快速懂原理、明步骤、会实战。

(2) 知识测试不合格同学为看错题型，把多选题看成单选题，需多提醒学生细心学习。

2. 能力目标

通过本课学习，四个小组具备制订复盘计划表的能力；能结合真实直播数据进行数据分析，给出改进措施，有效达成能力目标。

3. 素质目标

根据课堂有效实施，四个小组各个成员的成长显著，有效解决存在的学情问题。

(二) 存在不足

1. 根据学生的活页式工作手册来点评学生任务完成情况时没有规范学生的文本撰写格式。

2. 小组汇报之后，没有对每个组进行单独点评，让每个组明了各自的不足之处。

(三) 再教设计

1. 完善活页式工作手册，强调学生文本撰写格式要求，要求学生结合电子商务知识，规范电子商务用语。

2. 增加针对小组具体点评的环节，强化个性化教学。

案例分析：

1. 完整规范：教案结构完整，涵盖基本信息、策略、教学环节及反思等，格式规范，用表格呈现清晰明了，便于实施与查阅。

2. 目标导向：教学目标明确且针对课程与地方需求，为教学指引方向，教学各环节紧密围绕目标设计。

3. 策略与方法协同：教学策略多样创新，多种方法融合，利用信息技术解决重难点，协同提升教学效果。

4. 评价与反思有效：评价多元，结果助力反思找出问题进行改进。

6.2.1 教学方案的内涵和作用

教师的教学设计需转化为具体的实践指导文档，即教学方案(也被称为"教案")。掌握撰写教案的技能不仅是教师专业素养的体现，也是将教学设计理念具体化、为课堂教学提供明确指导的关键步骤。

1. 教学方案的内涵

教学方案是教师依据教学理论，结合科学的教学设计原则，考虑教学对象的特点、教学内容的需求，以及个人的教学理念、经验和风格，采用系统化的方法分析教学问题和需求，明确教学目标，并制定出解决问题的步骤。所涉及合理配置教学资源和活动，旨在提升教学效果的详细实施计划。

教学方案与教学设计的区别如下。

1) 概念界定

教学方案属于教育实践领域，主要关注教师的教学行为和教学内容，是教师根据教学目标和学生实际，对教学活动的具体规划和安排。

教学设计属于教育技术领域，侧重于系统化的方法，以教学理论和学习理论为基础，旨在通过系统分析来优化教学过程和提高教学效果，涉及从宏观到微观的不同层面。

2) 应用层面

教学方案是教学设计的具体实施文本，与教学设计紧密相关，是教学设计在课堂层面的执行蓝图。教学设计涵盖宏观和微观两个层面，可以是针对整个学年的课程规划，也可以是针对单个教学单元的具体设计。

3) 指导理念

传统的教学方案以教师、课堂和教材为中心，对学生学习过程的关注度相对较低。教学设计以系统理论为指导，强调教师与学生互动，全面考虑教学过程的各个要素，以实现教学效果的最大化。

4) 内容要素

设计理念方面，教学方案侧重于教师的教学实施，而教学设计强调师生互动和知识的共同建构。教学目标方面，教学方案注重学生对基础知识和技能的掌握，教学设计则关注学生的全面发展，包括知识、技能、情感和人格。教学过程方面，教学方案强调教师的知识传递和学生的记忆模仿，教学设计则侧重于创设情境，鼓励学生主动发现和解决问题。效果评价方面，教学方案主要评价学生的知识掌握程度，教学设计则全面评价学生在知识、技能、情感和人格等方面的发展。

2. 教学方案的作用

1) 明确教学思路

教学方案帮助教师梳理教学思路，明确教学目标，确保教学过程有序高效，从而提升教学质量。它为教师，尤其是新手教师，提供了一个清晰的教学路线图，减少课堂上的不确定性，增强教学方向感。

2) 衔接理论实践

教学方案作为理论与实践之间的桥梁，将教学理论具体化到教学实践中。它体现了不同教学理论的要求，并指导教师根据这些理论设计和调整教学活动。

3) 提供研究素材

教学方案记录了教师的教学活动和成长轨迹，为教学研究提供了实践素材。这些记录可以作为教师进行本土化教学研究的基础，帮助教师将实践经验转化为理论。

4) 促进专业发展

撰写和修订教学方案的过程促进了教师对教学实践的反思，帮助教师积累经验、凝练教育思想，从而促进其专业发展。教学方案的共享和研讨也有助于教师之间的思想交流，进一步推动专业成长。

6.2.2 教学方案的撰写原则

1. 教学理念的人本性

教学方案应从传统的以教师为中心转变为以学生为中心，强调学生的主体性。在设计过程中，教师需关注学生的知识、能力和情感发展，将教学设计与学生的实际需求紧密结合，实现以人为本的教学理念。

2. 教学要素的全面性

教学方案应包含必要的基本元素，如一般信息、教学目标、内容、重点、难点、方法、过程、手段、评价和反思。这些内容构成了教学方案的框架，确保教学活动的全面性和系统性。

3. 教学设计的系统性

教学设计是一个系统工程，需要综合考虑学生基础、教学内容、环境、教学风格和教育理念等因素。教学方案应体现教学环节的完整性和结构的合理性，确保教学思路清晰、时间分配合理。

4. 教学方案的创造性

教学方案应体现教师的个性和特色，避免成为教学大纲或教材的简单复制。教师应根据实际情况制定具有创造性的教学方案，充分利用网络资源，但同时要进行质量辨别，避免盲目借鉴。

5. 教学活动的灵活性

教学方案应具有一定的灵活性，以适应教学过程中可能出现的各种情况。教师在设计时应提前考虑学生需求、教学环境，并准备后备方案，以应对突发事件。教学活动结束后，教师应反思并修订教学方案，为未来的教学提供参考。

6.2.3 教学方案的内容

1. 教学方案基本信息

教学方案基本信息包括授课院系、授课题目、授课对象、授课专业、课程类型、授课教师姓名、职称、教材名称及授课时间等。这些信息通常以封面形式呈现，或位于方案内容的开头，便于教师科学撰写和管理教学方案。

2. 教学背景

教学背景涉及国家教育方针、教育理念、高等教育机构的教育价值观，以及教师的教学对象、教学内容和教学经验等。这些背景因素为教学方案的设计提供基础性要素和信息，帮助教师全面把握教学设计相关因素。

3. 教学目标

教学目标是教学方案的核心，包括学期、课程、课堂教学目标等不同层次。教学目标设计需关注学生学习过程，包括知识、能力和情感三个维度。

4. 教学内容

教学内容是师生在教学活动中共同建构的素材和信息。设计时需考虑学生的知识、能力、情感发展水平和认知特点，动态建构教学内容，并明确教学重点和难点。

5. 教学策略

教学策略是实现教学目标的综合性方案，包括组织策略、授课策略和管理策略。策略的选择应考虑教学条件，实现教学活动各要素的最佳组合。

6. 教学过程

教学过程涉及教师、学生、目标、内容、步骤等要素的综合配置。设计时需考虑全程性、阶段性、衔接性和灵活性，以适应复杂多变的教学情境。

7. 教学评价

教学评价依据教学目标对教学过程和结果进行价值判断，目的是了解学生学习效果，为后续教学活动提供参考。评价内容需与教学目标一致，方式多样，注重形成性和相对评价。

8. 教学反思

教学反思是教师对教育教学活动的深入思考过程，目的在于发现问题、寻求解决方案，实现有效教学。反思内容包括成功之处、不足之处和改进策略，可通过与其他教师研讨来提升效果。

6.2.4　教学方案的形式

教学方案的形式应根据教学目标、教学内容、学生特点和教学环境的不同而灵活选择，以实现教学效果的最大化。教师可以根据自己的教学风格和学生的需要，创新教学方案的形式，以适应不断变化的教学需求。

1. 条目式与表格式教学方案

(1) 条目式教学方案以线性的条目结构组织内容，每个条目对应教学方案的一个具体部分，如教学目标、教学内容等。它便于教师按照既定框架逐项准备教学内容，灵活性较高，可以根据教学需要调整各部分的详细程度。

(2) 表格式教学方案，通过表格形式展现，使得教学方案的结构更加直观和条理化。这种形式便于教师快速把握教学方案的全貌，同时也便于比较和分析不同教学环节的安排。

2. 详案与略案

(1) 详案提供了教学活动的详尽描述，适合新手教师或需要精细管理教学过程的情境。可以帮助教师预设教学的每一个细节，减少课堂中的不确定性。

(2) 略案则更为简洁，适合经验丰富的教师或对教学内容已经非常熟悉的教师使用。略案注重教学框架的搭建，给予教师更大的现场发挥空间。

3. 传统教案与电子教案

(1) 传统教案以纸质形式存在，便于手写和快速修改，适合不便于使用电子设备的环境。传统教案的"静态"特性使其在某些情境下更易于学生跟进和记录。

(2) 电子教案，利用数字技术，可以集成多种媒体形式，如视频、音频和动画，增强教学的互动性和趣味性。电子教案的"动态"特性使其更符合现代教学的需求，便于资源共享和远程教学。

4. 课时教案、周教案、学期教案与学年教案

(1) 课时教案，关注单个课时教学内容和活动，适合精细化管理和即时反馈。

(2) 周教案，规划一周的教学活动，适合模块化教学和主题式教学。

(3) 学期教案，以学期为单位，规划整个学期的教学目标和内容，适合整体课程设计和长期规划。

(4) 学年教案，以学年为单位，规划整个学年的教学活动，适合跨学科和跨年级的教学规划。

6.2.5　教学方案的评估

教学方案的评估是对教学方案价值的判断活动或过程，涉及教师自评、教学管理人员评估以及其他相关人员(如学生、其他教师等)的评估。本节聚焦于教师对自身教学方案的内部评估工作，是提升教学效果的关键环节。

1. 教学方案信息的全面性

评估教学方案时，首先要确保方案包含所有必要的信息，如教学背景、目标、内容、方法、评价和反思等。这些信息构成了教学方案的基础框架，为教学活动提供明确的指导和参考。

2. 教学方案格式的规范性

教学方案的格式规范性将直接影响教学管理的便捷性和系统性。评估时应检查教学方案是否遵循了既定的格式要求，包括封面信息的完整性和正文内容的条理性。

3. 教学目标的明确性

教学目标是指导整个教学活动的核心。评估教学目标时，需确保其明确性，并能够具体指导教学实践。目标应具体、可测量，并与教学内容和学生实际相结合。

4. 教学内容的科学性

教学内容的选择和组织应基于科学性和合理性原则。评估教学内容时，要确保其与教学目标的一致性，并考虑内容的时效性和相关性，以及是否能够激发学生的学习兴趣。

5. 教学策略的恰当性

教学策略的有效性直接关系到教学目标的实现。评估教学策略时，需考查其是否能够适应不同的教学情境，是否能够促进学生的学习，以及是否能够灵活应对教学中的各种挑战。

6. 教学过程的合理性

教学过程是教学方案实施的蓝图。评估教学过程时，要确保其设计的综合性、全程性、阶段性、衔接性和灵活性，以适应不同学生的学习节奏和教学环境的变化。

7. 教学评价的多元性

教学评价是检验教学效果的重要手段。评估教学评价时，需确保评价方式的多样性和全面性，包括形成性评价和总结性评价的结合，以及多种评价工具和方法的应用。

8. 教学反思的有效性

教学反思是教师专业成长的重要途径。评估教学反思时，要考察教师是否能够基于教学实践进行深入的思考，是否能够识别问题并提出改进措施，以及反思是否能够促进教学实践的改进和创新。

6.3　教育研究类文书

教育研究类文书如灯塔指引方向。通过学习教学成果的凝练与推广，教师可总结经验、洞察问题、凝练成果，助力专业成长与教育发展。研究此类文书，可以激发教师以研究者身份创新教学，升华实践经验，提升影响力，塑造职业精神，引领教育进步。

模式创立、标准研制、资源开发、师资培养——鲁班工坊的创新实践

《模式创立、标准研制、资源开发、师资培养——鲁班工坊的创新实践》是2022年国家级教学成果奖特等奖项目，该项目由天津职业技术师范大学等单位完成，全面总结了鲁班工坊在职业教育国际化领域的创新实践成果项目。

一、背景与目标

鲁班工坊是中国职业教育国际化的重要实践成果，由天津职业技术师范大学牵头，联合天津职业院校和科研机构创立。该项目旨在通过创新职业教育模式，推动中国职业教育"走出去"，为"一带一路"共建国家和地区培养技术技能人才，服务全球职业教育的高质量发展。

二、主要内容与创新点

1. 模式创立

鲁班工坊以"工程实践创新项目(EPIP)"为核心教学模式,将中国职业教育的先进理论与实践相结合,形成了具有中国特色的职业教育国际化模式。该模式强调"五业联动"(产业、行业、企业、职业、专业),深化产教融合,推动职业教育与社会、生活的紧密结合。

2. 标准研制

中外院校联合开发了60余个国际化专业教学标准,构建了面向世界的职业教育标准体系。这些标准不仅为中国职业教育"走出去"提供了规范,还为国际合作提供了标准化的参考。

3. 资源开发

鲁班工坊开发了133套立体化教学资源,并在全球出版了50余部中、英、葡、泰语版的教材和著述。这些资源的开发为合作国提供了丰富的教学支持,促进了职业教育的国际化传播。

4. 师资培养

鲁班工坊通过"双语、双师、双能"师资培训计划,培养了大量中外教师。截至2022年,已培养外方教师840余人次,中方教师920余人次。师资培养为鲁班工坊的本土化教学提供了坚实保障,推动了职业教育的可持续发展。

三、实践成果与影响

1. 国际化推广

鲁班工坊已在亚非欧20个国家创建了21个工坊,联动全球16个国家和地区设立了29个EPIP应用和推广分中心。通过学历教育和技术培训,为合作国培养了大量熟悉中国技术、了解中国工艺的技术技能人才。

2. 社会与经济效益

鲁班工坊不仅为当地培养了技术技能人才,还直接服务当地企业的技术更新,促进了中华文化的传播。同时,该项目通过国际合作,推动了中国职业教育标准体系、资源体系与话语体系的构建。

3. 国际认可

鲁班工坊获得了多项国际荣誉,如"诗琳通公主奖""国王奖""撒哈拉大骑士勋章"等。其实践成果得到了国内外的高度赞誉,成为促进国际合作、服务"一带一路"倡议的重要行动。

鲁班工坊的创新实践是职业教育国际化的重要成果,其成功的关键在于模式创新、标准研制、资源开发和师资培养的系统性推进。

6.3.1 教学成果的内涵

在教育领域,教学成果的凝练是提升教学质量和教育水平的关键环节。它不仅有助于教师系统地总结和反思教学实践,还能促进教师专业成长和教学理念的创新。通过凝练教学成果,教师能够将零散的教学经验转化为系统的教育教学方案,为同行提供可借鉴、可推广的模式。

根据国务院《教学成果奖励条例》(国务院第151号令),教学成果是指反映教育教学规律,具有独创性、新颖性、实用性,对提高教学水平和教育质量、实现培养目标产生明显效果的教育教学方案。

国家级教学成果奖是国务院确定的国家级奖励,每四年评审一次,是迄今为止我国教育领域中唯一一项由国务院设立并由教育部组织实施的国家级教学奖励。此奖与国家自然科学奖、国家技术发明奖和国家科技进步奖等三大奖比肩而立，成为我国教育教学领域的最高荣誉，是教育领域意义最重大、影响最深远的国家级奖项。奖励等级分为特等奖、一等奖、二等奖三个等级。自2014年起，我国已经组织了3次职业教育教学成果奖评审，有力地促进了职业教育人才培养模式创新和校企合作育人机制完善。

6.3.2 教学成果的凝练原则

1. 写作与实践相结合

教学成果凝练应紧密结合教学实践，反映实际教学活动的过程和结果。这一原则强调总结不仅是对教学经验的记录，更是对教学实践的深入思考和行动的促进。在撰写教学成果总结时，教师需要重点记录和反思个人的教学实践，确保总结的真实性和个性化；真诚地呈现教学过程中的成功和挑战，避免过度美化或简化；展现个人的教学风格和思考，使总结具有独特的个人色彩。

2. 事实和理论相结合

教学成果凝练必须基于客观事实，并融入理论框架的支持。这一原则要求总结中的材料和数据是可靠和经得起检验的，同时需要有理论视角的指导。具体包括：客观陈述事实，确保材料和数据的科学性和可靠性；将事实和数据按照一定的理论视角和结构框架组织起来，展现内在的逻辑关系；明确教师在教学实际问题分析解决中所持有的信念和价值，并据此解释和组织事实材料。

3. 过程和结果相结合

教学成果凝练应详细说明教学方案的形成过程和实践检验过程，这一原则强调对教学活动全过程的关注。具体要求包括：清晰地报告教学方案的来源、探索过程和实践效果，确保方案的价值判断；强调过程的重要性，通过对教学过程的详细描述，使同行能够理解方案的价值，并在必要时进行重复验证；透明化数据获取过程，确保所提供的数据和结果是可信的，避免因缺乏过程透明度而影响成果的可信度。

6.3.3 教学成果的撰写步骤

教学成果的撰写通过积累案例、构建模型、提炼核心概念三个关键步骤，形成有机整体。案例为基础，提供丰富实践素材；模型为骨架，构建逻辑框架；核心概念为灵魂，引领方向。

1. 积累丰富且实用的案例

案例是教学成果总结的基础素材，它能生动展现教学实践中的真实情况，让读者直观了解教学过程与效果。

案例应包含完整情节，如实描述教学活动背景、过程、师生言行及心理变化。教师在撰写时，要紧密结合实际教学，避免虚构与美化。例如，在记录实训课程案例时，详细说明实训任务、学生操作过程、遇到的问题及解决方法，使案例真实可信且具有参考价值。

案例通过深描手法，将教学行为与背景、意义相联系。学生在学习过程中可能会遇到各种实际问题，案例中应体现教师如何引导学生解决问题，以及这些过程对学生技能提升和职业素养培养的意义。例如，在描述一个电子产品组装实训案例时，深入分析学生在组装过程中对电路原理的理解、操作技巧的掌握，以及教师如何根据学生表现调整教学策略，从而凸显教学实践的价值。

全面纪实能展示教学实践的全貌，为教学成果提供坚实依据。学校可以记录学校教学改革、课程实施、学生管理等各方面情况。如记录某专业课程改革历程，包括教学内容更新、教学方法改进、学生成绩变化、毕业生就业情况等，为教学成果总结提供全面素材。

2. 构建清晰合理的模型

模型有助于将零散案例系统化，揭示教学实践的内在规律。它能引导师生从具体案例走向抽象理论，使教学成果更具逻辑性和说服力。

模型具有简化与反映现实的二重性，构建时要遵循准确性和简明性原则。教师应基于教学实践原型，提炼关键要素与关系，如在构建某专业技能训练模型时，准确把握训练目标、内容、方法及评估标准之间的关系，简化不必要的细节，形成清晰的理论框架。

模型应结合实践操作。例如，在构建"项目驱动式"教学模型时，明确项目来源、实施过程、学生参与方式、教师指导要点及成果评价标准等，通过实践不断优化模型，使其更贴合教学实际，有效指导教学活动。

合理的模型能帮助深入理解教学系统运行机制，提升教学质量。如某职业院校构建的"校企合作、工学结合"人才培养模型，明确了学校与企业在人才培养各环节的合作方式与职责，促进了教学与实践的紧密结合，提高了学生的职业能力和就业竞争力。

3. 提炼核心概念

核心概念是其思想核心，引领整个教学实践与成果总结方向。它体现了教学成果的独特价值与创新之处，为教学改革提供理论支撑。

核心概念源于实践且精准概括。教师要从教学实践中总结问题与经验，提炼出准确、清晰的核心概念或理念。例如，针对学生实践能力强但理论基础薄弱的特点，某学校提出"理实一体化进阶式"教学理念，明确教学过程中理论与实践的融合方式及学生能力提升的阶段性目标，使教学活动更具针对性。

核心概念应体现教学成果对职业教育教学的积极影响与创新价值。如某职业院校在德育工作中提炼出"职业素养导向的体验式德育"理念，通过创设真实职业场景、开展实践活动，培养学生职业道德与职业行为习惯，区别于传统德育模式，为德育工作提供新思路。

核心概念指导中高职教学实践，同时在实践中不断丰富完善。例如，"现代学徒制"理念在职业院校的实践过程中，根据不同专业特点和企业需求，不断调整师徒关系、教学内容与方式，形成具有特色的人才培养模式，推动了职业教育教学改革的深入发展。

6.3.4　教学成果的关键环节

在教育教学中，教学成果的总结与呈现至关重要。而拟好标题、写好成果简介、完成成果报告则是其中的关键环节。

1. 精心拟好标题

标题是教学成果的高度凝练，如同一个人的眼睛，能够吸引读者的注意力，迅速传达成果的核心主旨。一个好的标题能在众多成果中脱颖而出，让读者在第一时间对成果有初步的认识和期待。拟题要点包括如下方面。

(1) 揭示核心主旨与特色，明确点出成果的核心内容、独特角度或创新之处。

例如：" '双轨并行、能力进阶' ——中高职衔接人才培养模式创新实践"，直接揭示了成果是关于中高职衔接的人才培养模式创新，"双轨并行、能力进阶"则突出了模式的特色，让读者能快速了解成果的关键信息。

(2) 避免常见问题，如标题主旨不明、导向不对或令人费解。

例如："某专业课程资源建设与应用"，仅说明了工作内容，未体现成果价值与目的，容易让读者产生困惑，不知此项工作的意义所在。

(3) 标题应体现鲜明的职业性和实践性特点。

例如："基于产教融合的高职智能制造专业群实训体系构建与实践"，既包含了"产教融合"这一中高职教育的重要理念，又突出了"实训体系构建"这一实践成果，使标题紧密贴合教学实际。

2. 翔实写好成果简介

成果简介是对教学成果的简要概括，是连接标题与成果报告的桥梁。在信息快速传播的时代，它能让读者在短时间内快速了解成果的主要内容、特色和价值，从而决定是否进一步深入阅读成果报告。

(1) 清晰界定核心概念，若标题中的核心概念不明确，成果简介中应首先进行界定。

例如，在" '工学交融、项目引领' ——汽修专业教学改革探索"的成果简介中，需详细解释"工学交融"和"项目引领"的具体内涵，以及它们在汽修专业教学中的实施方式和意义，使读者能准确理解成果的核心思想。

(2) 突出问题导向与实践过程，介绍成果针对的问题，简述实践探索过程，体现成果的现实意义和实践价值。

例如，阐述某职业院校针对学生汽修技能操作不规范、理论知识应用能力差等问题，通过开展校企合作项目、引入实际维修案例教学等实践过程，突出成果的针对性和有效性。

(3) 阐述核心内容与教学主张，详细说明成果的核心内容，包括教学方法、课程体系、实训模式等方面的创新举措，并阐述背后的教学主张和理据。

例如，介绍某高职动漫设计专业构建的"项目驱动、工作室制"教学模式，解释如何以实际项目为导向，在工作室环境中培养学生的创新能力和团队协作精神，以及这种模式对提升学生专业技能和就业竞争力的作用。

(4) 说明专业影响与学生受益情况，阐述成果在专业领域内产生的影响，如对教学方法改进、课程标准制定、专业建设等方面的推动作用，同时说明学生在知识掌握、技能提升、职业素养培养等方面的受益情况。

例如，某高职贯通培养的护理专业成果，可提及该成果对护理专业课程体系优化的贡献，以及学生在护士执业资格考试通过率提高、临床实习表现优异等方面的实际效果，增强成果的可信度和吸引力。

3. 全面完成成果报告

成果报告是对教学成果的全面、系统阐述，是展示教学实践探索过程和成果的重要文本。它为同行提供了详细的参考资料，有助于促进教育教学经验的交流与分享，推动中高职教育教学改革的深入发展。

1) 问题的提出

精准分析问题，明确阐述针对的中高职教学问题或挑战，深入分析问题的发现过程、具体表现及实质。例如，在阐述高职酒店管理专业人才培养问题时，分析行业对人才需求的变化，如数字化管理能力、国际化服务意识等要求的提高，以及当前专业教学中存在的课程设置滞后、实践教学与实际岗位脱节等问题，为后续解决问题提供清晰背景。

联系宏观背景与自身特色，将问题与中高职教育发展趋势、社会需求及学校专业特点相结合，把握问题的独特性和特殊价值。如某职业院校在分析电子商务专业教学问题时，鉴于电商行业快速发展对新型营销人才的需求，以及学校所在地区产业结构特点，提出如何培养适应本地电商企业需求的创新型人才问题，使问题具有针对性和现实意义。

2) 解决问题的过程和方法

清晰阐述探索过程，详细说明实践探索经历的阶段，每个阶段的改革重点、遇到的困难及解决方法，以及阶段之间的衔接与发展逻辑。例如，某高职机械制造专业在实施"智能制造人才培养改革"过程中，介绍初期阶段重点进行课程体系重构，遇到师资不足、实训设备更新困难等问题，通过引进企业兼职教师、校企合作共建实训基地等方式解决；后续阶段注重教学方法创新，如推行"线上线下混合式教学"，并阐述如何逐步推进这些改革措施，体现实践探索的系统性和逻辑性。

突出方法的针对性与有效性，强调解决问题所采用方法的合理性和独特性，基于对问题的深入调研和理解，避免简单罗列常规教育科研方法。如某职业院校针对学生学习积极性不高的问题，详细介绍如何根据学生特点和专业需求，开发特色校本教材、开展兴趣小组活动、建立多元化评价体系等具有针对性的方法，展示实践探索的创新之处。

3) 成果的主要内容

全面展示成果要素，阐述经过实践检验形成的问题解决方案，包括教学理念、结构模型、操作策略、物化形式等。例如，某中高职一体化的物联网应用技术专业成果，展示其构建的"分层递进、理实融合"教学体系，包括课程架构、教学方法体系、实践教学平台等内容，同时介绍相关的教材、教学资源库、实训设备等物化成果，以及在教学实践中的应用案例，使成果内容丰富且具体可操作。

处理好理论与实践关系，在介绍成果时，既要阐述背后的原理和思想观点，又要注重提供可操作、可复制的内容，避免过于理论化或仅有原则性描述。如在阐述高职新能源汽车技术专业的教学成果时，解释基于工作过程导向的课程开发原理，同时详细说明课程实施的具体步骤、教学组织形式、考核评价方式等，使读者既能理解成果的理论依据，又能借鉴实践操作经验。

4) 育人效果和反思

如实报告育人成效，重点说明学生在知识、技能、职业素养等方面的发展情况，以及教师专业成长、学校专业建设等方面取得的成果，用事实和数据支撑。例如，列举某职业院校在实施某项教学成果后，学生在技能竞赛获奖数量、职业资格证书获取率、就业对口率等方面的提升数据，以及教师在教学能力比赛获奖、参与企业实践项目等方面的成果，体现教学成果的实际效果。

客观分析成果存在的不足，提出进一步探索的方向和问题。如某高职建筑工程技术专业在成果报告中反思在实践教学中与行业最新标准对接不够紧密、学生创新能力培养仍需加强等问题，并针对这些问题提出未来改进的思路和计划，展示对教学实践的持续思考和改进态度。

6.3.5 教学成果的推广策略

教学成果推广对推动教育发展意义重大，为有效推广教学成果，需制定多方面策略应对推广中的各种情况。

1. 精准定位成果

1) 剖析成果内涵与优势

全面分析教学成果，明确独特教学理念、创新方法及实践效果等核心要素。例如，分析新型项目式学习模式如何提升学生自主学习、团队协作和解决问题能力，对比其与传统模式在教学过程、学生参与度和学习成果方面的优势，通过案例和数据展示成果亮点与价值，为定位推广对象和范围提供依据。

2) 确定目标受众与范围

根据成果特点确定适用的教育阶段、学科领域、学校类型和教师群体等目标受众。如幼儿教育阶段的游戏化教学成果，目标受众为幼儿园教师。考虑成果通用性和特殊性，明确不同情境下的适用范围，制定针对性推广策略。

2. 多渠道宣传

1) 借助教育会议与活动

积极参与教育研讨会、学术年会等活动，通过报告、展示、示范课等形式介绍成果，与同行交流并收集反馈。如在全国教育学术年会上展示成果资料、进行示范课演示，与参会者分享经验和挑战，促进成果完善与影响力提升。

2) 利用教育媒体与网络

撰写学术论文和实践文章，分别投至核心期刊和教育类媒体，提高成果在学术界和实践领域的认可度。建立成果官方网站和社交媒体账号，发布动态、案例、经验等内容，制作短视频展示成果应用场景，通过互动增强用户信任和认同。

3) 开展校内与校际推广

在成果产生学校组织培训、观摩和分享会，将成果推广至全体教师，促进校内教学质量提升。加强校际合作，通过结对帮扶、联合教研等形式，将成果推广至合作学校，形成区域协同效应。

3. 提供支持服务

1) 培训指导与资源共享

为成果应用方组织系统培训，包括理论和实践操作，提供丰富教学资源并建立共享平台，方便教师使用和调整，根据反馈优化资源。

2) 技术支持与问题解决

为技术应用成果提供持续技术支持，设立技术团队解答问题，建立反馈机制收集问题并制定解决方案，改善成果应用效果。

3) 跟踪评估与改进支持

持续跟踪成果应用进展，定期回访评估效果，通过多种方式收集数据，根据结果提供个性化改进建议和支持，帮助优化成果应用。

4. 鼓励应用方式创新

1) 激发应用方主动性

与应用方建立平等合作关系，尊重其需求，鼓励参与成果推广全过程。设立激励机制，表彰奖励积极应用且成效显著的学校和教师。

2) 支持本土化创新

鼓励应用方结合本地实际进行创新，提供创新空间和资源支持，帮助解决困难，形成特色教学模式。

5. 构建推广生态

1) 加强双方协同合作

推广方和应用方明确责任义务，建立沟通机制，确保目标、行动和资源一致。促进双方人员交流，推广方了解需求提供服务，应用方反馈经验问题，共同推动成果完善和应用。

2) 整合各方资源推动

整合教育行政部门、科研机构、学校和企业等资源，形成合力推动成果推广。教育行政部门提供政策和资金支持，科研机构给予专业指导，学校积极实践，企业提供产品和平台。建立资源共享平台，促进资源流通共享，提高推广效率。

6.4　教育类文书实战演练

6.4.1　教学方案实战演练

案由： 在会计实务专业教学中，《企业会计实务》课程的"应付账款"相关知识是核心要点。鉴于学生已具备一定会计基础，但实践经验匮乏且对复杂赊购业务核算理解困难，同时需强化职业素养培养，请设计一份教学方案，通过创新教学手段与强化实践环节，助力学生深度掌握应付账款核算技能，提升职业素养，对接企业会计岗位需求。

企业会计实务教学方案

一、教学基本信息

课程名称	企业会计实务		
课程类型	专业核心课		
所属专业名称	会计事务		
课程性质	必修		
开课年级	二年级	开课时间	2024 年 9 月
学时	2	学生人数	30
使用教材的名称及出版单位	《企业财务会计》高等教育出版社		
教学方式	线上线下混合式		
学情分析	学生已掌握应付账款账户基础知识，且多数能操作简单采购业务实训，但缺乏实际岗位历练，对复杂赊购业务核算，尤其是票未到情况下的处理感到棘手，渴望实践操作以提升技能与素养		
教学目标	素质目标	1. 培育严谨精细的职业操守 2. 塑造诚实守信的品德	
	知识目标	1. 精准概括应付账款核算范畴 2. 准确判定应付账款入账时间与价值	
	能力目标	1. 依原始凭证精准判别经济业务类型 2. 熟练正确核算赊购业务	

（续表）

教学重点	1. 票到与票未到赊购业务核算流程 2. 票未到赊购业务在不同时间节点的核算要点	
教学难点	票未到赊购业务不同入账时间的精准核算	
教学环境设计及资源准备	教学环境	智慧教室
	教学资源	1. 教材及相关参考资料 2. 微课、思维导图等数字化学习资源

二、教学策略

引入非遗竹编企业赊购业务案例，增强知识实用性与趣味性。组织小组合作，促进学生交流互动、协同解决问题，突破重难点。创设采购意见会、岗位模拟等情境，提升学生实践与分析能力，培养职业素养。

三、教学环节与教学内容

课前				
教学环节 （用时）	教学内容	教师活动	学生活动	设计意图
测基础	企业采购业务调研	组织竹编交易会单据收集、发布问卷与测试，依平台评分分组	收集单据、完成问卷测试，交流购物经历后分组	渗透知识、培养自主学习与诚信意识
课中				
教学环节 （用时）	教学内容	教师活动	学生活动	设计意图
析任务 （10分钟）	明确赊购业务处理任务并导入新课	播放竹编视频、组织采购意见会，整合意见后引出课题	观看视频、参与会议分享意见、认领任务	增强文化自信、培养归纳与诚信素养
探原理 （20分钟）	应付账款核算要点学习	指导 T 型账粘贴、引导平台交流分享，点评梳理知识生成导图	小组合作粘贴、平台交流、领会点评查寻图	构建知识框架、掌握核算原理
究方法 （15分钟）	不同情形赊购业务核算学习（含难点）	展示业务对比分析、引导凭证收集与系统核算，组织稽核互评，播放微课、讲解难点、引导口诀编制	对比分析上传结果、合作完成核算与科目分享、参与稽核汇报互评、观看微课探究难点、聆听讲解编口诀	对比学习突破难点、增强业务认知与协作能力
练技能 （30分钟）	立丹公司赊购业务实操	设置岗位、组织实训系统操作，巡回指导、点评结果	登录系统按岗处理业务、反馈问题、听主管汇报与小结	提升岗位实践与责任能力、检测学习效果
评过程 （15分钟）	总结评价与证书发放	学生回顾导图、组织平台评价、展示排行发证书	回顾导图、平台评价、查看成绩领证书	检测知识掌握、多元评价促改进
课后				
教学环节 （用时）	教学内容	教师活动	学生活动	设计意图
拓本领	电费核算与应付账款偿还预习	布置电费核算作业、发布应付账款偿还预习任务	完成作业并平台交流、预习偿还知识	巩固知识、铺垫后续学习

四、教学效果与教学反思

(一) 教学效果

学生能较好掌握应付账款核算知识与技能，职业素养有所提升，在小组合作、岗位模拟等活动中积极参与，学习积极性高涨，对非物质文化遗产与会计实务融合兴趣浓厚。

(二) 存在不足

教学评价维度较单一，未充分考量学生在团队协作、职业素养养成等方面的动态变化；实践机会仍相对有限，部分学生在复杂业务处理时实践能力提升不显著。

(三) 再教设计

构建多元教学评价体系，增加团队协作、职业态度等评价指标与观察点，定期评估；深化校企合作，拓展实践项目与企业实习时长，依学生实践表现精准指导，强化理论实践融合。

案例分析：

1. 核心结构

(1) 教学基本信息：涵盖课程关键要素，专业、年级、教材等明确，为教学定位提供清晰基础。

(2) 教学目标：教学目标明确且全面，涵盖了素质、知识和能力三个维度，与课程的专业核心课定位相契合。

(3) 教学策略：多元且贴合实际，案例、合作、情境模拟法有效激发学生积极性与实践能力。

(4) 教学环节与教学内容：课前、课中、课后紧密相连，内容循序渐进，从基础到应用逐步深化。

(5) 教学效果与教学反思：效果良好且反思精准，能发现问题并提出改进方向，利于持续提升教学质量。

2. 语言特点

(1) 简洁明确：表述简洁，教学各要素传达清晰，无冗余，便于师生快速理解，提升教学和学习效率。

(2) 专业规范：专业术语运用准确规范，符合行业标准，有助于师生养成专业语言习惯。

3. 本案例亮点

(1) 文化创新融合：非遗竹编文化融入教学，如任务导入时的视频与意见会，增强文化认同，丰富教学内涵，提升思政效果。

(2) 方法多元高效：案例、合作、情境模拟等教学方法并用，使知识生动、促进协作、增强体验，提升教学效果。

(3) 实践扎实突出：通过实训系统与真实业务，如岗位设置与公司业务处理，锻炼学生实践能力，实现校岗无缝对接。

4. 价值与适用场景

适用于职业院校专业课程教学方案设计，助力提升教学质量与学生职业能力。

6.4.2　教学成果实战演练

案由：随着教育理念的更新和社会对人才需求的转变，传统育人模式面临诸多挑战。一方面，教学内容与实际应用脱节，学生虽掌握理论知识，但实践能力薄弱，难以满足职场需求；另一方面，培养维度单一，忽视学生的创新思维、团队协作等综合素养培育。同时，教育各环节之间缺乏有机融合，资源整合不足。为解决这些问题，提升人才培养质量，相关团队开展深入研究与实践，目标是打造全方位、多层次的育人体系。现请撰写一份教学成果，将此创新育人模式的实践过程、成效及经验呈现。

"六化、五维、四融"育人模式创新与实践

成果总结报告(简版)

一、形成背景和基础

(一) 形成背景

随着国家对职业教育发展的高度重视，相关政策文件如《国务院关于加快发展现代职业教育的决定》《中国教育现代化2035》等相继出台，强调立德树人、全面发展等教育理念。习近平总书记也明确指出培养德智体美劳全面发展人才的重要性。在此背景下，安徽扬子职业技术学院从2016年起，依托相关项目，围绕教育根本问题，结合自身实际开展育人创新工作，经多年研究与实践形成本成果。

(二) 成果基础

学院是多类先进单位，拥有优秀的教育教学团队。在过往的研究与实践中，取得诸多成果，包括发表60余篇论文、建成10门省级精品示范课程、出版10余部教材，还编撰印发大量德育、安全、健康手册，挂牌工作室为毕业生服务，开展多次创业培训等。同时，学院在党建、产教融合、校园文化建设等方面也成绩斐然，获评多项荣誉，入选省级"双高计划"建设单位。

二、研究和实践过程

成果的形成基于充分调研与实践检验，历经"发现问题—研究探索—解决问题—实践检验"的循环过程。在2016年查找人才培养问题并探索育人理念；2019年总结经验构建育人体系；2021年强化职业教育特色；2022年完善教育体系并推广；2023年适应改革要求并获好评。

三、成果主要内容

(一) 解决的问题

职业教育在落实立德树人任务时存在德育体验不足、育人协同不够、评价体系不完善等问题。

(二) 解决方案

1. 践行"六化"育人理念

秉持"政治化、德育化、知识化、技能化、人性化、科学化"理念，以党建为引领，构建合理课程体系，关注学生全面发展，凝聚各方力量保障育人工作。

2. 构建育人实践体系

打造五维素养实践内容，聚焦学生思想政治、道德文化、健康、安全、法治素养，通过课堂教学、校园活动、社会实践、网络平台等多途径提升学生素养。

建立四方融合育人机制，实现校企、校家、校校、校地融合，在师资、课程、基地、活动等方面共建共享、协同合作。

形成育人评价体系，构建以校企家生为主体，涵盖多评价要点、采用多样方法的学生综合素质评价标准和育人工作评价标准，评价结果用于学生成长和学校管理改进。

四、成果的创新点

(一) 理念创新

形成"六化"育人理念，以促进学生成长为出发点，坚持"为党育人、为国育才、为民办学"，实施"大德育"工程，构建融合育人机制，保障育人效果。

（二）实践体系创新

构建以五维素养为内容、四融为机制的实践体系，实现德育方式转变，提升学生素养和社会责任感，建立四方融合机制促进资源共享与合作。

（三）评价体系创新

建立"多元、多维、多样"评价体系，以五维素养为目标，通过多主体、多标准、多样方法评价，利用信息化平台激励学生改进，推动学校育人工作提升。

五、成果的推广效果

（一）人才培养质量显著提高

毕业生就业率高、用人单位满意度高，多数成为企业骨干，创业、竞赛、专利成果多，入党积极，体能和心理问题减少，素质拓展参与度高。

（二）推广应用成效突出

成果在多所学校推广，吸引院校交流，入选省质量工程项目，举办多次讲座。

（三）学校影响力明显提升

学校获多项荣誉，入选省级"双高计划"，教科研立项增多。企业合作增多、投入增加，家长认可度提升、招生规模扩大，政府支持，公益活动受媒体报道。

案例分析：

1. 核心结构

（1）问题的提出：紧扣职业教育政策导向，指出在落实立德树人任务中，存在德育体验、育人协同及评价体系方面的问题，贴合时代需求与教育实际。

（2）解决问题的过程和方法：历经多年"发现—研究—解决—检验"循环，践行"六化"理念，构建五维素养实践内容与四方融合机制，形成育人评价体系。

（3）成果的主要内容：理念创新强调"六化""大德育"；实践体系创新聚焦五维素养与四方融合；评价体系创新突出"多元、多维、多样"。

（4）育人效果和反思：从人才培养、学校影响力、推广应用及社会认可多方面呈现良好育人效果。

2. 语言特点

（1）准确规范：阐述政策文件、时间节点精准，专业术语使用恰当，体现教育领域的规范性。

（2）条理清晰：按形成背景和基础、研究和实践过程、成果主要内容、创新点、推广效果依次阐述，各部分层次分明，逻辑连贯，便于理解成果全貌。

（3）简洁务实：用简洁语言陈述成果，如各项成果数据列举，不堆砌辞藻，围绕育人模式核心，突出实践成果与成效。

3. 本案例亮点

（1）背景清晰：结合国家政策及学院自身实际，阐述成果形成背景与基础，有理有据。

（2）过程翔实：清晰呈现"发现—研究—解决—检验"的循环过程，各阶段目标明确。

（3）内容全面：针对职业教育现存问题，从理念、实践体系、评价体系提出全面解决方案。

（4）创新凸显：理念、实践、评价三方面创新点阐述明确，突出成果独特性。

4. 价值与适用场景

适用于各类教育阶段与学科领域的育人体系构建，有效推动教育理念革新、优化教学实践流程、提升学生综合素养与社会竞争力。

📖 本章小结

本章详细阐述了教育类文书写作，涵盖教学设计、教学实施和教育研究三大板块。在教学设计部分，深入探讨了其概念、理论基础、主要内容及特点，并详细分析了学情分析、教学目标、策略和评价设计的方法与原则，为教学活动提供科学规划。教学实施方面，明确了教学方案的内涵、作用、撰写要点及评估方法，确保教学设计有效落地。教育研究部分，聚焦于教学成果的凝练、撰写、推广，助力教师总结经验、创新理念，推动成果应用。通过系统学习，提升教师的规划、实施和研究能力，促进教育教学质量的全面提升。

思考与练习：

1. 教学设计包含哪些主要内容？

2. 教学方案与教学设计有何区别与联系？

3. 如何在教学方案中体现教学活动的灵活性？

4. 谈谈如何在教育教学实践中积累丰富且实用的案例，用于教学成果总结。

实践训练：

材料1：

在物流行业快速发展且智能化程度不断提升的背景下，物流企业对于能够熟练操作和维护智能物流设备的专业人才需求极为迫切。现需针对职业院校物流管理专业二年级学生(学生已具备一定物流基础知识，但对智能物流设备的了解仅停留在表面，缺乏实际操作和维护经验)设计一份"智能物流设备操作与维护"课程的教学方案，以培养学生具备操作和维护常见智能物流设备(如自动化分拣系统、智能仓储货架等)的能力，使其能够适应物流企业智能化转型的岗位需求。

请按照以下要求进行教学方案设计：

教学方案基本信息：确定课程名称、课程类型、所属专业、课程性质、开课年级、学时、使用教材及教学方式等信息。

教学背景：详细阐述物流行业现状、智能物流设备的发展趋势，以及学生的学情与教学需求之间的关联。

教学目标：分别从素质目标(如培养职业素养、团队合作精神等)、知识目标(如掌握智能物流设备的结构原理、操作流程等知识)和能力目标(如具备独立操作设备、解决常见故障等能力)三个方面进行明确设定。

教学内容：规划涵盖智能物流设备的理论知识讲解(如设备分类、工作原理等)和实践操作训练(如设备启动、日常维护等)的具体教学内容，并突出重点和难点。

教学策略：选择合适的教学方法和教学手段，并说明如何根据教学目标和内容进行有效组合。

教学过程：设计包括课前预习引导、课中教学活动和课后复习巩固及拓展的详细教学流程。

教学评价：构建多元化的教学评价体系，包括评价主体、评价方式和评价指标。

教学反思：简要说明在教学过程中可能出现的问题及应对策略，以及如何根据教学效果和学生反馈进行持续改进。

材料2：

随着信息技术在教育领域的深度渗透，数字化教学资源在汽修专业教学中的应用日益广泛，但在实际应用过程中仍存在资源适配性不佳、教学应用效果参差不齐等问题，亟待探索有效的改进路径与创新举措以提升其教学效能。

请根据以下要求进行教学成果撰写。

问题的提出：剖析资源与课程标准及教学需求契合度问题，探讨教师教学和学生学习方面存在的问题及其对教学效果的负面影响。

解决问题的过程和方法：阐述资源筛选、整合与二次开发思路。说明教师培训与教研方案。介绍引导学生利用资源学习的方法。

成果的主要内容：展示优化后的资源体系，包括分类架构、核心资源和更新管理机制。阐述创新模式与方法，如"资源驱动—任务导向—能力提升"模式实例。呈现物化成果，如教学案例集、研究论文等。

育人效果和反思：用数据案例分析学生在知识、技能、素养和能力方面的成效。反思推广应用问题，提出对策与改进建议。

第 7 章

新媒体文书写作

案例导读 | 小米，从 0 到 1 的逆袭之路

小米怀揣着"做全球最好的手机，只卖一半的价格，让每个人都能买得起"的伟大梦想启航。彼时，它只是一个从未涉足手机领域的小公司，毫无经验，面临着巨大的挑战。要实现这个看似遥不可及的目标，谈何容易？但雷军没有退缩，他提出了一个大胆创新的想法：那些行业巨头都是传统硬件公司，倘若用互联网模式来做手机，会怎样呢？

于是，雷军开始组建团队、研发系统、打造硬件。在这个过程中，困难重重，可他凭借着非凡的毅力，历经艰辛请来了各路行业精英，成功做出初代MIUI系统。为了确保手机硬件品质，在日本地震核泄漏的严峻形势下，雷军冒险造访夏普，他的这份执着与决心感动了夏普高层，最终成功搞定硬件。

就在新机即将成功上线之际，意外发生了。由于对品质要求极高，导致成本超出预期，原本计划售价1499元的手机，不得不提高到1999元。这无疑是一个巨大的危机，然而，结果却出人意料。手机发布会当天，现场被前来助阵的"米粉"挤得水泄不通，雷军自己都难以进入。当他公布1999元的售价时，现场爆发出长达半分钟的欢呼声，首波订购量就达到30万台，最终小米新机的销量更是惊人地达到了700万台。小米成功了，它以独特的方式在竞争激烈的手机市场中闯出了一片属于自己的天地。

案例分析：

(1) 应用文分类：新媒体文书。

(2) 写作特点如下。

① 脉络清晰。按时间线呈现小米从困境起步，以互联网模式应对，最终成功的历程，体现艰辛与坚持。

② 人物鲜明。突出雷军创新思维与非凡毅力，塑造出可信且有吸引力的企业家形象。

③ 冲突反转。成本超支致售价提高形成冲突，米粉热烈反应带来反转，增添故事趣味。

④ 价值凸显。围绕高性价比、用户至上，传递品牌价值，引发认同。

在信息如洪流般奔涌的当下，新媒体文书作为一种将特定信息精准传递给大众的专用文体，其重要性愈发凸显。它就像一座桥梁，连接着信息的发布者与接收者，让各类资讯得以高效流通。

要创作一篇出色的新媒体文书，需遵循以下几个关键要求。

1.明确目标。动笔之前，一定要清晰地界定想要传达的核心信息或者期望达成的目标。明确目标后，内容的构思与组织才能有的放矢。

2.精练表达。鉴于新媒体平台信息的海量性和读者阅读时间的碎片化，传播文书必须在有限篇幅内精准传递信息。这就要求我们摒弃冗长繁杂的表述，用简洁明了、精准无误的语言，直击要点，让读者在短时间内迅速抓住关键。

3.结构合理。合理的结构是保证文书内容条理清晰的关键。通过精心规划段落与章节之间的逻辑关系，使内容层次分明、环环相扣。例如，采用总分总的结构，开篇点明主题，中间详细阐述要点，结尾总结升华，让读者能轻松跟上作者的思路，更好地理解信息。

📖 学习目的

1. 了解新媒体文书的概念、类型和写作流程
2. 理解各种新媒体文书的作用与特点
3. 熟悉各种新媒体文书的内容结构及写作要点

7.1 新媒体文书概述

> 通过学习新媒体文书概述，学生可以全面掌握新媒体文书的内涵、特点、类型及写作流程，精准把握其在信息传播领域的地位与价值，有效提升自身新媒体文书创作能力，为后续相关实践筑牢基础。

瑞幸城市谐音梗

瑞幸不仅是第一个万家线下门店的本土品牌，也是实打实的"广告公司"，从酱香咖啡到城市谐音梗，一直在不断创造爆款。

瑞幸城市谐音梗(如图7.1所示)，实际上是瑞幸的日常social内容。瑞幸凭借敏锐的嗅觉，趁着city梗流行，通过收集整理，进行品牌自身特色的修改与设计，最终以0成本，一天时间设计，两天发布，完成案例。有趣的内容，加上瑞幸天然的社交属性，最后达到了网络刷屏。据内部人员透露，这跟他们秉持的"social轻快爆"的理念密不可分。

图 7.1 瑞幸城市谐音梗

案例分析：

该案例作为新媒体文书撰写的经典范例，具有以下要点。

(1) 写作特点：瑞幸城市谐音梗及时把握热点，以趣味内容打破常规，借互动传播扩大影响，满足新媒体文书快节奏、易接受、广传播的特点。

(2) 写作类型：通过融合城市特色与品牌元素的创意视觉，搭配简洁表意的谐音梗，以图文形式，直观清晰地传递瑞幸与城市文化相连的品牌信息。

(3) 写作流程：从敏锐捕捉city梗热点，到团队协作完成创意内容，再到多渠道高效发布，全流程紧密围绕提升品牌知名度目标推进。

7.1.1　新媒体文书的内涵

1. 新媒体的定义

"新媒体"(new media)是相对于传统媒体而言的。传统媒体主要包括报纸、杂志、电视、广播等。而新媒体是利用数字技术、网络技术，通过互联网、宽带局域网、无线通信网、卫星等渠道，以及电脑、手机、数字电视机等终端，向用户提供信息和娱乐服务的数字化传播形态。例如，微博、微信、抖音、今日头条等平台都属于新媒体范畴。它具有交互性、即时性、海量性、共享性等特点。

2. 新媒体文书的定义

新媒体文书是在新媒体环境下产生的一种特殊的文书形式。它以新媒体平台为载体，结合新媒体的特点来进行创作和传播。它可以是新媒体平台上的一篇公众号推文、一个短视频脚本、一段微博文案等。

与传统文书相比，新媒体文书更加注重吸引受众的注意力，通常会运用更加活泼、生动的语言风格，同时会充分利用新媒体平台的功能，如超链接、图片、音频、视频等多种元素来丰富内容。

7.1.2　新媒体文书的特点

1. 形式多元

新媒体文书具备整合多种信息载体的能力，可将文字、图像、音频、视频有效融合。其呈现形式灵活，微信公众号涵盖深度行业剖析长文、突出关键信息的单图短文及互动板块；短视频平台上，文案以动态字幕、引人注目的简介与热门评论等形式呈现，以契合不同传播场景需求。

2. 定位精准

凭借大数据的精准分析功能，新媒体平台能够精准洞察用户兴趣、消费倾向等信息，为新媒体文书的创作提供精准导向。同时，新媒体平台能聚焦细分领域，如母婴板块细分出宝宝睡眠、辅食添加等专业方向，以专业内容服务特定受众，建立专业形象。

3. 传播及时广泛

新媒体环境下，文书创作完成即可迅速发布。新闻报道领域体现尤为明显，面对突发事件，如地震、火灾等，记者能第一时间在新媒体平台推送现场图文、视频资料，摆脱传统媒体烦琐流程，及时将信息传递给公众，掌握舆论主动。依托互联网与社交媒体构建的庞大传播网络，一条热门微博可在短时间内引发广泛关注，跨越地域、人群界限，形成全民讨论，实现信息的广泛传播。

4. 互动性强

新媒体文书构建起作者与受众的即时交流通道。受众能够通过评论、点赞、转发等行为表达看法，各方观点相互交流碰撞，博主及时回应，或解答疑问，或深入探讨，打破信息单向传播模式。部分文书还开启受众参与创作模式，粉丝投稿经整理后形成新文案分享，参与者融入创作过程，共享成果，有效增强受众黏性。

5. 推广效果好

新媒体文书借助丰富多样的平台资源，实现多渠道协同推广。优质商业文案不仅在微信公众号以深度内容吸引粉丝，还提取精华投放至短视频平台，借助流量优势扩大曝光；同时在小红书、知乎等社区精准种草，全面覆盖目标受众，提升品牌与产品知名度。

7.1.3 新媒体文书的类型

新媒体文书类型丰富多样，依据不同的分类标准可进行如下划分。

1. 按表现形式分类

1) 文字式

该类文书以大段文字输出为主，如微信公众号文案、微博头条文章、门户网站营销软文等，篇幅较长，部分会穿插图片、链接等，是主流形式之一，如一些深度行业分析文章、情感故事类推文等。

2) 图片式

该类文书以图片为载体，如海报文案和H5文案，对图片创意与信息选择要求高，需用有限文字传达主题思想和重要信息，如品牌宣传海报、活动推广H5页面等。

3) 视频式

该类文书以视频为载体，常见于直播和短视频，如抖音、快手、哔哩哔哩等平台发布的内容，主题丰富，涵盖品牌宣传、新品试用、产品测评、知识科普等众多方面，如产品功能演示视频、生活小技巧分享视频等。

4) 图文结合式

该类文书在微博等平台较为常见，将文字与图片巧妙搭配，以图文并茂的方式呈现内容，兼具文字的深度与图片的直观吸引力，如旅游攻略图文、美食推荐图文等。

5) 音频式

该类文书以音频形式传播信息，如喜马拉雅等音频平台上的节目文案、有声读物文案等，适合在人们无法专注于视觉内容时(如驾车、运动时)获取信息。

2. 按文案长短分类

1) 长文案

该类文书字数一般在1000字及以上，用于信息铺叙分析或展开大的故事场景，以满足读者深度诉求，通常需要构建强大的情感情景，如深度报道、人物传记类新媒体文书等。

2) 短文案

该类文书字数在1000字以内，侧重快速触动读者，重点突出核心信息，以简洁有力的文字传达关键内容，如微博短消息、朋友圈文案、商品促销短文案等。

3. 按广告植入方式分类

1) 硬广文案

该类文书通过媒体渠道直接展示宣传内容，特点是清楚直白、开门见山，让受众一眼就能识别是广告。常见于视频开头的广告贴片、网页弹窗广告文案等。

2) 软广文案

该类文书不直接介绍产品或服务，而是巧妙植入情感故事、干货分享或其他内容中，达到"润物细无声"的营销效果，受众不易直接觉察广告目的，从而减少排斥心理。例如，在一篇养生知识科普文中植入保健品推荐，在旅行游记中植入酒店或旅游产品推广等。

4. 按写作目的分类

1) 销售文案

该类文书发布后旨在立刻带来销量，如电商详情页文案、促销活动引流广告图文案等，要求能够打动人，激发受众购买欲并促使其产生购买行为。例如，电商平台的商品推广文案、限时折扣活动文案等。

2) 推广文案

该类文书主要目的是推广产品或品牌，扩大品牌影响力，如品牌形象宣传文案、公益广告文案、企业品牌故事等。侧重于引起人们共鸣，使受众认可品牌或观念，虽不直接追求即时销售，但长期来看有助于提升品牌知名度和美誉度，进而促进销售。例如，品牌价值观宣传视频文案、企业社会责任报告文案等。

7.1.4　新媒体文书的写作流程

1. 精准定位写作目标

新媒体文书创作并非无的放矢，其目的具有多样性和明确性。

1) 驱动销售转化

新媒体文书聚焦于产品或服务自身，旨在凸显其独特卖点与优势，通过精准的市场定位和有效的营销策略，激发消费者的购买冲动，从而实现销售量的显著增长，为企业创造经济效益。例如，电商平台上的产品详情页文案，通过详细介绍产品功能、展示用户评价等方式，引导消费者下单购买。

2) 塑造品牌形象

新媒体文书重点在于构建和传播品牌的核心价值观、独特个性与文化内涵，致力于提升品牌在消费者心目中的认知度、美誉度和忠诚度，以获取长期的市场竞争优势。如知名企业的品牌故事文案，讲述企业发展历程、传承精神等，使消费者产生情感共鸣，进而强化品牌认同感。

3) 推广活动参与

新媒体文书针对特定活动进行宣传，如新品发布会、公益活动、文化节等，吸引目标受众积极参与，提升活动的知名度和影响力，在特定时间范围内达成活动目标，增强品牌与受众的互动性。如音乐节的宣传文案，通过突出演出阵容、活动亮点等吸引音乐爱好者购票参与。

4) 传播思想观念

新媒体文书主要致力于传递特定的思想、理念、价值观或社会公益信息，引发受众的深度思考与情感共鸣，促进社会文化的交流与进步，而非追求直接的商业利益。如公益广告文案，呼吁公众关注环保、关爱弱势群体等，推动社会正能量的传播。

2. 深入开展市场调研

全面且深入的市场调研是新媒体文书写作的基石，涵盖产品和受众两个核心层面。

1) 剖析产品特性

无论是有形产品还是无形服务，抑或品牌形象、活动信息或观念传播，深入了解产品的本质特征均至关重要。这包括对产品功能、质量、技术创新等方面的精准把握，通过与竞争对手的细致对比，挖掘其差异化竞争优势，同时洞察消费者对产品的潜在需求和期望，从而精准定位产品卖点，为文书创作提供坚实的内容支撑。

2) 洞察目标受众

新媒体文书的受众具有特定性，不同受众群体在文化背景、社会阶层、消费习惯、兴趣爱好等方面存在显著差异。因此，需要借助科学的调研方法和数据分析工具，深入了解目标受众的特征和需求，运用受众属性分析模型(涵盖通用属性如性别、年龄、文化程度等，以及特征属性如心理特征、行为习惯等)，实现受众的精准画像，使文书内容与受众需求高度契合，提高传播效果。

3 创新构思创意元素

在信息爆炸的互联网时代，独具创意的新媒体文书才能脱颖而出，吸引目标受众的关注。以下是几种有效的创意思考方法。

1) 发散思维树状图法

该方法以产品或主题的核心优势为根基，构建树状思维架构。从核心优势出发，拓展出与之相关的多个分支，每个分支再进一步延伸出更多具体的联想点，形成一个丰富的关键词网络。通过对这些关键词的筛选与提炼，挖掘出最具吸引力和感染力的创意亮点，将其转化为能够打动受众的核心卖点，融入文书创作中。

2) 创意表格思考法

该方法适用于具有探索性和创新性的创作任务。首先，对现有市场中的同类产品或相关案例进行系统分析，抽象出关键的属性维度，如产品的结构、功能、外观、用户体验等方面。然后，对每个维度进行精细化细分，列举出所有可能的取值或特征。最后，通过不同维度取值的自由组合，创造出全新的产品概念或创意方案，为新媒体文书提供新颖的视角和独特的内容。

3) 元素组合创意法

该方法将看似不相关的元素进行有机融合，往往能产生意想不到的创意效果。例如，将文化元素与旅游元素相融合，打造出具有地域特色的旅游宣传文案。通过挖掘不同元素之间的潜在联系，打破常规思维模式，创造出富有创新性和吸引力的新媒体文书内容。创意的产生并非偶然，它源于对生活的敏锐观察、广泛的知识储备、多元文化的体验，以及持续的思考与实践。

4. 高效执行文案创作

文案执行是将创意构思转化为实际可传播内容的关键环节，需要根据不同新媒体平台的特性和受众偏好，制定切实可行的执行策略。

1) 内容创作多样化

可以根据平台特点选择合适的内容形式，如在文字类平台撰写深度文章、观点评论；在图片类平台设计精美海报、信息图；在视频类平台制作生动有趣的短视频、动画等。同时，确保内容质量上乘，逻辑清晰，语言生动，能够准确传达核心信息，吸引受众注意力。

2) 多平台协同发布

综合考虑不同新媒体平台的用户群体、传播机制和功能特点，制订差异化的发布计划。例如，在社交媒体平台上注重话题性和互动性，吸引用户参与讨论和分享；在专业论坛上发布深度内容，树立专业形象；在短视频平台上突出视觉效果和趣味性，提高内容的传播速度和广度。通过多平台协同作战，扩大文案的传播范围，提升品牌影响力。

5. 全面复盘优化提升

文案复盘是对新媒体文书写作全过程的总结与反思，通过数据监测、用户反馈等方式，深入分析文案的优点与不足，为后续创作提供宝贵经验。

1) 数据分析评估效果

可以利用专业的数据分析工具，对文案的曝光量、阅读量、点赞数、评论数、转发数、转化率等关键指标进行监测和分析，了解文案在不同阶段的传播效果和受众行为变化，评估是否达到预期目标。

2) 用户反馈挖掘需求

可以积极收集用户的评论、私信、问卷调查等反馈信息，了解用户对文案内容、风格、创意等方面的满意度和改进建议，深入挖掘用户的潜在需求和期望，为优化文案内容和提升用户体验提供依据。

3) 总结经验持续改进

可以根据数据分析和用户反馈结果，总结文案创作过程中的成功经验和不足之处，对优秀的创意和表现手法进行提炼和固化，形成可复用的创作模式；针对存在的问题提出具体的改进措施和优化方向，不断完善文案创作流程和方法，提高新媒体文书的质量和传播效果。

7.2　品牌文案

通过学习品牌文案，学生能够全面掌握品牌文案从概念、作用到各类具体文案的写作知识与技巧，提升品牌文案创作实操水平，还能在实践中深化对品牌价值传递、受众情感共鸣、品牌形象维护等理念的理解与践行。这些要点不仅强化了学生的文案创作能力，还培养了他们对品牌建设与维护的责任感，激励其成为有专业素养、有创新精神的品牌传播者。

茶颜悦色品牌文案，奶茶界天花板

我不源于英伦午茶

我也做不来美国派

我更不效仿日式茶道

我钟情于中国四千七百年的茶文化

我也大爱潮范十足的现代中国风

喝东西，不盲从，敢不同，原创自设计

我是性感可人的【新中式鲜茶】

我是天生不一样的【现代茶舍】

我是【茶颜】名【悦色】

新旧之间

我们重新认识文化之传统

再度表达文化之自信

用中国美学，铺垫生活底色

用中式哲学，点墨精神空间

案例分析：

文种：品牌文案。

写作要点如下。

(1) 精准定位：【茶颜悦色】品牌故事文案紧扣"新中式"核心价值，明确品牌独特定位，让消费者清晰认知品牌特色。

(2) 情节塑造：构建"冲突—解决"情节，增加故事张力，强化品牌记忆点。

(3) 细节加持：从美学、哲学层面深挖中国文化细节，增强品牌真实感与吸引力。

7.2.1　品牌文案的概念和作用

品牌文案是围绕品牌文化创作的一类文案，其核心目的在于塑造品牌形象并推广品牌产品。它通过精准的文字表达，将品牌的价值观、理念、特色等关键信息传递给目标受众，是品牌与受众沟通的重要桥梁。品牌文案并非孤立的存在，而是深度融入品牌的整体战略，在品牌建设与推广进程中发挥着不可或缺的作用。

品牌文案的作用包括如下方面。

1. 塑造品牌形象

品牌文案以独特的语言风格和内容呈现，全方位展现品牌的个性与魅力。例如，格力的品牌文案围绕其社会主义核心价值观，如"好空调，格力造，让世界爱上中国造"展开，塑造出专业、专注、追求卓越品质的品牌形象，使消费者在接触文案时，能深刻感受到格力在空调领域的深厚技术底蕴和对品质的执着追求，进而在消费者心中树立起可靠、高端的品牌形象。

2. 提升品牌忠诚度

当品牌文案精准传达出与消费者产生共鸣的价值观和情感诉求时，能够极大地拉近品牌与消费者的距离。以小米为例，其始终秉持"感动人心、价格厚道"的价值理念，并通过品牌文案不断强化这一形象，让消费者不仅认可小米产品的性价比，更在情感上认同小米的品牌文化，视其为追求科技美好生活的伙伴。

3. 促进产品销售

富有吸引力和说服力的品牌文案能够有效激发消费者的购买欲望。如统一茄皇方便面的品牌文案"一颗新疆番茄，一碗阳光茄皇"，从产品的优质原料——新疆番茄这一核心卖点出发，通过生动形象的文字描述，让消费者直观感受到产品的独特品质和美味口感，引发消费者对产品的兴趣和好奇，从而在消费者产生购买需求时，促使他们优先选择茄皇方便面，有力地推动了产品的销售，实现品牌的市场价值转化。

7.2.2　品牌标语的写作

1. 品牌标语的概念

品牌标语是品牌传播体系中的关键元素，与品牌名称、品牌logo共同构成品牌的核心传播符号。它是用于广告传播的精练语言，涵盖标题及正文广告内容，其核心本质在于传达消费利益，为消费者提供明确的消费行为指引，在品牌建设与推广过程中发挥着不可或缺的重要作用，使消费者能迅速捕捉到品牌的核心价值与独特卖点，进而影响消费者对品牌的认知与购买决策。

2. 品牌标语的写作技巧

1) 以消费者利益为导向

品牌标语应着重体现产品或服务给消费者带来的切实好处。例如，"怕上火，喝王老吉"，直接点明了王老吉在预防上火方面的功效，让消费者清晰地感知到饮用该产品能满足自身避免上火的需求，从而使品牌在众多饮料中脱颖而出，吸引消费者的关注与选择。

2) 明确品牌定位陈述

对于新的产品品类或工业类产品，在品牌标语中直接表明品牌定位是有效的策略。像"一家专门做特卖的网站——唯品会"，简洁地阐述了唯品会专注于特卖业务的核心定位，帮助消费者迅速了解品牌的独特价值，在竞争激烈的电商市场中为品牌树立清晰的形象，引导目标客户快速识别与选择。

3) 融入情感与价值观

在同质化严重的市场环境下，强调情感、感受和社会属性能够增强品牌的吸引力。比如"To Be No.1——鸿星尔克"，传达出积极向上、追求卓越的精神理念，激发消费者内心的情感共鸣，使消费者不仅仅将鸿星尔克视为普通的运动品牌，更在价值观层面产生认同与归属感，进而提升品牌忠诚度。

4) 避免抽象空洞表达

品牌标语要避免使用过于高度概括、抽象且缺乏实际意义的语言。如"因您而变——招商银行"，相较于晦涩难懂、远离生活场景的表述，此标语以简洁明了且贴近消费者生活的方式展现了银行以客户为中心、灵活应变的服务理念，让消费者易于理解和记忆，在脑海中形成具体的服务印象。

5) 巧妙嵌入品牌名称

在品牌标语中合理融入品牌名称有助于强化品牌记忆。如"爱干净，住汉庭"，一方面突出了汉庭酒店注重卫生的特色，另一方面反复提及"汉庭"品牌名，加深消费者对品牌的印象。在消费者产生住宿需求时，能更快速地联想到汉庭，提高品牌的选择概率。

6) 运用谐音增强顺口度

利用谐音可以使品牌标语更具顺口性和传播力。像"要想皮肤好，早晚用大宝"，通过简单的语言韵律组合，形成类似顺口溜的效果，方便消费者口头传播。这种顺口易记的特点能够加速品牌标语在人群中的扩散，提升品牌的知名度。

7) 善用比喻突出特性

对于新技术、新品类品牌，采用比喻的方式能够生动形象地展示产品特性。如"纵享丝滑——德芙"，将巧克力口感比喻成丝般顺滑，把抽象的味觉体验转化为消费者熟悉的触觉感受，帮助消费者更好地理解德芙巧克力的独特品质，从而吸引消费者尝试购买。

7.2.3　品牌故事的写作

著名畅销书作家赫尔曼·谢勒说："我们给孩子讲故事，是为了哄他们入睡。我们给大人讲故事，是为了让他们醒来。"

产品是冰冷的，但品牌故事是有温度的。品牌面对的受众都是有独立思想的成年人，好的故事能快速传递品牌的核心价值观，触达潜在消费群体的痛点，引发共鸣，从而获得消费者的支持。

1. 品牌故事的概念

品牌故事作为品牌文案的关键部分，是经精心创作的叙事文本。品牌故事旨在深度挖掘品牌的起源、发展历程、核心人物的奋斗经历、关键决策时刻、所秉持的价值观与独特的文化内涵，并将这些元素以富有情节性、感染力和逻辑性的方式呈现给受众。它不仅仅是对品牌历史的简单记录，更是通过生动的语言描绘、人物形象塑造、冲突与解决的情节设置，以及情感的巧妙融入，构建起一个能够引发受众情感共鸣、让品牌鲜活起来的故事世界。

2. 品牌故事的构成要素

1) 背景

品牌故事的背景是其诞生与发展的基础环境，包含历史时期、地理位置、社会经济与文化状况等。它为品牌提供宏观的发展框架，让受众明晰品牌出现的缘由。

例如，青岛啤酒诞生于20世纪初的青岛。彼时，青岛是重要的通商口岸，受西方文化影响，啤酒酿造技术传入。在这样的环境下，青岛啤酒厂创立，开启了其酿造优质啤酒的历程，背景赋予其融合中西文化、追求品质的底蕴。

2) 主题

主题是品牌故事的核心与灵魂，紧密围绕品牌的价值观、使命和核心竞争力展开，贯穿整个故事，向受众传达品牌的核心信息。

如华为的主题是"以客户为中心，持续创新，构建万物互联的智能世界"。从研发投入产品推出，都践行这一主题，凸显其追求与决心。

3) 情节

情节由一系列按时间顺序和逻辑关系排列的事件组成，涵盖品牌创立、成长、突破、挫折应对等关键阶段，生动展现品牌的发展历程。

以李宁品牌为例，创立初期凭借李宁个人影响力打开市场，后遇竞争挑战，通过重新定位、加大研发投入等实现转型发展，体现其发展历程与奋斗精神。

4) 人物

人物在品牌故事中至关重要，包括创始人、核心团队成员、重要合作伙伴等。他们的品质、理念、决策和行动对品牌形象的塑造起到关键作用。

在老干妈品牌故事中，陶华碧以其勤劳肯干、坚韧不拔的品质，凭借独特炒制工艺，创造出深受大众喜爱的风味豆豉。她塑造了老干妈亲民、可靠、风味独特的品牌形象。

5) 细节

细节是增强品牌故事真实感和感染力的关键元素，涉及产品特点、生产工艺、人物情感、场景描述等方面。

例如，介绍景德镇陶瓷时，可提及手工绘制图案的细腻笔触、烧制工艺的严格温度控制等细节，展现其精湛技艺与独特魅力。

6) 结果

结果是品牌发展历程或故事剧情最终呈现的状态与走向，是整个故事的收尾环节，能让受众清晰知晓品牌在经历一系列事件后的最终成果、现状，从而对品牌的整体情况形成完整认知。

以小米为例，如今，小米已成为全球知名的科技品牌，产品畅销多个国家和地区。2024年，小米手机在全球市场份额位居前列，生态链产品也深受消费者喜爱，展现出其"让每个人都能享受科技的乐趣"的品牌愿景。

3. 品牌故事的写作技巧

1) 精准锚定品牌核心价值

创作品牌故事前，需全面且深入地剖析品牌的核心价值。从品牌的历史传承、独特的产品或服务优势、所秉持的经营理念等多方面进行梳理。

明确这些核心价值后，在故事中突出强调，使消费者能迅速抓住品牌的关键特质，如讲述传统中药品牌时，详细阐述其遵循古法炮制的严谨流程和对药材品质的严苛把控，让消费者深刻理解品牌在传统医药领域的坚守与专业。

2) 塑造富有魅力的人物形象

人物是品牌故事的灵魂所在。若品牌创始人具有独特经历，可作为重点塑造对象。挖掘其创立品牌的初衷、在创业过程中面临的关键抉择与困境，以及展现出的坚韧、智慧、创新等品质。

3) 构建跌宕起伏情节架构

情节是品牌故事的叙事脉络，应设计得富有吸引力。可以从品牌的起源、发展过程中的重大挑战与突破、关键的转型节点等方面构建情节。情节的起伏能紧紧抓住读者注意力，展现品牌的成长活力与应对挑战的能力，突出品牌的发展历程与特色。

4) 融入能引发共鸣情感

情感是连接品牌与消费者的桥梁。在故事中融入如梦想、奋斗、关爱、社会责任等情感元素，使消费者在情感上与品牌产生深度共鸣，从而提升品牌在受众心中的地位，促进品牌忠诚度的形成，增强品牌的感染力与影响力。

5) 运用生动细节增强真实感

细节描写能让品牌故事鲜活起来。在描述产品时，提及独特的设计细节、制作工艺的精细环节；在刻画人物时，描述其表情、动作、语言等；在展现场景时，描绘环境氛围、相关道具等。

6) 保持简洁流畅的语言表达

品牌故事文案应采用简洁易懂的语言风格。避免复杂的句子结构和生僻词汇，确保不同文化背景和知识层次的受众都能轻松理解。用清晰、直接的语言阐述品牌故事的核心内容，使品牌信息能够高效传达，同时保持故事的可读性与吸引力，促进品牌的传播与推广。

7.2.4 品牌声明的写作

1. 品牌声明的概念和分类

品牌声明是品牌主体(如企业、行业组织等)为特定目的向社会发布的正式书面文件。按发布主体，可分为企业声明、协会声明等；从内容属性上，涵盖道歉声明(如某品牌因产品缺陷向消费者致歉)、免责声明(活动主办方对参与者可能面临风险的免责说明)、遗失声明(品牌重要文件遗失时发布)等多种类型。

2. 品牌声明的作用

1) 精准传达立场

在复杂舆论环境下，清晰表明品牌在关键问题上的态度与观点，可以防止公众误解，如在市场竞争纠纷中明确自身立场。

2) 有效传递信息

声明是品牌与受众的关键沟通渠道，可及时分享新产品推出、服务升级、战略转型等重要资讯，促进双方互动。

3) 助力形象塑造

通过真诚负责的声明，可以展现品牌的诚信、担当与社会责任感，提升品牌在公众心中的形象，增强品牌亲和力与忠诚度。

4) 应对品牌危机

当遭遇负面事件(如产品质量危机、公关丑闻)时，能迅速介入舆论，控制局势，引导公众情绪，减少声誉损失。

5) 保障法律权益

在法律层面，可以明确品牌的权利、义务与责任范围；在商业合作、知识产权保护等方面，可以提供法律支持，确保合法运营。

3. 品牌声明的内容结构

1) 标题

标题应简洁且突出关键信息，可采用"品牌名称＋声明主题关键词＋声明"的格式，如"苹果隐私政策更新声明"；也可简单用"声明"二字，但正文需尽早明确发布主体与事由。

2) 正文

首先清晰阐述发布原因，基于准确的事实认定，简要描述事件背景、经过与关键节点。接着根据声明目的选择写作方式，澄清事实可概括叙述，说明问题按逻辑逐步展开，主张权利则独立成段强调。若涉及公众协助或反馈，需在文中明确注明联系方式。如有后续行动计划，也应清晰说明。结尾可视情况用"特此声明！"强化正式性。

3) 落款

落款处注明声明发布者的准确名称(企业全称或个人真实姓名)与发布日期。涉及重要事务或法律责任的声明，需加盖单位公章或法定代表人签字，增强法律效力。

4. 品牌声明的写作技巧

1) 基于事实根基

创作前务必全面深入调查核实事实，确保声明内容真实可靠，以事实为依据增强说服力，避免不实陈述引发更大危机。

2) 态度鲜明恰当

根据声明重点与受众需求，选择合适表达方式与语言风格，坚定清晰地表达品牌态度。在承担责任时诚恳，主张权利时有理有据，同时避免情绪化表达引发公众反感。

3) 尊重法律边界

写作全程严格遵守法律法规，确保声明不侵犯他人合法权益，涉及法律专业内容时谨慎处理，必要时咨询法律专业人士。

4) 内容真实简洁

如实反映品牌情况与意图，语言简洁明了，突出核心要点，保持与品牌形象一致的风格，提高可读性与传播效果。

7.3　广告策划文案

通过学习广告策划文案，学生能系统掌握其概念、类型、作用、特点、内容结构与写作要点，熟练运用各种方法进行创作，大幅提升实操能力。这不仅能全面强化学生在创意构思、策略规划、文案撰写方面的专业技能，还能培养其对广告项目的责任感，提高对市场变化的敏感度，助力他们成为专业素养扎实、富有创新活力的广告策划人才，推动广告行业创新发展。

甲公司是一家净饮水机生产销售厂家，该公司M型号净饮水机广告策划文案的部分正文内容如下。

甲公司M型号净饮水机广告策划文案

一、环境分析

市场需求：随着人们对健康生活的重视和对饮用水质量的关注增加，净饮水机市场呈现出稳步增长的趋势。

技术发展：净饮水机技术不断创新，功能多样化和智能化成为市场竞争的重要因素。

环保意识：消费者对环保产品的需求上升，注重净饮水机的能耗和过滤材料的环保性。

······

二、市场竞争力分析

竞争对手：净饮水机市场存在多个品牌和产品，包括国内和国际品牌，竞争激烈。

品牌优势：甲公司具有多年的行业经验和技术实力，产品质量可靠且性能优越。

市场定位：甲公司可通过品牌形象塑造、产品创新和服务优势来区分自己，赢得竞争优势。

……

三、消费者分析

目标消费者：家庭用户、办公场所和商业客户，注重生活质量和健康饮水需求。

消费者需求：安全、方便、高品质的饮用水，便捷的操作和维护，符合环保潮流的产品。

……

四、产品分析

M型号净饮水机：先进的过滤和净化技术，高效去除有害物质、异味和重金属，提供纯净健康的饮用水。

智能控制：具备智能调节、定时提醒和自动清洁等功能，提升用户体验和便利性。

设计优势：外观精美，小巧占地少，适应不同环境和装饰风格。

……

五、广告策略

宣传健康：突出产品能够提供纯净健康的饮用水，强调对家庭和办公场所健康的关爱。

产品特点：强调M型号净饮水机的过滤技术、智能控制和设计优势，突出产品的独特性和优势。

品牌形象：打造甲公司的品牌形象，以可靠性、高品质和专业性为社会主义核心价值观。

……

六、广告期间

计划为期三个月的广告宣传活动，从20××年××月××日开始至20××年××月××口结束。

七、广告对象

目标消费者：家庭用户、办公场所和商业客户，注重生活质量和健康饮水需求。

广告重点：重点关注家庭用户和中小型办公场所，以其为主要目标受众。

……

八、广告地区

初期阶段：重点覆盖本地市场，建立品牌知名度和口碑。

扩大阶段：逐步拓展到周边地区，提升销售覆盖范围和市场份额。

……

九、广告策划

宣传主题：享受纯净健康，选择M型号净饮水机。

核心信息：高效过滤技术、智能控制、小巧精美设计。

传播方式：结合多种广告渠道，包括电视广告、网络广告、社交媒体宣传、户外广告等。

广告创意：通过情景展示、用户案例和品牌故事，强调产品的实用性和品质。

广告语：选择M型号净饮水机，为您的家庭带来健康与便利。

……

十、广告预算

预计广告总预算为××万元，按照以下方式分配。

广告媒体费用：根据广告媒体选择和投放周期，预计总投入为××万元。

创意制作费用：预计创意制作费用为××万元。

其他费用：包括宣传物料制作、推广活动费用等，预计总投入为××万元。

……

十一、广告效果

品牌知名度提升：通过多渠道广告宣传，甲公司和M型号净饮水机的品牌知名度得到提升，预计品牌知名度将提升××%。

销售增长：预计广告活动将吸引更多消费者购买M型号净饮水机，实现销售增长，预计销售额将增加××%。

市场份额提升：预计广告活动将带来市场份额提升，预计市场份额将增加××%。

用户满意度提高：传递产品优势和价值，增加用户对M型号净饮水机的认可和满意度。

……

案例分析：

文种：广告策划文案

写作结构如下。

(1) 标题——《甲公司M型号净饮水机广告策划文案》，包含策划对象+文种。

(2) 正文：包括现状分析+策划内容+预期成果。

写作要点：注意将重点放在受众和产品之间的关系上，以引起受众的兴趣。同时，保持文案的创意性和创新性，使之在竞争激烈的广告市场中脱颖而出。

7.3.1 广告策划文案的概念和类型

广告策划文案是指在进行广告活动前所编写的一份详细计划文件，用于指导和规划广告的执行过程。它是广告策划人员或广告代理公司为客户制定的文档，旨在明确广告活动的目标、目标受众、传播策略、媒介选择、创意内容、预算分配等关键要素。

广告策划文案可以根据不同的分类标准进行分类，常见的分类方式包括如下几种。

1. 广告类型

根据广告的类型，可以分为品牌广告策划文案、产品广告策划文案和活动广告策划文案等。

2. 媒介渠道

根据广告投放的媒介渠道，可以分为电视广告策划文案、广播广告策划文案和数字媒体广告策划文案等。

3. 目标受众

根据目标受众的不同，可以分为消费者广告策划文案和企业客户广告策划文案等。

4. 策略重点

根据策略的重点，可以分为创意广告策划文案和媒介策划广告策划文案等。

5. 时间跨度

根据时间跨度的长短，可以分为短期广告策划文案和长期广告策划文案等。

7.3.2 广告策划文案的作用

广告策划文案起到了提供全面指导和沟通的作用。通过对市场环境和目标受众进行分析，确定广告活动的目标与定位，并制订相应的传播策略和推广计划。同时，在编写过程中也会考虑预算控制、时间安排及评估指标等方面。

(1) 广告策划文案明确广告活动的目标和方向。通过对市场环境、竞争对手、目标受众等进行分析，确定广告活动所追求的具体目标，并制订相应的策略和计划。

(2) 广告策划文案形成一个共同认可的思路和理念。促进团队内部沟通与协调，确保各个成员都对广告活动的目标、战略和执行计划有清晰的认识。

(3) 广告策划文案帮助决策者作出明智的决策并采取相应行动。包含对市场状况、消费者行为、品牌定位等方面进行的深入分析，为决策者提供了全面的信息和数据支持。

(4) 广告策划文案是与客户、合作伙伴或上级领导进行沟通与合作的重要工具。以清晰、详细的方式呈现了广告活动的目标、策略和计划，帮助相关方理解并共享相同的思路和预期。

(5) 广告策划文案中设定对广告效果的评估指标和方法。通过对广告活动进行监测和分析，可以及时了解广告的影响力、知名度和市场反馈等情况，并根据评估结果进行调整和改进。

7.3.3 广告策划文案的特点

一份优秀的广告策划文案通过精准地传递信息和激发情感共鸣，有效地吸引目标受众并达到营销目标，广告策划文案具有以下几个特点。

1. 引人注意

通过使用有趣、独特或引人入胜的标题、口号或开场语，吸引目标受众的注意力，产生兴趣并愿意继续阅读。

2. 简洁明了

由于篇幅有限，应避免冗长和复杂的句子，用简单易懂的语言表达核心信息，使受众能够迅速理解广告的主旨。

3. 创意突出

通过巧妙运用文字、图像或其他元素，以新颖独特的方式呈现产品或服务的优势和价值，从而引起受众共鸣并激发购买欲望。

4. 情感共鸣

通过描绘场景、讲述故事或展示真实生活中的情感体验，使受众能够更深层次地理解和认同品牌或产品所传达的价值。

5. 突出差异

通过突出独特的卖点、核心优势或特殊功能，使受众明确品牌或产品相较于其他选择的优势，吸引其进行购买或采取行动。

6. 呼吁行动

通常会包含一个明确的呼吁行动，鼓励受众采取具体行动，如点击链接、购买产品、拨打电话等。促进受众与品牌建立联系，并转化为实际销售或其他预期目标。

7.3.4 广告策划文案的内容结构

一份完整的广告策划文案应包括封面、目录、前言、正文和附录五部分。

1. 封面

广告策划文案可以将写明标题、参与人员、完成日期等信息的单独一页作为文件封面，力求排版精美大方，给使用者良好的印象。

2. 目录

目录部分应完整准确地写明该广告策划文案中各个章节的标题，简洁直观地将文章内容呈现给读者，同时还应标明对应页码，便于读者快速定位到想浏览的内容。

3. 前言

前言部分应简明扼要地介绍该广告策划的公司策划基本情况、广告目标、大致时间安排、广告策划要点等信息，使阅读者对该广告策划方案有一个大致的了解。

4. 正文

正文部分是广告策划文案的主体，具体内容依据广告策划侧重点而定，可以包括环境分析、市场竞争分析、消费者分析、产品分析、广告策略、广告期间、广告对象、广告地区、广告策划、广告预算、广告效果等内容，详细具体地阐述该广告策划方案的分析及预测情况即可。

5. 附录

附录部分主要包括与该广告策划文案相关但不方便展示在正文中的其他材料。

7.3.5 广告策划文案的写作要点

1. 明确目的性

广告活动的目标、广告媒体、广告作品、广告宣传的时间、活动地点等必须明确。

2. 严谨的科学性

综合运用经济学、美学、新闻传播学、心理学、统计学、文学等学科的研究成果。

3. 完整的系统性

广告策划从调研开始，根据目标市场的特点确定广告目标，在制定广告活动具体策略时，要以整体广告目标为出发点，各环节相互衔接、密切配合。

7.4 短视频文案

通过学习短视频文案，学生能够系统掌握其概念、特点、组成及脚本创作流程与技巧。这不仅能提升学生创意构思、内容架构和细节把控的能力，还能培养其创新思维，使其在创作中脱颖而出；更能强化学生对内容质量的责任感，明白优质内容对行业的重要性，从而成长为专业扎实、富有创新能力且有责任感的短视频文案创作者。

钟薛高《今年桂花开得晚》短视频文案

钟薛高是地道的中式雪糕品牌，其雪糕采用独特的中式瓦片形设计，辅以顶部的"回"字形花纹，意为"回归"本味。2021年12月，"大雪"节气刚过，钟薛高却发布了一支与秋天有关的短视频——《今年桂花开得晚》(如图7.2所示)。为什么都到冬天了还在讲秋天的桂花呢？仔细观看短视频后可以发现，原来钟薛高是在用"过时"反衬其"依时依令"的产品初心。短视频文案如下。

图 7.2　钟薛高《今年桂花开得晚》

我的家乡临桂很小
天气一凉，它就更小了
风一起，桂花就掉下来
落在瓦上扑扑簌簌的
这就是秋天给我的信吧
扑扑簌簌，说个不停
瓦才知道，在说什么
"簌"是我刚学的字
桂花掉在瓦上的声音
我也不知道该怎么说

桂花的气味，就更不好形容了
我九岁，爷爷是七个九岁那么大
乌黑的瓦檐是八个九岁
而村子里的老桂树，听说是一百多个九岁了
今年想吃桂花，只能今年去打
今年打的桂花，也只能留在今年吃
唉，桂树每年都要挨一遍打，还好就打这么几天
这是我记事以来的第四个秋天了
等长大了，不管到哪，我都不会孤单
因为我小小的，扑扑簌簌的家乡
就藏在一片扑扑簌簌的，有点甜的瓦里
有味道的钟薛高
金桂红小豆，第四年等待
限定回归，姗姗来迟

案例分析:

文种：短视频文案。

写作要点如下。

(1) 写作特点：借助独特视角与反差手法，赋予内容娱乐性与话题性，助力传播。

(2) 写作内容：以生动文案描绘家乡场景，融入成长感悟，围绕"依时依令"主题，丰富内涵，方便拍摄。

(3) 写作技巧：构思情节、刻画细节，自然融入产品，吸引观众，引发情感共鸣。

7.4.1 短视频文案的概念和特点

短视频是基于移动智能终端,借助其便捷性实现快速拍摄,并通过相关软件进行美化编辑的一种视频呈现形式。其时长通常在30秒至20分钟左右,涵盖小电影、纪录短片、视频剪辑、广告片段等丰富内容。短视频能够融合文字、语音和视频等多种元素,凭借其独特优势,有效满足用户在表达自我、沟通交流、展示个人风采,以及分享生活与观点等多方面的需求,并且可在社交媒体平台上即时分享传播,迅速扩散信息,成为当下极具影响力的一种媒体内容形式。

短视频文案是指在短视频创作过程中所涉及的各类文字性内容的统称。它是短视频不可或缺的重要组成部分,对短视频的整体效果和传播起着关键作用,具有以下特点。

1. 简洁性

短视频时长有限,其文案需用简短语句快速传达关键内容。例如,手工制作短视频文案"几步打造精美手工,速学技巧在此",精准抓住要点,让用户迅速知晓主题与效果,契合碎片化浏览习惯,避免冗长表述致使用户流失。

2. 情感化

短视频多为娱乐用途,文案常通过生动场景描绘、感人故事讲述或幽默语言运用,激发情感共鸣。像情感短视频文案"儿时旧巷的欢笑,是否触动你心弦?"唤起用户回忆,增强关注度与认同感,在情感层面与用户深度连接。

3. 通俗性

鉴于用户碎片化观看且耐心有限,短视频文案应通俗易懂。避免专业术语,使用日常语言。如科普短视频解释科学原理说"地球像个大陀螺,一直转,就有了白天黑夜",以常识类比,助力用户轻松理解,降低理解难度,促使用户快速接收信息。

4. 协同性

短视频文案与画面、声音协同构建视听体验。画面展示元素,声音营造氛围,文案补充引导。如励志短视频中,激昂音乐、奋斗画面配上文案"挥洒汗水,逐梦前行,坚持铸就奇迹",三者相辅相成,增强感染力与传达效果,全方位吸引观众。

7.4.2 短视频文案的组成

在短视频创作领域,文案是提升作品吸引力与传播效果的关键要素,其主要由以下三部分组成。

1. 标题

标题作为短视频的"门面",肩负着高度概括视频主题的重任。一个精心打造的标题能够精准地捕捉用户的兴趣点,巧妙地激发他们的好奇心,进而成功吸引用户点击观看视频,为短视频带来宝贵的流量。例如,在美食类短视频中,"探秘街头百年老店的独家秘制美食,一口惊艳!"这样的标题,通过突出美食的独特性与神秘感,引发用户的探索欲望,促使他们迫不及待地想要观看视频内容。

2. 脚本

脚本是短视频创作的核心蓝图,如同建筑的设计图纸,决定着视频的整体架构与发展走向。它主要分为以下3种类型。

1) 提纲脚本

提纲脚本为短视频构建起基本的内容框架，在拍摄前期，创作者依据拍摄主题与大致思路，将所需拍摄的关键内容有条理地罗列出来。这种脚本在面对拍摄内容存在较多不确定因素的情况下尤为适用，如在纪录类和访谈类短视频创作中，拍摄过程中可能会出现各种突发情况或新的素材线索，提纲脚本能够为创作者提供一个灵活的拍摄指导，使其在拍摄过程中能够根据实际情况进行适当调整与补充。

2) 文学脚本

文学脚本侧重于对视频内容的详细交代，特别适合于非剧情类短视频，如知识讲解类和评测类短视频。在撰写文学脚本时，创作者需要清晰地规定人物所处的场景、台词、动作姿势及状态等要素。以知识讲解类短视频为例，其通常以口播形式为主，场景和人物相对单一，因此在脚本撰写过程中，无须对景别和拍摄手法进行过于细致的描述，重点在于明确每一期的主题，并准确标明所使用的场景后，精心创作富有逻辑性和吸引力的台词文案。这就对创作者的语言逻辑能力和文笔水平提出了较高的要求，要求其能够用简洁明了且生动有趣的语言将知识要点清晰地传达给观众。

3) 分镜头脚本

分镜头脚本是最为精细和复杂的一种脚本形式，它能够将短视频中的每一个画面都进行详细的呈现，对镜头的各项要求如景别、镜头运用、画面内容、故事内容、台词、音效及时长等都逐一进行明确的规定。这种脚本适用于故事性较强、类似微电影的短视频创作，由于此类短视频对画面质量和叙事连贯性要求较高，且通常对更新周期没有严格的限制，因此创作者有充足的时间和精力进行精心策划。分镜头脚本在拍摄与后期制作过程中起着至关重要的指导性作用，它既是拍摄团队的行动指南，确保每个镜头的拍摄都符合预期的创作意图，也是后期制作人员进行剪辑、配音等工作的重要依据，因此在撰写过程中既要充分体现短视频的核心主题与故事脉络，又要做到简单易懂，方便团队成员之间的沟通与协作。

3. 字幕

字幕通常在视频后期制作过程中添加。一般来说，短视频文案中的字幕主要包括两类：一类是短视频中人物所说的台词，其作用是强化人物的表达，帮助观众更好地理解人物的意图和情感；另一类则是对短视频内容的解释说明文字，其目的是辅助用户更顺畅地理解短视频中较为复杂或专业的内容，优化观众的观看体验。

7.4.3 短视频脚本的写作流程

短视频脚本写作流程关键步骤包括如下 4 步。

1. 做好前期准备

1) 明确拍摄主题

主题是短视频的灵魂，务必清晰明确，使其紧密贴合账号的整体定位与风格走向。例如，美妆账号的主题可聚焦于新品试用、化妆教程分享等，如此方能彰显独特个性，强力吸引目标受众。

2) 确定拍摄时间

预先确定拍摄时间，这有助于有条不紊地推进拍摄工作，提升整体效率。创作者可据此与摄像团队进行高效沟通协调，确保拍摄进程顺利无阻，避免因时间冲突而引发的延误或混乱。

3) 选定拍摄场地

拍摄地点的抉择对视频质量有着举足轻重的影响。不同场地在光线条件、空间布局、背景氛围等方面存在显著差异，进而对布光设计、演员走位、服装搭配等环节提出各异的要求，最终塑造出截然不同的视频效果。例如，拍摄时尚秀场短视频，专业的T台场地能营造出高端大气的氛围；而拍摄田园生活短视频，乡村田野则能赋予自然质朴的气息。

2. 架构内容框架

主题确定后，架构内容框架成为关键步骤。

(1) 人物塑造要明确人物的身份、性格特点及在视频中的作用。若短视频主题为"职场新人的成长记"，则人物可能包括初入职场的新人，其性格设定为积极进取但稍显稚嫩。通过这样的人物设定，为剧情发展奠定基础。

(2) 场景设置要贴合主题与人物活动。继续以上述职场主题为例，场景可涵盖忙碌的办公室、紧张的会议室、公司培训室等。这些场景不仅为人物提供了活动空间，还能营造出相应的职场氛围，增强视频的真实感与代入感。

(3) 事件规划是内容框架的核心。需详细设计一系列连贯且富有逻辑的事件来推动故事发展。同时，在规划过程中还需考虑各元素之间的相互关系与衔接。人物的行为应与场景、事件紧密配合，场景的转换要自然流畅且服务于事件发展，确保整个内容框架形成一个有机的整体，为后续的拍摄与制作提供清晰且坚实的蓝图。

3. 填充细节要点

1) 机位选择

机位的合理选择能为视频带来丰富多样的视觉效果。创作者应依据视频的具体创作意图和情感表达需求，灵活巧妙地选用合适的机位。

2) 台词设计

台词应简洁凝练、精准切题，与人物身份性格深度契合，有力推动剧情发展。一般而言，时长1分钟左右的短视频，台词字数宜控制在180字以内，确保表达清晰流畅、简洁高效。

3) 影调运用

影调的运用需紧密围绕短视频的主题、内容类型、人物情感及整体风格基调来精心确定。明亮的影调通常能够营造出轻松愉悦、积极向上的氛围；而暗沉的影调则更适合烘托神秘深邃、悬疑紧张的情境。在镜头切换和画面动态转换过程中，要确保影调过渡自然和谐、平滑流畅，避免出现突兀的视觉跳跃，以维护视频的视觉连贯性和整体美感。

4) 道具选用

道具不仅能够丰富画面内容、充实视觉元素，还能巧妙地推动剧情发展，有效引发观众的情感共鸣。例如，在拍摄复古年代主题的短视频时，巧妙选用老式收音机、黑白照片、旧海报等具有浓郁年代感的道具，能够迅速将观众带入特定的历史时期，增强其代入感和情感认同感，进而提升视频的吸引力和感染力。

4. 完善脚本编写

1) 镜号

按照镜头在短视频中出现的先后顺序，依次用数字进行清晰标注，形成镜号序列。这一镜号体系如同视频的导航索引，在拍摄过程中方便拍摄人员快速识别和准确切换镜头，在后期剪辑阶段也有助于剪辑师高效整理和有序拼接镜头素材，确保视频叙事逻辑严谨、条理清晰、流畅连贯。

2) 景别

景别的选择应紧密结合故事的发展脉络、情节的起伏变化及情感的表达需求进行科学合理的设置。远景用于展示广阔宏大的环境背景或复杂的场景全貌，为观众提供宏观的视觉感受；全景呈现人物的全身形象以及其所处的周围环境，清晰地交代人物与环境之间的空间关系；中景突出人物的上半身动作和面部表情，适合表现人物之间的交流互动和情感传递；近景聚焦于人物的面部表情细节，能够细腻地传达人物的内心情感变化；特写对关键物体或人物的局部细节进行强化展示，增强视觉冲击力和吸引力，引导观众关注重点细节信息。

3) 拍摄方式

拍摄方式涵盖运镜和机位两个方面。

运镜方面，固定镜头能够保持画面的稳定，适合用于展示静态物体或进行对话场景的拍摄；推镜头可通过镜头的逐渐推进，引导观众的注意力聚焦于特定的主体或细节，起到突出重点的作用；拉镜头则相反，通过镜头的逐渐拉远，展示环境的变化和主体与周围环境的关系；摇镜头可水平或垂直移动镜头，扩大观众的视野范围，呈现更多的场景信息；移镜头通过沿特定方向移动拍摄设备，营造出动态流畅的视觉效果，增强画面的节奏感和动感。

机位方面，平视机位能够给人以自然、真实的视觉感受；俯视机位可提供独特的俯瞰视角，展示整体布局和空间关系；仰视机位则能突出主体的高大形象和威严感。

4) 画面内容

运用简洁明了、具体准确的语言对每个镜头的画面内容进行详细描述，必要时可借助图形、符号等辅助手段进行补充说明，确保拍摄人员能够清晰地理解和准确地还原画面构思。例如，在描述"小朋友在公园的草地上欢快地放风筝"这一画面时，可详细说明小朋友的穿着打扮(如穿着红色的外套、蓝色的牛仔裤)、风筝的形状颜色(如蝴蝶形状、五彩斑斓的颜色)、草地的状态(如绿草如茵、鲜花点缀)及周围环境的特征(如蓝天白云、树木环绕)等信息。

5) 台词

进一步对台词进行精细打磨，确保人物之间的对话自然流畅、符合人物性格特点和剧情发展逻辑，旁白或标注文字应简洁明了、准确无误，起到有效的解释说明和推动剧情的作用。

6) 声音

根据短视频的主题和情感氛围，精心挑选与之匹配的背景音乐和适当的音效。背景音乐应在节奏、旋律、情感表达等方面与视频内容高度契合。音效方面，可根据视频中的场景和动作添加诸如风声、雨声、脚步声、物体碰撞声等，增强视频的真实感和代入感，使观众能够更加身临其境般地感受视频内容。

7) 时长

综合考虑短视频的整体时长规划、故事的节奏把控以及重点情节的突出展示等因素，对每个镜头的时长进行合理分配和精确确定。对于重要的情节节点、精彩的动作瞬间或关键的情感表达镜头，可适当延长时长，以便观众能够充分感受和理解；而对于一些过渡性或辅助性的镜头，则可适当缩短时长，确保视频整体节奏紧凑明快、张弛有度，避免冗长拖沓或节奏过快给观众带来不良的观看体验。

短视频分镜头脚本示例如表7.1所示。

表 7.1 "职场新人成长记"短视频的分镜头脚本

镜号	景别	拍摄方式	画面内容	声音	台词	时长
1	全景	固定,平视	阳光照耀办公大楼,职场新人小李着职业装紧张进公司,人来人往	轻快音乐、脚步声、交谈声	这是小李新的职场起点,充满了未知与挑战	4s
2	中景	推,平视	小李进入办公室,同事招呼,他拘谨回应、好奇张望	音乐、交谈声	初来乍到,小李努力适应着周围的一切	4s
3	近景	固定,平视	领导放文件交代任务,小李专注听记	领导声、音乐	"小李,这是你接下来要负责的项目资料,务必仔细研读,按时完成任务。""好的,领导,我一定尽力。"	6s
4	特写	固定,俯视	小李握笔圈文件重点,眉头紧蹙	音乐、翻页声	面对新任务,小李不敢有丝毫懈怠	3s
5	中景	移,平视	小李抱文件请教同事,同事热情讲解,他虚心听	音乐、交谈声	"这个数据该怎么分析呢?""你看,应该这样……"	6s
6	近景	固定,平视	小李电脑前敲键盘,时而思考输入,屏幕文档更新	键盘声、音乐	经过努力,小李渐渐掌握了工作方法	5s
7	中景	固定,俯视	汇报会小李上台开演示文稿讲成果,眼神坚定、声音洪亮	嘈杂声转讲解声、音乐	各位领导、同事,下面我来汇报本次项目的完成情况……	7s
8	特写	固定,平视	领导微笑点头记录,同事赞许	音乐、书写声	小李的努力得到了认可,他迈出了成长的重要一步	4s
9	中景	拉,平视	小李站在荣誉墙前看表彰照,自豪笑、憧憬未来	激昂音乐	在这充满挑战的职场中,小李不断成长,未来可期	5s
10	全景	固定,仰拍	夕阳下小李坚定走出公司楼,身影挺拔	音乐弱	职场之路,永不止步	4s

7.4.4 短视频脚本的写作技巧

1. 开篇吸睛,瞬间抓住用户目光

短视频的开头5秒堪称黄金时间,能否迅速吸引用户决定了视频的命运。此时可巧妙设置悬念,如"神秘包裹中究竟隐藏着什么改变人生的物品";制造情节冲突,如"两个好友因一笔意外之财瞬间反目"。这些手法能瞬间激发用户好奇心,促使用户停下滑动屏幕的手指,沉浸于视频内容,为后续的播放量奠定基础。

2. 冲突反转,增添戏剧性与惊喜感

冲突是短视频剧情的灵魂。人物间冲突可展现为职场竞争中同事的明争暗斗;人物内心冲突体现在创业青年面对稳定工作与冒险梦想的艰难抉择;人物与环境冲突表现为探险家在极端恶劣气候下的求生挣扎。丰富多样的冲突形式能让剧情充满张力,引发用户情感共鸣。

反转要在合乎情理的前提下出其不意。从人物性格转变切入，如怯懦少年在危急时刻变身勇敢英雄；借行为反差设置，如邋遢大叔竟是顶级时尚达人；或通过形象颠覆，如平凡学生实则是隐藏的黑客高手。同时，结尾处打破常规套路，如众人以为老人迷路，结果他是在故地重游回忆往昔，让用户惊叹之余对视频印象深刻。

3. 主题升华，提升思想深度与感染力

结尾处升华主题是短视频的点睛之笔。从生活小事出发，如讲述邻里互助故事，结尾升华到社区和谐共融的重要性；或是展现个人奋斗历程后，上升到追求梦想的普遍精神价值。这种升华能触动用户内心深处，引发深层思考，促使他们主动点赞、评论和转发，扩大视频传播范围。

4. 巧用短镜头，契合碎片化浏览习惯

短镜头(时长不超10秒)能带来快节奏视觉冲击，契合现代用户碎片化信息接收方式。在脚本创作时，不必在单个镜头详述所有信息，如美食制作视频，用短镜头快速切换食材准备、烹饪过程，搭配简洁台词"新鲜蔬菜，快速翻炒出美味"，让用户在短时间获取关键内容，保持观看兴趣。

5. 公式借鉴，打造热门短视频类型

总结热门短视频创作模板，先学习后超越。例如，生活vlog短视频=日常记录+情感分享+趣味亮点：以记录日常生活为基础，如旅行、学习、工作等经历，穿插自身的情感体验与感悟，再加入独特的趣味元素，让观众能感同身受并从中获得乐趣。再比如，美食探店短视频=店铺环境展示+菜品特色呈现+个人评价+消费引导。开头先对餐厅的外观、内部装修等环境进行拍摄展示，接着详细介绍招牌菜品的外观、口感、食材等特色，在品尝过程中分享自己真实的评价，最后给出消费建议并引导观众前往尝试。

7.5 直播文案

通过学习直播文案，学生能掌握其概念、分类，以及直播脚本和话术设计方法。在学习实践中，学生深化对吸引观众、促进互动和推动销售的认知，并应用于实际创作。这不仅有助于提升学生在直播文案策划和语言表达上的专业能力，培养独特创意，还能增强其对观众和市场的洞察力，树立严谨态度，从而成长为专业、创新且有责任感的直播文案创作者。

案例导读6 | 董宇辉老师的顶级卖货文案 为何进了直播间就出不去了

董宇辉说："段子都是即兴发挥，只有真实能打动人。"

网上有个段子说有个网友四进董老师直播间，四次都碰巧遇到他在卖大米，从而买了四袋大米。四次的卖货文案分别如下。

第一次：深刻洞察攻击。

你后来吃过很多菜，但是那些菜都没有味道了，因为每次吃菜的时候，你得回答问题，得迎来送往，得敬酒，得谨小慎微，你吃得不自由，你后来回到家里头，就是这样的西红柿炒鸡蛋、麻婆豆腐，甚至是土豆丝，真香，越吃越舒服。

第二次：土味情话攻击。

我想把天空大海给你，把大江大河给你，没办法，好的东西就是想慷慨地给你。

第三次：场景描绘攻击。

我没有带你去看过长白山皑皑的白雪，我没有带你去感受过十月田间吹过的微风，我没有带你去看过沉甸甸地弯下腰，犹如智者一般的谷穗，我没有带你去见证过这一切，但是，亲爱的，我可以让你品尝这样的大米。

第四次：故事锚定攻击。

以前我做老师的时候，我会穿白T恤，或者西服外套讲课，这样孩子们会觉得我很重视这节课。即使现在我大脑不转其实很久了，但我上来之前还是做了30个俯卧撑，你不要让我坐着了，我愿意站在这里，让你知道我在意你。

案例分析：

文种：直播文案。

写作要点：董宇辉直播卖货文案深入人心，通过即兴段子、土味情话、场景描绘等手法，结合个人情感与历史典故，传递真实与诗意，打动人心，展现"腹有诗书气自华"的魅力。

7.5.1 直播文案的概念和分类

在互联网迅猛发展的当下，智能手机全面普及，网络速度大幅提升，流量费用不断降低，人们的生活变得愈加丰富多彩。此时，单调的图文信息已无法满足大众日益增长的需求。相比之下，视频直播以其内容丰富、交互性强、社交效率高、真实性与实时性卓越等显著优势，更能精准地契合用户的多元需求。而在视频直播这一复杂且动态的传播过程中，直播文案扮演着不可或缺的关键角色。

直播文案是为在直播场景中实现产品推广、品牌塑造、用户互动等商业或传播目标，依据直播的主题、流程，以及产品或服务特性，精心策划并创作的一套完整且具有针对性的文字内容体系。

直播文案按照功能与呈现形式划分，可以分成直播脚本和直播话术。

直播脚本是对直播活动的整体规划与架构，以文字形式呈现直播的流程、环节设置、镜头调度、场景布置、产品展示顺序及时间安排等内容。它如同建筑蓝图，为直播搭建起清晰的框架，明确每个阶段的任务与节奏。

直播话术则是主播在直播过程中与观众进行实时交流所使用的口头语言内容。它包括开场时吸引观众注意力、营造氛围的话语；产品介绍时对产品特点、优势、价值的生动表述；引导观众参与点赞、评论、分享、抽奖等互动活动的话术；推动观众下单购买的促单话术；结尾时总结直播内容、引导观众后续行动的话语。

7.5.2 直播脚本的设计

一场成功的直播，必然离不开一个设计缜密、严谨规范的直播脚本。这一脚本恰似电影的大纲，能够助力主播精准把控直播节奏，严格规范直播流程，进而顺利达成预期目标，实现直播效益的最大化。直播脚本包括单品直播脚本和整场直播脚本两种。

1. 直播脚本的作用

1) 明确直播主题

直播主题是直播的核心，决定内容方向。确定主题前，运营团队需明确直播核心目标，如塑造品牌形象、提升知名度，或开展促销活动、实现销量增长。有吸引力的主题能迅速吸引目标用户，激发其观看与参与热情。

2) 把控直播节奏

有效把控节奏是直播流畅且吸引人的关键。专业直播脚本内容编排精确到分钟。同时，脚本合理规划商品介绍时长，确保重点突出。运营团队制定时间规划表，为商品定制单品脚本，以表格标注核心卖点、优势及优惠，助力主播清晰介绍商品。

3) 调度直播分工

直播涉及多岗位协作，直播脚本起到协调指挥作用。通过规划直播分工，脚本明确指导主播、副播、运营人员在各环节的动作、行为及话术。各岗位依据脚本协作，确保直播各环节无缝衔接，为观众提供优质直播体验。

4) 控制直播预算

成本控制对直播至关重要，尤其对预算有限的中小商家。直播运营团队利用直播脚本，在筹备阶段精细规划各项成本，如设定优惠券金额、策划促销活动、核算赠品支出等。通过提前规划与严格执行，保障直播在预算内高效开展，实现投入产出比最大化。

2. 单品直播脚本设计

单品直播脚本以单个产品为核心，旨在精准突出产品卖点，刺激用户购买欲望。一场直播时长通常2～6小时，会推荐多款产品，主播需清晰把握每款产品特点与营销手段，而单品直播脚本正是达成这一目标的关键工具。单品直播脚本示例如表7.2所示。

单品脚本主要包含以下信息。

(1) 品牌介绍：简要阐述品牌的历史、定位与优势，提升品牌背书，增强用户对产品的信任度。

(2) 产品卖点：深度挖掘产品的独特功能、材质、工艺、设计等方面的优势。用简洁且有说服力的语言呈现，让用户迅速了解产品价值。

(3) 直播利益点：明确直播期间专属的价格折扣、赠品、满减等优惠政策，直观展示产品性价比，激发用户购买的紧迫感。

(4) 注意事项：涵盖产品使用方法、售后保障、特殊说明等内容，避免用户在购买与使用过程中产生困扰，提升用户体验。

表 7.2 单品直播脚本示例

项目	宣传点	具体内容
品牌介绍	品牌优势	法国护肤品牌，30年研发史，用天然植物精粹打造高品质产品
产品卖点	高效保湿	含多种保湿因子，深层锁水，保持肌肤水润
	抗氧化	添加抗氧化成分，对抗自由基，延缓衰老
	温和配方	经敏感性测试，无酒精、香料，适合各类肤质
直播利益点	限时折扣与赠品	直播8折，买两件送护肤小样三件套
注意事项	使用方法	洁面后涂脸，按摩至吸收
	售后保障	7天无理由退换，有问题联系客服
	互动引导	评论区分享护肤困扰，抽送试用装

3. 整场直播脚本设计

整场直播脚本是直播活动的关键规划工具,它从整体上对直播的内容与流程进行全面统筹,着重规划直播中的独特玩法与节奏把控,旨在为观众打造一场有序且极具吸引力的直播体验,以达成既定的营销、宣传等目标。整场直播脚本示例如表7.3所示。

整场直播脚本主要包含以下信息。

(1) 直播主题:确定一个具有吸引力且贴合直播内容的主题,让观众快速了解直播的核心方向。

(2) 直播目标:明确本次直播期望达成的目标,如提高品牌知名度、增加产品销量、吸引新粉丝关注等。

(3) 人员安排:明确主播、副播、运营、场控等各个岗位的职责与分工,确保直播过程中各环节都有专人负责。

(4) 直播时间:精确到分钟告知观众直播的开始与结束时间,方便观众合理安排时间观看。

(5) 直播流程:直播伊始,主播通过热情问候与有趣话题进行开场预热,引导观众关注直播间;随后进行活动剧透,简要介绍所有产品并重点推荐热门产品以激发观众兴趣;接着按序逐一详细讲解产品,其间穿插提问、抽奖等互动环节,增强观众参与度;最后在直播尾声,对下一次直播的时间、主题或亮点进行预告,吸引观众持续关注。

表 7.3　整场直播脚本示例

直播活动概述				
直播主题	夏日美妆盛宴专场			
直播目标	流量目标:吸引8万人观看 销售目标:销售金额达300万元 吸粉目标:增粉800人			
直播人员	主播:小美 助理:小阳 客服:小甜			
直播时间	2024年7月15日,20:00～22:30			
注意事项	1. 把控商品讲解与互动节奏,及时回复粉丝问题 2. 突出产品优势与适用肤质讲解			
直播流程				
时间段	流程安排	主播	助播	客服
20:00～20:05	热情欢迎观众,简单互动暖场	热情开场,欢迎观众,简单互动	自我介绍,引导点赞	推送开播通知至粉丝群
20:06～20:15	说明抽奖规则与福利	介绍抽奖福利与规则	演示抽奖操作,回复问题	收集粉丝群反馈
20:16～20:25	预告活动优惠及热门产品	预告活动优惠与热门产品	补充信息,引导点赞	推送活动预告
20:26～20:40	快速展示美妆品,突出新品、爆款	快速展示所有美妆品,重点推介新品与爆款	协助展示商品	推送商品信息
20:41～21:00	讲解畅销粉底液,演示上妆	讲解畅销款粉底液,演示上妆	配合展示效果,引导下单	添加商品链接,解答疑问

（续表）

直播流程				
时间段	流程安排	主播	助播	客服
21:01～21:10	开启首轮抽奖，公布奖品规则	开启首轮抽奖，说明奖品与规则	协助抽奖操作	登记获奖者
21:11～21:30	介绍新款口红，试用分享	介绍新款口红，试用并分享心得	展示效果，引导购买	更新商品链接，处理订单问题
21:31～21:40	进行第二轮抽奖，说明情况	进行第二轮抽奖	引导参与抽奖	收集获奖信息
21:41～22:00	讲解护肤套装功效并演示	讲解护肤套装，强调功效	配合演示，促进下单	添加套装链接，回复咨询
22:01～22:15	介绍粉丝福利与入团办法	介绍粉丝专属福利与入团方法	引导加入粉丝团	处理入团及订单问题
22:16～22:25	返场热门商品介绍	热门商品返场介绍	协助展示，推动购买	更新返场商品链接
22:26～22:30	预告下场直播时间与亮点	预告下场直播亮点与时间	引导关注直播间	回复剩余问题

7.5.3 直播话术的设计

直播话术是主播与观众进行实时互动交流的语言艺术表达，它涵盖直播开场吸引观众、产品介绍激发购买欲、互动环节增强活跃度、促单留人推动交易等方面，不仅能影响商品销售转化率，还关乎主播与品牌形象塑造及用户黏性提升，是直播从业者必须掌握的关键技能。

1. 直播话术的设计原则

1) 专业性

直播话术的专业性是其基石。主播对商品的认知应全面且深入，无论是产品的成分、工艺、性能，还是其在市场中的定位与优势，都需要了如指掌。同时，语言表达需成熟精准，用简洁明了的术语和逻辑清晰的语句传递信息，避免模糊不清或过于口语化的表述，使观众在获取专业知识的同时，对主播的权威性产生信任，从而增强购买意愿。

2) 真诚性

真诚是直播话术的灵魂。主播在与观众交流时，必须秉持真心实意的态度，切实从观众需求出发提供建议。当产品出现问题，如物流延迟、质量瑕疵等情况，主播应勇于承担责任，第一时间向观众诚恳致歉，详细说明问题根源，并积极提出切实可行的解决方案，决不能敷衍塞责或推诿。这种真诚的互动能够有效触动观众的情感，拉近与观众的心理距离，进而提升观众对主播的忠诚度与粘性，为长期稳定的直播销售奠定良好基础。

3) 趣味性

趣味性为直播话术增添活力。主播应巧妙运用幽默诙谐的语言风格，适时穿插有趣的故事、恰当的段子或轻松的自嘲，打破直播的沉闷氛围，吸引观众注意力并提升其参与积极性。但需把握好分寸，幽默内容不得低俗、不得偏离主题，始终确保围绕产品核心卖点与观众需求展开，在营造愉悦氛围的同时实现营销目的，避免因过度娱乐化而分散观众对产品的关注。

2. 直播话术的常用话术

在直播过程中，各类话术都有着独特的功能与关键要点，以下是对常见直播话术的介绍。

1) 开场话术

开场话术是直播起始阶段主播用来吸引观众、营造氛围、拉近与观众距离的语言手段，旨在快速抓住观众注意力，为后续直播内容做好铺垫，提升观众留存意愿。

(1) 互动开场。

主播需以热情洋溢、充满活力的态度向观众致以亲切问候，同时，要运用丰富多样的表情和积极的肢体语言，如微笑、挥手等，充分展现出自身的亲和力，让观众切实感受到被关注与重视，从而建立起良好的初步连接。

(2) 福利开场。

明确展示直播过程中为观众准备的各类福利，包括但不限于优惠券、抽奖活动、赠品等，例如"新进来的小伙伴们注意啦！只要关注直播间，就能立即领取一张价值××元的优惠券，可用于购买我们今天的精选商品哦！"通过具体且具有吸引力的利益点，有效激发观众的参与兴趣和期待。

(3) 才艺展示开场。

主播可以进行一段简短而精彩的才艺表演，表演结束后，及时引导观众关注直播间，例如，"刚刚给大家带来了一小段才艺表演，希望能给大家带来片刻的欢乐。喜欢我的朋友记得点个关注哦，后续还有更多精彩内容和惊喜福利等着大家"。

2) 推荐商品话术

推荐商品话术是主播介绍商品时运用的语言技巧，目的是清晰传达商品信息、突出优势与价值，激发观众购买欲望。

(1) 遵循FABE原则。

FABE是一种在产品介绍中非常有效的方法，其中F(feature)代表特征，指产品的材质、工艺、设计等固有属性；A(advantage)代表优势，是由产品特征所引发的优于其他产品的地方；B(benefit)代表好处，即产品能为用户带来的实际利益和价值；E(evidence)代表证据，用于支撑前面所阐述的特征、优势和好处，使产品介绍更具可信度。巧妙运用FABE原则能够系统且有逻辑地展示商品的价值，精准地满足观众需求，从而显著提升观众对商品的认知和购买意愿，为直播销售的成功奠定坚实基础。

(2) 突出细节与对比。

对于商品的细节，主播要进行细致入微的展示和描述，可借助特写镜头或实物展示。在对比方面，横向对比可从价格、功能、品质等多个维度与同类产品进行比较，纵向对比则聚焦于自身产品的不同版本或升级前后的差异。

(3) 放大卖点与举证。

根据目标受众的需求和关注点，精准确定商品的核心卖点并着重强调。同时，通过展示相关证据来增强说服力，例如，"这款跑鞋已经经过了专业运动员的测试和验证，他们都反馈这款跑鞋在长跑过程中表现出色"。

3) 留人话术

留人话术是主播在直播中为防止观众流失而采用的策略，通过持续提供有吸引力的内容或福利，保持观众关注度与参与度。

(1) 福利诱惑。

在直播期间，定期或不定期地推出具有吸引力的福利活动，如限时折扣、满减优惠、限量抢购、赠品等，并且要明确告知观众活动的具体时间、优惠力度和参与方式。同时，要不断提醒观众福利的存在和即将到来，保持观众的期待和参与热情。

(2) 及时回应。

主播要时刻密切关注观众在弹幕或评论区的提问与反馈，迅速、准确、专业地给予回应。通过及时、有效的回应，满足观众的信息需求，增强他们对主播的信任和依赖。

4) 互动话术

互动话术是主播引导观众参与直播间互动的语言方式，旨在增强观众参与感与活跃度，提升直播间氛围。

(1) 提问式互动。

主播提出与直播内容、商品或观众兴趣相关的问题，问题要具有一定的开放性和启发性，能够引发观众的思考和讨论。同时，要积极引导观众在评论区或弹幕中回答问题，并对观众的回答进行及时的回应和互动。

(2) 选择题互动。

给出明确的、简洁的选项让观众进行选择，选项要具有一定的区分度和吸引力，在观众做出选择后，要及时反馈结果和进行进一步的互动。

(3) "刷屏"式互动。

引导观众发送特定的关键词、表情或短语进行刷屏，所引导的内容要与直播主题或当前氛围相契合。同时，要注意控制刷屏的频率和节奏，避免过度刷屏影响观众观看体验。

5) 成单话术

成单话术是主播引导观众完成购买决策的关键技巧，通过消除顾虑、强调价值与营造紧迫感，促使观众下单。

(1) 打消顾虑。

针对观众可能存在的对商品质量、售后、效果等方面的担忧，主播要坦诚、详细地进行沟通并提供切实可行的解决方案。同时，可以分享其他用户的成功购买案例和反馈。

(2) 强调价格锚点。

通过与其他渠道的价格进行对比，突出直播间商品的价格优势，对比要真实、准确、具有说服力，让观众清晰地认识到在直播间购买的实惠。

(3) 制造稀缺感。

利用限时、限量、限地等方式营造商品的稀缺氛围，限时要明确具体时间，限量要说明具体数量，限地要强调唯一性，激发观众的紧迫感和购买欲望。

6) 催单话术

催单话术是在观众有购买意向但未下单时，主播加速其决策的语言策略，进一步强调优势与紧迫性。

(1) 强调优势与紧迫感。

持续提醒观众商品的核心优势和独特价值，语言要简洁有力，同时结合库存和时间限制，强化观众的紧迫感。

(2) 引导行动。

用简单明了、易于操作的语言指导观众完成购买步骤，可结合屏幕演示或提示。

7) 结束话术

结束话术是直播结束时主播使用的语言表达，用于感谢观众、总结内容与预告下一场直播，保持观众期待。

(1) 表达感谢。

主播要真诚地向观众表达感激之情，感谢观众的观看、参与、点赞、评论、分享、购买等各种支持行为。

(2) 总结亮点。

简要回顾本次直播的重点商品和主要内容，突出商品的优势和特点。

(3) 预告下一场直播。

提前透露下一场直播的相关信息，包括主题、时间、大致内容和可能的福利等，激发观众的期待和关注。

7.6 新媒体文书实战演练

7.6.1 品牌文案实战演练

案由：秦岭生态优越，植被繁茂、水源纯净，天然蜂蜜品质上乘，当地养蜂传统悠久。随着健康消费理念兴起，高品质蜂蜜需求大增，林韵臻蜜品牌顺势诞生。但新进入市场的它缺乏知名度与美誉度，创始人林启深决定创作品牌故事文案，提升品牌影响力。

实施过程如下。

1) 搜集与整理资料

林启深生于秦岭脚下村庄，自幼亲近蜜蜂，熟知其习性与蜂蜜酿造。家族养蜂技艺古老独特，是他创业根基。成长中，他继承先辈智慧并学习现代知识，探索传统与现代结合提升蜂蜜品质。他走遍秦岭与蜂农合作守护蜜源，养蜂各环节亲力亲为，坚守自然规律确保蜂蜜成熟且营养丰富。同时拍摄大量他在蜂场工作照片，体现品牌调性，为文案创作提供素材。

2) 提炼并确定主题

经分析确定"传承山林蜜韵，铸就品质臻蜜"为主题，紧密结合创始人与品牌名，凸显品牌传承与品质追求。

3) 撰写初稿

创业背景：秦岭生态孕育蜜源，家族传统催生创业想法，为满足市场需求创立林韵臻蜜品牌。

创业主题：传承山林蜜韵，铸就品质臻蜜。

创业情节：林启深自幼接触养蜂，立志传承。成年后，深入秦岭寻蜜源，与蜂农合作，结合古法与现代方法酿蜜，让品牌在市场起步。

创业人物：创始人林启深，热衷养蜂，融合传统与现代知识。

创业细节：深入秦岭找蜜源、与蜂农合作、遵循古工艺养蜂酿蜜、用现代知识优化流程、坚守自然成熟标准。

创业结果：品牌推出后在当地获初步认可，积累了忠实消费者，知名度渐升。

4) 斟酌、修改稿件

初稿情感与细节有欠缺，丰富林启深养蜂面临的自然灾害、市场竞争等困难，突出其坚守品质与传承技艺的决心，刻画他与蜂农情谊及对养蜂事业的热爱，使品牌形象更丰满真实。

5) 定稿

最终完成的品牌故事文案如下。

林韵臻蜜：源自秦岭的匠心传承与创新传奇

在秦岭的青山绿水间，流淌着一份源自山林的甜蜜传奇——林韵臻蜜。创始人林启深，生于斯长于斯，与这片山林和蜜蜂结下了不解之缘。他自幼便在祖辈的熏陶下，熟悉了蜜蜂的嗡嗡细语，沉醉于蜂蜜的醇厚香甜，家族传承的古老养蜂技艺，如同璀璨星辰，照亮了他的人生道路，也点燃了他心中传承与创新的火焰。

从懵懂少年到养蜂行家，林启深一路砥砺前行。为了寻找最优质的蜜源，他踏遍秦岭的山山水水，风餐露宿，与无数蜂农建立起深厚的情谊。在那茂密的山林中，他亲手搭建蜂箱，每个细节都饱含着对蜜蜂的关爱与尊重；培育蜂王时，他全神贯注，如同呵护着新生的希望。

采蜜的季节，是他最忙碌也是最幸福的时刻。他穿梭在蜂箱之间，小心翼翼地收取那饱含大自然精华的蜂巢，金黄色的蜂蜜在阳光下闪烁着诱人的光泽。在酿造过程中，他坚守着家族的传统工艺，绝不添加任何人工成分，耐心等待蜂蜜在蜂巢中自然成熟，让每滴林韵臻蜜都蕴含着秦岭的灵气与他的匠心。

然而，创业之路并非一帆风顺。曾经，一场突如其来的暴雨引发了山体滑坡，威胁着蜂场的安全。林启深不顾危险，带领蜂农们奋力抢救蜂箱，保护蜂群。在市场竞争激烈的时期，销售渠道受阻，他四处奔走，积极寻找合作伙伴，凭借着对品质的执着和对品牌的信心，逐步打开了市场。

如今，林韵臻蜜已成为品质蜂蜜的代表品牌。在林启深的带领下，团队始终坚守初心，传承着山林间的蜜韵，用精湛的技艺和对自然的敬畏，酿造出一瓶瓶品质卓越的蜂蜜，为消费者带来健康与甜蜜。这就是林韵臻蜜的故事，是一个关于传承、坚守与创新的甜蜜篇章，它将继续在秦岭的山水间延续，为更多人传递这份源自大自然的珍贵礼物。

案例分析：

1. 核心结构

(1) 背景：秦岭生态优越、养蜂传统悠久，健康消费理念下高品质蜂蜜需求大增。

(2) 主题：传承山林蜜韵，铸就品质臻蜜。

(3) 情节：林启深成长及创业经历，包括寻蜜源、遇灾害与竞争、开拓市场等。

(4) 人物：创始人林启深，以及众多与之合作的蜂农。

(5) 细节：搭建蜂箱、培育蜂王、采蜜、坚守传统工艺等。

(6) 结果：林韵臻蜜成为品质蜂蜜代表品牌，积累了消费者。

2. 语言要求

(1) 富有情感：能传递创始人的热爱情感，引发读者共鸣。

(2) 生动形象：对场景、动作等描述细致，如"穿梭在蜂箱之间"，使画面感强。

(3) 简洁明了：避免复杂冗长表述，简洁传达核心信息。

(4) 真实可信：基于实际经历如实展现创业历程中的困难与成就。

3. 本案例亮点

(1) 文化融合紧密：将秦岭地域文化、家族养蜂传统与品牌深度融合，凸显独特性。

(2) 品质理念突出：着重体现坚守传统工艺、追求自然品质的核心价值。

(3) 情节跌宕起伏：涵盖创业困难与突破，增强故事吸引力与感染力。

4. 价值与适用场景

适用于品牌官网、产品包装、社交媒体推广、线下活动宣传等场景，持续传递品牌价值与形象。

7.6.2 短视频文案实战演练

案由：乡村振兴战略推进之际，某山区乡村农产品丰富却因地理局限销售艰难。大学生李明满怀热忱返乡，运用所学搭建电商平台、创新营销，助力农产品外销与产业升级，特制作短视频脚本，以生动影像展现其奋斗轨迹与乡村蜕变，彰显青春助农力量。

实施过程如下。

1) 做好前期准备

明确拍摄主题："大学生李明的乡村振兴助农行"，突出其引领作用。

确定拍摄时间：丰收季、电商促销节点及劳作日，全面展现助农进程。

选定拍摄场地：农田、果园、电商工作室、物流点等，涵盖产业各环节。

2) 架构内容框架

人物塑造：塑造李明积极创新形象，体现农民态度转变。

场景设置：展现乡村风光与劳作、电商运营场景，体现新旧融合。

事件规划：从返乡创业始，依序呈现选品、建平台、营销、发货等环节。

3) 填充细节要点

机位选择：多角拍摄，低机位拍农田，中近机位拍工作室，全景拍物流点。

台词设计：李明专业热情，农民质朴感恩，传达核心情感。

影调运用：田园明丽，工作室暖调，营造氛围。

道具选用：农产品、工具、电脑、包裹等，凸显关键元素。

4) 完善脚本编写

最终完成的短视频脚本如下。

镜号	景别	拍摄方式	画面内容	声音	台词	时长
					"大学生李明的乡村振兴助农行"短视频的分镜头脚本	
1	全景	推镜头	晨曦初照，青山连绵，薄雾似轻纱缭绕山间。山脚下，大片农田郁郁葱葱，田埂上小鸟欢跳，农舍烟囱炊烟袅袅升起	清脆鸟鸣声、微风拂动农作物的沙沙声、农舍附近隐约的家禽叫声	"在乡村振兴的浪潮中，这片土地正孕育着新希望。"	8s
2	中景	平移镜头	乡间小道上，大学生李明身背行囊，面带自信微笑，大步走来。他不时驻足观察路边农作物，蹲下轻抚叶片，眼中满是关切。遇到劳作村民，热情招呼	脚步声、李明与村民的问候声、偶尔的锄头锄地声	李明："大爷、大妈，我回来啦，这次一定帮咱村把农产品卖出去！"村民："哎呀，孩子，可盼着你呢！"	12s
3	近景	静止镜头	果园里，果实累累，李明与果农站在树下。李明拿起一个苹果，仔细查看色泽、纹理，咬一口后点头称赞。果农紧张地看着他，等待回应	微风拂过枝叶的沙沙声、李明咬苹果的清脆声	李明："大爷，这苹果味道太好啦，咱好好包装准能畅销！"果农："那就全靠你啦，小李！"	10s
4	中景	跟镜头	电商工作室内，灯光明亮。李明坐在电脑前专注操作键盘，屏幕上电商平台页面逐渐完善，精美的农产品图片和详细介绍一一呈现。团队成员围坐讨论，气氛热烈	键盘敲击声、团队成员的讨论声、纸张翻动声	李明："咱得突出农产品的绿色、有机和原生态，让顾客放心购买。"成员A："对，再加上些农产品种植过程的视频展示，更有吸引力。"	15s
5	特写	环绕镜头	古朴木桌上，摆放着包装精美的农产品。李明拿起一箱苹果，查看包装密封性和标签粘贴情况，眼神专注，随后小心放入物流箱，又将宣传册塞进箱缝	轻微纸张摩擦声、包装盒挪动声	"每个细节都关乎品质，这些产品承载着咱村的希望。"	10s
6	全景	拉镜头	阳光洒满乡村物流点，一辆大型物流车停在一旁。村民和李明一起搬运农产品上车，大家满脸喜悦。车缓缓启动，发动机轰鸣。村民挥手告别，眼中含泪，李明欣慰微笑	物流车发动机轰鸣声、村民呼喊声和欢笑声、脚步声	"乡村振兴的梦想出发啦，未来肯定越来越好！"	12s

（续表）

镜号	景别	拍摄方式	画面内容	声音	台词	时长
			"大学生李明的乡村振兴助农行"短视频的分镜头脚本			
7	中景	静止镜头	电商平台订单数据页面，数字快速跳动上升。李明和团队成员围看电脑，兴奋欢呼，相互拥抱庆祝	激动欢呼声、键盘背景音	成员 B："太棒啦，这么多订单！"李明："这只是开头，咱们继续加油，让村子更好！"	10s
8	全景	推镜头	傍晚，乡村被夕阳余晖染成橙红色。农田里，劳作一天的村民扛农具结伴回家，有说有笑。村庄中，灯火渐亮，温馨四溢	村民谈笑声、远处犬吠声、农舍电视声	"在青春的助力下，乡村正焕发生机，迈向繁荣。"	10s

案例分析：

1. 核心结构

(1) 背景与主题：乡村振兴战略下，山区乡村农产品销售难。明确主题为"大学生李明的乡村振兴助农行"，突出李明在乡村振兴中的引领作用。

(2) 内容规划

人物：塑造李明积极创新形象，展现农民态度转变。

场景：涵盖乡村田园与劳作场景、电商运营场景，体现传统与现代融合。

事件：依序呈现李明返乡后的选品、建平台、营销等助农环节。

(3) 视听设计

机位：低机位拍农田，中近机位拍工作室，全景拍物流点，多视角呈现。

台词：李明台词显专业热情，农民台词表质朴感恩。

影调：田园用明丽影调，工作室用暖调，营造不同氛围。

道具：选用农产品、工具、电脑、包裹等，突出关键元素。

2. 语言要求

(1) 紧扣主题：脚本话语、旁白、画面描述均围绕大学生返乡助农主题，强化核心内容，加深观众记忆。

(2) 简洁明了：整体语言简洁，无过多修饰与复杂句式。

(3) 契合身份：李明台词展现专业热情，契合大学生助农形象。农民语言质朴，精准贴合身份。

3. 本案例亮点

(1) 逻辑清晰：按准备、创业、推进及成果展示顺序编排，过渡自然，观众易理解故事全貌。

(2) 视听巧妙：画面运用不同景别、拍摄方式与影调，搭配声音和台词，营造感染力强的观看体验。

(3) 情感共鸣：借台词、画面传递热爱、向往与希望，触动观众内心，引发共鸣。

4. 价值与适用场景

适用于乡村宣传推广、电商营销、活动展示等短视频脚本撰写，吸引社会对乡村发展的关注与支持。

📖 本章小结

本章围绕新媒体文书写作展开，详细阐述了新媒体文书的内涵、特点、类型及写作流程，介绍了品牌文案、广告策划文案、短视频文案和直播文案等具体类型，各类型均通过案例分析展示其写作要点与结构，如品牌文案注重价值传递与形象塑造，广告策划文案强调目标明确与策略规划，短视频文案突出简洁情感化且涵盖脚本写作要点，直播文案包括脚本和话术设计原则及技巧等，最后通过实战演练进一步强化对各类新媒体文书写作的理解与应用，为提升新媒体文书创作能力奠定基础。

思考与练习：

1. 请列举三个常见的新媒体文书类型，并分别说出它们的主要传播平台。

2. 以你熟悉的品牌为例，说明其品牌文案是如何塑造品牌形象的。

3. 广告策划文案中，环境分析一般包括哪些内容？

4. 在短视频文案的脚本写作中，如何合理安排镜头时长以保持节奏紧凑？结合具体案例说明。

5. 在直播文案中，如何通过开场话术迅速吸引观众？请简要说明并举例。

实践训练：

材料1：

随着环保意识的增强，李阳看到了可降解塑料制品的商机，凭借自身材料学专业知识，创立了"绿洁新塑"品牌，但在众多竞争品牌中，急需突出自身特色，打造品牌故事。

根据以下提示内容，撰写品牌故事。

创业背景：环保成为全球共识，传统塑料制品污染严重，可降解塑料制品迎来发展机遇，但行业标准不一，产品质量参差不齐。李阳在材料学领域深入研究多年，决心利用专业优势，投身可降解塑料产业。

创业主题：科技驱动环保，创新塑造未来。

创业情节：从实验室研发新型可降解材料配方，到小批量试生产，克服了材料成本高、生产工艺复杂等诸多难题。在市场推广阶段，积极与环保组织合作，参与各类环保展会，逐步获得市场关注。

创业人物：创始人李阳，专业知识扎实，富有创新精神和环保使命感；研发团队成员，均为材料学及相关领域精英。

创业细节：在研发过程中，对不同原材料进行了上千次的配比实验；生产车间采用先进的环保设备，确保生产过程无污染；产品包装上印有详细的环保说明和使用指南。

创业结果："绿洁新塑"品牌的可降解塑料制品以其高质量和稳定性，在市场上站稳脚跟，订单量持续增长，品牌影响力逐渐扩大，成为环保塑料制品领域的新兴力量。

材料2：

为推广当地的特色农产品——有机草莓，农民合作社决定制作短视频，展示草莓的种植过程和优势，吸引消费者购买。

根据以下提示内容，撰写一份短视频脚本。

主题："探寻有机草莓的甜蜜之旅"。

时间：选择草莓成熟采摘季的晴天上午，此时草莓色泽鲜艳、口感最佳，且光线充足利于拍摄。

场地：草莓种植大棚内及周边田园风光区域。

人物：果农李大叔，一位经验丰富、朴实憨厚的农民。

场景：草莓种植大棚内草莓娇艳欲滴，大棚外田园风光优美。

事件：李大叔先在大棚内展示有机草莓种植过程，如施肥、浇水等环节，接着采摘草莓邀请路人品尝，最后在农舍前介绍购买渠道。

第 8 章

商务与职场文书写作

案例导读 | 关于加强合作并探索新兴市场拓展机遇的商务函

××××有限公司

地址：中国北京市海淀区××路××号

电话：+86-10-××××-××××

邮箱：××××@yunqizn.com

日期：2025 年 1 月 19 日

收件人公司名称：××××有限公司

地址：中国广东省深圳市南山区××路××号

邮编：××××××

主题：关于加强合作并探索新兴市场拓展机遇

尊敬的××××有限公司市场部经理李女士：

首先，请允许我代表云启智能创新有限公司，向贵公司长期以来给予的支持与合作表示由衷的感谢。我们高度重视与贵公司建立的合作伙伴关系，并深感荣幸能在智能物联网解决方案领域与贵公司携手共进，共同见证了业务的蓬勃发展。

鉴于此，我司特此致函，旨在探讨关于加强双方合作并共同探索新兴市场拓展机遇的可能性。我们相信，通过深化合作、共享资源，我们能够更好地把握市场趋势，共同推动业务增长和创新发展。具体而言，我们计划从以下几个方面着手。

(1) 解决方案联合研发。我们愿意分享云启智能在大数据、云计算、人工智能等领域的先进技术，与贵公司共同探索新的解决方案，提升产品的市场竞争力。

(2) 新兴市场共同开拓。我们提议共同开展新兴市场开拓活动，通过联合营销、渠道拓展等方式，迅速占领市场先机。我们可以利用各自的品牌影响力和市场渠道优势，共同推广智能物联网解决方案，提升市场份额。

(3) 人才培养与知识共享。我们可以共同举办技术研讨会、培训课程等活动，促进技术人员之间的交流与学习，共同提升团队的技术水平和创新能力。

为了确保合作的顺利进行，我们提议尽快安排一次线上或线下会议，以便双方团队详细讨论合作细节和具体方案。我们愿意提供必要的支持和协助，确保合作的顺利推进，并期待与贵公司携手共创更加辉煌的未来。

我们诚挚邀请贵公司于2025年2月5日前回复本函，表达贵方对此提议的看法及可能的合作意向。如有任何疑问或需要进一步的信息，欢迎随时通过上述联系方式与我联系。我们期待着与贵公司进一步加强合作，共同开创智能物联网解决方案领域的新篇章。

再次感谢贵公司一直以来的支持与信任！

此致

敬礼！

××××有限公司

张×× 业务发展部经理

+86-10-××××-××××(手机)

××××@yunqizn.com(邮箱)

案例分析：

(1) 文种：商务函。

(2) 写作结构如下。

信头信息(可选)：发件人和收件人信息(公司名称、地址、联系方式等)；日期和主题。

称呼：使用正式称呼(如"尊敬的×××")。

正文：

① 开头：表达感谢或问候，引出主题；

② 主体：分段阐述合作建议或业务内容，逻辑清晰；

③ 结尾：提出下一步行动建议或期待回复。

结束语：使用"此致，敬礼！"等礼貌用语。

署名与联系方式：发件人姓名、职务及联系方式。

(3) 写作要点如下。

① 内容清晰：明确表达合作意向，突出重点内容。

② 格式规范：遵循商务信函的格式要求，信息完整。

③ 语言正式：措辞礼貌、正式，避免过于口语化。

④ 逻辑连贯：主体部分分点阐述，条理清晰，便于阅读。

⑤ 简洁明了：避免冗长，突出关键信息。

商务与职场文书是组织内外沟通的关键工具，对信息传达、形象塑造和决策支持至关重要。无论是信函、纪要还是备忘录，都需精准表达，确保接收者准确理解并采取行动。其写作要点主要包括如下方面。

(1) 格式规范：遵循标题、称谓、正文、结语、落款等基本格式。

(2) 语言正式：使用专业术语，避免口语化，确保语法正确、文字规范，标点符号使用恰当。

(3) 内容客观：保持中立，避免主观色彩，谨慎使用缩写词并必要时解释，表达简洁明了。

📣 学习目的

1. 深入理解商务与职场文书的内涵、作用及特点

2. 熟悉文种适用场景，能准确选择并应用合适文书文种

3. 掌握商务与职场文书的写作结构与要点，提升写作技能

8.1　商务与职场文书概述

通过了解商务与职场文书的内涵、特点、作用和写作基本要求，学生能够深刻理解其在商业和职场中的重要性，培养严谨细致、规范高效的职业素养，增强责任感和诚信意识，为未来的职业发展奠定坚实基础，成长为具备专业能力和良好职业操守的高素质人才。

8.1.1　商务与职场文书的内涵

商务与职场文书是商务活动和职场环境中不可或缺的重要书面工具。商务文书主要用于商业交易、企业管理、市场运营等商业场景，承载着传递信息、表达意愿、确立关系、规范行为等核心功能。随着时代发展，商务文书的形式从传统的纸质文件扩展到现代电子通信方式，如电子邮件、电子报价函、在线会议纪要等，以适应快速变化的商务环境。

职场文书则更侧重于企业内部管理、员工沟通、工作流程记录等方面，包括工作计划、工作总结、述职报告、通知公告等。它不仅是沟通协调的工具，还是企业内部管理规范化、流程化的体现。无论是商务文书还是职场文书，它们都通过书面形式记录和传递信息，确保商务和职场活动的高效、有序开展。

8.1.2　商务与职场文书的特点

1. 正式性与规范性

商务与职场文书都强调正式与规范。商务文书的语言和格式通常更为严谨，需遵循行业标准和法律法规，以体现专业性和权威性。职场文书则更注重内部管理的规范性，格式和内容需符合企业的规章制度和文化要求。例如，商务报价必须使用专业术语，明确产品规格和价格；而工作计划则需按照公司规定的模板撰写，确保信息清晰、易于理解。

2. 准确性与清晰性

无论是商务还是职场文书，都要求内容准确无误，特别是在涉及关键信息(如金额、时间、数量等)时，必须清晰明确，避免歧义。商务文书的准确性直接关系到商业合作的成败，而职场文书的清晰性则有助于提高工作效率，减少误解。例如，在商务报价函中，金额和交货期必须准确无误；在工作通知中，任务要求和时间节点需表达清楚。

3. 实用性与针对性

商务文书紧密围绕商业活动的实际需求，如市场调研报告、项目策划书等，旨在推动商业合作和项目实施。职场文书则针对企业内部管理需求，如工作计划、绩效评估等，服务于企业的日常运营。

4. 高效性与简洁性

商务与职场文书都强调高效传递信息，语言简洁明了，避免冗长和复杂的表达。商务文书需在短时间内传递关键信息，便于快速决策；职场文书则需便于员工理解和执行。例如，商务邮件应直奔主题，避免过多寒暄；工作流程文件应简洁易懂，便于员工快速掌握。

8.1.3　商务与职场文书的作用

1. 沟通协调

商务文书是企业与外部合作伙伴、客户、供应商之间沟通的桥梁，确保信息精准传递，促进合作顺利开展。职场文书则是企业内部各部门、各层级之间沟通的纽带，帮助协调工作流程，提高团队协作效率。例如，商务洽谈纪要记录会议要点，便于后续跟进；工作备忘录则提醒员工完成特定任务。

2. 记录与凭证

商务文书详细记录交易细节和合作条款，是解决纠纷、维护权益的重要法律依据。职场文书则记录工作过程和结果，为绩效评估、人事决策提供参考。例如，商务报价单是交易的初步记录；员工工作总结则是绩效考核的重要依据。

3. 形象塑造与文化传播

商务文书通过专业、严谨的表达，展示企业的专业素养和品牌形象，增强市场认可度。职场文书则通过规范的格式和内容，传播企业文化，提升员工归属感和凝聚力。例如，精美的商务报告体现企业的专业形象；规范的工作流程文件则传递企业的管理文化。

8.1.4　商务与职场文书的基本要求

1. 内容准确

商务与职场文书必须确保内容真实、准确，关键信息(如数据、时间、金额等)需经过核实，避免错误或误导。例如，报价函中的数据需精确统计；工作计划中的时间节点需合理安排。

2. 格式规范

商务与职场文书需遵循行业标准和法律法规，使用专业格式和术语。职场文书则需符合企业内部的格式要求，保持一致性。例如，商务函须按照行业标准格式撰写；备忘录需使用规定的模板。

3. 语言简洁

商务与职场文书语言应简洁明了，避免冗长和复杂的句子结构。商务文书需使用专业术语，但也要确保对方能够理解；职场文书则需通俗易懂，便于员工执行。例如，商务邮件应直奔主题，避免过多客套；订购函应使用简洁的语言说明订购信息。

4. 逻辑清晰

内容需条理分明，逻辑连贯，便于读者快速抓住重点。无论是简历还是工作计划，都需按照合理的结构组织内容。例如，简历需按照个人信息、求职意向、教育背景、工作经历、技能证书、个人优势的逻辑展开；工作总结则需按照工作内容、成果、问题、改进措施的顺序撰写。

5. 风格正式

商务与职场文书都需保持正式、庄重的风格，避免随意或口语化的表达。商务文书更强调专业性，职场文书则需体现企业文化的严肃性。例如，商务邮件需使用正式的语言和术语；述职报告需严肃规范，避免使用口语化词汇。

6. 合法合规

商务文书需严格遵守国家法律法规和行业标准，确保内容合法有效。职场文书则需符合企业的规章制度和管理要求，避免出现违规内容。例如，报价必须符合行业规范；员工手册需符合劳动法的要求。

8.1.5　商务与职场文书的分类

1. 商务与职场管理类

(1) 商务交易。主要涉及商务活动中的交易环节，确保交易的顺利进行和管理。例如，询价函、报价函、催款函等。

(2) 职场管理。涵盖企业内部管理的各个方面，规范内部管理流程和提升工作效率。例如，流程文书(通知、请示、会议纪要)、考核文书(述职报告、绩效总结)、人事文书(求职信、简历)。

(3) 法律合规。用于处理商务活动中的纠纷和索赔事宜。例如，理赔函、索赔函等。

2. 商务与职场沟通类

礼仪沟通主要用于商务礼仪和沟通交流，维护良好的商务关系和企业形象。例如，感谢信、邀请函等。

8.2　商务函

通过学习商务函的撰写，学生不仅能够掌握商务沟通的专业技能，如语言简洁明了、语气真诚礼貌、内容集中单一等写作要点，还能够培养诚信守约、尊重他人、合作共赢等职业道德和职业素养。同时，商务函的分类、结构及写作要点的学习，也强调了规范意识、责任意识和法律意识的重要性，引导学生在未来的商务活动中要秉持诚实守信、严谨细致的工作态度。

商务函也称商务信函，属于商务礼仪文书，是指企业与企业之间，在各种商务场合或商务往来过程中所使用的简便书信。它的主要作用是在商务活动中用来建立经贸关系、传递商务信息、联系商务事宜、沟通和商洽产销、询问和答复问题，以及处理具体交易事项。

8.2.1　商务函的特点

商务函主要具有以下几个核心特点，撰写时需以此为准则，确保符合要求和使用场合。

1. 语言简洁明了

应避免冗长和复杂的表述，直接切入主题，突出要点。涉及具体信息(如时间、地点、价格等)时，用语需精确无误。

2. 语气真诚礼貌

应为他人考虑，注重礼貌用语，避免"生意腔"，使对方感受到友好和尊重。

3. 内容集中单一

应围绕一个核心主题展开，避免涉及无关内容，确保信函主旨明确，便于阅读者快速理解。

4. 格式规范统一

应遵循固定的结构(如称呼、正文、署名等)，并符合国际惯例和语言规范，尤其是外贸函件需注意文法和格式。

5. 收发及时高效

发送和回复需及时，应确保信息传递的时效性，适应商务活动的快节奏需求，优先使用电子邮件等快速传递方式。

8.2.2 商务函的分类

1. 按具体业务项目或内容分类

一般分为联络函、咨询函、推销函、订购函、催款函、寄样函、索赔函、理赔函、报价函、还价函、致歉函、谈判函、调解函、婉拒函。

2. 按行文对象分类

可分为对上级主管部门、对客户或协作单位、对兄弟部门等。对上级主管部门多以公函形式出现，属于行政公文范畴；对客户或协作单位，是商务开展过程中最常见的沟通手段。

3. 按行文方向分类

可分为去函和复函。

商务函的种类较多，下面综合对其中几种进行介绍，其中询价函、报价函、推销函、订单函等在后面章节进行详细介绍。

以下介绍几种常用的商务函范例。

1) 介绍经营业务的信函

这种信函内容上要准确明了地介绍自己的业务范围、经营理念以及经营宗旨等，语气上要礼貌谦和。介绍经营业务的信函一般反映的是商务往来中的基础信息，所以在写作过程中要真实、具体。写作范例如下。

××：

我们从我国驻巴基斯坦使馆商务参赞处得悉贵公司的名称和地址，现借此机会与你方通信，意在建立友好业务关系。

我们是一家国有公司，专门经营台布出口业务。我们能接受顾客的来样订货，来样中可说明具体需要产品的花样图案、规格及包装装潢的要求。

为使你方对我各类台布有大致的了解，我们另寄最新的目录供参考。如果你方对产品有兴趣，请尽快通知我方。一收到你方具体询盘，即寄送报价单和样品。

盼早复。

××

××××年××月××日

2) 寻求建立业务关系的信函

这种信函内容上要明确表达谋求合作的态度并要表明合作的基础、可行性以及前景，如果需要还可以写明合作的内容和方式，写作语气要礼貌谦和。有主动方的致函，有被动方的复函。写作范例如下。

××：

　　我们和××交往多年，承蒙他向我们推荐了贵公司。

　　目前，我们专门从事××××地区的××××贸易，但尚未与贵公司有贸易交往。由于我们对推销××××感兴趣，故特致函，以求能早日与贵方建立直接的贸易关系。

　　我们期待贵方能寄来你们有兴趣出售的各种××××(货物)的详细说明和外销价格。我们将愉快地调查我方市场可能销售的情况。

　　另一方面，若承蒙关照，贵公司愿从我方购买产品，请将你们感兴趣的货物逐项列表，一并寄来，以便视我方供货能力，向贵公司提供一切所需的资料。

　　盼早日答复。

××

××××年××月××日

3) 恢复业务关系的信函

　　这种信函内容上首先表达继续合作的愿望，可以回顾以往的合作成果，也可以展望未来的合作前景，进而通过对客观的合作利益的表达，以恢复业务，谋求新的合作。写作范例如下。

××××：

　　回顾去年贵我双方业务往来的记录，我们发现已很久未获得贵公司的订单了。想来贵公司仍在经营我公司的商品，承蒙告知最近贵方推销打算。

　　如果你们对我公司在订货方面有什么意见或建议，请予提出，以便我们慎重研究。

　　我们的产品在工艺和包装等方面都已做出了一系列的改进，现特邮寄若干贵公司过去订货的新形式样品，你们将会发现这些新型方式会更符合贵方要求，这将致使贵我双方友好业务联系的恢复和发展。

　　希望得到你们积极响应。

××××

××××年××月××日

4) 商洽价格的信函

　　这种信函内容要准确写明价格洽谈所指对象，可以针对商品或劳务，明确表达对价格的期望，给出意见或建议，必要时，要写明确切的价格数据和数量，不能含糊其辞。写作范例如下。

×××：

　　谢谢你们对旗下自行车报价的来函。

　　我们虽然赞赏你们自行车的质量，但价格太高不能接受。

　　请参阅×××号销售确认书，按此销售书我方订购了相同型号的自行车1000辆，但价格比你方现报价格低10%，自从上次订购以来，原材料价格跌落很多，你们自行车的零售价也下跌了5%。接受你方现时的报价意味着我们将有巨大亏损，更不用谈利润了。

　　然而如果你们至少降价1.5%，我们非常愿意向你方续订。否则，我们只能转向其他供应者提出类似需求。

　　我们希望你们认真考虑我方建议，并及早答复我方。

×××

××××年××月××日

5) 婉拒业务关系的信函

　　这种信函首先要对对方的合作意愿表示感谢，再以恰当合理的理由明确表达拒绝此次业务关系的意思。一般拒绝业务关系的信函要为将来可能会有的合作留有余地，所以最后通常会表达对今后合作的期待。写作范例如下。

×××：

　　谢谢你方1月20日关于100辆"××牌"轻便车的订单，然而我方遗憾地认为有必要将其暂时存档，以供将来参考，因为目前我方难以接受订单。这主要是国内外对我方生产的自行车需求甚殷，特别是由于近来的能源危机，西欧买主的订货量不断增加。

　　对此暂时不能接受你方订单，我们深表遗憾。一旦供货情况好转，一定电告你方。

×××

××××年××月××日

8.2.3　商务函的结构

商务函一般由信头、正文和信尾三部分构成。

1. 信头

信头就是商务函的开头，由标题、发信人名称和地址、函号、称谓，以及收信人地址和单位等构成。

(1) 标题。有两种形式，常见的一种是事由+文种，即"关于要求承付打印机货款的函""索赔函"等；另一种是先写"事由"二字，然后加冒号提示，再写函件的内容。如"事由：机动车索赔"。标题中的事由要求能概括出函件的主旨、中心，使收信人通过标题就能大致了解函件的主要内容。

(2) 发信人名称和地址。一般写明发信人所在企业单位名称和详细地址，还包括电话号码、电报挂号专用电码、电传、传真和网址等商务联系信息。

(3) 函号。函号，分为对方函号和己方函号，一般在外贸业务信函的信头较常使用。注明函号可使信函便于管理和查阅。函号的位置一般在标题右下方或信头的左上方，常见的两种形式：仿效行政公文发文字号的格式，采用"××函[××]×号"或"(××)函第×号"；采用直接编号，如"第×号"。

(4) 称谓。对收信人或收信单位的称呼，一般写受文者的尊称，是商务函不能缺少的一个部分，位置一般在标题或函号的左下方，单独占行，顶格书写，后用冒号。可用泛指尊称，如"尊敬的先生/女士""尊敬的办公室主任"等；也可用具体称呼，即指名道姓的尊称，如"××先生/女士""尊敬的办公室×主任"等，这种称呼一般用于写信人和收信人彼此认识或非常熟悉的情况。

(5) 收信人地址和单位。写明收信人所在的企业单位名称和详细地址。

2. 正文

商务函的正文由问候语、主体和结束语三部分构成。

(1) 问候语。应酬语或客气话，这也是商务函中不可缺少的内容，主要是发信人向收信人打招呼，一般用两句礼貌的客气话表示，如"您好""近来生意可好"。如果是初次联系，可使用"久仰大名"之类的话；如果是回函，此处可使用"惠书敬悉，不胜感激"之类的话表示感谢来函。

(2) 主体。这是商务函正文的核心，主要用于发信人说明具体事项。虽然不同的商务的正文主体内容不同。但一般会包括两个方面的内容：发函缘由，直截了当、简明扼要地说明发函的目的、根据和原因等，如果是回函，此处要引叙对方来函的要点，以示回函的针对性；发函事项，根据发函缘由详细陈述具体事项，或针对所要商洽的问题或联系事项阐明自己的意见，阐述时语气要平和、问题要明确、事实要清楚且表达要明白。比如，商洽函的正文主体包括商洽缘由、商洽内容和意愿要求；询问函的正文主体包括询问缘由、询问事项；答复函的正文主体包括答复缘由、答复内容；商品报价函的正文主体包括产品价格、结算方式、发货期、产品规格、可供数量、产品包装和运输方式等。如果正文主体内容较多，逻辑上可采用篇、段结构；如果正文主体内容简单，可采用分段式结构。

(3) 结束语。正文结束后，一般要用精练的语言将主体所叙之事加以简单概括，并提出本函的有关要求，强调发函目的。例如，请求函的结束语一般为"拜托之事，希望协助解决为盼"；希望回函的结束语一般是"不吝赐函，静候佳音"。

该部分用于叙述商务往来联系的实质问题，写作时要求内容单一、一文一事，文字简明、事实有据且行文礼貌。

3. 信尾

商务函的信尾一般由祝颂语和落款构成，有时还会有附录。

(1) 祝颂语。所有商务函都要写明祝颂语，而祝颂语包含请候语和安好语。请候语在正文结束后另起行空两格书写，如"敬祝""顺颂""恭祝"等；安好语在请候语之后另起行顶格书写，表示对对方的尊重，如"金安""生意兴隆""商祺"等。

(2) 落款。落款包括署名和发信日期，署名可根据企业的要求或发信人的意见来确定是签名还是用印，有些企业署名以单位名称加盖公章的方式，有些企业要求发信人直接签名，以示对函件的内容负责，个人签名一定要由发信人亲手签名。日期一般是发信的具体时间，方式有2种：阿拉伯数字形式，如"2018年12月7日"；国际标准简写法形式，即用阿拉伯数字标记年、月、日，并在一位数的月、日前加"0"，如"2018年12月7日"。无论哪种写法，日期务必写全，尤其年份不能简写。

(3) 附件。附件是随函附发的有关材料，如报价单、发票、确认书和单据等。如果需要标注附件，则在函件落款下方标注；如果附件是两个以上的，要分别标注"附件一""附件二"等。

8.2.4 商务函的写作要点

1. 内容准确、目的清楚、表述具体

产品价格、名称、规格、数量要写清楚。观点要正确，文字表达要准确。条理要求清晰，忌笼统粗犷、含糊其词和抽象化。例如：虽然我公司同意回收完好的退货，但我方无法同意回收有缺损的退货，我公司只接受可再度销售的退货。

2. 文字简洁、态度礼貌、语气委婉

例如：贵方在提交订购产品清单时遗漏了交代产品型号。请速致函我公司贵方尚未提交的产品清单型号，以便我公司立即将订货发出。

3. 明确责任、划定界线、分清权限

例如：出于对合作顺利开展负责的态度，我公司认为，贵公司在资产重组正式法律文本还没有正式签署之前，要求我公司提供详尽的财务报表，似乎甚为不妥。

8.3 询价函与报价函

通过学习询价函和报价函的撰写，学生不仅能够掌握商务沟通中的询价与报价技巧，还能够培养诚信经营、客户至上的职业理念。在询价与报价的过程中，强调信息的准确性、及时性，以及沟通的礼貌性，引导学生树立尊重他人、合作共赢的价值观。同时，通过案例分析，学生能够理解在商务活动中，诚信与透明是建立长期合作关系的基础。

8.3.1 询价函

询价函

各位领导、各位来宾：

尊敬的中山商场，贵方网站在发布招标采购信息后，在几天时间内，收到了我方所有的应答文件。经过认真阅读，现将我方的意见反馈如下：我方一直致力于为客户提供优质服务，在竞争激烈的市场中不断努力求进步，力图为贵方提供更完善、更合理的选择，能够解决贵方的后顾之忧，使贵方的业务不受我方价格影响而得以顺利开展。在此，希望能有机会与贵方建立良好关系，更进一步接触，并向贵方做出保证：如果我方最终被贵方录用，我们愿意从合同签订之日起，为贵方服务二年。我们保证遵守贵方的规章制度，严格执行我方制定的各项管理制度，维护和遵守贵方的利益和形象。我们坚信在双方真诚合作下，贵方的事业定会欣欣向荣。最后祝贵方财源广进，事业蒸蒸日上！此致敬礼！

××××

××××年××月××日

案例分析：

文种：询价函。

写作结构如下。

(1) 标题——可以直接写"询价函"。

(2) 正文：该案例属于询价函，其正文是由"询价依据+询价内容+期望和要求"三部分构成。

写作要点：文字表述直接、精确。

商务函也称商务信函，属于商务礼仪文书，是指企业与企业之间，在各种商务场合或商务往来过程中所使用的简便书信。它的主要作用是在商务活动中用来建立经贸关系、传递商务信息、联系商务事宜、沟通和商洽产销、询问和答复问题，以及处理具体交易事项。

询价函是买方向卖方询问有关商品交易条件所写的商务信函。询价的目的是请对方报价，询价对交易双方都没有法律上的约束力。询价函即专用于买方询价的商务函。

1. 询价函的特点

(1) 直接性。询价函一定要写得简明扼要，短小精悍，切中要点。

(2) 精确性。当涉及数据或者具体的信息时，如时间、地点、价格、货号等，应尽可能做到精确。这样会使交流的内容更加清楚，能够加快处理事务的进程。

2. 询价函的分类

根据询价商品的种类,询价函可以分为单一询价函和综合询价函。单一询价函只就一种商品询价;综合询价函一次可以询问多种商品价格。

根据询价商品的不同,询价函可以分为不同的类型,如汽车询价函、房屋询价函等。写作范例如下。

询价函

尊敬的××公司销售经理:

我方对贵公司生产的××产品有浓厚的兴趣,需订购××节能灯管。品质:一级。规格:每箱25只。望尽快按下列条件报价。

①单价;②交货期限;③结算方式;④质量保证方式。

如贵方价格合理,且能给予优惠,我公司将考虑大量进货。

××发展有限公司

××××年××月××日

询价的目的是请卖方报出商品或服务的价格,因此出具单位应该是买方。要注意,询价对交易双方都没有法律上的约束力。也就是说,法律不强制规定卖方一定要给出报价并发送报价函。

有些询价函没有称谓部分,但在正文之前会写明供需双方的单位全称、联系人姓名、电话和传真等信息。

3. 询价函的结构

询价函一般由标题、称谓、正文、落款四部分构成。

(1) 标题。标题可以直接写"询价函",也可以是发文机关+询价内容+文种,如《政府办公用品采购询价函》。

(2) 称谓。在标题下另起一行,顶格写受函人(公司)名称。

(3) 正文。正文一般由开头、主体和结尾三部分构成。开头写明项目名称、询价的依据和目的;主体是询价函的重心,主要内容包括:询价函编号、报价人资质要求、复函和报价须知、应承担的法律责任、结算方式、联系方式等。需要向卖方索要主要商品目录本、价格单、商品样品、样本时,也可以用询价单或发订单的方式询问某项商品的具体情况;结尾表明合作的诚意和愿望。例如,特此函复、特此函告。

(4) 落款。询价单签字,标明年月日,并加盖公章。

4. 询价函的写作要点

(1) 态度真诚、礼貌。

(2) 注意用语和语调。

(3) 表达直接,语言简洁凝练。

8.3.2 报价函

报价函

尊敬的先生/女士:

感谢贵公司对我们的关注和支持。我代表×××公司,很荣幸向贵公司提供以下产品的报价。

产品名称：[产品名称]

规格：[产品规格]

数量：[产品数量]

单价：[产品单价]

总价：[产品总价]

此外，我们还提供以下服务和优惠。

1. 免费样品供贵公司测试和评估。

2. 提供定制化的解决方案，以满足贵公司特定的需求。

3. 灵活的交付方式，包括快递、海运或空运等。

4. 长期合作客户可享受优惠折扣。

请注意，以上报价仅供参考，最终价格可能会根据订单数量和其他因素进行调整。我们会尽力提供最具竞争力的价格，并确保产品的质量和性能达到行业领先水平。

如果贵公司对以上报价感兴趣或有任何疑问，请随时与我联系。我将尽快回复并提供进一步的协助。

再次感谢贵公司对我们的关注和支持，期待与贵公司建立长期的合作关系。

祝好！

×××公司销售经理

联系方式：××××××××××

邮箱：×××@×××.com

日期：××××年××月××日

案例分析：

文种：报价函。

写作结构如下。

(1) 标题——可以直接书写"报价函"。

(2) 正文：该案例属于报价函，其正文是由"感谢对方询价+产品具体信息答复+礼貌语"三部分构成。

写作要点如下。

文字表述周密、准确，对付款方式、优惠政策等做细致的介绍。

报价函是商务活动中作为卖方在接到客户的询价函后发出的回复性信函。

1. 报价函的特点

对于卖方而言，一封报价函可能意味着一次销售的好时机，所以回复的报价函一定要及时、确切、周到，不要因为某些小小疏忽而失去了潜在的客户。

2. 报价函的分类

报价函可以根据不同的分类进行划分，以下是几种常见的报价函分类。

(1) 产品报价函。用于向客户提供具体产品的价格和相关信息，包括产品名称、规格、数量、单价和总价等。

(2) 服务报价函。用于向客户提供特定服务的价格和详细信息，如咨询服务、维修服务、技术支持等。

(3) 工程报价函。用于向客户提供特定工程项目的价格和相关细节，包括工程范围、工期、人力资源和材料费用等。

(4) 定制报价函。用于向客户提供定制化产品或服务的价格和相关信息，根据客户的特定需求进行报价。

(5) 批发报价函。用于向批发商或分销商提供大宗商品的价格和相关信息，通常以批发单位或批发数量为基础。

(6) 长期合作报价函。用于向长期合作客户提供特定产品或服务的优惠价格和条件，以促进长期合作关系的建立和维护。

根据不同的情况和需求，报价函的分类可能会有所不同。在编写报价函时，根据具体的业务类型和目标受众选择适合的分类，并确保准确、清晰地传达价格和相关信息。

3. 报价函的结构

报价函是指企业向顾客提供商品的有关交易条件的信函。报价函一般由标题、称谓、正文、落款四部分构成。

(1) 标题。即件名或主题，在第一行中用较大字体标注，指出信函的主要内容。可以直接书写 "报价函" "报价信" 等字样。

(2) 称谓。在标题之下另起一行或直接在第一行顶格书写受信者的名称，称谓后加冒号。

(3) 正文。在称谓之下另起一行空两格开始书写，一般首先简要说一句感谢对方的询价，然后具体答复价格及相关信息，如产品的质量、规格、包装、交货方式、优惠政策等，最后礼貌地写上 "欢迎再询" 等关切的话。正文最后的结语，通常在正文之下另起一行空两格书写 "此致" "顺祝" 等表示恭谨之意的词语，再另起一行顶格书写 "敬礼" "商安" 等表示祝愿的话，后面不必加标点符号。

(4) 落款。在正文或结语的右下方署上写信者的名称，在署名的下方写上写信的日期。

4. 报价函的写作要点

(1) 报价函的内容应该包括报价单位、报价人，以及报价单位的联系电话或联系传真。

(2) 如果是项目形式，还要列出项目名称、项目负责人，以及详细的联系电话或传真。

(3) 如果是产品，则要对产品的序号、产品名称、规格、数量、单位、单价、金额等进行详细介绍。

(4) 还要对付款方式、优惠政策等进行细致的介绍。写作范例如下。

报价函

尊敬的××有限公司：

感谢贵公司的信任和支持，能为贵公司提供产品和服务，是我司的荣幸。我司位于××市××区，年产×万吨中高档铝合金型材，引进瑞士、意大利、日本等国家的先进设备和技术，是目前××地区投资最大、技术最先进、品种规格最齐全、交货最快捷的铝型材生产基地之一。

幸闻贵公司新开发项目，将采用高档铝型材。鉴于此，我司经缜密商议，针对贵公司所需产品，并本着长期合作、共同发展的理念，特向贵公司提供我司铝型材的报价。

表面处理方式	价格	备注
素材	23400 元 / 吨	
电泳银白	26000 元 / 吨	
氧化古铜	25400 元 / 吨	
氟碳烤涂(二涂二烤)	32900 元 / 吨	

注：(1) 铝锭价按下单当日××有色金属网(www.××.com.cn)铝锭价中间价计算。

　　(2) 以上报价包括增值税及距离公司*公里范围内的运费。其他报价方式如下。

　　　① 理论结算：在上述加工费价格基础上上调(素材：500元/吨；氧化材：1000元/吨；喷涂材：2000元/吨)。

　　　② 塑封包装：在上述加工费价格基础上上调：1000元/吨。

　　　③ 氟碳烤漆：78元/平方米；若按吨计价，则在素材单价基础上另加9500元/吨。

　　　④ 氧化、电泳等其他着色系列报价，在银白的价格上另加：800元/吨。

以上为我公司的优惠价格，如有异议或疑问请致电我方(××：×××)，热切期盼贵公司的回复，并诚邀贵公司领导到我司实地考察。

敬祝商祺！

××建材有限公司

××××年××月××日

8.4　推销函与订购函

　　通过学习推销函和订购函的撰写，学生不仅能够掌握商务沟通中的推销与订购技巧，还能够培养诚信经营、客户至上的服务理念。在推销与订购的过程中，强调信息的准确性、沟通的礼貌性，以及合同的法律约束力，引导学生树立尊重规则、守约践诺的法治观念。同时，通过案例分析，学生能够理解在商务活动中，诚信与合作是建立长期商业关系的基础，从而培养学生的职业素养和道德责任感，以及在经济活动中遵循公平竞争、互利共赢的原则。

8.4.1　推销函

推销函是为向对方推销产品而使用的一种业务信函，是一种常见常用的商业专函。

1. 推销函的特点

(1) 引人注目。推销函的开头通常需要引起读者的兴趣和注意力，可以使用吸引人的标题或开场语来吸引读者继续阅读。

(2) 个性化。推销函应该根据目标客户的需求和兴趣进行个性化定制，以增加读者的兴趣和共鸣。了解目标客户的背景和偏好，可以更好地定制推销函的内容。

(3) 清晰明了。推销函应该简洁明了，清晰地传达产品或服务的优势和特点。避免使用过于复杂的行话或技术术语，确保读者能够轻松理解。

(4) 重点突出。推销函应该突出产品或服务的最重要的卖点和价值，以引起读者的兴趣和欲望。使用强调、列表或图表等方式，突出产品的特点和优势。

2. 推销函的分类

推销函可以根据不同的分类标准进行分类，以下是几种常见的推销函分类方式。

(1) 根据目标受众分类。潜在客户推销函：针对尚未成为客户的个人或企业，旨在引起他们对产品或服务的兴趣，并促使他们采取进一步行动。现有客户推销函：针对已经是客户的个人或企业，旨在向他们介绍新产品、升级服务或提供增值服务，以促进客户关系的发展和增加销售额。

(2) 根据发送方式分类。电子邮件推销函：通过电子邮件发送的推销函，可以快速、便捷地将信息传达给目标受众，并提供链接或按钮以便于进一步行动。信函推销函：以纸质信函的形式发送的推销函，通常用于正式场合或需要更加个性化的沟通。

(3) 根据内容形式分类。产品推销函：重点介绍产品的特点、优势和用途，以激发目标受众的购买兴趣。服务推销函：重点介绍服务的特点、优势和价值，以吸引目标受众选择并使用服务。业务推销函：重点介绍企业的业务能力、经验和解决方案，以建立信任和合作关系。

以上是推销函的一些常见分类方式，根据实际情况和目标受众的需求，可以选择适合的分类方式来进行推销函的定位和策划。

3. 推销函的结构

推销函一般由开端语、正文、结尾三部分构成。

(1) 开端语。开端语必须醒目，能够突出显示产品及其优点，要有独创性，并要求做到简明扼要。

(2) 正文。正文部分包括介绍产品，提供证据及数据，提出保用期和免费试用及价格合理性。介绍产品必须保持全面细致，语言力求生动活泼，突出强调产品能够吸引顾客的特点。提供证据时应继续强调产品的突出特点，使用具体的语言、客观地进行说明，可适当运用用户的表扬信，然后提出保用期和免费试用。正文的最后，大多介绍价格的合理性。除非价格具有突出特点，否则不要在首段或末段谈价格，要在正文概括产品优点的句子中提及价格。要用一个较长的复合句，要用具体数字说明购买该产品可省钱若干。报价时要用小单位，如可行可与具有类似特点的同类产品进行比较。

(3) 结尾。信的结尾要充满信心和热情地呼吁，要激发读者的购买意欲。

写作范例如下。

推销工艺品函

××公司：

从我驻意大利使馆商务处来信中获悉贵公司希望与我国经营工艺品的外贸出口公司建立业务联系。我们高兴地通知贵公司，我们愿意在开展这类商品的贸易方面与贵公司合作。

我公司经营的工艺品有绣品、草竹编、灯具、涤纶花、珠宝首饰以及仿古器物和书画等。这些品种均制作精美，质量上乘。特别是涤纶花，式样新颖，色泽鲜艳，形态逼真，可与鲜花媲美。目前在欧美、亚洲等许多国家极为畅销，深受消费者的喜爱。现寄上涤纶花样照一套，供参考。欢迎来信联系。

××进出口公司

××××年××月××日

4. 推销函的写作要点

(1) 了解目标受众：在写推销函之前，要先了解目标受众的需求、痛点和兴趣。根据这些信息，定制推销函的内容，使其能够与读者的需求紧密契合。

(2) 突出产品或服务的价值：推销函应该清晰地传达产品或服务的价值和优势。突出产品的特点、解决问题的能力，以及与竞争对手的区别，以激发读者的购买欲望。

（3）提供证据和案例：为了增加信任和可信度，推销函可以提供客户的案例研究、满意度调查结果或其他证据来支持产品或服务的效果和价值。

（4）强调行动号召：推销函的结尾应该包含明确的行动号召，鼓励读者采取进一步行动。提供便捷的联系方式，并指导读者如何进行下一步的购买或合作。

8.4.2 订购函

订购函是一种书面形式的文件，是买方按照与卖方协商好的条件限期订购所需货物时所需的一种商用文书。

1. 订购函的特点

（1）明确的意图。订购函的目的是明确表达订购方的意图，即订购特定的产品或服务。它提供了一个正式的渠道，让订购方能够向供应商明确传达他们的需求和要求。

（2）具体的细节。订购函需要提供具体的细节，包括所需产品或服务的名称、数量、规格和其他要求。这些细节对于供应商来说是非常重要的，以便他们能够准确理解和满足订购方的需求。

（3）双向确认。订购函通常需要供应商在指定日期之前确认订购。这种双向确认的方式可以确保供应商收到订购函，并确认他们能够满足订购方的需求。这样可以减少误解和纠纷的发生。

（4）法律约束力。一旦订购函被双方确认并签署，它就具有法律约束力。这意味着双方有责任履行合同中规定的条款和条件，并承担相应的责任和义务。

（5）保留备份。订购函的订购方通常会保留一份备份作为记录和参考。这样可以在需要时进行核对和证明，以确保双方之间的交流和约定得到充分的记录和保护。

2. 订购函的分类

订购函一般分为两种，一种是前面的接收函已经对所需订购的货物做了详细的介绍；另一种是把订购函写成订单的形式，以表格的形式列明各项交易的内容。订购函一般应该包括商品的名称、牌号、规格、数量、价格、结算方式、包装、交货日期和地点、运输方式、运输保险等。写作范例如下。

订购函

×××先生：

贵厂×月×日的报价单获悉。贵方报价较合理，特订购下列货物。

EPSON LQ-100 打印机　10台　单价1500元　总计15 000元

STAR AR-2463 打印机　10台　单价900元　总计9000元

CICIAEN CKP-5240 打印机　10台　单价1500元　总计15 000元

交货日期：××××年××月底之前

交货地点：××市××仓储部

结算方式：转账支票

烦请准时运达货物，以利我地市场需要。

我方接贵方装运函，将立即开具转账支票。

请予以办理。

××公司

××××年××月××日

3. 订购函的结构

订购函的结构可以根据具体的需求和业务进行调整，但通常由以下几部分构成。

(1) 信头：订购函的信头应包括发件人的名称、地址、电话号码、传真号码和电子邮件地址。这样可以让供应商知道订购方的联系方式，并能够与其进行沟通和确认。

(2) 收件人信息：订购函的收件人信息应包括供应商的名称、地址和联系方式。这样可以确保订购函能够准确地发送给正确的供应商。

(3) 日期：订购函应包括发出的日期，以便确定订购函的有效期限和时间顺序。

(4) 主题/标题：订购函的主题或标题应简洁明了地概括订购的内容，如"关于订购产品的通知"或"订购服务的请求"。

(5) 正文：订购函的正文是最重要的部分，它应该清晰、准确地表达订购方的意图和要求。正文应包括以下内容。

① 引言：订购函的引言应表明订购方的身份和意图，如"我们是一家×××公司，现在向贵公司订购×××产品/服务"。

② 产品/服务详细信息：在正文中提供所需产品或服务的具体细节，包括名称、数量、规格、质量要求等。这些细节对于供应商来说是非常重要的，以便他们能够准确理解和满足订购方的需求。

③ 交付要求：如果有特定的交付要求，如交付日期、地点或方式，请在正文中明确指出。

④ 价格和付款方式：如果适用，订购函应明确说明价格和付款方式，以确保供应商和订购方之间的权益和责任得到明确的约定和保护。

⑤ 其他要求：如果有其他特殊要求，如保修条款、售后服务等，请在正文中明确说明。

(6) 结语：订购函的结语通常包括对供应商的感谢和期望的表达，如"我们期待与贵公司建立长期的合作关系"。

(7) 签名和联系信息：订购函应包括订购方的签名和联系信息，以确保订购函的真实性和可追溯性。

(8) 附件：如果有必要，订购函可以附上相关的文件、规格书、合同等附件，以提供更多的信息和支持。

4. 订购函的写作要点

(1) 明确标明订购意图。在订购函的开头明确表达订购的意图，包括所需产品或服务的名称、数量和规格。确保准确无误地描述所需的项目。

(2) 提供详细信息。在订购函中提供详细的信息，包括订购方的名称、地址、联系人和联系方式等。同时，也要提供供应商的信息，以便双方能够进行沟通和交流。

(3) 确定价格和付款方式。在订购函中明确说明产品或服务的价格，并提供付款方式和条款。如果有特殊的折扣、优惠或支付安排，请在订购函中明确说明。

(4) 确定交付和运输方式。在订购函中明确说明产品或服务的交付方式和时间要求。如果有特殊的运输或交付要求，请在订购函中详细描述。

(5) 强调保修和售后服务。如果适用，订购函中可以提及产品的保修期限和售后服务政策。确保供应商清楚了解订购方对产品质量和售后支持的期望。

(6) 设定截止日期和确认方式。在订购函中设定截止日期，要求供应商在指定日期之前确认订购。同时，也要明确确认的方式，如要求回复电子邮件或传真。

(7) 专业和礼貌。订购函应该使用专业和礼貌的语言，避免使用不当的措辞或语气。确保表达清晰、准确，并遵循商务信函的写作规范。

8.5　催款函、索赔函和理赔函

通过催款函的学习，学生可以了解到在商业活动中，按时履约支付款项是维护商业信誉和合作关系的基石，体现了诚信原则；在索赔函和理赔函的处理过程中，双方需要基于事实和证据进行沟通，这强调了法治意识和契约精神的重要性。同时，无论是催款、索赔还是理赔，都需要双方以合作的态度解决问题，共同寻求双赢的方案，这体现了合作与和谐的社会理念。

8.5.1　催款函

[公司名称]

[公司地址]

[公司电话号码]

[公司电子邮件地址]

[日期]

[供应商公司名称]

[供应商公司地址]

[供应商公司电话号码]

[供应商公司电子邮件地址]

主题：关于未付款项的催款函

尊敬的[供应商公司名称]：

我代表[公司名称]，在此向贵公司提出一份关于未付款项的催款函。根据我们之前的商业合作协议，我们已经向贵公司购买了以下产品/服务。

(1) 产品/服务名称：[产品/服务名称]。

(2) 数量：[数量]。

(3) 单价：[单价]。

(4) 总金额：[总金额]。

然而，我们遗憾地注意到，截至今天，我们尚未收到贵公司对以上订单的付款。根据我们的记录，付款截止日期已经过去了[根据付款截止日期计算]天。我们希望贵公司能够尽快处理这笔未付款项，并将款项汇入我们的指定账户。

我们理解可能存在一些意外的情况导致付款延迟，但我们希望贵公司能够尽快解决这个问题，以确保我们的合作关系能够顺利进行。付款的延迟不仅对我们的财务状况造成了困扰，还可能对我们的业务运作产生不良影响。

为了解决这个问题，我们请求贵公司立即采取以下措施。

(1) 确认未付款项的准确金额，并提供付款的计划和时间表。

(2) 尽快将款项汇入我们的指定账户。以下是我们的账户信息。

银行名称：[银行名称]

账户名称：[账户名称]

账户号码：[账户号码]

联行号码：[联行号码]

(3) 如果存在任何问题或困难，我们建议贵公司立即与我们的财务部门联系，以便我们能够共同探讨解决方案。

我们希望贵公司能够尽快回复并采取必要的行动，以确保这笔未付款项得到妥善处理。我们相信贵公司会认真对待这个问题，维护我们之间的商业合作关系。

如果贵公司对以上内容有任何疑问或需要进一步的信息，请随时与我们联系。我们期待贵公司的积极回复和合作。

谢谢！

××公司

××××年××月××日

案例分析：

文种：催款函。

写作结构如下。

标题——标题一般要注明编号，以便于以后查询和联系，而且一旦发生了经济纠纷而走上法庭时，它也是一份有力的凭证。编号不是必须有的。

正文：写出双方发生往来的原因、日期、发票号码、欠款的金额及拖欠的情况，收文单位查明情况，及时地付款。

写作要点：要求欠款户说明拖欠的原因。重新确定一个付款的期限，希望对方按时如数交付欠款。再次逾期不归还欠款将采取的罚金或其他措施。

催款函是一种催交款项的文书，是交款企业或个人在超过规定期限，未按时交付款项时使用的通知书。

1. 催款函的作用

(1) 查询。催款函可以及时了解对方单位拖欠款的原因，沟通信息，以便采取相应的对策和措施，起到协调双方的关系的作用。

(2) 催收。债权方为了加快资金流动或合理周转，扩大再生产，会对债务人拖欠付款的行为采取催款措施。通过催款可以及时追回拖欠款，尽可能避免经济损失。

(3) 凭证。如果由于拖欠付款给债权方造成了实际经济损失，催款函又可以起到记账凭证作用，即当催款单位在向有关方面提出追究对方的经济责任时，催款函可以作为一种有力的凭证。

2. 催款函的分类

催款函主要分两种形式。一是便函式。便函式就是以信函的形式写作。二是表格式。表格就是人们在长期实践基础上约定俗成的固定表格，使用时直接填写即可。

3. 催款函的结构

催款函的结构一般由标题和编号、催款和欠款单位的名称和账号、催收内容、处理意见、落款等五部分构成。

(1) 标题和编号。如果催收的是紧急的款项，可在标题前写上"紧急"二字。标题一般要注明编号，以便于以后查询和联系，而且一旦发生了经济纠纷而走上法庭时，它也是一份有力的凭证。编号不是必须有的。

(2) 催款和欠款单位的名称和账号。催款函要明确地写上双方单位的全称和账号。必要时，要写明催款单位的地址、电话及经办人姓名，若是银行代办催款，还必须写明双方开户银行的名称及双方账号名称和账号。

(3) 催收内容。这是催款函的主体部分，应清楚、准确、简明地写出双方发生往来的原因、日期、发票号码、欠款的金额及拖欠的情况，收文单位查明情况，及时地付款。

(4) 处理意见。催款方在催款函上提出处理办法和意见。这种意见一般是从以下三个方面予以说明：要求欠款户说明拖欠的原因。重新确定一个付款的期限，希望对方按时如数交付欠款。再次逾期不归还欠款将采取的罚金或其他措施。

(5) 落款。写明催款单位的全称，并加盖公章，然后注明发文日期。

4. 催款函的写作要点

(1) 温和但坚定：在催款函中要保持礼貌和专业，但同时也要表达出你对款项的迫切需要。

(2) 提供详细信息：在信中提供准确的账单信息，包括款项的金额、到期日期和付款方式。

(3) 强调付款延迟的影响：明确说明款项未付会对你的经济状况和业务运营产生的负面影响，如导致现金流问题、延迟项目进展等。

(4) 提供付款选项：如果可能的话，提供多种付款选项，如在线支付、银行转账等，以方便客户选择最方便的方式。

(5) 强调合作关系：提醒客户你们之间的合作关系及你们一直以来的良好合作，表达出希望能够继续合作下去的愿望。

8.5.2 索赔函

质量不符索赔函

××茶具厂：

随函寄上××市××检验所的检验报告(95)××号。报告证明贵方售出的玻璃茶具中，有一部分的质量明显低于贵方所提供的样品，因此，特向贵方提出不符合质量标准的货物按降低原成交价30%的扣价处理。

特此函达，候复。

附件：××市××检验所检验报告一份。

××百货公司

××××年××月××日

案例分析：

文种：索赔函。

写作结构如下。

(1) 标题——《质量不符索赔函》，索赔事由+文种的完全标题。

(2) 正文：该案例属于索赔函，其正文是由"争议原因+索赔依据+赔偿要求"三部分构成。

写作要点：针对索赔函在写作中要专业、严谨、有逻辑性。

索赔函是指买卖中的任何一方，以双方签订的合同条款为依据，具体指出对方违反合同的事实，提出要求赔偿损失或维护自身其他权利的专用信函。比较常见的索赔理由有：质量低劣；数量短缺；包装不善；运输拖欠。

1. 索赔函的特点

索赔函是一种正式的书面申请，用于向相关方索赔或要求赔偿。它具有以下几个特点。

(1) 事实性。索赔函应基于事实和证据，详细描述索赔人遭受的损失或损害，并提供相关的证据和支持文件。函件应该清楚地陈述索赔的金额和理由，并解释索赔人的权益和赔偿要求。

(2) 逻辑性。索赔函需要按照清晰的逻辑结构组织，以便读者能够理解索赔人的主张和要求。它应该包括一个引人注目的开头、详细的事实描述、相关证据的陈述和支持、索赔金额的计算和合理性解释，以及一个明确的结尾和索赔人的联系方式。

(3) 专业性。索赔函需要以专业和礼貌的语言表达索赔人的要求和期望。避免使用过于情绪化或冲突性的措辞，以维护良好的合作关系。函件应该遵循商业信函的写作规范，包括正确的语法、拼写和标点符号。

(4) 合法性。索赔函应基于相关法律和合同条款，以支持索赔人的权益和要求。它可以引用相关的法律规定、合同条款和先例案例，以加强索赔的合法性和合理性。

2. 索赔函的分类

索赔函可以根据不同的情况和目的进行分类。

(1) 保险索赔函。用于向保险公司提出索赔请求，如车辆保险索赔函、医疗保险索赔函等。

(2) 劳动争议索赔函。用于向雇主或劳动争议解决机构提出劳动争议索赔请求，如工资索赔函、工伤索赔函等。

(3) 消费者索赔函。用于向商家或服务提供者提出消费者权益保护索赔请求，如商品质量问题索赔函、服务不满意索赔函等。

(4) 合同索赔函。用于向合同方提出违约或损失赔偿请求，如违约索赔函、违约金索赔函等。

(5) 损害赔偿索赔函。用于向责任方提出损害赔偿请求，如交通事故索赔函、人身伤害索赔函等。

3. 索赔函的结构

索赔函一般由标题、编号、受函者、正文、附件、签署等六部分构成。

(1) 标题。标题的形式比较灵活，可以直接写索赔函三字，也可以根据实际情况写成包括索赔事由文种的完全标题样式，如《关于××的索赔函》。

(2) 编号。编号是为了联系与备查用，写在右上角。一般由年号、代字、顺序号组成。

(3) 受函者。应写明受理索赔者的全称。

(4) 正文。正文包括缘起、索赔理由、索赔要求和意见。缘起提出引起争议的合同及其争议的原因；索赔理由具体指出合同项下的违约事实及根据；索赔要求和意见：根据双方签订的合同以及有关国家的商法、惯例，向违约方提出要求赔偿的意见或其他权利。

(5) 附件。为解决争议，有关的说明材料、证明材料、来往的函电作为附件。

(6) 签署。签署要写明索赔者所在地和全称及致函的日期。

4. 索赔函的写作要点

(1) 陈述索赔要求。明确说明你的索赔要求，包括受损物品的价值、损失的原因、索赔的金额等。

(2) 强调责任归属。说明索赔责任应由对方承担，并提供相关证据来支持你的主张。

(3) 设定最后期限。明确提醒对方处理索赔的最后期限，并提醒他们逾期可能导致的后果，如法律诉讼等。

(4) 跟进。如果对方在一定期限内仍未处理索赔，可以考虑发送跟进函件或进行电话跟进，以确保索赔得到妥善处理。

8.5.3　理赔函

质量不符理赔函

××贸易有限公司：

你公司××月××日函收悉。所提合同19号项下红木家具部分接口有破裂一事，已引起我方关注。经向有关生产单位了解，出厂家具安全符合合同要求，并经检验合格。至于部分接口破裂，是由我方在出仓时搬运不慎造成的，对你方的损失，我们深表歉意。请贵公司提供家具受损的具体数字，以及公证人检验证明书，我方将按实际损失给予赔偿。

候复。

××公司(公章)

××××年××月××日

案例分析：

文种：理赔函。

写作结构如下。

(1) 标题——一般写"理赔函"三字，该案例的标题格式为"事由+文种"

(2) 正文：要对索赔函要点概述，理赔方面的意见和看法以及最后处理办法等。

写作要点：针对理赔函，做到礼貌专业，清晰陈述，提供支持证据。

理赔函是一种特殊的书信格式，是在贸易过程中产生争议或发生纠纷后，理赔方根据索赔方的意见和要求提出自己意见和解决办法的回复信函。

1. 理赔函的特点

(1) 正式性。理赔函通常需要采用正式的书信格式，包括日期、称呼、致辞、正文、结尾等。这种正式性有助于传达申请人的认真和专业态度。

(2) 事实性。理赔函需要清晰、详细地陈述事故的发生过程和相关信息。申请人需要提供准确的时间、地点、目击证人等细节，以便保险公司进行调查和核实。

(3) 证据支持。为了支持理赔申请，申请人通常需要提供相关的文件和证据，如事故报告、医疗记录、照片等。这些证据有助于证明事故的发生和造成的损失。

总之，理赔函具有正式性、事实性、证据支持、合同约定、请求调查和处理、专业和礼貌等特点。正确使用这些特点可以增加理赔申请的成功率，并促进申请人与保险公司之间的合作和沟通。

2. 理赔函的分类

理赔函可以根据其目的和内容进行分类。

(1) 理赔申请函。这是最常见的理赔函类型，用于向保险公司提出理赔申请。它包括事故的描述、损失的详细说明、相关证据的提供，以及请求保险公司进行调查和处理的要求。

(2) 追加理赔函。有时在理赔申请后，申请人可能发现还有其他损失或遗漏的信息需要补充申报。追加理赔函用于向保险公司提供额外的信息和证据，以补充原始理赔申请。

(3) 理赔拒绝函。保险公司有权根据合同条款和相关法律规定，拒绝某些理赔申请。理赔拒绝函用于向申请人通知理赔被拒绝的原因，并解释相关条款和规定。

(4) 理赔补偿函。当保险公司同意理赔申请并批准赔偿时，会向申请人发出理赔补偿函。该函件包括赔偿金额、支付方式和相关细节，通知申请人将获得的赔偿款项。

(5) 理赔延期函。在某些情况下，保险公司可能需要更长时间来调查和处理理赔申请。理赔延期函用于向申请人通知理赔处理的延期，并解释延期的原因和预计处理时间。

(6) 理赔异议函。如果申请人对保险公司对理赔申请的处理结果有异议，可以通过理赔异议函向保险公司提出异议。该函件包括对处理结果的不满和理由，请求重新审查和处理。

3. 理赔函的结构

理赔函一般由标题、正文、落款三部分构成。

(1) 标题。标题一般写理赔函三字即可，必要时也可注明理赔原因，如《质量不符理赔函》等。

(2) 正文。正文主要包括对索赔函要点概述，理赔方面的意见和看法以及最后处理办法等。

(3) 落款。落款写理赔方的名称、签章和日期。

4. 理赔函的写作要点

(1) 陈述理赔要求。明确说明理赔要求，包括受损物品的价值、损失的原因、保险责任范围等。

(2) 强调保险合同条款。引用保险合同的相关条款，说明理赔要求符合保险合同的规定。

(3) 设定最后期限。明确提醒保险公司处理理赔的最后期限，并提醒他们逾期可能导致的后果，如投诉、法律诉讼等。

最重要的是，保持专业和耐心，并与保险公司保持有效的沟通，以解决任何理赔问题。如果需要，也可以咨询专业的保险代理人或律师以获取更多的帮助和建议。

8.6 求职信与简历

通过学习求职信和简历的撰写，学生不仅能提升职业技能和文书能力，还能养成良好的职业素养，如诚信意识、责任意识、进取精神、创新意识、团队协作与沟通能力、国际视野。

8.6.1 求职信

求职信

尊敬的腾讯公司王经理：

您好！

我通过腾讯公司官方网站了解到贵公司正在招聘"软件开发工程师"岗位的信息，深感荣幸能有机会向贵公司推荐自己。我叫张伟，是一名即将于2025年7月从××大学计算机科学专业毕业的学生。我对软件开发充满热情，并具备扎实的专业技能和实践经验，同时对英语也有着良好的掌握。

在校期间，我深入学习了计算机编程、数据结构、算法设计等核心课程，并积极参与了多个项目开发，积累了丰富的实战经验。特别是在"智能推荐系统"项目中，我作为核心开发成员，负责算法优化和系统架构设计，成功提升了系统的推荐准确率，这段经历极大地锻炼了我的编程能力和团队协作能力。

除了专业技能，我还具备良好的英语阅读和写作能力。在校期间，我多次参与国际学术交流和项目合作，能够流畅地阅读英文技术文档，并与国际团队成员进行有效的沟通合作。这不仅拓宽了我的国际视野，还使我更加自信地面对跨文化的工作环境。

我深知腾讯公司在互联网领域的卓越成就和广泛影响力，对贵公司的企业文化和"用户至上、追求极致"的发展理念深感认同。我渴望加入腾讯公司，成为软件开发工程师团队的一员，与优秀的同事们共同打造更加智能、便捷的产品，为用户带来更好的体验。

在此附上个人简历，以便您进一步了解我的详细信息和能力。期待有机会参加贵公司的面试，与您深入交流。

感谢您抽出宝贵的时间阅读我的求职信，期待您的回复。

此致

敬礼！

张伟

联系电话：138-××××-××××

电子邮箱：zhangwei@example.com

日期：2025 年 1 月 20 日

案例分析：

文种：求职信。

写作结构如下。

开头：使用礼貌称谓，明确求职意向。

正文：介绍身份背景，突出项目经验和专业技能，契合岗位需求；提及英语能力，契合国际化需求；表达对公司文化的认同。

结尾：附上简历，表达感谢并期待面试。

写作要点：求职信应紧贴岗位需求，突出专业技能和项目经验，确保信息真实可信，语言简洁明了，展现积极态度和专业素养。

1. 求职信的特点

1) 针对性

针对特定的招聘单位、具体岗位进行撰写。要根据目标岗位的要求和招聘公司的特点，有针对性地展示自己的技能、经验和优势，突出自己与该岗位的匹配度，以引起招聘者的关注。

2) 自荐性

求职者通过求职信主动向招聘者推荐自己，强调自身具备胜任岗位的能力和素质，表达自己渴望获得该职位的强烈愿望，展示个人价值，争取面试机会。

3) 简洁性

篇幅不宜过长，应简洁明了，重点突出关键信息。招聘者通常事务繁忙，一封冗长烦琐的求职信容易让他们失去阅读兴趣，所以要用精练的语言传达核心内容，一般以不超过1000字为宜。

2. 求职信的分类

1) 按求职方式分类

应聘信是求职者在看到招聘单位发布的招聘信息后，针对具体职位撰写的求职信，目的明确，针对特定岗位阐述自身优势与匹配度。例如，看到某公司招聘文案策划岗位的广告后，写的应聘该岗位的求职信。

自荐信是指当求职者不知道招聘单位是否有职位空缺，或不确定具体招聘岗位时，主动向心仪的单位发出的求职信，通常为毛遂自荐，求职者介绍自己的能力和特长，表达希望加入该单位的意愿。例如，一位毕业生对某知名企业很感兴趣，但该企业当时没有公开招聘信息，毕业生就可以写自荐信投石问路。

2) 按投递渠道分类

纸质求职信打印在纸张上，通常会与简历等求职材料一起装订，通过邮寄或直接送达招聘单位的方式递交。适用于一些传统行业、较为正式的招聘场合或要求纸质材料的单位。

电子求职信是指以电子邮件的形式发送给招聘单位，或者直接粘贴在招聘网站指定的申请页面中。格式上更灵活，但也要注意排版规范。电子求职信方便快捷，是目前较为常见的投递方式。

3. 求职信的结构

(1) 标题。一般直接写明"求职信"或"求职申请"，位于页面第一行中间位置，简洁醒目，让人一目了然。

(2) 称谓。顶格写招聘单位负责人的称呼，如"尊敬的[具体职位，如招聘经理、人力资源总监等]"。如果不清楚对方具体职位和姓名，可使用"尊敬的招聘负责人"等通用称呼，但要尽量通过各种渠道获取准确信息，使称谓更具针对性和礼貌性。

(3) 正文。这是求职信的核心部分，主要包括开头、主体、结尾3部分内容。

① 开头简要说明求职信息的来源，如"我在××招聘网、××公司官网等看到贵公司招聘××的信息"，接着表达自己对该职位的兴趣，引起招聘者继续阅读的欲望。

② 主体重点介绍自己的个人情况、教育背景、工作经验(实习经历)、专业技能、个人优势等，突出与目标岗位相关的内容。要结合具体事例说明自己具备的能力，如参与过的项目、取得的成果等，增强说服力。

③ 结尾表达自己对获得该职位的渴望以及希望得到面试机会的强烈愿望。可以提及自己随信附上了简历等相关材料，方便招聘者进一步了解自己。最后用礼貌用语，如"此致 敬礼"等。

(4) 署名与日期。在正文右下角写上求职者的姓名，姓名下方注明写信的具体日期，格式一般为"××××年××月××日"。

(5) 求职信的写作要点如下。

① 语言表达准确规范。求职信要使用正式、规范的语言，避免错别字、语法错误等低级失误。用词要准确恰当，清晰地表达自己的想法和意图，避免使用模糊或容易引起歧义的词汇和句子。同时，语气要诚恳、谦逊，不卑不亢。

② 突出关键信息。明确招聘岗位所需的核心技能、经验和素质，将自己与之相关的优势和亮点重点突出展示。例如，目标岗位要求具备熟练的编程能力，求职者就要详细说明自己掌握的编程语言、参与过的编程项目及取得的成果等。

③ 展示个人特色。在众多求职信中脱颖而出，需要展现出自己独特的个人魅力和特色。可以从个人经历、兴趣爱好、价值观等方面入手，挖掘与众不同的地方，并与目标岗位相结合。例如，在应聘市场营销岗位时，分享自己在大学期间组织过的大型校园活动，体现自己的组织策划和沟通能力。

④ 格式排版美观。无论是纸质还是电子求职信，都要注意格式规范、排版整齐。字体大小适中、风格统一，段间距合理，页面布局舒适，给招聘者留下良好的第一印象。

8.6.2　简历

李小芳个人简历

基本信息

姓名：李小芳　　　　性别：女　　　　　　出生年月：1997年4月9日

籍贯：山东省青岛市　　民族：汉族　　　　　政治面貌：中共党员

学历(学位)：大学本科(学士)　　　　　　　专业：计算机科学与技术

求职意向：软件开发工程师　　　　　期望薪资：10 000-15 000元

联系电话：138-××××-××××

电子邮箱：lixiaolan_resume@example.com

现居地址：北京市海淀区××街道××号

教育背景

2015年9月—2019年6月

北京大学计算机科学与技术专业

主修课程：数据结构、算法设计、计算机网络、数据库系统原理等

成绩排名：专业前10%

荣誉奖项：校级优秀毕业生、国家奖学金、ACM竞赛二等奖

实习经历

2018年7月—2018年9月　腾讯科技有限公司软件开发工程师实习生

参与微信小程序后端开发，负责API接口设计与实现。

2017年6月—2017年8月　阿里巴巴集团数据分析师实习生

利用Python进行大数据分析，处理海量用户行为数据，为产品优化提供数据支持。

项目经验

2019年3月—2019年6月

智能推荐系统项目负责人

领导团队开发基于机器学习的智能推荐系统，提升商品推荐准确率20%。

应用Python和TensorFlow框架，构建深度学习模型，实现用户兴趣预测；优化算法，减少模型训练时间，提高系统响应速度。

技能证书

Oracle Certified Professional, Java SE 11 Programmer

TOEFL: 110分

CET-6: 600分

专业技能

编程语言：Java、Python、C++

开发框架：Spring Boot、Django、React

数据库：MySQL、MongoDB

大数据技术：Hadoop、Spark

机器学习框架：TensorFlow、Scikit-learn

工具软件：Git、Docker、Jenkins

自我评价

具备扎实的计算机科学基础，熟悉软件开发流程，善于运用所学知识解决实际问题。具备良好的团队合作精神和沟通能力，能够在压力下保持高效工作。热爱编程和技术创新，持续学习新技术，致力于成为优秀的软件工程师。

案例分析：

文种：个人简历。

写作结构：采用典型简历结构，包括基本信息、教育背景、实习经历、项目经验、技能证书、专业技能和自我评价。

写作要点：突出亮点(如成绩排名、荣誉奖项、实习成果)，量化成果(如提升准确率、减少时间)，内容简洁明了，信息准确无误，格式规范整洁。

1. 简历的特点

1) 真实性

简历所包含的所有信息，包括个人基本情况、教育背景、工作经历、技能水平、获奖情况等，都必须是真实可靠的。任何夸大、虚构或伪造的信息，一旦在求职过程中被发现，将会严重损害求职者的信誉，导致求职失败，甚至可能影响其未来的职业发展。

2) 简洁性

简历要简洁明了，重点突出。招聘者通常在短时间内浏览大量简历，因此简历应避免冗长复杂的表述，以简洁的语言呈现关键信息，让招聘者能迅速抓住重点。一般来说，工作经验较少的求职者简历以 1 ～ 2 页为宜，工作经验丰富者也尽量控制在 3 页以内。

3) 针对性

一份好的简历应根据应聘职位的要求进行针对性撰写。要深入研究目标岗位的职责、技能需求和素质要求，然后在简历中突出与该岗位相关的经验、技能和成果，展示自己与岗位的高度匹配度，提高获得面试机会的可能性。

4) 价值性

简历的核心是向招聘者展示自己的价值，即能为公司带来什么。通过具体事例和成果数据，如完成的项目、解决的问题、取得的业绩提升等，清晰地呈现自己的能力和优势，使招聘者相信求职者能够胜任目标岗位并为企业创造价值。

2. 简历的分类

(1) 时间顺序型简历。这是最常见的一种简历类型，按照时间顺序，从最近的经历开始倒叙排列工作经历、教育背景等信息。它适用于工作经历丰富、职业发展路径较为连贯、在各阶段都有明显成长和积累的求职者。这种简历能够清晰地展示求职者的职业发展轨迹和成长过程。例如，一位在同行业内逐步晋升的职场人士，从基层岗位逐步晋升到管理岗位，使用时间顺序型简历可以很好地呈现其职业发展历程。

(2) 功能型简历。重点突出求职者的技能和能力，而不是工作经历的时间顺序。通常适用于工作经历较少、职业转换频繁或希望强调特定技能的求职者。它会将相关技能进行分类阐述，并结合具体事例说明在不同经历中如何运用这些技能。例如，一位跨行业求职者，虽然工作经历涉及多个不同领域，但在数据分析方面有较强的技能和经验，就可以采用功能型简历突出其数据分析能力。

(3) 混合型简历。结合了时间顺序型和功能型简历的特点，既展示工作经历的时间顺序，又突出关键技能和能力。开头部分会强调求职者的核心技能和优势,然后按照时间顺序详细描述工作经历,并在其中穿插说明在各个岗位上如何运用这些技能取得成果。这种类型的简历适用于大多数求职者,能够全面展示个人综合素质和职业经历。

(4) 目标型简历。完全围绕特定的求职目标进行设计,根据目标岗位的要求,有针对性地选取和组织简历内容,突出与目标岗位最相关的经验、技能和资质。所有信息都紧密围绕如何证明自己适合该职位展开,使招聘者能够快速看到求职者与目标岗位的匹配度。例如,求职者应聘市场营销经理岗位,目标型简历会重点突出其在市场营销策略制定、品牌推广、团队管理等方面与该岗位相关的经验。

3. 简历的结构

(1) 基本信息。包括姓名、性别、出生日期、联系电话、电子邮箱、居住地址等。有些情况下,还可能包括民族、政治面貌、婚姻状况等信息。基本信息应确保准确无误,且联系方式要保持畅通,方便招聘者与求职者取得联系。

(2) 求职意向。明确列出期望的工作职位、工作地点、薪资范围等。求职意向要具体明确,让招聘者清楚了解求职者的职业目标,避免给人目标不清晰的感觉。例如,"求职意向:软件工程师,工作地点为北京,期望月薪 10 000 ~ 15 000 元"。

(3) 教育背景。按照从最高学历到最低学历的顺序填写,内容包括就读学校、专业名称、入学时间和毕业时间、学位类型等。如果成绩优秀、获得过奖学金或荣誉称号,也可以适当列出,以展示学习能力。对于应届毕业生或工作经验较少的人,教育背景在简历中相对重要,可以适当详细描述,如列出相关的主修课程。

(4) 工作经历(实习经历)。这是简历的核心部分之一。对于有工作经验的人,按时间顺序描述工作经历,包括公司名称、职位名称、工作时间、工作职责和工作成果。工作成果尽量使用具体的数据和事实来支撑,如"在任职期间,通过优化营销策略,使产品销售额在半年内增长了30%"。实习经历对于学生或工作经验不多的求职者也很重要,同样要突出在实习中承担的任务和取得的收获。

(5) 项目经验。如果有参与过相关项目,应详细介绍项目名称、项目起止时间、项目描述、担任角色和项目成果。项目经验能够体现求职者的实际动手能力、团队协作能力,尤其是与目标岗位相关的项目经验,能增加求职者的竞争力。

(6) 技能清单。列出与求职相关的专业技能,如编程语言、办公软件、设计工具、行业特定软件等,并注明熟练程度。例如,"熟练掌握Java、Python编程语言;精通Photoshop、Illustrator设计软件"。对于一些需要特定技能证书的岗位,要列出相关证书,如注册会计师(CPA)、教师资格证等。

(7) 获奖情况。列举在校期间或工作过程中获得的重要奖项和荣誉,包括奖项名称、颁奖机构和获奖时间。获奖情况可以从侧面反映求职者的优秀程度和能力水平。

(8) 自我评价。这是求职者对自己的一个简要总结,突出个人优势、职业素养、工作态度等方面与目标岗位相关的特点。自我评价应简洁明了、实事求是,避免过于自负或空洞的表述。例如,"具备良好的团队协作精神,能够快速适应新环境和新任务,在过往工作中展现出较强的问题解决能力和抗压能力"。

4. 简历的写作要点

(1) 内容针对性强。根据应聘岗位的要求,有针对性地调整简历内容。仔细研究招聘信息中的关键词,如技能要求、岗位职责等,并在简历中适当体现,让招聘者一眼就能看到求职者符合岗位需求。例如，招聘信息中强调数据分析能力，简历中就要突出相关的数据处理、分析项目经验和掌握的数据分析工具。

(2) 突出关键成果。在描述工作经历、项目经验等内容时，重点突出所取得的成果和业绩。使用具体的数据、百分比、数量等进行量化描述，能够更直观地展示能力。例如，"成功拓展了5个新客户，为公司带来了200万元的新增收入"比"参与客户拓展工作"更具说服力。

(3) 语言简洁准确。使用简洁、明了、准确的语言表达信息，避免冗长复杂的句子和生僻的词汇。每个要点尽量控制在简短的语句内，突出重点内容。同时，要注意语法正确、拼写无误，保持专业的语言风格。

(4) 格式规范美观。简历的格式应规范统一，保持整体的美观性。选择清晰易读的字体，如宋体、黑体等，字号适中；合理设置段落间距、页边距，使页面布局舒适；使用项目符号、分段等方式来区分不同内容板块，增强简历的可读性。

(5) 真实性与一致性。简历中的所有信息必须真实可靠，任何夸大或虚假信息都可能在面试或背景调查中被识破。同时，简历内容要前后一致，避免出现矛盾或不一致的地方，如工作时间、职责描述等。

(6) 个性化定制。虽然简历有一定的通用结构和规范，但也要适当体现个人特色和个性。可以在不影响整体专业性的前提下，通过独特的表达方式、排版设计或突出个人独特的经历和成就，让简历在众多求职者中脱颖而出。

8.7　述职报告与绩效总结报告

通过述职报告和绩效总结报告的撰写，学生能够具备严谨务实的工作态度，诚实汇报工作成果与问题，展现自我反思与进取精神；同时强调团结协作，勇于担当，持续进步，这对于提升学生的职业素养和综合素质具有深远意义。

8.7.1　述职报告

述职报告

尊敬的领导、同事们：

在过去的一年里，我作为财务部经理，紧密围绕公司年度战略目标，全面负责公司财务管理、成本控制、资金运作及财务报告等工作。在团队的共同努力下，我们有效应对了复杂多变的经济环境，确保了公司财务工作的稳健运行。现将本人在工作情况中进行述职。

一、主要工作业绩

1. 财务管理与制度建设

完善并实施了新的财务管理制度，包括预算管理制度、成本控制制度等，有效提升了财务管理的规范性和效率。定期组织财务知识培训，提升了团队成员的专业素养和业务能力。

2. 成本控制与预算管理

通过对各项成本的细致分析，成功降低了运营成本约5.8%，为公司节省了可观的开支。精准编制年度预算，并根据市场变化适时调整，确保了公司资源的合理配置和有效利用。

3.资金运作与风险管理

优化了资金调度流程，提高了资金使用效率，确保了公司资金链的安全稳定。加强了风险预警机制建设，有效识别并防范了潜在的财务风险。

4.财务报告与审计

按时编制并提交了高质量的财务报告，为公司的决策提供了有力的数据支持。顺利通过了外部审计，得到了审计机构的肯定和认可。

二、存在的问题与不足

尽管取得了一定成绩，但在工作中仍存在一些不足，在财务分析与预测方面，还需进一步提升准确性和前瞻性；面对复杂多变的经济环境，风险防控体系仍需不断完善和优化；团队沟通与协作能力有待进一步加强，以提升整体工作效率。

三、改进措施与未来规划

针对上述问题，我将采取以下措施进行改进。加强财务分析与预测能力建设，还要引入先进的财务分析工具和方法，提高分析的准确性和前瞻性；完善风险防控体系，建立更加全面的风险监测和预警机制，确保公司财务安全；加强团队沟通与协作，定期组织团队建设活动，提升团队凝聚力和协作效率；持续关注财务管理领域的新趋势、新技术，积极引入并应用于实际工作中，提升财务管理水平。

五、结语

回顾过去一年，我深感责任重大，也为自己和团队所取得的每一点进步感到自豪。展望未来，我将继续秉承公司文化，勇于担当，不断创新，努力带领团队克服挑战，为公司的发展贡献更大的力量。同时，我也期待得到各位领导的指导和支持，共同推动公司财务管理工作迈向新的台阶。

报告人：李华

职　务：财务部经理

报告时间：2025年1月20日

案例分析：

文种：述职报告。

写作结构：遵循述职报告规范，包括标题、称谓、正文(主要工作业绩、存在问题与不足、改进措施与未来规划)、落款，层次分明。

写作要点：内容全面且重点突出，数据具体，事实清楚，问题翔实，措施具体可行，语言简洁明了。

1.述职报告的特点

(1) 主体的个人性。述职报告通常由个人撰写，强调报告人的个体责任和工作经历。

(2) 内容的特定性。述职报告的内容应紧密围绕报告人的工作职责、业绩成果和存在的问题展开，具有明确的针对性和特定性。

(3) 作用的考察性。述职报告不仅是个人工作情况的总结，更是上级或考核部门对报告人工作表现进行评价和考察的重要依据。

(4) 语言的通俗性。述职报告应使用通俗易懂的语言，避免过于专业的术语或晦涩难懂的表达，以确保读者能够轻松理解。

(5) 内容的简洁性。述职报告应言简意赅，突出重点，避免冗长和烦琐的描述。

(6) 措施的可行性。述职报告中的改进措施和未来规划应具有可行性和可操作性，能够切实指导后续工作的开展。

2. 述职报告的分类

1) 按报告者分类

领导者个人述职。由单位或组织的领导者撰写的述职报告，主要反映其个人的工作情况和职责履行情况。

领导班子集体述职：由领导班子成员共同撰写的述职报告，主要反映整个领导班子的工作情况和成绩。

2) 按时限分类

年度述职。对一年内的工作情况进行总结和报告。

任期总结述职。对任职期间的工作情况进行全面总结和报告，通常适用于有一定任期限制的岗位。

不定期临时述职。根据工作需要或上级要求，随时进行的述职报告。

3) 按内容宽窄分类

专题性述职。针对某一特定工作或项目进行述职，如"某项目进展情况述职报告"。

综合性总结述职。对一段时间内的工作进行全面总结和述职，如"年度工作述职报告"。

4) 从表达形式上分类

口头述职报告。通过口头形式进行述职，通常用于会议、汇报等场合。

书面述职报告。以书面形式撰写的述职报告，通常用于提交给上级或考核部门。

3. 述职报告的结构

(1) 首部。标题通常采用公文式标题，如"2024年度××部门××职务述职报告"，明确报告的对象，如"尊敬的领导""各位同事"等。

(2) 正文：前言(或引言)：简要介绍报告的背景、目的和主要内容。正文详细阐述工作成绩、存在问题及改进措施等。通常按照时间顺序或工作内容的逻辑顺序进行组织。结尾对报告进行总结，并提出未来的工作展望或自我评价。

(3) 落款：署名报告人的姓名。日期撰写述职报告的年月日。

4. 述职报告的写作要点

(1) 明确目的：在撰写述职报告前，应明确报告的目的和主题，确保报告内容紧密围绕主题展开。

(2) 突出成绩：详细阐述自己在工作中取得的成绩和贡献，用具体数据和事实支撑说明。

(3) 如实反映问题：不回避工作中存在的问题和不足，如实地反映并深入分析问题的原因。

(4) 提出改进措施：针对存在的问题和不足，提出切实可行的改进措施和未来规划。

(5) 语言简洁明了：使用通俗易懂的语言进行表达，避免冗长和烦琐的描述。

(6) 结构清晰：合理安排报告的结构，确保内容条理分明、层次分明。

(7) 注重数据支撑：在报告中充分利用数据来说明工作成绩、分析存在问题，并提出改进措施。数据应准确、可靠，能够真实反映工作实际情况。

8.7.2　绩效总结报告

绩效总结报告

报告编号：2025-01-030-01

报告日期：2025年1月30日

报告人：张伟

部门：市场部

本绩效总结报告旨在全面回顾并评估市场部在2024年度的工作绩效，总结经验教训，明确成绩与不足，为后续工作提供参考和指引。通过量化指标与定性分析相结合的方式，力求客观、准确地反映部门及个人工作成效，促进团队持续改进与成长。

一、工作回顾

1. 主要任务完成情况

(1) 成功实施"夏日促销活动"，达成销售额800万元，超额完成年度销售目标15%。

(2) 优化市场推广流程，通过数字化营销手段，营销效率提升30%，节省成本约50万元。

(3) 组织"市场营销技能培训"活动，参与人数达30人，员工营销技能提升显著，团队凝聚力增强。

2. 关键绩效指标(KPIs)达成情况

(1) 销售额增长率：20%。

(2) 客户满意度：92%。

(3) 项目完成率：95%。

(4) 成本节约率：10%。

3. 员工满意度调查结果

整体满意度达到95%以上，其中工作环境和福利待遇满意度最高。

二、成绩与亮点

在市场推广中引入AI智能推荐系统，有效解决了客户精准营销的问题，提高了营销转化率25%。

通过定期团队建设活动和跨部门合作项目，增强了团队凝聚力，促进了与市场研究、产品开发等部门的紧密合作。

部门成员在数字营销、品牌策划等领域取得显著进步，多人获得行业认证，为部门发展注入新活力。

三、存在问题与挑战

在某些大型促销活动期间，人力资源紧张，影响了部分区域市场的拓展速度。

部分员工在新兴的数字营销技能方面仍有提升空间，需加强针对性培训。

面对日益激烈的市场竞争和消费者需求变化，部门需快速调整策略，增强市场适应性。

四、改进措施与未来规划

优化资源配置，建立更加灵活的人力资源调度机制，确保关键任务和大型活动期间的人力支持。同时，加强与外部合作伙伴的合作，共同拓展市场。

加强技能培训，制定个性化培训计划，针对数字营销、品牌建设等领域开展专业培训，提升员工专业技能和综合素质。同时，鼓励员工参加行业会议和培训，拓宽视野。

市场策略调整，深入分析市场趋势和竞争对手动态，灵活调整市场推广策略和产品组合，增强市场竞争力。同时，加强与消费者的沟通，深入了解消费者需求，提供更具吸引力的产品和服务。

数字化转型，加快部门数字化转型步伐，利用大数据、人工智能等技术提升营销效率和决策质量。建立客户数据库，实现精准营销和个性化服务。同时，加强网络安全和数据保护，确保客户信息安全。

报告人签名：王刚

日期：2025 年 1 月 4 日

审核人签名：赵芳

日期：2025 年 1 月 10 日

案例分析：

文种：绩效总结报告。

写作结构：标题、引言、工作回顾、成绩与亮点、问题与挑战、改进措施、签名与日期。

写作要点：明确目标，结合量化与定性分析，突出成绩，剖析问题，提出可行措施，格式规范。

1. 绩效总结的特点

(1) 目标导向性：绩效总结着眼于既定的目标，通过评价对象实现的目标和标准来反映绩效达成情况，具有明确的方向性和指导性。

(2) 可度量性：绩效总结中的绩效表现能够被量化或定量化，以便进行客观评估和比较，确保评价结果的准确性。

(3) 客观性：评价过程尽可能减少主观因素的干扰，确保评价结果的公正性。

(4) 综合性：绩效总结综合考虑工作业绩、行为表现、能力水平等多个方面，而非单一指标。

(5) 连续性：绩效总结是一个持续的过程，需要不断地监测、评估和反馈，以便及时调整和改进。

(6) 可比性：绩效总结的结果可以进行横向或纵向比较，便于发现差异并进行有效管理。

2. 绩效总结的分类

(1) 时间分类：如按季度、年度或其他时间段来呈现绩效数据，跟踪业绩的长期趋势和变化。

(2) 部门/团队分类：反映各个部门或团队的绩效表现，帮助管理层评估和优化绩效。

(3) 指标分类：按销售额、利润、市场份额、客户满意度等绩效指标进行分类，评估不同方面的绩效表现。

(4) 项目/任务分类：呈现各个项目或任务的绩效和进展情况，帮助团队管理和评估项目执行情况。

3. 绩效总结的结构

(1) 引言/概述：简要介绍报告的目的、背景和评估范围。

(2) 工作回顾：详细列出评估周期内完成的主要工作任务和目标。

(3) 绩效成果：展示关键绩效指标的达成情况，包括量化数据和定性描述。

(4) 成绩与亮点：总结工作中的突出成绩和创新点。

(5) 存在问题与挑战：分析工作中存在的问题、挑战和不足。

(6) 改进措施与未来规划：针对存在的问题提出改进措施，并规划未来的工作方向和目标。

(7) 结论与建议：总结报告的主要观点，提出针对性的建议。

(8) 附件/附录：包括相关数据表格、图表、证明材料等。

4. 绩效总结的写作要点

(1) 明确目标与受众：在开始撰写前，先确定报告的目的和主要读者，以便调整内容和表达方式。

(2) 数据准确可靠：确保所有数据真实可靠，避免误导读者，影响报告的可信度。

(3) 结构清晰逻辑强：设计好报告的框架和逻辑结构，使用户能轻松理解报告内容。

(4) 语言简洁明了：避免使用复杂语言，保持表述一致，减少混淆和歧义。

(5) 突出重点并可视化：用图表等工具直观展示关键数据，但避免过度依赖，保持报告完整性。同时，要突出重点内容，使读者能够快速抓住核心信息。

8.8　商务与职场文书实战演练

8.8.1　推销函实战演练

案由： 随着科技的快速发展，智能家居市场呈现出蓬勃发展的态势。消费者对于便捷、高效、智能化的家居产品需求不断增加。××科技有限公司作为一家专注于智能家居产品研发与销售的高新技术企业，推出了新一代智能温控系统——"智逸温控管家"。该系统具备精准温控、远程操控、节能高效等特点，能够显著提升用户的家居生活品质。为了拓展市场，公司计划向潜在合作伙伴——××家居建材连锁超市发送一封推销函，介绍产品优势并寻求合作机会。

推销函

尊敬的李先生：

您好！

我是××科技有限公司的市场经理张伟，非常荣幸有机会向您介绍我们公司最新推出的智能家居产品——"智逸温控管家"。我们深知××家居建材连锁超市在建材家居领域的卓越影响力和广泛的客户群体，相信我们的产品能够为贵超市带来新的增长点，同时为您的客户提供更优质的智能家居解决方案。

1. 产品介绍

"智逸温控管家"是一款集智能温控、远程操控、节能高效于一体的智能家居产品。其主要特点如下。

(1) 精准温控：采用先进的传感器技术，能够实时监测室内温度，并根据预设值自动调节，确保室内温度恒定舒适。

(2) 远程操控：通过手机App或智能语音助手，用户可以随时随地控制家中的温控设备，实现远程开关、温度调节等功能。

(3) 节能高效：智能算法根据室内外温度变化自动优化运行模式，相比传统温控设备，节能效率提升30%以上。

(4) 安装便捷：支持多种安装方式，无须复杂布线，可与现有供暖、制冷系统无缝对接。

2. 合作优势

(1) 市场潜力：智能家居市场增长迅速，消费者对智能化产品的需求日益增加。我们的产品具有强大的市场竞争力，能够为贵超市带来新的销售增长点。

(2) 品牌支持：××科技作为行业内的知名品牌，拥有良好的市场口碑和技术实力。与我们合作，可以提升贵超市的品牌形象和产品竞争力。

(3) 利润空间：我们为合作伙伴提供极具竞争力的供货价格和丰厚的利润空间，同时提供完善的售后服务支持，确保合作无忧。

3. 合作建议

我们建议贵超市可以先从我们的基础套餐入手，包括10套"智逸温控管家"设备及配套安装服务。我们将在近期安排专业团队前往贵超市进行产品演示和培训，确保您的销售人员能够全面了解产品的功能和优势。

4. 联系方式

如有任何疑问或需要进一步了解产品信息，请随时与我联系。

联系电话：021-××××-××××

电子邮箱：sales@xxtech.com

期待与贵超市建立长期稳定的合作关系，共同开拓智能家居市场，为消费者带来更美好的生活体验。

此致

敬礼！

××科技有限公司

张伟

市场经理

2025 年 3 月 10 日

案例分析：

文种：推销函。

写作结构如下。

(1) 标题：直接点明文种，如"推销函"。

(2) 正文写作结构如下。

① 开头：简要介绍公司背景和产品，表达合作意愿。

② 主体：详细介绍产品特点、优势及合作价值，提供合作建议。

③ 结尾：表达期待合作的意愿，提供联系方式。

④ 落款：公司名称、联系人、日期。

写作要点如下。

(1) 针对性强：根据目标客户的需求和兴趣，定制内容，突出产品与客户需求的契合点。

(2) 语言简洁：表达清晰明了，避免冗长和复杂表述，突出重点。

(3) 突出优势：详细描述产品特点和合作价值，使用具体数据和案例增强说服力。

(4) 提供支持：明确合作建议，提供联系方式和后续支持，体现合作诚意。

8.8.2 求职信实战演练

案由： 随着高校教育事业的不断发展，对于高素质、专业化的教师和行政人员的需求不断增加。××大学作为一所综合性高校，近期发布了招聘启事，招聘计算机科学与技术专业的教师以及行政管理岗位人员。张伟同学即将从××大学计算机科学专业博士毕业，具备扎实的专业知识和丰富的科研经验，同时也有较强的组织协调能力。他希望应聘该校的教师岗位，因此需要撰写一封求职信，展现自己的专业素养和职业潜力，争取面试机会。

求职信

尊敬的××大学人事处领导：

您好！

我叫张伟，是××大学计算机科学与技术专业的博士研究生，将于2025年7月毕业。近期从贵校官网了解到贵校计算机科学与技术专业教师岗位的招聘信息，我非常希望能有机会加入贵校，为高校教育事业贡献自己的力量。

1. 个人简介

在学术研究方面，我专注于人工智能和大数据分析领域，参与了多项国家级科研项目，积累了丰富的研究经验。博士期间，我发表了5篇SCI论文，其中2篇被顶级国际会议录用。此外，我还参与了"智能推荐系统"的研发工作，成功提升了系统的推荐准确率，相关成果已申请专利。

在教学实践方面，我曾担任本科课程《数据结构》和《算法设计》的助教，积累了丰富的教学经验。我注重理论与实践相结合，善于激发学生的学习兴趣，所指导的学生在课程设计和实验中表现优异，多次获得校级优秀设计奖项。

2. 职业规划

我对高校教师岗位充满热情，希望能够通过教学和科研工作，为学生提供高质量的教育，同时推动学科发展。未来，我计划继续深入研究人工智能领域的前沿技术，争取在国际顶级期刊发表更多高质量论文，并积极参与学校的教学改革和课程建设工作。

3. 个人优势

专业素养：扎实的计算机科学理论基础，丰富的科研经验，能够胜任计算机专业核心课程的教学工作。

教学能力：具备良好的教学组织能力和沟通能力，能够有效指导学生的学习和实践。

团队协作：积极参与团队合作，具备良好的团队协作精神和组织协调能力。

创新意识：注重科研创新，能够结合实际需求开展前沿性研究，推动学科发展。

4. 联系方式

感谢您抽出宝贵的时间阅读我的求职信。如有任何疑问或需要进一步了解我的情况，请随时与我联系：

联系电话：138-××××-××××

电子邮箱：zhangwei@xx.edu.cn

附上我的个人简历，期待有机会参加贵校的面试，与您进一步交流。

此致

敬礼！

张伟

2025年3月10日

案例分析：

文种：求职信。

特点：求职信具有针对性强、语言简洁明了、突出个人优势和职业规划的特点，适用于高校求职场景。

适用范围：适用于高校教师、行政管理等岗位的求职申请，展示求职者的专业素养和职业潜力。

主要作用：介绍个人背景、专业能力和职业规划，吸引招聘单位的关注，争取面试机会。

写作结构如下。

(1) 标题：直接点明文种，如"求职信"。

(2) 正文写作结构如下。

① 开头：简要介绍求职者身份和求职意向。

② 主体：详细介绍个人专业背景、教学和科研经验、职业规划及个人优势。

③ 结尾：表达感谢，提供联系方式，期待面试机会。

④ 落款：求职者姓名、日期。

写作要点如下。

(1) 针对性强：根据高校岗位需求，突出与岗位相关的专业背景和能力。

(2) 语言简洁：表达清晰明了，避免冗长和复杂表述，突出重点。

(3) 突出优势：详细描述专业能力、教学经验、科研成果及个人优势，增强说服力。

(4) 提供支持：附上个人简历，提供联系方式，体现求职诚意。

📝 本章小结

　　本章详细阐述了商务与职场文书写作的重要性及其具体应用，包括商务函、询价函、报价函、推销函、订购函、催款函、理赔函、索赔函、求职信、简历、述职报告及绩效总结报告等多种文书的撰写要点与技巧。通过本章的学习，学生不仅掌握了各类商务与职场文书的写作规范与格式要求，还深刻理解了文书写作在职场沟通、业务合作及个人职业发展中的关键作用。

思考与练习：

1. 商务与职场文书有哪些作用？

2. 商务与职场文书有哪些基本要求？

3. 职场文书写作中，如何确保语言的准确性和专业性？请结合具体文书类型进行阐述。

实践训练：

材料1：光明皮革有限公司生产各类人造皮革手套，产品质量上乘，价格合理。为开拓市场，业务部张明经理拟写了一封信函给四海贸易公司，提出希望与其建立合作关系的意图，并说明随函寄去商品目录，希望得到对方回复。

材料2：您是一位即将从"××大学"毕业的计算机科学专业学生，主修人工智能与大数据分析。在校期间，您积极参与各类科研项目，积累了丰富的实践经验。此外，您还曾在多家知名科技公司实习，对软件开发流程、团队协作及项目管理有深入的了解。现在，您希望加入一家专注于人工智能领域的企业，担任算法工程师或数据分析师的职位。

请撰写一份求职简历，内容需包含以下几个方面。

(1) 个人信息：包括姓名、联系方式、教育背景等基本信息。

（2）专业技能：列出您在计算机科学领域的专业技能，如编程语言(Python、Java等)、数据分析工具(SQL、Excel、Python数据分析库等)、机器学习框架(TensorFlow、PyTorch等)及操作系统等。

（3）实习经历：详细描述您在实习期间的工作内容、职责及取得的成就。

（4）项目经验：列出您在校期间参与的主要科研项目，包括项目名称、研究内容、您的角色及贡献等。

（5）获奖情况：列出您在校期间获得的奖项或荣誉。

（6）个人陈述：简短地阐述您的职业目标、个人优势及为什么希望加入目标企业。

字数不限，注意保持简历的简洁明了，突出亮点。

第 9 章

科技与学术文书写作

📖 案例导读 1 | 跟踪国内外社会热点问题，撰写相关选题的系列文章

　　作者杜永红，多年来关注精准扶贫与乡村振兴，伴随着精准扶贫、精准脱贫进程，陆续撰写多篇关于精准扶贫与乡村振兴方面的文章，并出版了相关选题的专著，如表9.1所示。

表 9.1　以"精准扶贫与乡村振兴"的关注热点撰写系列文章

论文或专著名称	发表期刊或出版社	时间	关注热点问题
大数据背景下精准扶贫的审计监督全覆盖研究	会计之友	2017(20)	利用大数据将精准审计融入精准扶贫的事前、事中和事后阶段，发挥审计的评价监督作用，将促进精准扶贫的有效实施
大数据背景下精准扶贫绩效评估研究	求实	2018(02)	大数据是精准扶贫中精准识别的基础；大数据是精准扶贫中精准分析的支撑；大数据是精准扶贫中精准评估的依据
乡村振兴战略背景下网络扶贫与电子商务进农村研究	求实	2019(03)	乡村振兴战略、精准扶贫与网络扶贫有效融合；网络扶贫与电子商务进农村有效结合；电子商务进农村对网络扶贫具有促进作用
乡村振兴战略下的贫困地区可持续性发展研究	专著，天津大学出版社	2020(04)	乡村振兴与脱贫攻坚存在着以内容共融、作用互构和主体一致为特征的关联关系，乡村振兴可借鉴脱贫攻坚的有效经验实现稳步发展；脱贫攻坚能够利用乡村振兴机遇实现成果巩固和纵深发展

　　案例分析：

　　作者系列学术论文为研究社会热点问题提供了示范。

　　在选题上，紧扣政策热点，关注实际问题，具有时代意义。

　　在内容上，结合理论与实践，提出创新性研究思路。

　　在写作上，逻辑严密、语言规范、论证充分，为学术论文的高质量写作树立了标杆。

　　科学技术和学术研究是推动社会进步和经济发展的重要驱动力，而科技与学术文书则是这一过程中不可或缺的表达工具。科技文书是技术成果的传递媒介，规范的科技文书写作能够确保技术内容的精准表达和有效传播；学术文书是科学研究的总结形式，规范的学术文书写作能够提升研究的学术价值和传播效果。

(1) 科技与学术文书写作需要遵循特定的结构和表达规范，逻辑清晰，条理分明。

(2) 科技与学术文书写作需要注重内容的严谨性，数据准确，语言简洁。

(3) 科技与学术文书写作需要充分体现创新性和实用性，具有较强的理论和实践价值。

学习目的

1. 了解科技与学术文书的基本特点和重要作用
2. 掌握不同类型科技与学术文书的结构与写作规范
3. 学会运用科学的方法进行数据呈现和论证
4. 提高科技与学术文书的撰写能力与实用技巧

9.1   科技文书概述

本节通过对科技文书的简述，充分展现了科技创新与社会发展的紧密联系。学生在掌握科技文书写作技能的同时，能树立科学求真、严谨治学的态度，并有助于养成社会责任感和职业操守，同时，有利于关注国家发展需求，激发其家国情怀与服务社会的使命感。

发明专利

专利的基本信息如下。

授权公告号：CN×××××××××

专利授权公告日期：20××年××月××日

专利权人 青岛海尔洗衣机有限公司

地址××省××市××区××路××号

专利权人××××有限公司

发明人 王×× 孟×× 张×× 崔×× 赵××

发明名称：一种衣物处理设备控制方法

专利内容摘要如下。

本发明公开了一种衣物处理设备控制方法，包括：衣物处理设备开启远程控制模式后，授权与其远程控制连接的用户终端具有解除童锁的权限。本发明中，衣物处理设备在开启远程控制模式后，可自动或接收用户选择开启童锁，有效地避免了衣物处理设备端被其他人操作使得衣物处理设备退出远程控制模式，且本发明授权用户终端远程控制衣物处理设备后，只有用户终端可授权解除童锁，从而提高了衣物处理设备的安全性。

其他(略)

案例分析：

专利的结构主要由摘要、授权要求书、说明书、附图等构成。

(1) 摘要：简明扼要地概述发明的技术领域、核心内容及其功能或优势。本专利摘要清晰概括了衣物处理设备的远程控制和童锁解除的技术重点，突出了其核心创新点。

(2) 授权要求书：明确专利保护的范围和技术方案。授权要求书是专利文书的核心，定义了发明的权利范围。本方案中，技术方案通过"远程控制授权"和"童锁管理"实现智能化和安全性的结合。

(3) 说明书：详细描述发明内容，包括背景技术、发明目的、技术方案和具体实施例。说明书提供了发明背景(远程控制的需求与安全性问题)、发明解决方案(童锁功能的改进)及其优点(避免误操作、提高安全性)。

(4) 附图：用于补充技术方案的图示或流程图。附图通常以逻辑图或设备结构图展示发明内容。本案附图可能包括远程控制流程图、设备结构图等，直观说明技术实现的方式。

专利文书作为科技文书的一种特殊类型，其撰写需要严格遵循规范，确保信息的准确性、逻辑性、规范性、语言的严谨性及针对性。

(1) 准确性通过清晰的技术描述和数据体现。

(2) 逻辑性通过文书结构和层层递进的内容展现。

(3) 规范性体现在文书的格式、结构和术语使用上。

(4) 语言严谨性通过精准表达避免模糊和多义。

(5) 针对性通过技术深度和实际应用场景满足目标读者需求。

科技文书是指在科学研究、技术开发和应用实践中，为传递科技信息、阐述研究成果、指导技术操作、表达专业观点而撰写的具有特定结构和内容规范的文书。它是科学技术领域的重要表达工具，旨在实现信息的准确传递、技术成果的总结与传播，以及科技活动的规范化管理。

9.1.1　科技文书的特点

1. 专业性

科技文书通常涉及复杂的技术概念和领域专业知识，因此必须使用专业术语和科学语言，体现出严谨性和学术深度。例如，在一份技术说明书中，针对专业用户的描述可能包括具体参数(如"处理器频率为3.4GHz")和技术术语，而针对非专业用户的内容则应以简明的语言解释核心功能。其专业性不仅体现为内容上的专业深度，还体现在语言的精准度和格式的标准化。

2. 逻辑性

科技文书内容需要按照严谨的逻辑顺序组织，一般从问题描述到解决方案，从背景研究到实验结果，再到最终结论，条理分明。例如，在实验报告中，先描述实验目的和背景，再依次列出实验材料、步骤、结果及讨论，确保读者可以按顺序了解实验全过程。逻辑性帮助读者快速理解复杂内容，避免因信息混乱而导致的误解。

3. 实用性

科技文书通常以解决实际问题为目标，针对特定对象或场景提供科学依据、技术支持或操作指导。例如，在项目可行性报告中，需要结合市场需求和技术可行性分析，为决策者提供切实可行的建议。实用性是科技文书的核心价值，直接关系到其推广和应用效果。

4. 精准性

科技文书要求所有数据和信息真实可靠，避免使用模糊或主观的表达，例如，"可能提高性能"或"相对较快"，而应明确为"性能提高20%"或"响应时间缩短至0.5秒"。例如，在专利文书中，技术方案的描述需要精准到每一个细节，以免产生侵权纠纷或技术误解。精准性是科技文书权威性和可信度的基础。

9.1.2 科技文书的用途

1. 记录科技成果

科技文书是科学研究和技术开发过程中不可或缺的记录工具，用于详细记录研究过程、实验数据和技术发现。例如，在科研项目中，实验日志、研究报告和最终的科技论文都是记录研究成果的重要形式。完整的科技成果记录不仅有助于学术交流，还为后续研究提供了重要的参考资料。

2. 传播技术信息

科技文书以清晰的语言和规范的形式，将技术信息传递给科研同行、企业用户或政策制定者等不同受众。例如，技术说明书向工程师传递设备操作流程，技术白皮书向投资者展示产品的市场潜力。传播的有效性取决于文书的清晰性和受众定位的准确性。

3. 支持科技管理

科技文书在科技活动的规范化管理中起到重要作用，可为项目立项提供依据、为技术评估提供数据支持。例如，可行性研究报告为新技术的产业化决策提供参考，专利文书则保护技术创新的合法权益。科技管理的有效性依赖于科技文书的完整性和规范性。

9.1.3 科技文书的分类

科技文书根据功能、应用场景或内容的不同，可以划分为以下主要类别。

1. 按功能分类

1) 记录型文书

主要用于记录科学研究或技术开发的过程和成果，如实验报告、研究日志和学术论文。

实验报告：新型抗病毒药物的 pH 稳定性研究

洁雅生物医药公司正在研发一种新型抗病毒药物，需要对其在不同pH条件下的稳定性进行实验研究，以优化配方设计并确定储存条件。

(一) 实验目的：确定药物在不同pH环境下的稳定性。

(二) 实验材料如下。

(1) 药物样本编号：ABC-123。

(2) 缓冲液：pH值分别为4、7、9的磷酸盐缓冲液。

(3) 实验设备：恒温箱(37°C)。

(三) 实验步骤如下。

(1) 准备三组磷酸盐缓冲液，分别调整pH值为4、7、9。

(2) 将药物样本编号ABC-123分别溶解于三组缓冲液中。

(3) 将样本放于37°C恒温箱中静置24小时。

(4) 每隔8小时观察样本的物理状态，并记录降解情况。

(四) 实验结果

pH 值	药物稳定性	降解速率	观察结论
4	较低	快	明显颜色变化

（续表）

pH 值	药物稳定性	降解速率	观察结论
7	最佳	慢	稳定，无明显变化
9	中等	中等	轻微沉淀形成

（五）实验结论：在pH值为7的中性环境下，药物表现出最佳稳定性。建议将药物制剂的储存条件设定为中性环境。

（六）实验意义如下。

(1) 为新型抗病毒药物的配方优化提供了科学依据。

(2) 为后续临床试验和市场化储存条件的制定提供了重要参考。

案例分析：

实验报告作为记录型文书的一种，旨在完整、系统地记录科学研究或技术开发的过程和成果。其写作结构通常包括以下部分：实验目的、实验材料、实验步骤、实验结果、实验结论和实验意义。

2) 传播型文书

用于向特定受众传递技术信息和成果，如技术白皮书、科普文章和说明书。

技术白皮书：新型人工智能算法在工业制造中的应用

随着工业4.0的快速推进，制造业对智能化、数字化技术的需求日益增加。传统的制造流程往往存在监控效率低、质量控制滞后等问题，严重制约了生产效率和产品质量的提升。为了解决这一行业痛点，飞讯科技公司开发了一种基于深度学习的新型人工智能(AI)算法，旨在优化工业制造流程，实现智能化升级。

（一）传统制造流程存在以下局限性

(1) 数据分散且无法实时整合，导致监控效率低。

(2) 质量检测滞后，无法及时发现和解决问题。

(3) 缺乏精准预测工具，难以实现流程优化。

（二）技术方案

(1) 数据集成：深度学习算法通过集成多维传感器数据，形成全方位的实时监控网络。

(2) 智能预测：基于历史数据和实时信息，算法能够预测潜在风险并提供优化建议。

(3) 流程优化：通过自适应调整参数，提升生产效率并减少资源浪费。

（三）应用案例

(1) 试点企业：雷集汽车制造企业

(2) 技术部署：在核心生产线上部署新型AI算法，实时监控生产数据。

(3) 成果：经过三个月的试点应用，生产效率提升15%，废品率降低20%。

（四）未来前景

技术的推广应用有望推动制造业整体向智能化和高效化方向发展，新型AI算法广泛适用于以下领域。

(1) 汽车制造：生产线智能化管理。

(2) 电子制造：精密装配和质量控制。

(3) 医药生产：流程追溯与风险监测。

该技术白皮书成功展示了新型AI算法的实际应用效果和经济价值，为潜在客户和投资者提供了翔实的数据支持。推动了制造行业智能化技术的进一步普及，为企业流程管理的数字化转型提供了可行路径。为飞讯科技公司树立了行业领先的技术形象,奠定了市场推广和应用的基础。

案例分析:

技术白皮书作为传播型文书的一种,旨在向特定受众(如客户、投资者或技术人员)传递技术信息、展示技术成果并强调技术的应用价值。其写作结构包括问题描述、技术方案、应用案例和未来前景四个主要部分。

3) 管理型文书

用于支持科技活动的规范化管理和决策。例如可行性研究报告、项目计划书和评审报告。

新能源项目的可行性研究报告

随着全球对碳中和目标的重视,氢燃料电池技术因其高能量密度和零排放特点,成为清洁能源领域的研究热点。清云能源公司计划开发新一代氢燃料电池技术,并撰写可行性研究报告,以申请政府专项资金支持。

(一) 市场需求分析

全球清洁能源市场快速增长,氢燃料电池市场预计未来十年复合增长率将超过10%。截至2023年,全球氢能市场规模已达到150亿美元,中国市场增长尤为迅速,政策推动和产业需求为行业发展注入了强劲动力。

(二) 技术分析

新型氢燃料电池技术通过提高能量转换效率,克服了传统技术中的高成本和低耐久性问题,其技术亮点如下。

(1) 能量转换效率提高至70%,相比现有技术提升了15%。

(2) 单位成本降低20%,为大规模商业化应用提供了条件。

(三) 财务分析

(1) 初期投资:5000万元,主要用途如下。

① 设备采购:3000万元。

② 研发费用:1500万元。

③ 营销推广:500万元。

(2) 收益预测:预计3年后实现盈亏平衡,第5年累计利润达1亿元。

(四) 政策支持

项目技术符合国家碳中和战略目标,并受到相关政策的支持。例如,《"十四五"国家清洁能源发展规划》明确提出,鼓励氢能技术的研发和商业化应用,提供专项补贴和税收优惠。

本项目不仅为公司技术升级提供了支持,还将推动清洁能源在交通运输、储能等领域的广泛应用。本项目前期已获得了3000万元的政府专项资金支持,奠定了技术落地和市场推广的基础。

案例分析:

可行性研究报告作为管理型文书的一种,旨在为科技活动的规范化管理和决策提供支持。其写作结构通常包括市场需求分析、技术分析、财务分析、政策支持等部分。

2. 按应用场景分类

1) 科研领域

该类型包括实验报告、研究论文和项目结题报告等,主要针对科学研究中的数据记录和学术传播。

2) 技术开发领域

该类型包括技术说明书和产品手册等，主要针对技术设计、生产和维护的指导。

3) 知识产权领域

该类型包括专利文书和技术转让协议等，主要用于保护技术创新和促进技术转化。

3. 按内容分类

1) 数据型文书

该类型包括实验报告、数据分析报告等，重点是数据的记录与分析。

2) 描述型文书

该类型包括技术说明书和设计文档等，详细描述技术原理和使用方法。

3) 评估型文书

该类型包括技术评审报告和市场分析报告等，注重对技术的可行性或经济性的综合评价。

4) 综合型文书

综合型文书将多种功能结合，例如，项目申请书既需要描述技术原理，又要评估项目可行性。

9.1.4　科技文书的写作要求

小米降噪耳机产品说明书

小米公司推出了一款新型的无线降噪耳机，目标是提供更好的音质和舒适的使用体验。为了帮助用户快速了解如何使用耳机以及耳机的功能，编写了一份简洁的产品说明书。产品说明书内容如下。

1. 产品概述

型号：M2341E1

颜色：月影黑/雪山白/冰霜蓝/钛光金

产品类型：半入耳式真无线蓝牙耳机

主要特点：主动降噪技术、蓝牙5.4、长时间续航、触控操作

2. 技术参数

频率响应范围：16Hz ～ 40kHz

耳机单耳重量：4.2g

充电盒重量：36.6g

电池容量：耳机35mAh，充电盒480mAh

充电端口：Type-C

3. 续航时间

模式	单耳续航	总续航(耳机 + 充电盒)
降噪开启	3.5 小时	20 小时
降噪关闭	6.5 小时	39 小时

续航时间在使用蓝牙AAC连接，50%音量下测试。

4. 无线连接

蓝牙版本：BT5.4

蓝牙协议：AAC/SBC/aptX Adaptive /LC3

工作距离：10m(无障碍环境)

5. 使用说明

(1) 连接设备：打开耳机充电盒，耳机会自动进入配对模式，打开手机蓝牙，选择"小米降噪耳机"进行配对。

(2) 控制操作如下。

① 播放/暂停：轻触耳机一次。

② 接听/挂断电话：轻触耳机一次。

③ 调整音量：向上或向下滑动耳机触控区域。

6. 常见问题与解决方法

(1) 耳机无法连接设备的处理方法如下。

① 确保耳机处于配对模式，并确保设备的蓝牙已开启。

② 重启耳机或设备并重新配对。

(2) 耳机不充电的处理方法如下。

检查充电线连接是否良好，确认充电盒电池电量。

7. 安全提示

请勿将耳机暴露在高温、潮湿的环境中。

请勿长时间高音量佩戴耳机，以避免听力损伤。

案例分析：

小米降噪耳机产品说明书通过模块化设计、数据展示和简明语言，有效满足了用户对信息的获取需求。

(1) 聚焦于用户关心的核心内容，如产品参数、续航时间和操作说明。

(2) 采用分段式模块化结构(如产品概述、技术参数、使用说明等)，逻辑清晰、条理分明。

(3) 技术参数和续航时间通过表格展示，数据直观明了，增强用户对产品性能的理解。

(4) 使用步骤化语言呈现操作说明(如"轻触耳机一次：播放/暂停")，便于用户快速上手，降低阅读门槛。

科技文书的写作要求在科学研究、技术开发和应用实践中起到了至关重要的作用。为了确保科技文书能够准确、高效地传达信息，并满足读者的需求，必须遵循一系列的写作要求。这些要求不仅是文书的"基本法"，也是提升其学术性、实用性和可读性的关键所在。下面以小米降噪耳机产品说明书作为案例，分析每一条科技文书的写作要求。

1. 准确性

准确性是科技文书的基本要求之一，确保所传达的所有信息真实可靠，避免不实或模糊的描述。在科技文书中，准确性不仅体现在数据、实验结果和技术参数的精准传达上，还包括技术方案、操作步骤及市场分析等各个方面的精确表达。准确性会直接影响文书的权威性和可信度，是读者判断文书价值的重要标准。

(1) 数据准确性：在涉及实验数据或技术参数时，必须提供具体且可验证的数字。例如，耳机的电池容量、续航时间等数值应清楚列出，不容有任何歧义。

(2) 技术描述的精准性：对技术方案的描述要详细且无歧义，确保用户能完全理解并正确操作。

在小米降噪耳机产品说明书中，耳机单耳重量、电池容量和续航时间等技术数据都被精确列出："耳机电池容量：35mAh"，这清晰地告知了消费者耳机的电池规格，避免了"电池续航较长"这种模糊的表述。

2. 逻辑性

逻辑性是确保科技文书条理清晰、内容层次分明的基础。一个具有逻辑性的文书能够帮助读者轻松理解复杂的技术信息，并按照一定的顺序获取所需内容。科技文书的逻辑性表现为合理的结构安排和内容之间的紧密联系。每部分的内容都应当自然过渡，前后呼应。

(1) 结构清晰：科技文书应根据内容的优先级和重要性进行合理分配，确保每部分都能顺畅衔接。

(2) 层次分明：各部分内容要有适当的小节划分，确保信息的层层递进。

在小米降噪耳机产品说明书中，结构层次清晰，且信息顺序合理。说明书按照用户需求进行排列：产品概述≥技术参数≥续航时间≥使用说明≥常见问题。每部分都与实际使用息息相关，读者可以从基础信息到具体操作顺序进行了解。

3. 规范性

规范性是要求科技文书遵循一定的格式要求，使文书内容易于阅读和理解，包括但不限于文书的排版、字体、标题、图表的使用等。这些规范能够提升文书的专业性和整洁性，使读者更加便捷地获取信息。

(1) 格式统一：文书应有一致的排版和设计，包括标题的字号、段落的分隔、图表的布局等。

(2) 图表和数据的规范使用：在科技文书中，图表能够帮助简化复杂的信息，必须确保图表的格式规范，标注清晰，数据准确。

在小米降噪耳机产品说明书中，说明书中的每一部分都使用统一的格式和字体，如"技术参数""续航时间"都使用加粗大字进行标识，清晰区分各部分内容。使用表格形式将降噪开启和关闭时的续航时间呈现，数据简洁明了，易于比较，且图表的设计规范，增强了文书的专业性。

4. 语言严谨性

语言严谨性要求科技文书的语言简洁、准确，避免过度修饰或使用模糊不清的表达。特别是涉及技术参数、操作步骤或实验结果时，语言必须明确，避免产生歧义或误解。

(1) 简洁表达：避免使用冗长的句子或复杂的技术术语，确保信息的准确传达。

(2) 避免模糊词语：在描述产品性能时，应避免"可能""大约"等模糊表达，尽量量化信息。

在小米降噪耳机产品说明书中，直接列出"耳机电池容量35mAh"，列出了清晰的续航数据："降噪开启时，耳机续航3.5小时"。

5. 针对性

针对性要求科技文书根据目标读者的需求调整内容的深度和表达方式。科技文书可能面向科研人员、技术人员，也可能面向普通消费者。因此，写作时应根据读者的专业背景调整语言的深度与复杂度。

(1) 专业性与简化性相结合：面向普通消费者时，语言应简化，避免过多技术术语；面向技术人员时，内容应更加深入，涵盖技术细节。

(2) 明确的目标读者：文书的内容应针对目标读者的需求，提供具体信息。

在小米降噪耳机产品说明书中，语言简单易懂，没有过多的技术细节，主要强调用户关注的核心功能，技术参数(如电池容量、蓝牙版本)以简洁的数字呈现，避免了过多的专业术语。

6. 创新性

创新性是要求科技文书突出产品或技术的独特性，展现其创新点和市场价值。科技文书应清晰地表达新技术、新产品或新思路的创新性和独特性，帮助用户理解其带来的实际价值。

(1) 突出创新功能：对产品的创新点进行详细描述，展示其在现有技术中的优势。

(2) 市场价值：通过案例或数据支持，突出技术或产品的应用前景和市场潜力。

在小米降噪耳机产品说明书中，强调了主动降噪技术和长时间续航，这些技术创新不仅提升了用户体验，还增强了产品的市场竞争力。明确提到该耳机适用于各种场景(如通勤、旅行等)，展示了产品的广泛应用潜力。

9.1.5　科技文书的结构

科技文书的结构设计是确保信息高效传递的基础。无论是哪种类型的科技文书，如科研报告、技术说明书、专利文书或产品说明书，尽管它们的内容、目的和目标读者有所不同，但大多数科技文书都遵循类似的核心结构模式。通过合理的结构安排，文书能够条理分明、层次清晰，使得读者可以迅速找到所需信息，帮助他们更好地理解技术内容或研究成果。科技文书的结构主要包括：标题、正文、附件等。

1. 标题

标题是文书的开端部分，负责吸引读者的注意，并准确传达文书的主题。一个好的标题不仅可以清晰地表达文书的核心内容，还能引导读者快速判断文书的主题和目标，科技文书标题的特点如下。

(1) 简洁性：标题应尽量简短明了，避免冗长。

(2) 准确性：标题要准确反映文书的核心内容，避免模糊或过度泛化。

(3) 概括性：能够在简短的字句中概括文书的主题或研究方向。

例如，"小米降噪耳机产品说明书"这一标题清晰地表明了文书的核心内容是介绍小米降噪耳机的产品信息和使用方法。"关于××技术的研究报告"，直接表达了文书的主题是针对某项技术的研究成果。

2. 正文

正文是科技文书的核心部分，负责详细阐述文书的主题。无论是技术方案、研究成果，还是操作说明，正文都需要通过清晰、条理化的结构进行详细描述。

正文通常包含以下几部分。

1) 引言(背景)

引言部分通常会介绍文书的背景，阐明写作目的，并简要说明研究的必要性或产品的市场需求。引言部分简洁明确，通常包括研究的背景、问题定义、研究目标或产品的创新点。

例如，在小米降噪耳机产品说明书的引言部分，简要介绍了产品的核心功能，"该耳机采用最新的主动降噪技术，旨在为用户提供更清晰的音质和更加舒适的使用体验"。

2) 方法或技术方案

描述研究的实施方法或技术方案，详细介绍文书讨论的技术、研究步骤或操作流程。方法或技术方案部分通常包括技术细节、实施步骤、所采用的工具或技术手段。在产品说明书中，这部分则描述产品的功能、操作步骤和技术特点。

例如，在小米降噪耳机产品说明书中，技术方案部分描述了耳机的主要功能，如降噪技术、蓝牙连接、续航能力等，帮助消费者理解耳机的技术优势。

3) 结果分析

展示研究结果或技术实施效果，并进行详细分析。通过数据、图表或实验结果展示技术的实际表现。结果分析部分通常涉及大量数据或实验证据的展示和分析，这些数据支撑文书中的结论或技术创新点。

例如，在产品说明书中，续航时间通过表格的形式清晰展示不同工作模式下的续航时间(降噪开启与关闭的续航差异)。这种表格呈现可以帮助消费者直观了解耳机在不同使用情况下的续航表现。

4) 讨论与结论

讨论部分对结果进行分析，探讨可能的改进措施和不足之处；结论部分总结文书的核心发现，给出建议或未来研究方向。讨论与结论部分可以有不同的侧重点，在科研报告中，讨论部分往往包括对实验结果的反思；在产品说明书中，结论则会总结产品的性能和使用建议。

例如，在小米降噪耳机产品说明书的结论部分，强调了耳机的主要优势：降噪技术和长续航，同时提醒用户如何充分利用这些优势，提升使用体验。

3. 附件

附件是文书的补充部分，通常包含详尽的实验数据、图表、技术参数、参考文献等。附件通常作为正文的支持，提供更为详细的技术资料或背景信息，帮助读者进一步理解文书中的内容。

(1) 数据支持：附件可以包括详细的实验数据、测试报告、技术图纸等，帮助读者深入理解技术或研究内容。

(2) 图表与图示：在科研报告或技术说明书中，附图和表格是支持正文的重要内容，有助于读者理解复杂数据。

(3) 参考文献： 在学术报告中，附件常包括参考文献，确保文书的学术规范性。

例如，在小米降噪耳机产品说明书中，附件部分可能包括产品的详细技术规格表，充电和使用说明书的图示等，确保用户可以进一步了解产品的操作与维护。

9.2　常用科技文书写作

本节通过对常用科技文书写作的学习，充分展示了科技创新在解决社会实际问题中的关键作用。该内容要求学生在掌握科技文书写作技能的同时，养成实事求是、追求卓越的职业精神与科学态度。同时，本节引导学生关注科技创新与经济发展需求，深刻认识科技成果的社会价值与实际应用场景，激发学生服务社会、推动国家科技进步的责任感与使命感。

9.2.1　科技报告写作

村镇污水处理一体化设备试验研究报告(简洁版)

摘要：本报告研究了一种适用于村镇污水处理的新型一体化设备，重点探讨了设备在不同运行条件下的处理性能和稳定性。通过模拟实验，评估设备在低温环境下的污水处理效率。结果表明，设备在低温条件下的处理效率可达95%，表现出较高的稳定性，为寒冷地区的村镇污水处理提供了有效的技术解决方案。

1. 引言

近年来，随着城镇化进程的加快，农村污水处理成为我国环境保护的重要任务。然而，现有污水处理技术在村镇的推广应用中面临成本高、稳定性差等问题。本研究针对这些问题，设计并开发了一种新型一体化设备，用于村镇污水的高效处理。该设备旨在通过优化设计提高低温环境下的处理效率，同时降低运行成本。

2. 方法与技术方案

2.1 设备设计

设备采用模块化设计，集成了沉淀、过滤和生物处理单元。核心技术为优化后的低温耐受型微生物填料。

2.2 试验环境

模拟寒冷地区村镇污水处理条件，设置5℃、10℃和常温(25℃)三组实验环境。

2.3 实验流程

(1) 污水模拟：采用生活污水样本，控制COD(化学需氧量)为200mg/L。

(2) 数据采集：使用在线监测系统记录处理过程中的污染物去除率。

2.4 性能测试指标

COD去除率、设备能耗、运行稳定性等。

3. 结果与讨论

3.1 试验结果

(1) 在5℃条件下，设备的COD去除率达到95%；10℃条件下，去除率为98%；常温条件下，去除率为99%。

(2) 设备能耗为0.6kWh/m³，低于传统处理设备的0.8kWh/m³。

3.2 讨论

(1) 低温环境对微生物活性有所影响，但设备的耐低温填料有效增强了处理能力。

(2) 与传统技术相比，该设备具有明显的成本优势，尤其适合寒冷地区的村镇应用。

(3) 局限性：本次实验规模为小型模拟，实际应用中需进一步验证设备在长周期运行下的稳定性。

4. 结论与建议

本研究提出的新型一体化污水处理设备在低温环境下表现出较高的污水处理效率和较低的能耗，具备在寒冷地区村镇推广应用的潜力。建议下一步在真实应用场景中开展长期试验，验证设备的稳定性，并优化运行参数以进一步降低成本。

5. 附件

5.1 实验数据表(COD去除率对比表、能耗记录表)。

5.2 设备设计图纸及说明。

案例分析：

本研究报告通过摘要、引言、方法与技术方案、结果与讨论、结论与建议、附件六部分构建了完整的科技报告结构。摘要概括研究背景和成果，引言阐明研究问题和目标，方法与技术方案详细描述实验设计和技术路径，结果与讨论展示数据并分析技术优势，结论与建议总结研究成果并提出优化方向，附件补充实验数据和设计细节。

科技报告是科技人员为描述科研活动中的过程、进展和结果，按照规定的标准格式编写的一种特种文献。作为科研成果的系统性总结，科技报告不仅如实、完整地记录科研项目各阶段的基本原理、研究方法、技术成果和实验数据，还充当科研过程的重要记录、科研管理的基础工具和成果交流的关键载体。它为科研工作提供了全面的技术记录和知识传递工具，同时在项目验收、科技评估、知识共享和科技投入绩效展示中具有重要作用。

1. 科技报告的作用

1) 国家科技实力的重要体现

科技报告完整记录了科研活动不同阶段的技术内容和经验教训，形成国家科技创新资源的有序积累和管理，避免科研成果流失。例如，试验报告和技术进展报告，能够反映科研团队的能力和创新水平，是国家科研评估的重要依据。

2) 知识共享与创新促进的重要载体

科技报告内容翔实、技术描述专业，为科研人员提供了科学知识传递和共享的重要平台。例如，通过详细的试验数据和分析过程，其他研究者可以重复实验或利用成果开展新研究，避免资源浪费。

3) 科研管理的基础工具

科技报告在科研项目管理中起到申报评审、中期检查和结题验收等重要作用。不同阶段提交的专题技术报告(如实验报告或技术进展报告)为项目管理提供了有力支持。

4) 科技投入的总结与展示

科技报告的数量和质量直接反映了科研投入的效率，是政府科技绩效考核的重要依据。科技报告体系的建立增强了科研项目成果的透明性，有助于公众理解和支持科研活动。

2. 科技报告的类型

根据科研项目的性质和目标，科技报告主要分为以下类型。

1) 专题技术报告

详细记录特定实验、试验或分析研究的内容。例如，新材料在高温环境下的稳定性试验报告。

2) 技术进展报告

描述项目在实施阶段的技术进展、阶段性成果等内容。例如，大型机械设备项目的中期技术进展报告。

3) 最终技术报告

总结整个项目的研究过程、技术方法和最终成果，供验收和评价使用。例如，某人工智能算法的最终技术性能总结报告。

4) 组织管理报告

描述科研项目的组织与实施过程，包括团队构成、资金使用、任务分解和风险管理等。例如，国家重点实验室的年度工作总结报告。

此外，根据公开程度，可分为公开科技报告、延期公开报告和保密报告，具体类型取决于报告内容和应用场景。

3. 科技报告的基本结构

科技报告的基本结构通常包括以下部分。

1) 标题

用简洁的语言准确传达研究内容或技术方案的主题。例如，新型村镇污水处理一体化设备试验研究报告。

2) 摘要

高度概括研究目标、方法、主要结果和意义，通常为200～300字。例如，本报告研究了一种新型污水处理设备的技术方案，通过模拟实验验证设备在不同运行条件下的性能，结果显示设备在低温条件下的处理效率可达95%。

3) 引言

介绍研究背景、项目目标以及文书的意义。内容要点如下。

(1) 研究的背景是什么？

(2) 为什么要开展该研究？

(3) 本报告的研究目标是什么？

4) 方法与技术方案

详细说明科研方法、实验设计、技术路线及工具使用，确保科研结果的可重复性。内容要点如下。

(1) 实验设计：试验变量、设备、数据采集手段等。

(2) 技术描述：技术方案、模型或流程图。

5) 结果与讨论

展示研究数据并进行分析，讨论结果的意义和局限性。内容要点如下。

(1) 结果：通过表格、图表展示试验数据或性能参数。

(2) 分析：解释数据背后的逻辑，指出研究中的改进点。

6) 结论与建议

总结报告的核心发现，并提出研究的应用建议或改进方向。例如，研究表明，新型污水处理设备在低温条件下的稳定性满足设计需求，可推广至北方村镇污水处理项目中。

7) 附件

附件提供实验数据、计算结果和参考文献等补充信息。例如，附录A：实验数据表。

4. 科技报告的写作要点

1) 语言简洁明了

(1) 使用规范、准确的语言，避免冗余修饰。

(2) 实验数据和技术描述直观易懂。

2) 结构逻辑清晰

各部分层次分明，逻辑清晰，确保读者能够逐步理解报告内容。

3) 数据真实可靠

实验数据需准确、真实，并在附件中提供原始数据支持。

4) 格式规范

遵循国家科技报告的格式要求，包括标题、字体、段落编号等。

5) 突出应用价值

通过结论与建议部分，展示技术或研究成果的实际价值及其在行业或社会中的应用潜力。

9.2.2 技术说明文档写作

比亚迪 DiPilot 自动驾驶辅助系统技术说明文档（简洁版）

1. 产品概述

比亚迪DiPilot是一款先进的自动驾驶辅助系统，融合多项智能驾驶功能，包括自适应巡航(ACC)、车道保持辅助(LKA)和自动泊车(APA)。该系统旨在提升驾驶的安全性和便利性，适用于城市、高速及复杂交通环境。

2. 技术参数

性能指标	参数
工作温度范围	−20℃ ~ 65℃
传感器类型	8颗高清摄像头、毫米波雷达、超声波雷达
最大探测距离	毫米波雷达：200m，摄像头：150m
数据接口	CAN总线、以太网接口

3. 核心功能

3.1 自适应巡航(ACC)

- 根据前车速度调整本车速度，保持安全跟车距离。
- 激活方法：车速高于30km/h时，通过方向盘巡航拨杆设置目标速度。

3.2 车道保持辅助(LKA)

- 通过摄像头识别车道线，保持车辆在车道中央行驶。
- 激活方法：车速高于60km/h时，按下方向盘上的"LKA"键。

3.3 自动泊车(APA)

- 检测泊车位并完成自动泊车(支持平行与垂直泊车)。
- 激活方法：中控屏幕选择"自动泊车"，按提示操作。

4. 操作说明

- 启用系统：通过中控屏幕进入"DiPilot"界面，选择需要的功能并激活。
- 禁用系统：手动关闭功能，或在驾驶员介入(如踩刹车或转动方向盘)时自动退出。

5. 常见问题与解决方法

问题	解决方法
系统无法识别车道线	清理摄像头镜头，检查是否存在雨水或遮挡。
自动泊车功能异常	确保泊车位环境良好，雷达未受外界干扰。

6. 安全提示

- 清洁与维护：定期清洁摄像头和雷达表面，确保探测精度。
- 注意事项：系统为辅助驾驶工具，驾驶员需全程手握方向盘并保持注意力。

案例分析：

本技术说明文档以清晰的结构和简洁的语言，帮助用户快速理解DiPilot系统的功能和使用方法。通过概述、参数、功能、操作、问题解决和安全提示六部分，满足了用户在理解、使用和维护系统中的主要需求。

技术说明文档是用于详细描述产品、设备或技术系统的功能、操作方法、维护指南及技术参数的正式文书。其目的是帮助用户正确理解和使用产品或技术，同时为维护和故障排查提供支持。作为传播型科技文书的重要类别，技术说明文档涵盖了产品的技术信息和应用场景，服务于多种目标受众，包括终端用户、技术支持人员和管理层。

1. 技术说明文档的特点

1) 简洁性

语言简明扼要，逻辑清晰，便于快速查阅和理解。确保读者能够快速获取关键信息，减少不必要的文字干扰。

2) 规范性

符合行业标准，使用标准化术语和规范格式。对复杂技术采用统一术语，避免歧义。

3) 实用性

突出操作性和参考性，提供清晰的指导信息。确保文档内容能够直接帮助用户完成操作或解决问题。

2. 技术说明文档的分类

根据不同的应用场景和目标受众，技术说明文档可以划分为以下三类，每类文档的结构和写作要求各有侧重。

1) 产品用户手册

适用场景：面向终端用户，指导产品的日常操作与维护。

写作重点：注重直观性和操作性，语言通俗易懂。

产品用户手册结构如下。

(1) 产品概述：简要介绍产品的功能、型号和应用场景。

(2) 技术参数：提供关键性能指标，如尺寸、电池容量等。

(3) 使用说明：分步说明产品操作的具体方法，辅以图片或流程图。

(4) 常见问题：列出用户可能遇到的问题及其解决方案。

(5) 安全提示：提供维护建议和使用限制，确保产品安全使用。

例如：在比亚迪DiPilot技术说明文档中，用户手册部分明确描述了"如何启用自动泊车功能"，并列举了常见问题(如系统无法识别车道线)及其解决方案，便于用户快速掌握。

2) 系统操作文档

适用场景：面向技术支持人员或管理员，用于指导复杂技术系统的安装、配置和维护。

写作重点：强调技术性和专业性，提供详细的操作步骤和调试方法。

系统操作文档结构如下。

(1) 系统概述：描述系统功能和总体架构。

(2) 环境要求：列出硬件、软件和网络配置条件。

(3) 安装与配置：详细说明系统的部署与初始化操作。

(4) 维护指南：提供系统运行中的管理和性能优化方法。

(5) 故障排查：针对常见问题，提供排查和修复建议。

例如：在网络服务器配置文档中，系统操作文档详细说明了服务器硬件安装、系统初始化配置以及常见网络连接错误的排查方法，适用于技术支持团队。

3) 技术规格文档

适用场景：面向技术评审人员或合作伙伴，记录技术系统或产品的性能参数和设计方案。

写作重点：强调数据的准确性和完整性，语言精练，主要以表格和图示呈现。

技术规格文档结构如下。

(1) 技术概述：简要说明技术方案或设计目标。

(2) 性能指标：列出详细的技术参数(如功率、速度等)。

(3) 适用范围：说明技术方案的应用场景和限制条件。

(4) 附图与公式：提供设计图纸、公式及其他补充信息。

例如：某工业设备技术规格文档，通过表格列出设备功耗、工作温度范围、最大负载等性能指标，提供给技术评审团队进行评估。

3. 技术说明文档的写作要点

撰写高质量的技术说明文档需要遵循以下写作要点，以确保内容精准、规范且易于理解。

1) 语言简洁明了

使用简洁直白的语言，避免冗长和复杂描述。在比亚迪DiPilot文档中，"通过摄像头识别车道线，保持车辆在车道中央行驶"的描述语言简单，便于用户理解。

2) 结构逻辑清晰

各部分内容层次分明，逻辑顺畅，便于用户快速查阅。在比亚迪DiPilot文档中，将产品概述、技术参数、功能说明和常见问题等分块呈现，条理清晰。

3) 数据准确可靠

所有技术参数必须真实、准确，避免误导用户。在比亚迪DiPilot文档中，明确列出毫米波雷达探测距离200米、摄像头探测距离150米等数据，增强了用户对系统性能的信任。

4) 注重用户体验

以用户需求为中心，提供直观的操作指导和问题解决方案，减少用户困惑。在比亚迪DiPilot文档中，通过常见问题部分提供了直接的排查和解决方法(如"清洁摄像头")，突出用户导向。

5) 图表辅助表达

使用表格、流程图或图片直观呈现复杂信息，便于用户快速理解和操作。在比亚迪DiPilot文档中，技术参数部分通过表格展示关键性能指标，使信息清晰直观；复杂操作部分可结合流程图描述。

9.2.3 专利文书写作

一种防爆装置的实用新型专利(简洁版)

专利基本信息

○ 专利名称：一种防爆装置

○ 专利号：CN 210982344 U

○ 专利权人：宁德时代新能源科技股份有限公司

○ 技术领域：本实用新型涉及新能源电池领域，特别是一种用于提高电池安全性的防爆装置。

一、摘要

本实用新型公开了一种防爆装置，包括电池顶盖、加强环、防爆片和保护层。加强环设置在电池顶盖外表面，环绕纵向通孔，防爆片覆盖通孔并固定在顶盖内表面，保护层贴附在加强环外表面，形成密闭腔室。本装置通过加强环和保护层的协同作用，提高了电池顶盖的强度，避免变形，并方便检测防爆片破损及气密性，适用于新能源汽车电池组和储能电池系统。

二、权利要求书(摘录)

(1) 一种防爆装置，其特征如下。

① 电池顶盖，设有纵向通孔。

② 加强环，设置在电池顶盖外表面，增强顶盖强度。

③ 防爆片，覆盖纵向通孔，固定在顶盖内表面，用于泄放气体。

④ 保护层，贴附在加强环外表面，形成密闭腔室。

(2) 根据权利要求1所述的防爆装置，其特征如下。

加强环采用金属材料，保护层采用柔性高分子材料。

三、说明书(简要内容)

1. 背景技术

现有的电池防爆装置在高压环境下容易出现顶盖强度不足、变形或密封失效的问题。同时，防爆片破损后难以快速检测，增加了使用过程中的安全隐患。本实用新型针对上述问题提出了一种改进型防爆装置，以提高电池安全性能。

2. 技术方案

通过设计金属加强环和柔性保护层，增强电池顶盖的抗压能力，形成密闭腔室，便于检测防爆片的破损状态和气密性。本装置具有结构简单、使用便捷和安全可靠的特点。

3. 具体实施方式

1) 装置结构

(1) 电池顶盖上设有纵向通孔，用于气体泄放。

(2) 加强环采用金属材料，固定在顶盖外表面，增强强度。

(3) 防爆片覆盖通孔，固定在顶盖内表面，在气压过高时破裂释放气体。

(4) 保护层贴附在加强环外表面，形成密闭腔室，用于检测气密性和防爆片破损状态。

2) 安装步骤

(1) 先将防爆片固定在电池顶盖内表面，覆盖纵向通孔。

(2) 将加强环焊接或黏合在电池顶盖外表面，环绕通孔。

(3) 在加强环的外部贴附柔性保护层，覆盖通孔，形成密闭腔室。

四、附图说明

○ 附图1：防爆装置的整体结构示意图

展示电池顶盖、防爆片、加强环和保护层的整体布局。

○ 附图2：加强环和防爆片的结构细节图

描述加强环与顶盖的连接方式以及防爆片的安装位置。

○ 附图3：密闭腔室的工作示意图

展示密闭腔室在检测气密性和防爆片破损状态时的作用及示意。

案例分析：

本专利文书严格按照"摘要—权利要求书—说明书—附图"的标准结构撰写，逻辑清晰，重点突出，充分展示了专利的实用价值。其特点体现了实用新型专利的核心特征：结构设计简单但实用性强。专利文书通过严谨的语言描述和详细的附图说明，不仅成功保护了技术创新点，还为新能源电池的研发与应用提供了重要参考和支持。

专利文书是用于描述技术创新的法律性文书，通过明确技术方案和保护范围，为发明创造申请专利权。它是科技创新成果的重要记录，具备法律效力，能够有效保护知识产权，同时是技术转移、技术交易和商业化的重要基础。

1. 专利文书的作用

(1) 保护技术创新：专利文书通过界定保护范围，防止技术被侵权和非法使用。

(2) 促进技术交易：专利文书作为技术许可、转让或合作的法律依据。

(3) 推动商业化应用：专利文书能有效将技术创新转化为实际经济价值。

(4) 提升科技竞争力：专利的数量和质量是企业和国家技术实力的重要表现。

2. 专利文书的分类

专利文书根据保护内容和创新特点可分为以下三类。

1) 发明专利

保护技术方案，涵盖产品、方法或其改进，强调技术创新性。保护范围最广，技术描述详尽，需提供实验数据或性能测试结果。

适用场景：新型化学材料、医疗设备、人工智能算法等。

2) 实用新型专利

保护产品的形状、结构或其结合，强调结构改进的实用性。保护具体结构设计，审查周期短，无须实验数据支持。

适用场景：家用电器、机械装置、改良型产品结构等。

例如，上述专利文书是通过在电池顶盖外表面设计加强环和保护层，提高顶盖的抗压能力，形成密闭腔室，从而解决了现有技术中顶盖易变形和防爆片破损检测困难的问题。此专利不仅结构设计简单，而且具有很强的实用性。

3) 外观设计专利

保护产品的形状、图案、色彩或其结合，强调视觉效果的创新性。仅保护外观设计，不涉及技术功能。

适用场景：家具外观、电子设备设计、服装设计等。

3. 专利文书的结构

专利文书一般包括以下结构，每部分内容因专利类型而有所不同。

1) 摘要

简要概括专利的技术领域、技术方案和创新点，帮助审查人员快速了解发明内容。

写作要点：语言简洁明了，突出创新点。字数限制在300字以内，避免过于详细。

例如，上述专利文书的摘要清晰描述了通过加强环和保护层的设计，提高了电池顶盖的抗压能力，形成密闭腔室，并实现防爆片破损检测，解决了现有技术中的问题。

2) 权利要求书

明确专利保护的技术方案和范围，是专利文书的核心部分。

写作要点：使用"包括""特征在于"等法律术语，确保语言严谨。权利要求需清晰具体，覆盖核心技术点，避免过宽或过窄。

例如，上述专利文书的权利要求书明确描述了防爆装置中加强环、防爆片和保护层的设置位置和功能，确保了专利保护范围的准确性。

3) 说明书

说明书是专利文书的主体部分，包括以下子部分。

(1) 背景技术：描述现有技术的不足及本发明解决的问题。例如，上述专利文书指出传统电池防爆装置在高压条件下易变形，且防爆片破损后难以检测，存在安全隐患。

(2) 技术方案：总结技术方案的核心优势和创新点。例如，上述专利文书通过加强环和保护层的协同设计，提高顶盖强度，形成密闭腔室，实现了防爆片破损检测和气密性检测的便捷性。

(3) 具体实施方式：详细描述技术实现步骤和具体设计，确保技术方案可操作。例如，上述专利文书详细说明了加强环的金属材质、安装位置，以及保护层的柔性高分子材料，确保防爆装置的可靠性和易维护性。

4) 附图

通过示意图直观展示技术方案或设计细节，增强专利内容的可理解性。

写作要点：图示需清晰、标注完整，与权利要求书和说明书内容一致。

例如，上述专利文书的附图展示了防爆装置的整体结构示意图、加强环与防爆片的详细连接结构，以及密闭腔室的工作原理，直观呈现了专利的技术细节。

4. 三类专利文书结构差异

结构	发明专利	实用新型专利	外观设计专利
摘要	描述技术方案的创新点、技术效果和适用场景	描述结构改进的特点及用途	描述外观设计的视觉效果和适用场景
权利要求书	强调技术方法或产品功能,清晰界定保护范围	强调结构特征及保护范围	描述设计的核心元素(形状、颜色、图案等)
说明书	包括技术背景、发明内容和具体实施方式	描述产品结构的改进点、功能及使用方法	可简要说明设计的审美特点和应用场景
附图	提供技术流程图或硬件框架图,辅助理解技术实现	提供结构示意图,展示产品的结构改进	提交三视图及效果图,展示设计的创新点

5. 专利文书的写作要点

1) 法律严谨性

使用法律语言界定保护范围,避免歧义。例如,上述专利文书的权利要求书中使用"特征在于"等术语,明确了技术方案的核心点。

2) 技术准确性

技术描述必须真实、完整,确保可重复性和可操作性。例如,上述专利文书的说明书详细描述了防爆装置的结构,包括加强环、防爆片和保护层的材料、安装方式及工作原理。

3) 创新性突出

强调技术或设计的创新点和与现有技术的差异。例如,上述专利文书的创新性体现在通过加强环的金属设计和密闭腔室的保护层设计,有效解决了传统技术中的顶盖变形和检测不便问题。

4) 逻辑结构清晰

各部分内容层次分明,衔接紧密。例如,上述专利文书的背景技术、技术方案和具体实施方式层层递进,逻辑清晰。

5) 图文结合

附图与文字说明相辅相成,确保专利方案易理解。例如,上述专利文书的附图直观展示了防爆装置中加强环和防爆片的细节设计。

9.3 学术文书概述

学术论文写作不仅是科学研究的重要成果,还是服务社会、推动发展的重要手段。通过撰写紧扣社会发展热点的论文,学生能够深刻认识科研的社会价值,增强服务国家和社会的责任感。这一过程不仅提升了学生的科学素养和学术诚信,还培养了创新思维和实践能力,有助于造就德才兼备的高素质人才。

国家减贫行动如何回应差异化需求

——精准扶贫精准脱贫制度体系及其知识贡献

本文发表于《中国社会科学》2023(12):19-38+199-200,作者:吕方,黄承伟

论文研究问题的来源:

党的二十大报告指出,完成脱贫攻坚、全面建成小康社会的历史任务,实现第一个百年奋斗

目标，是过去十年对党和人民事业具有重大现实意义和深远历史意义的三件大事之一。

从推进中国式现代化实现中华民族伟大复兴的历史视野来看，消除绝对贫困问题、全面建成小康社会，为中国式现代化提供了更为完善的制度保证、更为坚实的物质基础、更为主动的精神力量。

从全球视野来看，中国赢得脱贫攻坚战的伟大胜利，标志着占世界人口总量超六分之一的中华儿女彻底告别了绝对贫困，中国提前十年实现了《联合国2030可持续发展议程》的减贫目标。

因此，在中国式现代化强国建设的大背景下，国家减贫行动如何回应差异化需求是一个值得研究的课题，论文选题由此形成。

论文摘要：党的十八大以来，中国共产党原创性地提出并深入实施脱贫攻坚战略，建立精准扶贫精准脱贫制度体系，成功全面消除绝对贫困，书写了人类发展史上的伟大奇迹。其知识贡献在于，发展中国家解决好"精细化减贫"的问题，不能简单照搬西方发展理论所倡导的"分权化减贫治理"模式，而是需要同时解决好"高质量信息生产""联结政策供给与需求的有效机制"以及"综合施策和政策协同"三方面问题，从而搭建起"统筹的多层级治理"体系。脱贫攻坚战以最短的时间、最好的效能，建立起一整套精准扶贫精准脱贫制度体系，兑现"全面小康、不落一人"的庄严承诺，表明中国特色减贫模式的巨大制度优势。在更为广泛的意义上讲，精准思维构成了理解和推进中国式现代化的重要知识与方法维度。

案例分析：

文书类型：社会科学领域的理论研究性论文。

选题优劣：选题紧扣国内外社会发展热点，具有理论深度和实践价值。

写作价值：以精准扶贫经验为例，为国内外提供差异化减贫治理模式的新视角和实践指导。

9.3.1　学术文书的特点

学术文书是指以科学研究为核心内容，依托学术规范和逻辑体系，用于记录、表达和传播研究成果的正式书面文体。这类文书通常具有科学性、逻辑性、规范性和创新性的特点，广泛应用于学术研究、教育和专业领域。

学术论文作为一种特殊的文体，具有以下几个显著特点。

1. 科学性

学术论文以科学研究为基础，内容必须具备科学性、严谨性和逻辑性。研究过程和结果应基于客观事实，保证其可靠性和可验证性，是学术论文权威性和可信度的核心保障。

2. 创新性

学术论文应体现出创新的研究成果或独到的新见解，能够在理论、方法或实践上有所突破，为学术领域的进步做出贡献。创新性是学术论文的核心价值所在。

3. 系统性

学术论文的内容和结构具有高度的系统性和逻辑性，通常包括引言、研究方法、论证分析和结论等部分。完整的结构有助于研究内容的清晰表达和系统呈现。

4. 公开性

学术论文通过学术会议、期刊等途径公开发表，接受同行评议和讨论。这种公开性促进了学术交流和知识传播，同时推动了学术成果的积累与更新。

企业战略差异度会影响 ESG 表现吗

发表于《财会月刊》2024(06):65-71，作者：杜永红，时虎，王思懿

本文充分体现了学术论文的核心特点，具体如下。

○ 科学性：基于2009—2021年A股上市公司数据，采用实证分析方法，揭示了战略差异度对ESG表现的影响及其内在机制，确保研究结果的严谨性和可验证性。

○ 创新性：从战略差异度视角切入ESG领域，首次探讨其通过信息透明度与持续创新能力抑制ESG表现的机制，并引入经济政策不确定性的门槛效应，填补了相关领域的研究空白。

○ 系统性：论文结构完整，从问题提出、研究设计到结果分析和结论建议，逻辑清晰，层层递进，提供了系统的理论框架和实践指导。

○ 公开性：通过学术期刊发表，论文不仅推动了学术界对ESG与战略管理的深入研究，还为企业决策和政策制定提供了实践参考，促进了知识的广泛传播和应用。

9.3.2　学术文书的用途

学术文书以理服人，以增加人类知识为最终目标。它不仅需要阐明概念的内涵与外延，还需揭示概念之间的关联及其在不同条件下的变化、机制和结果。学术文书在学术研究、社会实践和科学传播中具有以下关键作用。

1. 记录新的科研成果

学术文书是推动学术研究的有效手段。通过详细记录研究过程和结果，学术文书能够保存和传递新的科学发现和技术创新。

(1) 帮助学术界了解最新研究动态。

(2) 为后续研究提供基础数据和参考资料。

2. 促进学术交流、成果推广和科技发展

学术文书的发表是学术交流的重要形式，有助于以下方面。

(1) 在期刊、会议等平台传播研究成果，推动学术思想碰撞与创新。

(2) 加速科技成果的推广与应用，促进社会经济和科技的持续发展。

3. 为政府和企事业单位献计献策

研究成果和理论观点可以为政府和企业的决策提供科学依据。

(1) 政策研究、市场分析等论文帮助决策者掌握形势。

(2) 为科学合理的发展策略和行动计划提供支撑，提升决策的科学性与有效性。

4. 考核作者知识与科研水平的重要载体

学术文书是评估作者学术水平和科研能力的重要工具。

(1) 高质量学术文书展现作者的知识深度和独特见解。

(2) 作为学术评价和职称评定的重要标准，反映作者的科研能力与学术贡献。

5. 培养学术能力和创新思维

学术文书写作是提升学术能力和创新思维的关键途径。

(1) 系统整理和反思研究成果，提升逻辑思维与科学表达能力。

(2) 推敲和修改过程有助于发现问题并提出创新性解决方案，培养研究者的创新思维。

6. 推动学术规范和科学精神的传播

学术文书强调规范化和科学精神的传承。

(1) 严谨的写作要求(如文献引用、数据分析、结果讨论)推动学术规范建设。

(2) 通过撰写与发表,传播实事求是、严谨治学和科学求证的精神。

"一带一路"背景下的境外国有资产审计监管研究

发表于《会计之友》2018(24):113-118,作者:任芳,高欣

该文通过调研我国境外国有资产发展现状,深入剖析境外资产审计监管面临的困境,提出了一系列解决方案,为审计机关加强境外国有资产审计监管提供了科学依据和政策建议。

提供科学依据:通过调研和分析我国境外国有资产审计监管的现状和问题,该论文为政府制定政策提供了科学依据。

借鉴国际经验:借鉴了国外发达国家的国有资产管理模式,提出了优化境外国有资产审计监管模式的具体措施。

提出解决方案:论文提出了具体的解决措施,例如优化境外国有资产审计监管模式、公共投资审计与金融审计相结合、"三方共审"全面审计、健全法律制度、实施跟踪审计等。

该论文后全文转载于《审计文摘》(2019年第2期),如图9.1所示,进一步证明了其研究成果的影响力和应用价值。

图 9.1 《审计文摘》(2019 第 2 期)

9.3.3 学术文书的分类

1. 按用途分类

1) 学位论文

学位论文是高校学术评价的重要组成部分,用于培养和考查学生的科研能力。根据层次划分为学士、硕士和博士学位论文,层次越高要求越严格,内容需体现更强的创新性与学术贡献。

学士论文注重基础研究能力,硕士论文强调理论与实践相结合,博士论文则追求原创性突破。学位论文是学生毕业的必备条件,同时也为学术界输入新研究。需重视学术规范的训练,强调对选题创新性和研究深度的要求,避免重复性研究。

2) 期刊论文

期刊论文是学术成果传播的重要载体,通常经过严格的同行评审,具有较高的学术公信力。学术期刊是科研成果的主要发表渠道,为学术评价和科研考核提供依据。促进学科领域内研究者之间的知识共享与交流。期刊论文的水平和影响因子决定了作者的学术地位和研究影响力。

例如,经济研究工作者发表在《经济研究》期刊上的论文,由于《经济研究》的综合影响

因子和复合影响因子较高，被认为是经济学领域的权威期刊(如图9.2所示)。同样，教育研究工作者发表在《教育研究》期刊上的论文，由于《教育研究》的综合影响因子和复合影响因子较高，被认为是教育学领域的权威期刊(如图9.3所示)。

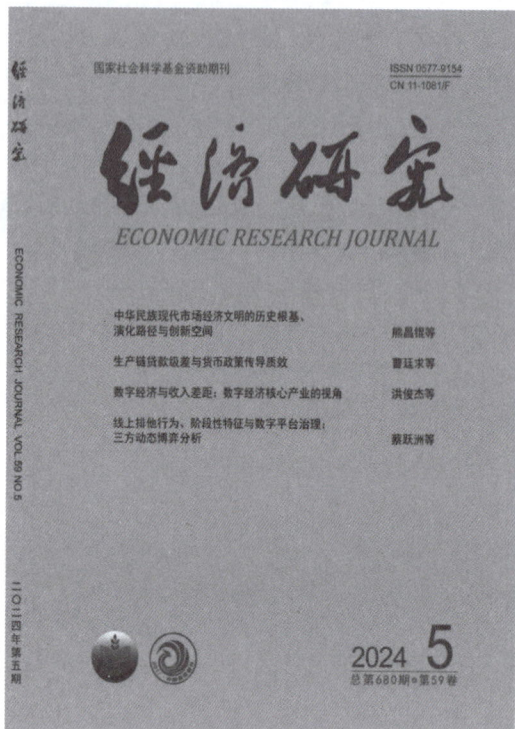

图 9.2　《经济研究》　　　　　　　　　图 9.3　《教育研究》

3) 会议论文

会议论文在学术会议中宣读或发表的论文，重点展示新兴研究或阶段性成果。会议论文强调前沿性和及时性，是学术交流的重要途径。会议论文通常是正式期刊论文的初稿，为后续改进提供交流平台。需加强对会议论文质量的评估，避免滥用会议论文作为正式成果。

4) 研究报告

研究报告以解决实际问题为导向，偏重实践性，是科研项目的重要成果形式。研究报告直接为政府、企业和组织提供决策支持，尤其在技术开发和政策研究中。部分研究报告可转化为期刊论文，为学术理论提供实证数据。应加强研究报告的规范性和可读性，注重实际可操作性和理论贡献的平衡。

2. 按语言分类

1) 中文类论文

中文论文以中文为主要书写语言，是国内学术研究的主要成果形式。中文论文有助于传承本土文化和学术传统，是研究中国问题的重要载体。

2) 外文类论文

外文类论文，尤其是英文论文，是国际学术交流的重要工具。英文论文占据国际核心期刊的主流地位，是国际学术传播的主要方式。国际合作项目和跨文化研究中，外文论文是不可或缺的成果形式。

3. 按研究方法分类

1) 综述研究论文

综述论文以系统梳理已有文献为基础，提供对研究领域的全面评估。综述论文为学术研究提供背景和趋势分析，是学术积累的重要一环。高水平综述论文能显著提升引用率，成为领域内的经典文献。

例如：新质生产力：文献综述与研究展望，发表于《经济与管理评论》2024(03)：1-12，作者：任保平，豆渊博

2) 定性研究论文

定性研究通过深度访谈、观察等方法探索复杂现象，重视内在意义和解释。适用于无法量化的问题，如文化研究、社会现象分析等。主要方法是提出问题、分析原因、解决问题。

例如：中华民族发展史视域下的乡村振兴战略——历史性演进与中国式现代化追寻，发表于《中国经济问题》2023(06):13-23，作者：殷一博，朱召亚

3) 定量研究论文

定量研究以数学模型和数据分析为核心，注重结果的普遍性和可重复性。在自然科学、经济学和社会科学中占据重要地位。主要方法是提出假设、实证分析、得出结论、提出建议。

例如：知识产权行政保护与企业数字化转型，发表于《经济研究》2023(11):62-79，作者：甄红线，王玺，方红星

4) 案例研究论文

案例研究聚焦特定事件或问题，以深度剖析为手段揭示一般性规律。在企业管理、公共政策等领域应用广泛，具有强大的实践价值。案例研究为理论构建提供具体支持。

例如：基于动态能力视角的品牌生态圈形成过程机制研究——以仁和集团为例，发表于《管理案例研究与评论》2024(01):89-104，作者：余可发，高劲章，汪华林

4. 按学科分类

1) 医学类论文

医学类论文涉及医学领域的研究成果和新发现，包括基础医学、临床医学、公共卫生等方面的研究。

2) 教育学类论文

教育学类论文涉及教育理论、教学方法、教育政策等方面的研究和探讨，旨在提升教育质量和效果。

3) 经济学类论文

经济学类论文涉及经济理论、经济政策、市场分析等方面的研究，旨在解释经济现象并提供经济决策依据。

4) 工程学类论文

工程学类论文涉及工程技术、设计、应用等方面的研究，包括机械工程、电气工程、土木工程等领域。

9.4 学术文书写作

学术论文写作不仅是展示科研成果的平台，还是培养学生科学思维和实践能力的重要手段。通过聚焦社会主义核心价值观和国家发展战略，如乡村振兴和生态文明建设，学生能够深化对国策的理解，增强科研的目的性和实用性。在此学术论文写作过程中，强调科研道德和学术诚信，以及鼓励创新思维和问题解决能力，有助于培养具有专业知识和社会责任感的高素质人才，有效连接科学研究与国家发展的需求。

学术论文写作是一种严谨的学术活动，用于表述科研成果。其流程包括以下关键环节：选题与标题命名，明确研究问题；深入阅读文献，撰写引言与文献综述；设计研究方法，规范框架结构；呈现结果与讨论，清晰总结结论；完成后进行投稿及修改完善。论文写作需遵循逻辑性、规范性和创新性，以推动学术交流和知识进步。

9.4.1 学术文书选题

国家审计参与全面从严治党的可行性及路径选择

本文发表于《财会月刊》2019(06):3-178，作者：冯均科

选题来源：国家社会科学基金项目"基于国家治理视角的'审计清单'与审计整改效果研究"(项目编号：17BJY032)。

研究目的：国家审计的大部分业务与全面从严治党还存在一定距离，因此，国家审计参与全面从严治党必须寻找突破口，主要包括变革经济责任审计、深化绩效审计和建设数据平台。

选题分析如下。

(1) 来源背景：该选题源自国家社会科学基金项目，强调国家治理和审计整改的重要性。

(2) 问题识别：通过研究发现，国家审计与全面从严治党之间存在一定的距离，需要寻找有效的路径来加强国家审计的作用。

(3) 研究方法：项目研究过程中，通过理论分析和实证研究，提出变革经济责任审计、深化绩效审计和建设数据平台等建议，旨在提升国家审计在全面从严治党中的作用。

(4) 学术价值：该选题具有重要的理论和实际意义，不仅填补审计领域的研究空白，还为国家审计参与全面从严治党提供了具体的路径和方法。

1. 学术文书选题的标准

论文选题是学术写作的首要环节，决定了研究的方向和目标，也是评价科研能力的重要指标。一个好的选题需兼具时代性、导向性、针对性、可行性、学术价值和社会影响力。

1) 富有时代性

选题应紧扣时代脉搏，关注全球趋势、国家政策和区域动态，聚焦社会与经济的热点问题，确保研究具有现实意义。

2) 具有导向性

以问题为导向，从重大理论问题和现实问题结合处切入，确保选题具备科学理论价值与实际应用价值。

(1) 科学理论价值：创新性、理论贡献和学术影响。

(2) 实际应用价值：服务现实需求、带来社会效益，为政策制定提供依据。

3) 体现针对性

选题方向精准，内容具体，理论"顶天"、现实"立地"，做到以下几点。

(1) 小：选题切入点小而具体。

(2) 清：研究目标明确，研究思路清晰。

(3) 新：注重新材料、新问题、新方法或新视角。

4) 具有可行性

选题应在研究者能力和资源范围内，符合以下条件。

(1) 符合专业特长，确保深度探讨。

(2) 兴趣驱动，保持研究热情。

(3) 难易适中，具备数据、经费等资源保障。

5) 具有学术价值

选题应为学术界提供新的理论视角或方法，推动学科发展，具体如下。

(1) 填补研究空白，构建新理论框架。

(2) 鼓励方法创新，采用新技术手段。

(3) 引发学术讨论，提升领域影响力。

6) 具有社会影响力

选题应回应社会需求、政策需求或公众关注问题，为社会发展提供科学依据和实践指导，具体如下。

(1) 聚焦实际需求，解决具体问题。

(2) 服务政策制定，增强社会治理能力。

(3) 引发公众讨论，提高社会关注度。

2. 学术文书选题的来源

论文选题来源应结合研究者的实际背景与学术资源，通过分析实际问题、学术动态和研究热点，确保选题的现实性、学术性和创新性。选题的来源多种多样，但都应以问题为导向，贴合时代需求和学术前沿。以下为常见的选题来源及其特点分析。

1) 实习与工作经验

实习或工作中观察到的实际问题常成为选题的重要来源。研究者通过深度参与特定行业或项目，发现问题并挖掘研究价值。实际问题为研究提供丰富的数据与场景，易于形成案例研究或实践指导。选题贴近现实，具有强烈的实践意义，能提出具有实际应用价值的解决方案。

2) 学术会议征稿

学术会议征稿主题为选题提供明确的方向和规范。会议主题反映当前学术热点或研究前沿，有助于研究者对学术动态的快速把握。会议征稿引导研究聚焦于特定领域的关键问题，提升选题的时代性和交流价值。

3) 期刊征稿指南

期刊征稿指南为研究选题提供明确框架和参考。期刊征稿重点反映学术界对某些领域的关注，选择此类选题有助于论文在核心期刊发表。选题方向明确，符合学术规范，且具有较高的发表成功率。

4) 科研课题研究

科研项目中未解决的问题常成为选题的直接来源。科研课题通常以研究前沿问题为导向，课题研究成果可以延展为论文选题。来源具有高可信度，选题紧扣重大理论和实践问题，成果转化潜力大。

3. 学术文书标题的命名

"两统筹"下的经济责任审计提质增效路径研究

本文发表于《财会通讯》2023(09)：116-123，作者：杜永红，王思懿

该标题通过关键词法，将研究背景、核心主题和目标精炼组合，形成高度概括的标题。这种方法使论文标题精准传递信息，便于检索和传播，同时能快速引起相关领域读者的兴趣。其核心关键词如下。

- "两统筹"——反映论文的研究背景和政策导向。
- "经济责任审计"——明确论文研究的核心主题和研究对象。
- "提质增效路径"——揭示论文的研究目标和成果。

论文标题是研究成果的"第一印象"，其命名需科学、简洁，能够准确传递研究内容和信息。一个好的标题必须包含研究对象、研究目的、研究范围、研究方法四大要素，并具备以下特点。

- 准确性：清晰概括论文核心论点，准确反映研究内容。
- 吸引力：言简意赅，能迅速引发读者兴趣。
- 信息性：提供研究背景、范围和方法的有效信息。

以下为几种常见的标题命名方法。

(1) 关键词法：利用最能直接反映文章内容的关键词组合标题。关键词便于储存与检索，提升学术传播效率。适用于强调研究内容的核心概念。

(2) 名词性词组法：以名词性短语界定研究对象和内容，生动传递论文核心思想。精炼表达研究范围，强调研究对象与内容之间的联系。适用于明确研究主体与范围的学术文书。

(3) 立论式命题法：揭示论文中心论点或解决方案，反映研究成果和观点。通过标题直接呈现研究核心，增强学术传播力。适用于理论研究和问题导向型研究。

(4) 陈述性题名法：采用信息性陈述或疑问句形式，突出论文的研究问题与范围。具有探讨性语气，能有效吸引读者注意。适用于有强烈学术争议或探讨空间的选题。

(5) 相关法：强调论文标题中的相互关系，如局部与整体、原因与结果等。突出研究内容之间的逻辑关联或动态变化。适用于综合研究和多维分析。

(6) 阐述法：标题直接使用专业术语点明研究对象和主题。通过精准语言凸显论文的专业性和学术深度。适用于综述型和基础理论研究论文。

9.4.2 学术文书文献综述

在许多学术论文被拒事件中，90%的失败原因是研究问题问得不好、不够清楚，例如，文献没有全面查阅，所研究的问题已经有文章发表过了，重复性的研究没有贡献新的知识，不值得发表。因此，研究者应详读文献，对文献进行梳理、评价、研究，这一过程被称为文献综述，又称研究综述或文献回顾。

文献综述开始是梳理，梳理的方法一般采用分类梳理，复述前人研究成果的核心观点。这里要注意的是文献的来源一般应为高水平期刊文章或是专著，最好选用近五年内与主题贴近的研究成果，但如果是经典理论，则可以不限时间。

评、研是在肯定前人研究成果的同时，指出前人研究存在的局限与不足，从而提出研究者的研究主题，以及要达到的研究目的。

返贫预警机制构建探究

本文发表于《中国特色社会主义研究》2018(01)：57-63，作者：范和生

文献综述撰写顺序：首先是研究背景的描述，阐释了构建返贫预警机制的目的和意义，然后用了两个"较少"提出当前的研究中存在的不足，然后把当前已有的研究成果梳理为两个方面：返贫诱因和返贫治理，后续分别复述这两个方面已有的研究观点，最后给出评价，并提出自己新的研究主题和研究目的。

相关文献综述开场白如下。

贫困问题涉及经济、社会、文化、环境等诸多领域，返贫是我国当前贫困治理中无法回避的特殊现象，而构建返贫预警机制又成为消除返贫现象的首要任务。构建返贫预警机制就是要构建返贫发生前的信息反馈、干预、阻断等机制。

现有的贫困治理机制研究大部分是宏观上的，主张建立完备且贯穿扶贫工作全过程的创新机制。现有研究关注于贫困人口总体或贫困区域人口，但较少对贫困人口进行区别化、类型化研究。注重前进式的减贫研究多，关注脱贫人口返贫问题的较少。关于返贫问题的研究在时间分布上跨度较大，内容也主要集中在返贫诱因和返贫治理两个方面。

文献梳理部分

第一，关于返贫情况的诱发因素研究(这里只摘录了最后一个研究观点及总结)。

郑瑞强、曹国庆(2016)根据返贫因素将返贫划分为政策性返贫、能力缺失返贫、因灾返贫和发展型返贫，并提出进行贫困人口生计空间的重塑，减少和防范贫困人口返贫。综合来看，返贫的诱发因素是多样的，涉及政策不匹配、思想观念落后和制度缺陷等诸多方面。

第二，关于返贫的治理对策路径研究(这里只摘录了第一个研究观点)。

刘玲琪(2003)以陕西省为例分析了返贫人口的特征，并主张从加大投入、控制人口增长、调整人口分布、提高人口素质、加强社会保障和实施产业开发六个方面应对返贫问题。

文献评、研部分

学界现有的关于返贫的研究大多局限在返贫现象发生之后的治理层面，而不能兼顾返贫发生之前，忽视了前期预防的重要性。治理返贫的源头在于预防，这就需要建立针对性强、行之有效的返贫监测预警机制。而在返贫治理中，关于返贫预警机制构建的研究鲜有人涉足。返贫预警旨在加强对返贫的先期预防，返贫预警处理得当，会大大减少返贫现象的爆发，降低后期的返贫治理难度，可以说是治理返贫的基础性工程。

科学研究的突破往往源于对前人工作的继承与创新，而文献综述正是连接既往研究与未来探索的关键桥梁。作为科学研究的重要环节，文献综述能够帮助研究者全面梳理领域内的历史与现状，揭示现有研究的不足与争议，明确未来的研究方向。同时，文献综述为研究者提供理论依据与方法支持，是提出科学创新和学术贡献的重要基础。

1. 文献阅读

通过系统的文献阅读，研究者能够全面掌握所研究领域的历史与现状，识别研究中的不足之处，并据此提出新的研究问题和解决方案。同时，文献阅读是培养科学思维和提升研究能力的核心途径。只有在广泛阅读与深度思考的基础上，研究者才能提出具有科学价值和实际意义的研究成果。

1) 值得阅读的文献类型

(1) 高水平中文期刊论文：选择CSSCI、北大核心等高质量期刊，聚焦学术前沿，掌握领域最新动态。

(2) 博士学位论文：关注前沿研究热点，从博士论文的参考文献中挖掘更多高质量资源。

(3) 专著、教材与研究报告：借助国家图书馆、皮书数据库等渠道，获取正式出版的专著、教材或专题研究报告。

(4) 网络资源与官方报刊：通过人民网、新华网等官方媒体，了解最新社会动态和研究热点。

(5) 外文文献：利用谷歌学术、ScienceDirect等平台，获取国际前沿的研究成果。

2. 文献阅读的方法

1) 阅读与思考结合

(1) 以问题为导向：关注文章是否回答了研究问题，并评估研究方法和结论的有效性。

(2) 构建知识体系：将文献内容与自身研究结合，批判性地重组知识框架。

(3) 复述与记录：通过复述文献内容，撰写读书笔记，深化对文献的理解。

2) 精读与泛读结合

(1) 精读：深入研究经典文献，学习核心思想、研究方法和写作技巧。

(2) 泛读：快速浏览大量文献，了解领域最新动态和主要观点，必要时转为精读。

3) 做读书笔记

记录文献中的关键概念、数据与自己的理解，并撰写简短的评述，便于综合把握研究内容。

4) 学会阅读英文文献

阅读国际高水平英文文献，获取国际视角与前沿观点，提升研究的深度与广度。

3. 参考文献引用原则

参考文献是论文的重要构成部分，其引用原则是用研究者自己的语言来总结其他作者的研究发现，然后注明引用的出处。在一篇论文中，引用参考文献来论证自己的观点或者理念是十分必要的。对于别人已经研究过的内容，研究者便不需要重复进行研究，通过参考文献的引用，便能简要地体现想要表述的内容。

1) 引用与论文主题高度相关的参考文献

选择参考文献必须紧紧围绕主题，为表现和论证主题服务。凡是能有力地说明、突出、烘托主题的就选用，否则就舍弃。将一些与主题无关的参考文献写进论文中，会导致参考文献与主题脱节，影响论文主题的表达。这是选择参考文献的一个基本原则。

注意事项如下。

(1) 检查引用的文献是否直接支持或反驳你的研究假设或问题。

(2) 避免引用与研究主题不相关的文献，以确保论文的严谨性和逻辑性。

2) 引用较新和档次较高的文献

尽量引用五年内发表的论文。人文社科类的期刊论文推荐CSSCI、北大中文核心、SSCI(英文)；理工科类期刊论文推荐CSCD、北大中文核心、SCI(英文)；或是博士论文、知名学者出版的专著等。最好不要引用硕士论文或非核心论文，对于该学科领域的经典著作则不限发表时间。

注意事项如下。

(1) 优先选择高影响力期刊和权威出版社的出版物。

(2) 尽量避免引用过时或已被新研究否定的观点。

3) 少引用网络资源和报纸资源

建议少引用网络资源和报纸资源。当研究者确实需要引用网络资源和报纸资源时，首先要考量资源发布者的可信度。可采纳权威部门发布的信息，如《人民日报》、中国新闻网、政府网站，以及知名度较高的智库发表的研究报告等。

注意事项如下。

(1) 检查引用的网络资源是否有稳定的URL和发布时间。

(2) 确认网络资源是否由权威机构或专家发布，确保其可靠性和学术价值。

4) 应引用多类型的参考文献

文献资料类型有多种，研究者在撰写论文过程中一般会引用多类参考文献。拟发表的期刊或会议论文，或是撰写的学位论文，大多引用的参考文献是期刊文章，但应尽量避免引用单一种类的参考文献。例如，有学生在撰写学位论文时大量引用了学位论文，这是不符合规范的。

注意事项如下。

(1) 在引用期刊文章的同时，也应包括专著、会议论文和学位论文等多种类型的文献。

(2) 确保所引用的文献能覆盖广泛的研究角度和方法，提供多维度的视角。

乡村振兴战略背景下网络扶贫与电子商务进农村研究

本文发表于《求实》，2019(03)：97-112，作者：杜永红

引用的参考文献如图9.4所示，参考文献中包含中文与英文文献，有专著、期刊文章、报纸文章以及网络资源等。

[1] 中共中央国务院.乡村振兴战略规划(2018—2022年) [M].北京:人民出版社,2018.

[2] Anita Kelles – Viitanen. The Role of ICT in Governing Rural Development [J]. IFAD Workshop on the What are the Innovation Challenges for Rural Development（Rome）,2005,（11）.

[3] 杰夫电商集团.2017年电子商务进农村,告诉你接下来该干什么! [EB/OL]. http://mt.sohu.com/20170425/n490647055.shtml,2017–04–25.

[4] 程联涛.我国贫困地区区域特征及扶贫对策[J].贵州社会科学,2014,（10）.

[5] 孙久文.网络扶贫为农民"拔穷根"[J].人民论坛,2017(1).

[6] 赵早.树立互联互通思维放大网络扶贫效益[N].河南日报,2017–05–05(9).

图 9.4 引用多类型的参考文献

参考文献引用格式详见：GB/T7714-2015《信息与文献 参考文献著录规则》。

4. 文献综述的撰写

文献综述的撰写包括分类梳理、综合评述与明确方向三个关键步骤。分类梳理能够系统呈现领域现状；综合评述揭示研究空白；明确方向确保研究创新。通过系统方法和清晰逻辑，研究者能够在文献综述中总结现状、分析不足，并提出创新方向，为后续研究奠定坚实基础。

1) 分类梳理文献

分类梳理是文献综述的基础，旨在通过系统组织现有文献，帮助研究者全面掌握领域内的主要研究成果和核心争议点。其方法如下。

(1) 按主题分类：例如，研究返贫问题时，可分为返贫诱因与返贫治理路径两部分。

(2) 按时间顺序分类：追踪研究的发展历程，展示学术成果的演变。

(3) 按区域或研究方法分类：如国内外研究对比、定性与定量研究区分等。

例如，在上述文献综述中，文献综述通过主题分类明确了返贫诱因和治理路径两个核心方向。返贫诱因主要包括政策性返贫、能力缺失返贫等；治理路径集中于社会保障与产业开发六大措施。

2) 综合分析与评述

综合分析是文献综述的核心，通过批判性评述揭示文献的共性、差异与不足，为后续研究奠定理论依据。其方法如下。

(1) 比较不同文献的研究方法、数据来源和结论。

(2) 强调研究的适用范围与局限性，挖掘现有研究中的争议点。

(3) 总结文献的共性与差异，为研究创新提供理论支持。

例如，在上述文献综述中，通过批判性评述揭示了文献的共性(如返贫诱因的多样性)和差异(如治理对策多偏向事后措施)，从而为后续研究奠定理论依据。

3) 明确研究方向

明确研究方向是文献综述的最终目标，通过发现研究空白和提出新问题，研究者能够确保研究具有创新性和学术价值。其方法如下。

(1) 指出研究领域的不足或遗漏。

(2) 基于实际需求与学术前沿设计新的研究问题和方法。

(3) 提出明确的研究创新点。

例如，在上述文献综述中，通过分析不足，明确了构建精准、高效的返贫预警机制作为研究方向，同时提出基于大数据的动态监测体系和分级干预路径作为创新点。

9.4.3　学术论文论证

人有脊椎骨骼，文有篇章结构。论文的基本结构主要包括两部分：前置部分和主体部分。前置部分：包括标题名称、作者、摘要和关键词。主体部分：包括引言、研究综述、分析论证和结论。如图9.5所示。

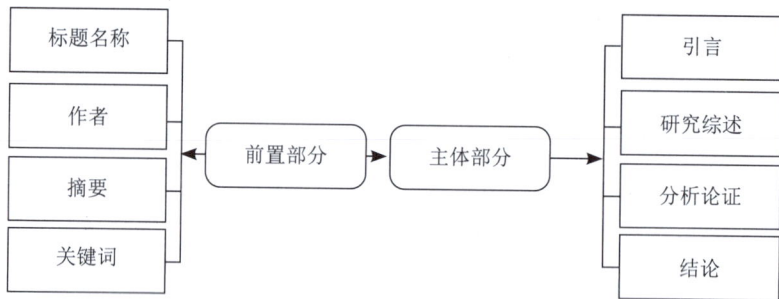

图 9.5　论文的结构

1. 学术论文结构

每个部分在论文中都有特定的职能，并且需要有机地联系在一起，以确保论文的连贯性和整体性。

1) 引言

引言部分提出研究问题，让读者打开研究视野，明确文章的研究目的。这相当于前面有一番美景，然后指着美景对读者说"看！"，并解释这一篇文章要达到的研究目的。引言部分应简明扼要，提出研究问题的背景和重要性。引言部分不仅要吸引读者，还要让读者了解研究的目的和意义。建议包括研究背景、问题陈述、研究目的和意义等内容。

2) 研究综述

研究综述的功能在于系统而完整地回顾既有研究在该研究问题上的贡献。研究综述部分应全面、系统地回顾相关文献，突出研究的创新点。研究综述部分要系统地回顾已有的研究，明确现有研究的不足和空白，为后续的分析论证奠定基础。建议包括相关研究的综述、现有研究的不足、本文的研究意义等内容。

3) 分析论证

这一部分主要是说明在前人研究基础上，提出新观点或发现。在这一部分，要详细呈现研究的具体内容。分析论证部分应详细、逻辑清晰地展开论述，支持研究结论。分析论证部分是论文的核心，需要详细描述研究的方法、过程和结果，确保逻辑严密，论证充分。建议包括研究方法、数据分析、结果讨论等内容。

4) 结论

结论部分回顾所有的论点，对研究内容进行概括性陈述，同时总结、提炼和升华研究问题。结论部分应概括研究发现，指出研究的意义和局限，并提出未来研究方向。结论部分要总结全文，提炼研究的核心观点，并提出研究的不足和未来的研究方向。建议包括研究总结、政策建议、研究局限和未来研究方向等内容。

2. 学术论文各部分的衔接

论文各部分需要有机地衔接起来，以保证文章的逻辑连贯和结构严谨。

1) 从引言过渡到研究综述

这一部分主要是提出一个目标，划定研究视野，强调研究的必要性。要回答"为什么要看这篇文章？"和"为何要多此一文？"的问题。此时，需要把学界的大部分研究内容呈现出来，让读者了解文章的研究背景和视野。

2) 从研究综述过渡到分析论证

这一部分的关键在于提出对话点，即如何将新的研究嫁接到已有的研究脉络上。要说明边际贡献，即相对于其他人的研究，这篇论文的研究有何新意和差异。

3) 从分析论证过渡到结论

这个过渡是从分到合，一定要有"合"的意识，要在结论中体现整篇文章的主旨。需要概括性地总结全文，但不能简单重复内容，要有提炼和升华的意识。

3. 论文的分析论证

论文的分析论证过程是一个涉及许多活动的不断循环的过程。该过程既可始于理论，亦可终于理论。研究者选择了一个有意义的研究问题，并且已经做了相关的文献回顾。一旦认为问题很重要、值得研究，而已有的文献对该问题不能提供有意义的答案时，研究过程就可以从理论或者观察开始。从理论开始的研究被认为是演绎导向的假设检验研究，而从观察开始的研究则被认为是归纳导向的建立理论研究。如图 9.6 所示，归纳导向的研究方法位于循环的左边，演绎导向的研究方法位于循环的右边。

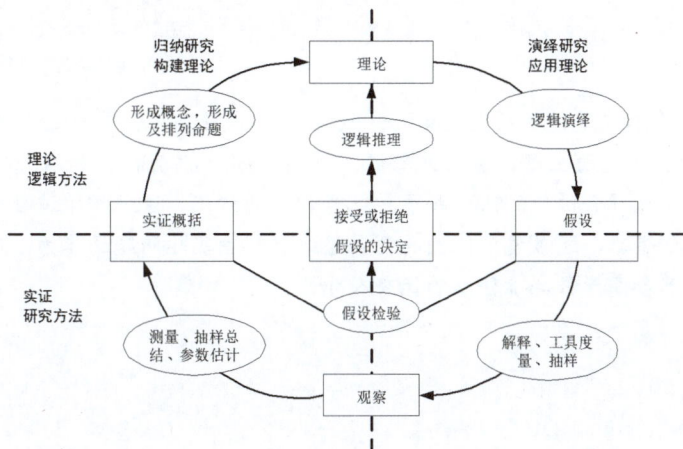

图 9.6　分析论证过程

《中国经济减速的原因与出路》论证过程

(1) 研究问题：文章研究了中国经济增速下滑的主要原因，并探索了如何通过供给侧结构性改革和技术创新来应对这种经济减速。

(2) 文献回顾：作者对多种观点进行了回顾和评述，包括"三期叠加说""产业结构调整说"和"全要素生产率说"，并指出了这些观点的局限性。

(3) 理论分析如下。

① 提出假设：文章假设中国经济减速的主要原因是技术性减速，而不是结构性减速或人口(劳动力)增长减速。

② 模型方法：采用索罗余值法测算中国的全要素生产率(TFP)增长率，并分析技术引进和自主创新的变化对TFP的影响。

③ 数据分析：利用历史数据分析了中国技术引进速度和自主创新速度的变化，并进一步分析了这些变化对经济增速的影响。分析结果显示了发明专利增长速度和R&D经费支出的年增长率。

(4) 推理方法如下。

① 归纳推理：通过对个别历史数据的分析，得出技术引进和自主创新速度下降是导致中国经济减速的主要原因。具体表现为R&D经费支出增速放缓，设备投资占比下降。

② 演绎推理：从技术进步速度减慢这一结论出发，推导出全要素生产率(TFP)增长率下降对GDP增速的影响。

(5) 实证分析：在数据分析部分，作者运用了广义索罗余值法和变系数模型对中国GDP变化的影响因素进行了实证分析，得出结论：自2008年后，中国的TFP增长率在波动中持续下降，这是经济增速下滑的主要原因。

(6) 结论如下。

① 总结：技术引进速度和自主创新速度的下降是导致中国经济减速的主要原因。

② 政策建议：提出要通过深化改革促进自主创新和技术进步，并建议实施国民职业培训计划和重大科技攻关计划，以提升技术创新能力和经济发展水平。

通过上述步骤，本文展示了从研究问题的提出、文献回顾、理论分析、推理方法、数据分析到最终结论的完整分析论证过程。这种过程展示了如何在研究过程中有效结合理论和数据分析，得出具有科学性和实际意义的结论。

9.5　科技与学术文书写作演练

学术论文写作不仅是科研技能的锻炼，还是理解和服务社会需求的重要途径。通过研究与国家战略紧密相关的主题，学生能够深入理解科研在推动社会和经济发展中的关键作用，加强对科学研究社会价值的认识和承担社会责任的意识。这一教学过程不仅强化了学生的学术诚信和科研道德，还激发了他们的创新思维和解决实际问题的能力，致力于培养既有深厚专业知识又具备高度社会责任感的优秀人才。

9.5.1 科技文书写作演练

1. 根据以下素材撰写技术说明书

有一款智能家居控制中心，尺寸为100mm×100mm×35mm，工作温度范围为-10℃至50℃。设备支持Wi-Fi、Zigbee和Bluetooth技术，可以连接最多150个智能设备。适用于室内环境，应避免日光直射和潮湿。支持通过语音命令控制，兼容Alexa、Google Assistant和Siri。电源要求为100～240VAC。

EcoSmart Home Hub 智能家居控制中心说明书

1. 产品概述

EcoSmart Home Hub 是一个先进的智能家居控制设备，能够与多达150种智能家居设备通信，包括灯具、恒温器和安全系统，提供全方位的家居自动化解决方案。

2. 技术规格

尺寸：100mm×100mm×35mm

工作温度：-10℃至50℃

电源：100～240VAC，50/60Hz

通信协议：Wi-Fi 6, Zigbee, Bluetooth 5.2

3. 安装指南

选择安装位置：选取一个干燥、避免阳光直射的室内位置。

连接电源：使用随机附带的电源适配器连接至近的电源插座。

网络连接：确保设备接入家庭Wi-Fi网络以便进行远程操作和更新。

4. 设备配置

通过EcoSmart App添加设备：打开App，选择"添加新设备"，并按屏幕指示操作。

场景设置：在App中设置自动化任务，如离家模式、夜间模式等。

5. 维护与更新

软件更新：定期检查并安装设备固件更新，以保持最新功能和安全性。

设备检查：定期检查设备的物理和软件状态，确保其正常运行。

6. 故障排查与常见问题

网络问题：确保设备与路由器之间无大型金属物体或厚墙阻隔。

设备无法响应：重启设备和检查网络设置。

7. 安全须知

使用设备时，请遵守本说明书的所有安全建议。

仅使用原装电源配件以避免潜在风险。

8. 客户支持

遇到无法解决的问题，请联系EcoSmart客户服务中心，电话：400-123-4567，或访问官网获取更多支持。

2. 撰写技术说明书的关键指导原则

1) 准确性

确保所有技术数据和操作指南精确无误，避免引导用户进行错误的操作。

2) 明确性

使用简单直白的语言撰写操作指南，确保步骤清晰易懂，便于用户理解和执行。

3) 完整性

提供从安装、日常使用到维护和故障排查的全面信息，形成完备的用户指导。

4) 使用图示

在安装指南或设备配置部分加入清晰的图示或示意图，帮助用户更直观地理解操作步骤。

5) 突出重要信息

通过突出显示或加粗字体，使安全须知等关键信息更加显眼，确保用户注意到并遵守这些重要指南。

9.5.2　实证类学术文书写作演练

定量分析的实证类论文是一种基于数值数据和统计方法进行研究的学术论文，旨在通过量化分析来验证或反驳特定的理论、假设或研究问题。这类论文强调使用数学模型对数据进行系统分析，以得出客观、可量化的结论。

1. 提出研究假设

研究假设是有待检验的尝试性或不确定断言，可以看作理论的先导。作为尝试性断言，研究假设所采取的形式可以是对一个预期结果的简单判断，也可以是对一种关系(多种力量、事件之间的多个关系)的断言。研究假设是推理过程的结果，是可检验的，是经得住反驳的。

研究假设是概念化和分析性研究过程中必不可少的组成部分。如果研究假设得到证实，就会成为未来理论结构的一部分。研究假设与理论之间的关系非常密切，对于整个论证具有引领作用，有助于论证的组织和操作。

进行研究假设时也很容易遇到问题。这些问题一般是因为缺乏明确的理论框架或理论知识，不能合乎逻辑地运用假设，即产生于不能将理论整合进行推理的过程中；也有可能是由于不知道如何将理论与所研究问题的实际情况相联系而造成的，所以在进行研究假设时，要有一个不断修正的过程。

《数字普惠金融、人力资本与包容性增长》研究假设

本文发表于《工业技术经济》2023年第7期，作者：李北伟，李霁雯

命题1　数字普惠金融的发展能够显著提高包容性增长水平。

命题2　人力资本在数字普惠金融与包容性增长之间起到中介作用。

2. 构建经济模型

经济模型是对现实的社会经济现象和问题的抽象，其形成全部或部分地来自经济理论。经济研究中的模型常常使用数学方程来表示。当然，有些经济模型也可以不求助于数据，可以是基于经验的，或是基于理论的。

经济模型的作用是解释一种经济关系或一种经济制度如何起作用，从而弄清使现象得以产生的因素和力量，并尽可能详细地说明这些力量是如何起作用和相互作用，从而引发这一社会经济现象的。为了解释一组特定社会经济现象和应用于特定目的，研究者往往对理论做出改造，从而形成经济模型。

如果经济模型能够解释一组现象如何起作用，则该模型可以被用于预测社会经济现象变化的方向，并确定经济政策工具如何可以用于影响这一变化。

《数字普惠金融、人力资本与包容性增长》经济模型

本文采用了以下经济模型。

$$IG_{i,t} = \beta_0 + \beta_1 DIF_{i,t} + \beta_2 Z_{i,t} + \mu_i + \varepsilon_{i,t} \qquad (1)$$

其中，i 表示省（区、市），t 表示年份，μ 为不可观测的地区效应，ε 为随机误差项，IG 为包容性增长指数，DIF 为数字普惠金融指数，Z 为控制变量。

基准回归：数字普惠金融与包容性增长传导机制：数字普惠金融与人力资本为检验数字普惠金融通过提高人力资本的积累和促进人力资本高级化促进包容性增长的传导机制，在基准回归模型中，加入了人力资本变量。为此，构建如下中介效应模型。

$$IG_{i,t} = \beta_0 + \beta_1 DIF_{i,t} + \beta_2 Z_{i,t} + \mu_i + \varepsilon_{i,t} \qquad (2)$$

$$CAP_{i,t} = \delta_0 + \delta_1 DIF_{i,t} + \delta_2 Z_{i,t} + \mu_i + \varepsilon_{i,t} \qquad (3)$$

$$IG_{i,t} = \alpha_0 + \alpha_1 DIF_{i,t} + \alpha_2 CAP_{i,t} + \alpha_3 Z_{i,t} + \mu_i + \varepsilon_{i,t} \qquad (4)$$

其中，CAP 为中介变量，即人力资本水平。

3. 实证类论文的行文结构

实证类论文的行文结构主要包括：引言、文献综述、研究假设、研究设计、实证检验与结果分析、结论与建议等，如图9.7所示。

《数字普惠金融、人力资本与包容性增长》行文结构

本文的行文结构如下。

(1) 引言：介绍数字普惠金融的背景及其重要性。

(2) 文献综述：回顾了现有研究成果，指出研究空白。

(3) 研究假设：提出了数字普惠金融对包容性增长的假设及其传导机制。

(4) 研究设计：描述了研究方法和数据来源。

(5) 实证检验与结果分析：通过面板数据模型检验了假设。

(6) 结论与建议：总结了研究发现，并提出了政策建议。

4. 分析论证过程中的注意事项

(1) 要提炼出小标题，结构清晰，层次分明。

(2) 要提炼出论文的主要观点。

(3) 既有理论分析又有数据支持。

(4) 语句通顺，标点正确。

(5) 所有数据必须标明来源，所有引用必须标明来源。

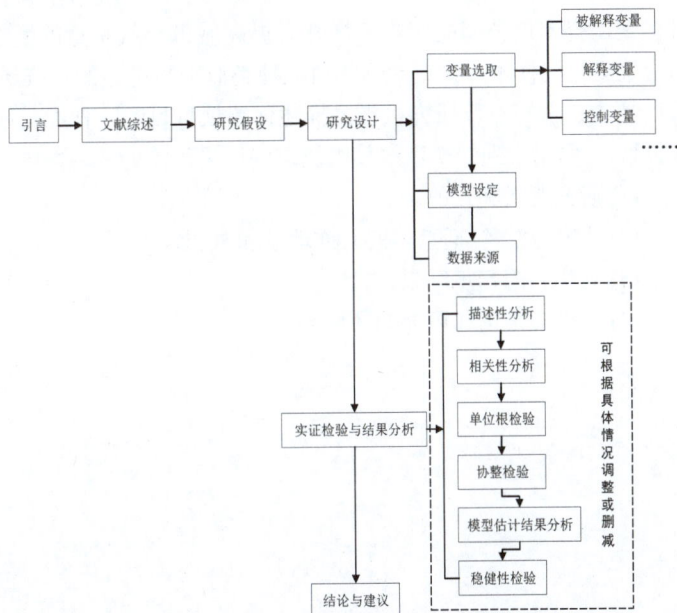

图 9.7 实证类论文的行文结构

📖 本章小结

本章系统阐述了科技与学术文书写作的基本概念、特点，详细介绍了科技文书和学术文书的分类、结构、写作规范及其应用场景。通过对科技文书(如专利文书、技术说明文档)和学术文书(如学术论文、研究报告)的深入分析，强调了科技与学术文书在科学研究、技术传播和学术交流中的关键作用。同时，通过典型案例的分析与实践演练，帮助学习者掌握科技与学术文书的写作技巧，提升其逻辑性、规范性和创新性，旨在培养学习者的科学思维、学术能力和社会责任感，推动科技创新与学术进步。

思考与练习：

1. 科技文书的写作要求是什么？
2. 三类专利文书结构上有哪些差异？
3. 学术文书的用途有什么？
4. 如何进行学术文书的文献综述？

实践训练：

材料1： 假设你是一名工程师，负责设计一款新型的无线温度传感器，该传感器主要用于在制药工厂严格监控制药环境的温度。这款传感器特点是高精度、长距离传输能力和低能耗。它可以在−20℃至100℃的温度范围内精确测量，并能通过无线网络发送数据到中心监控系统。

要求： 撰写一份技术规格说明书，详细介绍这款温度传感器的功能、技术参数、使用方法以及安装指南。说明书应包括如下内容。

(1) 产品描述和主要功能。

(2) 技术规格(尺寸、温度范围、传输距离、电源需求等)。

(3) 操作指南(如何安装、启动、维护)。

(4) 安全警告。

材料2： 假设你是一名大学生，正在为一门环境科学课程准备一个项目报告。这个项目的目标是调查本地公园的植物多样性对提高城市空气质量的潜在贡献。项目涉及在不同的城市公园内采集空气样本，并记录哪些植物种类似乎与更好的空气质量相关联。

要求： 撰写一篇研究报告，描述你的项目目的、你如何执行这项研究(包括样本采集的方法和位置)、你观察到的初步结果以及这些结果可能的环境影响。报告应该包括以下几部分。

(1) 研究背景和目的。

(2) 研究方法(包括具体的采样地点和时间)。

(3) 观察到的初步结果。

(4) 结果的讨论和可能的环境影响。

第 10 章

AI 工具在应用文写作中的应用

案例导读 | AI 工具在 "数字化教育系统" 研究中的应用

在 "数字化教育系统" 研究中，研究者旨在探讨信息技术在教育领域的应用及其对传统教育模式的变革。研究涉及教育学、信息技术、社会学等多个学科，需要整合大量文献并撰写一篇高质量的论文。研究初期，研究者面临以下问题。

(1) 文献整理耗时：需要阅读和筛选数百篇文献，提取核心观点和数据。

(2) 跨学科整合困难：不同学科的理论和术语需要统一逻辑框架，避免内容混乱。

(3) 写作效率低：初稿撰写和修改耗时较长，容易陷入思维混乱或遗漏重要内容。

(4) 为了解决这些问题，研究者引入了 AI 工具辅助写作，显著提高了研究效率和论文质量。

1. 文献整理与提取

文献数量庞大，手动整理和提取关键信息耗时耗力。

AI 工具应用：使用 ChatGPT 等 AI 工具快速阅读文献，提取核心观点和数据，生成初步摘要。例如，研究者输入文献内容后，AI 自动提取出 "数字化教育对教学效率的提升" 和 "在线学习平台的技术架构" 等关键信息。

文献整理时间从数周缩短至几天，研究者可以专注于核心内容的深度分析。

2. 跨学科逻辑优化

不同学科的理论和术语混杂，逻辑框架不清晰。

AI 工具应用：AI 根据研究主题生成文献综述初稿，提供清晰的逻辑结构。例如，AI 将教育学中的 "建构主义理论" 与信息技术中的 "云计算技术" 统一到 "数字化教育系统" 的框架下，确保逻辑一致性。

跨学科内容整合更加流畅，逻辑框架更加清晰。

3. 语言润色与专业性提升

初稿语言表达不够流畅，专业术语使用不够准确。

AI 工具应用：AI 对初稿进行语言润色，优化表达流畅度和专业性。例如，将 "教育系统需要改变" 优化为 "教育系统亟须通过数字化技术实现结构转型"。

论文语言更加专业，提升了学术性和可读性。

4. 格式生成与参考文献管理

手动生成参考文献列表和格式化文本耗时且容易出错。

AI工具应用：AI自动生成参考文献列表，并按照目标期刊的格式要求调整文本格式。例如，AI根据APA格式自动生成参考文献，并调整标题、段落和引用格式。

格式生成时间大幅缩短，减少了校对工作量。

案例分析：

研究者主要应用了以下AI工具。

(1) ChatGPT：用于文献整理、逻辑优化、语言润色和初稿生成。

(2) 文献管理工具(如EndNote或Zotero)：与AI结合，自动生成参考文献列表和格式。

(3) 语法检查工具(如Grammarly)：辅助AI进行语言润色和语法校对。

通过AI工具的辅助，研究者显著提高了写作效率，同时确保了论文的逻辑性、专业性和格式规范性。这一案例展示了AI工具在数字化教育系统研究中的实际价值，为类似研究提供了参考。

📖 学习目的

1. 了解AI写作的特点和作用
2. 掌握AI在不同写作应用场景的适用依据
3. 掌握常用AI写作工具的功能和使用

10.1　AI写作概述

通过学习 AI 写作工具的应用，学生不仅能够提升写作效率、丰富学科知识，还能深刻理解技术创新对社会进步的重要作用，树立"科技强国"的信念；引导学生认识到信息传播中的社会责任，增强职业道德意识和法律法规观念，培养全面发展的高素质人才。

深刻理解公文作为现代行政工具在服务社会、推动发展中的独特地位。进一步强化公文公正性和法定效力的认知，激发学生尊重规则、注重公平的职业精神。

AI 在应用文写作中的实践

小李是一名企业文案策划人员，主要负责撰写产品说明书、商业报告和营销邮件。在日常工作中，他常常面临时间紧迫、内容重复性高的问题，尤其是在撰写技术性较强的产品说明书时，常常因专业术语和逻辑结构问题耗费大量时间。为了解决这些难题，小李尝试使用AI写作工具，如ChatGPT和Grammarly，来辅助完成写作任务。

(1) 快速生成初稿：小李通过ChatGPT输入产品的基本信息和技术参数，AI工具在几分钟内生成了一份结构清晰的产品说明书初稿，大幅缩短了撰写时间。

(2) 专业术语与逻辑优化：针对技术性内容，小李使用Grammarly进行语法和术语校对，确保文本的准确性和专业性。

(3) 风格与语气调整：在撰写营销邮件时，小李通过ChatGPT调整邮件的语气，使其更符合目标客户的需求，提升了邮件的转化率。

(4) 多轮迭代与完善：小李将AI生成的初稿与自身经验结合，进行多轮修改和优化，最终输出高质量的应用文内容。

案例分析：

(1) AI工具能快速生成初稿，节省写作时间，尤其在技术性强的内容中表现突出。

(2) 它在术语校对和逻辑优化上精准高效，提升文本的专业性。

(3) 通过调整语气和风格，AI帮助定制内容，提高营销效果。

(4) 结合人工经验，多轮优化后，输出更高质量的应用文内容。

AI写作是一种基于自然语言处理(NLP)技术的内容生成方式，通过分析海量文本数据，掌握语言规律和表达方式，生成符合用户需求的文本。近年来，深度学习技术的进步(如GPT模型)使得AI写作在流畅性、逻辑性和适应性方面显著提升，成为应用文写作的重要辅助工具。

10.1.1　AI 写作的内涵与特点

AI写作的核心是通过NLP、机器学习和深度学习技术，模仿人类语言生成文本。其特点如下。

(1) 高效性：AI能够在短时间内完成大量文本生成任务，如产品说明书、商业报告等。

(2) 准确性：通过专业领域的训练，AI能够准确使用术语和语法，生成符合规范的内容。

(3) 个性化：根据用户指令，AI可生成定制化的文本，如不同风格的营销文案。

(4) 规范性：AI能够避免常见语言错误，如错别字、语病等，提升文本质量。

(5) 结构化：AI通常采用固定写作结构(如"总-分-总")，确保逻辑清晰。

(6) 连贯性：AI生成的文本具有较好的逻辑连贯性，便于读者理解。

10.1.2　AI 写作在应用文中的实践场景

AI写作在应用文领域具有广泛的应用价值，以下为典型场景。

(1) 产品说明书：通过输入产品信息，AI快速生成结构化的说明书初稿，减少撰写时间。

(2) 商业报告：AI可根据数据和要点生成报告框架，帮助用户高效完成复杂任务。

(3) 营销文案：AI能够根据目标用户特征生成定制化文案，提升营销效果。

(4) 邮件与通知：AI可调整邮件的语气和风格，使其更符合沟通需求。

(5) 学术与科研文档：AI辅助生成文献综述、实验报告等，提升学术写作效率。

10.1.3　AI 写作的争议与应对策略

尽管AI写作在应用文领域表现突出，但仍存在一些争议和挑战，具体如下。

(1) 原创性与版权问题：AI生成的内容是否具有原创性？版权归属如何界定？建议在使用AI生成内容时，明确标注AI辅助创作，并遵循相关法律法规。

(2) 道德与责任问题：AI生成的内容可能存在误导性或错误信息。用户需对AI生成的内容进行严格审核，确保其准确性和合规性。

(3) 情感与深度不足：AI在情感表达和深度分析方面仍存在局限。建议将AI生成的内容与人类经验结合，进行深度优化。

(4) 内容准确性问题：AI可能因训练数据问题生成错误信息。用户需通过权威渠道核实关键数据和事实。

(5) 人机协作边界：AI应作为辅助工具，而非完全替代人类创作者。在应用文写作中，AI可用于初稿生成和优化，但最终内容仍需人类把控。

　　AI写作在应用文领域具有显著的应用价值，能够提升写作效率和质量。通过合理使用AI工具，用户可以在产品说明书、商业报告、营销文案等场景中高效完成任务。然而，AI写作仍需与人类经验结合，确保内容的准确性、合规性和深度。未来，随着技术的不断进步，AI写作将在应用文领域发挥更大的作用，为用户提供更智能、更高效的写作支持。

10.2　中文AI写作工具的应用

　　通过探索中文AI写作工具的特点与应用，学生不仅能提升写作能力和语言表达水平，还能拓展创新视野，培养创意思维，为成为具备综合素质的人才奠定基础。这一过程不仅提高了写作效率，节省了创作时间，更激发了学生尊重规则、注重公平的职业精神，为社会发展注入新的活力。

讯飞星火写作工具在新闻媒体中的应用

2023年安徽汛期报道现场，融媒体中心面临以下三重挑战。

(1) 洪峰过境时网络中断，记者需离线语音记录。

(2) 跨平台内容适配(微信/抖音/广播)耗时占总量60%。

(3) 地方方言(皖南话)导致语音转写错误率超40%。

讯飞星火部署定制化方案如下。

(1) 边缘计算模块：搭载NX3000芯片的采访终端，支持断网环境下持续2小时语音记录。

(2) 方言增强引擎：针对安徽三大方言区训练专属ASR模型，医疗/水利专业术语识别率达92%。

(3) 多模态生成器：内置12种内容模板(如"灾情速报—图文版"含3张数据图表+2段现场描述)。

讯飞星火操作过程如下。

1. 语音采集

[长按录音键]："水位已达警戒线3米，王家坝闸正在开启，现场看到第15辆救援车抵达……"

[AI响应]：自动标记时间戳/地理坐标/关键数据

2. 智能校验

check 数据一致性

发现矛盾：语音记录"3米"与水利局API数据"2.87米"

自动弹窗：建议修正为"逼近3米(实测2.87米)"

3. 多平台优化

export 微信图文版——style=紧急通报

生成：标题+3段正文+对比图表(2020/2023水位)

export 抖音脚本——duration=60s

输出：9个分镜头(含无人机航拍标记点)+悬念式字幕

4. 效果验证

时效性：首条快讯发布时间从53分钟压缩至11分钟

准确性：数据错误从平均每篇 3.2 处降至 0.4 处

传播力：AI 生成内容在抖音平均播放量达 270 万，较人工制作提升 180%

案例分析：

1) 快速生成初步报道

引入讯飞星火写作工具后，记者只需输入事件概要和关键词，即可快速生成初步报道，节省大量时间，确保新闻及时发布。

2) 自动调整格式和风格

AI 工具根据不同新闻类型(如紧急通报、深度报道等)自动调整格式和风格，确保稿件符合媒体定位要求。

3) 提高写作效率与准确性

通过 AI 工具，媒体提高了写作效率，同时确保了报道的准确性和一致性，减少了人工写作中的错误。

4) 优化新闻创作流程

讯飞星火写作工具帮助媒体提升时效性、准确性和工作效率，优化新闻创作流程，增强团队协作效率。

讯飞星火写作工具通过其强大的语音识别、智能校验和多模态生成功能，显著提升了新闻媒体的工作效率和内容质量。在安徽汛期报道中，该工具成功解决了网络中断、跨平台适配和方言障碍等问题，为融媒体中心提供了高效、精准的报道支持。未来，随着技术的不断演进，讯飞星火写作工具有望在更多领域发挥更大作用，进一步推动新闻媒体行业的数字化转型。

10.2.1　DeepSeek

利用 DeepSeek 智能生成家电说明书

某小家电企业需要为新产品(如空气炸锅)制作中英文说明书，但在传统制作过程中遇到以下问题。

(1) 技术参数翻译不准确：专业术语和参数在翻译过程中容易出错。

(2) 安全警示图标遗漏：不同国家的安全标准要求不同，图标容易遗漏或不符合规范。

(3) 电压标准混淆：不同国家的电压标准(如美国 120V/中国 220V)容易混淆，导致说明书内容错误。

针对上述问题，DeepSeek 写作助手特别配置了以下功能。

(1) 家电术语库：包含 500 种常见小家电的技术参数，确保翻译准确。

(2) 17 国安全标准模板：涵盖 CE、FCC、CCC 等认证要求，自动插入符合标准的安全警示图标。

(3) 自动单位换算：支持温度、电压、功率等单位的自动转换，确保内容符合目标市场的标准。

DeepSeek 写作助手操作步骤如下。

1) 输入产品参数

[中文输入]：额定电压 220V，功率 1500W，容量 5L，温度范围 80℃～200℃。

选择输出格式

点击「生成说明书」→选择「英语+图解版」。

2) 自动生成结果

[输出内容]：

(1) 技术参数自动转换：220V→120V(美国版)。

(2) 插入警示图标：高温警告(符合UL标准)。

(3) 生成操作步骤图示：分7步展示炸篮使用方法。

3) 使用效果

(1) 效率提升：说明书翻译时间从3天缩短到2小时。

(2) 准确性提高：说明书错误减少80%(传统方式平均每份5处错误)。

(3) 用户满意度提升：跨境电商投诉率下降65%。

案例分析：

DeepSeek在家电说明书智能生成案例中，展现了其在多语言处理、标准适配、智能转换和高效生成方面的强大能力。通过精准的术语库、多国标准模板和自动化单位换算，DeepSeek不仅解决了传统制作中的痛点，还显著提升了说明书的准确性、合规性和制作效率。这一案例充分体现了DeepSeek在智能写作领域的实用价值和应用潜力。

DeepSeek是由中国深度求索公司推出的智能助手，基于先进的大语言模型技术，具备多模态交互能力和强逻辑推理特性。作为一款专注于高效解决问题的AI工具，其突出优势体现在代码编程、数据分析与跨语言处理等领域。

1. DeepSeek 的功能

1) 智能推理与代码生成

DeepSeek擅长处理复杂逻辑问题，能够自动生成高质量代码(如Python、Java等)，并提供算法优化建议和调试能力，显著提升开发效率。

2) 跨语言处理能力

DeepSeek支持中英文无缝切换与混合输入，在技术文档翻译、多语言代码注释生成等场景表现优异，确保专业术语的准确性。

3) 多场景自适应交互

DeepSeek可根据用户身份(如开发者、学生、研究人员)自动调整响应模式，提供从学术论文润色到商业数据分析的差异化解决方案。

4) 全链路知识服务

DeepSeek能够整合知识检索、信息提炼、可视化呈现的全流程，支持科研文献解析、专利分析等专业领域需求。

5) 高效集成部署

DeepSeek提供标准化API接口和定制化模型微调服务，支持私有化部署，满足组织或个人对数据安全与个性化需求。

2. DeepSeek 的应用场景

1) 教育与科研

(1) 编程教学：实时解答代码问题，生成教学案例，提供错误修正方案。

(2) 论文辅助：自动生成文献综述，优化研究方法设计，辅助数据处理。

(3) 竞赛指导：针对数学建模、算法竞赛提供解题思路与代码实现。

2) 技术开发

(1) 自动化编程：根据需求描述生成完整函数模块，支持单元测试代码生成。

(2) 技术文档：自动生成API文档，保持代码与文档的实时同步更新。

(3) 系统优化：分析现有代码性能瓶颈，提出架构改进建议。

3) 商业分析

(1) 数据洞察：自动生成可视化分析报告，提炼业务关键指标。

(2) 竞品分析：整合多源信息生成深度对比报告，预测市场趋势。

(3) 决策支持：构建数据模型进行场景推演，生成风险评估方案。

4) 企业服务

(1) 智能客服：处理技术咨询工单，自动生成解决方案知识库。

(2) 流程自动化：将自然语言需求转化为可执行脚本，实现RPA流程搭建。

(3) 合规审查：自动检测合同或代码的法律风险与合规性问题。

5) 跨学科应用

(1) 金融量化：生成回测策略代码，提供金融数据建模方案。

(2) 生物信息学：辅助基因序列分析，解析医学研究文献。

(3) 工程仿真：根据参数描述自动生成仿真模型框架。

3. DeepSeek 的使用方法

1) 结构化指令输入

采用「角色+任务+约束条件」模板：如 "作为数据科学家，请用Python实现随机森林预测模型(要求兼容sklearn2.0+，添加特征重要性分析)"。

明确输出格式：指定Markdown、JSON等数据结构要求。

2) 迭代式交互优化

(1) 通过追问细化需求：如 "请补充模型评估部分的可视化代码"。

(2) 渐进式修正：如 "将分类算法改为XGBoost并添加早停机制"。

3) 跨模态协同创作

(1) 图文联动：如 "生成客户流失分析报告，需包含matplotlib可视化代码和解读文案"。

(2) 多格式输出：如 "将会议纪要同时转换为PPT大纲和邮件摘要"。

4) 知识深度挖掘

(1) 溯源追问：如 "请列举该算法在CVPR近三年的演进版本"。

(2) 对比分析：如 "比较PyTorch与TensorFlow在分布式训练中的优劣"。

5) 效率提升策略

(1) 模板化生成：如 "创建数据分析标准化流程模板，含数据清洗—特征工程—模型训练模块"。

(2) 批处理指令：如 "批量生成10个不同激活函数的对比测试用例"。

(3) 知识沉淀：如 "将本次对话整理为可复用的Jupyter Notebook教程"。

DeepSeek凭借其强大的智能推理、跨语言处理和多模态交互能力，在教育、科研、技术开发、商业分析、企业服务及跨学科应用等领域展现出显著优势。其结构化指令输入、迭代式优化和跨模态协同创作等功能，为用户提供了高效、精准的解决方案，助力提升工作效率与创造力。未来，DeepSeek有望在更多场景中发挥更大作用，推动智能化应用的广泛普及。

10.2.2　文小言

文小言在协和医院病历革命的应用

文小言系统架构如下。

(1) 多模态输入层：支持语音/手写/结构化数据录入。

(2) 知识图谱：整合UpToDate/临床路径/药品说明书。

(3) 动态预警模块：基于HSROC曲线实时监测诊断偏离。

[语音输入]

"患者女，35岁，G2P1，孕32周，BP 150/100mmHg，尿蛋白++"

[AI处理流]

(1) 实体识别：标注「子痫前期」诊断特征。

(2) 决策支持如下。

① 推荐检查：眼底检查+24小时尿蛋白定量

② 用药警示：「避免使用ACEI类降压药」

(3) 自动生成如下。

初步诊断：子痫前期(中度)。

(4) 处理方案如下。

① 收治产科病房(即刻)。

② 硫酸镁负荷剂量4g iv+维持量1g/h。

③ 每4小时监测深腱反射。

(5) 创新突破如下。

① 诊断一致性：住院医师与主任医师诊断符合率从68%提升至94%。

② 医疗安全：用药错误警示系统拦截23次高危处方。

③ 科研转化：自动生成符合CONSORT标准的RCT论文框架。

案例分析：

文小言在医疗案例中的应用特点主要体现在以下几个方面。

(1) 多模态输入与实体识别：支持多种输入方式，快速识别关键诊断特征。

(2) 知识图谱与决策支持：整合权威医学知识，提供精准的检查推荐和用药警示。

(3) 自动生成与处理方案：基于临床路径生成规范的诊断和处理方案。

(4) 动态预警与医疗安全：实时监测诊断偏离，拦截高危处方，提升医疗安全。

(5) 科研转化与创新突破：自动生成科研论文框架，助力医学研究转化。

文小言是由百度推出的一款基于大语言模型的AI写作工具，借助深度学习技术，能够生成符合特定要求的高质量中文文本。作为中文AI写作领域的领先工具之一，文小言具备强大的自然语言处理能力，能够处理复杂的文本生成任务，如文章撰写、诗词创作、翻译、摘要生成等。其功能丰富，应用场景广泛，涵盖了教育、新闻、广告、营销、医疗等多个领域，为用户提供了高效、智能的写作解决方案。

1. 核心功能

文小言的核心功能围绕高质量文本生成和多样化应用展开，具体包括以下几个方面。

1) 高质量的中文文本生成

(1) 文小言能够根据用户输入的提示生成流畅、符合语境的中文文本，尤其擅长处理具有文化背景和语言习惯的内容。

(2) 支持多种写作风格和语气，从正式的学术论文到幽默风趣的社交媒体帖子，均能灵活适应。

2) 多模态输入与语境适应

(1) 支持语音、手写、结构化数据等多种输入方式，提升用户操作的便捷性。

(2) 能够根据给定的上下文，自动调整文本风格和语气，满足不同场景的需求。

3) 多样化应用场景

(1) 适用于个人写作需求,如创意写作、学习辅导等。

(2) 广泛应用于教育、新闻、广告、营销、医疗等领域,提供定制化的文本生成服务。

4) 易于集成与使用

支持 API 调用,可与其他应用程序或平台无缝集成,便于快速部署和利用 AI 写作技术。

2. 应用场景

文小言的应用场景广泛,涵盖了多个行业和领域。

1) 学习辅导与总结复习

(1) 作文与写作训练:帮助学生进行写作训练,提供写作指导和示范,生成不同类型的文章。

(2) 个性化学习辅导:根据学生的学习进度与能力,提供定制化的写作指导与反馈。

(3) 知识点总结复习:生成针对特定学科或考试内容的总结、笔记或问答内容,帮助复习与巩固知识。

2) 新闻与媒体

(1) 新闻稿与报道自动生成:根据关键信息生成完整的新闻稿或报道,提升新闻生成效率。

(2) 摘要生成与内容改编:快速生成长篇报道的摘要,提取关键内容,便于快速呈现给读者。

3) 广告与营销

(1) 广告文案创作:根据品牌需求、目标市场和特定受众,生成具有吸引力和创意的广告文案。

(2) 社交媒体内容生成:针对不同社交平台的需求,生成短小精悍的文案或推广文章,增强互动性和吸引力。

4) 企业与客户服务

(1) 自动化客户服务:与客服系统集成,生成自动化的客户服务文案,快速解决常见问题。

(2) 产品描述与介绍:根据产品特点自动生成详细的产品描述和推广文案,提升销售页面的吸引力。

5) 医疗与健康

(1) 健康知识普及与文章生成:根据医学资料生成简明易懂的健康知识文章,帮助普及健康信息。

(2) 医疗报告与总结:生成患者报告、检查结果总结、治疗方案等文档,提升医疗服务效率。

(3) 医学文献与研究报告:自动整理医学文献,生成研究报告,节省文献检索与总结的时间。

3. 使用方法

文小言的使用方法简单高效,用户可以通过以下步骤优化生成内容。

1) 明确输入需求,优化提示语

(1) 提供清晰、简洁的指令,明确指出所需内容的主题、要求等。

(2) 指定写作风格和语气,使生成内容更符合特定场景的需要。

(3) 限制内容范围,如字数、涵盖的主要点等,确保生成内容更加聚焦和精练。

2) 利用多轮对话进行内容扩展

(1) 通过多轮对话对生成内容进行扩展和修改,逐步完善文章结构、逻辑和细节。

(2) 提出进一步修改的请求,如调整语气、适配特定文体等,优化文本质量。

3) 激发写作灵感

(1) 作为灵感来源,帮助用户突破写作瓶颈,获取新的写作思路。

(2) 列出与特定主题相关的创意点或生成文章大纲,助力梳理写作思路。

4) 提升创新性与独特性

(1) 增加创意要求，避免使用过于常见的表述。

(2) 通过增加具体案例、数据支持或独到见解，增强内容的独特性。

5) 文章总结与内容提炼

(1) 对长文进行快速总结，提取核心观点。

(2) 自动生成简短的小结或段落标题，助力组织文章结构。

文小言作为一款基于大语言模型的中文AI写作工具，凭借其高质量文本生成能力、多样化应用场景和灵活的使用方法，在教育、新闻、广告、营销、医疗等领域展现了强大的应用价值。无论是个人写作、企业服务还是专业领域的文档生成，文小言都能为用户提供高效、智能的解决方案，成为中文AI写作领域的标杆产品。

10.2.3 讯飞星火

讯飞星火是科大讯飞公司推出的一系列基于人工智能技术的产品和服务，涵盖了教育、医疗、办公等多个领域，具有强大的功能和广泛的应用场景。作为一款中文AI写作工具，讯飞星火在语音识别、行业化定制、写作辅助等方面展现了独特的优势，为用户提供了高效、精准且多样化的智能解决方案。

1. 核心功能

讯飞星火的核心功能围绕语音识别、文本生成和写作辅助展开，具体包括以下几个方面。

1) 语音识别与语音生成

(1) 语音识别：讯飞作为领先的语音识别技术提供商，其AI写作工具支持语音直接输入文本，系统能够自动识别并转化为文字，极大提升了输入效率。

(2) 语音生成(TTS)：讯飞的文本转语音技术(TTS)非常优秀，能够通过文本生成自然、流畅的语音，适合需要语音输出的场景，如语音助手、有声读物等。

2) 行业化定制与深度垂直应用

讯飞星火强调在行业中的深度定制和垂直应用，提供定制化的解决方案。

(1) 教育领域：为学生生成个性化的写作训练内容和作文批改，帮助提升写作能力。

(2) 医疗领域：生成医学报告或病历摘要，辅助医生提高工作效率。

(3) 金融与法律领域：生成金融分析报告、法律文书等，满足专业需求。

3) 写作辅助与实时反馈

(1) 自动纠错：实时检测并修正文本中的语法、拼写错误。

(2) 智能句子优化：提供句子优化建议，提升文本的流畅度和专业性。

(3) 写作风格推荐：根据用户需求推荐不同的写作风格，如正式、简洁、创意等。

(4) 作文批改：根据评分标准提供作文评分、语言流畅度评分，并提出改进建议。

4) 内容生成的灵活性与创造性

讯飞星火擅长生成结构清晰、逻辑严密的文本，尤其在学术写作、报告撰写等领域表现突出。

其文本生成以实际应用为导向，注重精准和效率，适合需要标准化写作的场景。

2. 应用场景

讯飞星火的应用场景广泛，涵盖了教育、医疗、媒体、电商等多个领域。

1) 教育

(1) 为学生提供个性化的写作训练和作文批改，帮助提升写作能力。

(2) 生成教学辅助材料，如课堂笔记、习题解析等。

2) 医疗

(1) 生成医学报告、病例摘要，辅助医生提高工作效率。

(2) 提供医学文献的自动摘要功能，帮助快速获取关键信息。

3) 媒体与新闻

(1) 通过语音识别和自然语言生成技术，快速生成新闻报道。

(2) 在重大赛事或事件中，实时生成新闻稿，提升报道效率。

4) 电商与营销

(1) 生成产品描述和广告文案，帮助商家进行营销推广。

(2) 提供多版本的商品介绍文案，满足不同营销需求。

5) 办公与文档处理

(1) 生成合同、报告、分析文档等，提升办公效率。

(2) 提供文档批改和优化功能，确保文本的专业性和准确性。

3. 独特优势

讯飞星火在智能写作市场中脱颖而出，主要得益于以下独特优势。

(1) 语音技术领先：作为语音识别和合成的技术领导者，讯飞星火在语音输入和输出方面表现卓越。

(2) 行业化定制：提供深度垂直的行业解决方案，满足教育、医疗、金融等领域的专业需求。

(3) 实时反馈与辅助：通过自动纠错、句子优化、风格推荐等功能，帮助用户实时提升文本质量。

(4)高效与精准：以实际应用为导向，生成结构清晰、逻辑严密的文本，适合标准化写作场景。

4. 应用案例

案例一：新闻写作

安徽省某媒体与讯飞合作，推出了基于AI的新闻写作系统。该系统通过语音识别和自然语言生成技术，帮助记者快速生成新闻报道，极大提升了新闻生产的效率。

案例二：体育赛事报道

在2020年某重要国际体育赛事期间，讯飞星火与一家新闻机构合作，利用AI自动生成赛事新闻稿件。AI根据比赛实时数据生成新闻稿，自动分析关键数据(如得分、比分变化、重要事件等)，并将其组织成一篇流畅的报道。

案例三：电商文案生成

某电商平台与讯飞合作，推出了基于AI的"智能写作助手"。该工具可以根据用户提供的商品信息和关键词，自动生成产品描述和广告文案，帮助商家进行营销推广。

讯飞星火作为一款中文AI写作工具，凭借其领先的语音技术、行业化定制能力、实时反馈功能和高效精准的文本生成，在教育、医疗、媒体、电商等多个领域展现了强大的应用价值。无论是语音输入、文本生成还是写作辅助，讯飞星火都能为用户提供高效、精准且多样化的智能解决方案，成为智能写作领域的重要推动力量。

10.2.4 Kimi

Kimi 在校园小说创作中的应用

学生社团想创作校园青春小说，但存在如下问题。

(1) 人物设定单薄(只有名字和年龄)。

(2) 剧情发展老套(偶遇/误会/和好三板斧)。

(3) 分场景描写困难(教室/食堂/操场场景重复)。

KIMI校园创作模式提供如下功能。

(1) 人物卡生成器(自动填充性格/特长/口头禅)。

(2) 剧情灵感库(100种校园事件模板)。

(3) 场景描写助手(不同场景的细节关键词)。

Kimi在校园小说创作中的应用步骤如下。

1. 创建主角

1) 输入基础信息

姓名：林小雨

身份：高二学生

特点：擅长画画但数学差

2) AI自动补充

口头禅："让我画给你看！"

标志物品：总是带着素描本

人际关系：和数学课代表陈默是邻居

2. 生成剧情

选择「校园事件」→「学科竞赛」

输出3种发展路线：

(1) 偷偷帮陈默画竞赛示意图被发现；

(2) 用数学公式设计壁画引发热议；

(3) 两人组队参加STEAM创意赛。

3. 描写场景

1) 输入场景关键词

"放学后的美术教室 夕阳 铅笔沙沙声"

2) AI生成描写段落

"橘色的阳光透过窗户斜射进来，

铅笔在素描纸上划出细碎的声响，

林小雨踮脚修改墙报时，

突然发现门后有一双运动鞋……"

4. 创作成果

(1) 1周完成3万字初稿(传统方式需1个月)。

(2) 人物丰满度提升：每个角色新增5个记忆点。

(3) 获校级文学比赛一等奖。

案例分析：

Kimi在校园小说创作案例中，展现了其在人物设定优化、剧情创新、场景描写支持和创作效率提升方面的强大能力。通过人物卡生成器、剧情灵感库和场景描写助手，Kimi不仅解决了传统创作中的痛点，还显著提升了小说的质量、创意性和完成效率。这一案例充分体现了Kimi在智能创作领域的实用价值和应用潜力，为校园文学创作提供了全新的可能性。

Kimi是由月之暗面科技有限公司开发的一款面向普通用户的智能助手，旨在提供高效的信息查询、对话服务，以及创意写作支持。凭借其强大的长文本处理能力、多语言对话能力和高度定制化的创作功能，Kimi在AI助手市场中迅速崛起，成为一个不可忽视的力量。Kimi不仅能够满足用户日常的信息需求，还在创意写作领域展现了独特的优势，为作家、内容创作者和教育工作者提供了强大的支持。

1. 技术背景

Kimi基于先进的自然语言处理(NLP)技术和大规模语言模型开发，能够实时获取和整合信息，提供详尽且准确的回答。其核心算法经过优化，特别擅长处理长文本和复杂对话场景，同时支持多语言交互，为用户提供无缝的国际化体验。

2. 核心功能

Kimi的核心功能围绕信息查询、对话服务和创意写作展开，具体包括以下几个方面。

1) 高效信息查询

(1) 实时获取和整合网络信息，提供准确、详尽的回答。

(2) 支持多语言查询，满足不同用户的语言需求。

(3) 能够处理复杂的长文本，提供结构化、易理解的输出。

2) 智能对话服务

(1) 具备自然流畅的对话能力，能够理解上下文并持续交互。

(2) 支持个性化对话，根据用户偏好调整回答风格和内容。

(3) 适用于多种场景，如日常咨询、学习辅导、技术支持等。

3) 创意写作支持

(1) 创意文本生成：擅长生成小说情节、诗歌、剧本等高度创意性的文本。

(2) 个性化创作辅助：用户可自定义角色、情节、对话等，Kimi会根据输入生成个性化的故事内容。

(3) 灵感激发与思维拓展：通过提供创意点子和多种叙事风格，帮助用户突破创作瓶颈，激发灵感。

3. 应用场景

Kimi的应用场景广泛，尤其在创意写作领域的突出表现如下。

1) 小说创作

(1) 生成小说、短篇故事、角色对话、情节设定等。

(2) 提供多样化的剧情发展路线，避免故事陷入老套模式。

(3) 通过场景描写助手，生成细节化的场景描述，提升作品的画面感和沉浸感。

2) 剧本与诗歌创作

(1) 帮助编剧和诗人构思剧本、诗歌内容。

(2) 提供不同的情节走向和诗词构思，满足个性化创作需求。

3) 教育与辅导

(1) 适用于学生的创意写作训练，帮助学生突破写作瓶颈。

(2) 提供角色设定、剧情灵感等辅助功能，激发学生的写作兴趣。

4) 日常内容创作

(1) 生成博客文章、社交媒体内容、个性化文案等。

(2) 提供高效的写作工具，提升内容创作的效率和质量。

4. 独特优势

Kimi在智能助手市场中脱颖而出，主要得益于以下独特优势。

(1) 高度定制化：Kimi允许用户自定义创作内容，提供灵活的创作自由度，满足个性化需求。

(2) 创意激发：通过灵感库和创意点子，帮助用户突破思维局限，生成更具创意的文本。

(3) 高效与精准：Kimi能够快速生成高质量内容，同时保证信息的准确性和连贯性。

(4) 多场景适用：无论是日常信息查询还是专业创作，Kimi都能提供强大的支持，满足多样化需求。

Kimi作为一款智能助手，不仅在信息查询和对话服务上表现出色，还在创意写作领域展现了独特的优势。通过创意文本生成、个性化创作辅助和灵感激发等功能，Kimi为作家、内容创作者和教育工作者提供了强大的支持，成为创意写作领域不可或缺的智能工具。无论是小说创作、剧本编写还是教育辅导，Kimi都能提供高效、精准且富有创意的解决方案，为用户带来全新的创作体验。

10.3 ChatGPT 的具体应用

本节通过ChatGPT的跨领域应用案例，引导学生认识生成式AI在推动生产力变革与创新驱动中的重要作用，深刻理解技术发展与社会责任的辩证关系。同时，本节强调在拥抱智能化工具提升效率时，需恪守科技伦理与数据安全底线，培养以社会主义核心价值观为引领的技术伦理意识；通过剖析技术赋能与风险防范的双重属性，启发学生树立"科技向善"的创新理念，引导其既要在专业领域积极探索人机协同的可能性，又要主动承担构建健康技术生态的使命。

ChatGPT 在内容创作中的应用

李明是一位自由撰稿人，专注于创作网络文章、营销文案和博客内容。他的工作要求快速生成高质量的内容，尤其是在客户有紧急需求时。然而，传统的创作过程通常需要大量的时间进行市场调研、文章构思、草稿修改等。李明发现，在忙碌的工作中，他常常陷入写作瓶颈，思路不清或灵感枯竭。为了提高写作效率并确保质量，他决定尝试使用ChatGPT，这款基于人工智能的语言模型，来帮助加速内容创作。李明的目标是利用ChatGPT提高创作速度，降低写作过程中的压力，并探索不同的写作风格和表达方式。 通过与ChatGPT的互动，他希望能获得更多灵感，并在短时间内完成高质量的文章。

(1) 通过与ChatGPT互动，李明能够快速生成文章框架和初稿，减少市场调研和构思的时间。

(2) ChatGPT根据不同需求调整写作风格，帮助李明探索多种表达方式，提升文章质量和多样性。

(3) AI工具的应用缓解了李明的创作压力，激发了新的灵感，帮助他在短时间内高效完成高质量内容创作。

案例分析：

ChatGPT通过高效的内容生成、多样化的风格支持和灵感激发，帮助李明显著提升了创作效率与质量，同时缓解了写作压力。这一案例体现了生成式AI在内容创作领域中的强大赋能作用，为创作者提供了更灵活、高效的智能化工具，推动创意产业的创新发展。

ChatGPT作为一种强大的语言模型，不仅能够为创作者提供灵活多样的写作支持，还能够帮助解决写作瓶颈，提高创作效率。通过生成结构化大纲、自动生成内容、风格调整、语法检查等功能，ChatGPT在内容创作过程中成为创作者的重要助手，尤其在自由职业者、高效生产力要求的工作环境中，AI工具的应用显著提高了写作质量和工作效率。

10.3.1　ChatGPT 的功能

ChatGPT是由OpenAI开发的一个基于人工智能的语言模型，专门用于自然语言处理(NLP)任务。其核心技术是 GPT(Generative Pre-trained Transformer)，这是一种基于深度学习的生成模型，可以理解和生成类似人类的文本。

1. ChatGPT 的功能

1) 自然语言处理能力

所有的写作AI都是基于自然语言处理技术(NLP)构建的，ChatGPT也不例外，它能够理解和生成与人类语言相似的文本，也能够执行多个任务，包括对话生成、文本创作和翻译和语言转化。

2) 智能问答

ChatGPT基于深度学习技术，它能够从用户提供的信息中提取关键信息，并基于其内置知识库和训练数据生成精确、相关的回答。这使得它能够回答从常识性问题到较为复杂的学术或技术性问题，提供深入的解答。

3) 情感分析与建议

基于海量的文本数据集进行预训练的，其中包括大量的对话、文章、新闻、书籍、社交媒体内容等，这些文本中包含了丰富的情感信息。因此，它帮助用户了解某段话或文章的情感联系(如积极、消极、中性等)。它还可以提供基于情感分析的沟通建议，用于提高人际交流的效果。

4) 编程与技术支持

ChatGPT 不仅限于自然语言处理，还可以提供编程支持和技术问题解答。它不仅能够根据用户的需求生成相应的编程代码，还可以提供与计算机科学、算法、网络安全、机器学习等相关的技术性解答。

5) 个性化与记忆功能

强大的数据储存能力使得ChatGPT具备一定的个性化功能，可以记住与用户相关的信息，提供定制化的建议和响应(如用户喜好的风格、特定项目的进展等)。它通过对话历史的分析，能够不断优化与用户的交互质量。

6) 知识库与教育功能

ChatGPT内置大量领域的知识库，能够辅助用户学习并提供教育性建议。它能够帮助学生完成作业、解答学术问题，并为专业人士提供技术或行业背景知识支持。

7) 内容创作与优化

ChatGPT是随着文本数据训练提升准确度和不断进行优化的，因此可以执行各类文本优化和润色功能，可以是为广告、营销文案、社交媒体内容提供创意支持、可以是根据用户输入的主题或要点生成原创内容、还可以是帮助用户和优化现有文本，提升语法、流畅度和表达效果。

10.3.2　ChatGPT 的不同文体的写作应用

ChatGPT的强大功能使得它在众多文体中都可以发挥重要作用。无论是创作写作、学术写作、商业文案，还是社交媒体内容，ChatGPT都能够根据不同的需求和风格生成高质量的文本。

1. 创意写作

1) 小说创作

用户提供小说的主题、人物、情节等基本信息，ChatGPT能够生成完整的故事情节，提供不同的情节走向、人物对话及场景的细节。通过多轮交互，ChatGPT能够帮助用户构建描述连贯且富有创意的故事。

2) 诗歌创作

ChatGPT能够根据特定的情感或主题，创作具有特定风格的诗歌，并运用丰富的修辞手法。

2. 学术写作

1) 学术论文

ChatGPT协助撰写论文的背景综述、文献回顾或研究意义部分，生成语言正式且逻辑清晰的学术论文。例如，围绕"人工智能在医疗领域的应用"生成研究综述。

2) 报告与摘要

ChatGPT提炼核心信息，生成简明扼要的摘要，帮助用户快速展示成果或总结内容。

3. 商业文案

1) 广告文案

ChatGPT可以根据产品特点、目标用户群和市场定位，生成创意的广告文案。

2) 产品描述

ChatGPT通过详细地介绍商品功能、特点和适用场景，使用精准的语言激发顾客的购买兴趣。

3) 营销邮件

ChatGPT可以根据受众类型定制个性化邮件内容，用于客户维护、新品推广或优惠活动宣传。

4. 社交媒体内容

1) 短文案

ChatGPT可以撰写简短、吸引眼球的短文案，并匹配相关标签与表情符号。

2) 多媒体配文

ChatGPT针对Instagram或抖音的视频和图片内容，能撰写相关的配文，突出情感共鸣与视觉吸引力。

10.3.3　ChatGPT 的应用案例

可口可乐的 AI 创新之路：生成式技术营收广告与营销

在2023年，可口可乐公司与OpenAI和贝恩公司达成合作，率先将生成式AI技术(包括ChatGPT和DALL-E)应用于广告和营销创作，成为首批公开使用这项先进技术的全球消费品公司之一。通过这一合作，可口可乐显著提高了广告内容的创作效率，同时增强了与消费者的互动和参与度。

具体来说，可口可乐利用ChatGPT和DALL-E开发了一款AI图像生成工具，在节日期间推出，用户可以使用它为家人和朋友创作个性化的圣诞贺卡。这一工具不仅为用户提供了全新的参与方式，还拓展了品牌的营销边界。此外，可口可乐还在Google Ads和社交媒体平台(如Facebook和Instagram)上推广这些AI工具及生成的内容，从而扩大了其营销活动的覆盖面和影响力。

在此基础上，可口可乐进一步推出了名为"Create Real Magic"的平台，这是一个整合了OpenAI的GPT-4和DALL-E技术的全球创意平台。通过这一平台，数字艺术家们被邀请使用可口可乐档案中的标志性创意资产，创作原创艺术作品。此举不仅激发了消费者和艺术家的创造力，还为品牌建立了更强的情感连接，使可口可乐的全球品牌形象更加鲜活和独特。

同时，可口可乐还利用Stable Diffusion技术，为其新口味Y3000创造了增强现实(AR)体验。这一体验能够将用户拍摄的场景转换为生成式AI想象中的"未来世界"，为消费者提供了独特的沉浸式互动方式，进一步彰显了品牌对科技与创意融合的承诺。

通过这些创新举措，可口可乐成功展示了生成式AI在广告和营销中的变革潜力。该公司不仅显著提升了内容创作的效率，还通过技术与创意的结合，打造了更具吸引力的品牌形象，并为消费者提供了个性化和互动性更强的体验，从而在激烈的市场竞争中占据了更有利的地位。

案例分析：

(1) 可口可乐与OpenAI和贝恩公司合作，将生成式AI技术成功应用于广告与营销，展现了科技与创意融合的潜力。

(2) 可口可乐的AI应用强化了品牌文化价值，但也面临技术成本高、隐私保护和内容管理等挑战。

(3) 可口可乐的实践为生成式AI在消费品行业中的应用提供了参考，并为未来营销模式的发展指明了方向。

Expedia 对话式 AI 在旅行规划中的创新应用

在2023年，作为全球领先的旅行规划平台之一，Expedia将对话式AI技术深度整合到其服务中，显著提升了用户的旅行规划体验。这一技术使客户无须通过烦琐的筛选和搜索流程寻找航班、酒店或目的地，而是能够以自然语言与平台进行对话，如同与一位经验丰富的旅行顾问探讨假期计划。通过这种对话式交互，用户可以描述他们的需求和偏好，Expedia的AI助手便能够迅速生成个性化的旅行建议，如具体航班、酒店选项以及景点推荐，甚至还会基于用户兴趣自动创建行程列表，从而实现智能化的出行安排。以用户规划一次欧洲之旅为例，当用户输入"我想去意大利旅行，寻找靠近罗马和佛罗伦萨的酒店，同时希望安排一天的托斯卡纳葡萄酒之旅"时，AI助手可以快速分析需求，提供精确的酒店推荐、交通选项，以及相关活动的预订链接。此外，该平台通过对大量数据的整合和深度学习能力，能动态调整建议内容，如根据航班价格波动提供实时更新，或在旺季推荐更具性价比的选择。Expedia对话式AI的应用大大简化了旅行规划流程，节省了用户的时间，同时提升了服务的个性化和便利性。然而，尽管AI助手功能强大，其处理复杂需求和特殊场景的能力仍存在一定局限性，尤其在多语言环境和独特文化背景的旅行建议中，需要人工干预加以完善。总体而言，Expedia的对话式AI不仅提升了平台的用户黏性和市场竞争力，还为旅行行业的技术创新树立了典范，为消费者提供了更便捷、高效的服务体验。

案例分析：

(1) Expedia通过将对话式AI技术深度整合到旅行规划服务中，显著提升了用户体验，展现了科技在优化消费服务领域的潜力。

(2) 通过整合实时数据，AI助手能够动态调整建议，提供更新，如根据航班价格波动或目的地走势调整推荐。

(3) Expedia的AI实践提升了平台服务水平和市场竞争力，为旅游行业的技术应用开辟新路径，推动了旅行服务的智能化转型。

Freshworks 的 AI 驱动开发创新：生成式技术积累软件开发流程

在2023年，软件厂商Freshworks通过整合ChatGPT技术，成功将复杂软件应用的开发周期从10周缩短至不到1周，显著提升了开发效率和生产力。这一成就展现了生成式AI在软件开发领域的巨大潜力和广泛应用前景。传统的软件开发流程往往受到时间成本高、技术复杂性和人力资源不足等挑战的限制，而Freshworks通过引入ChatGPT，有效克服了这些瓶颈。开发人员只需通过自然语言描述所需功能或模块，ChatGPT便能够快速生成相应的代码，包括C++、Python和JavaScript等多种编程语言的框架和逻辑。这不仅简化了代码编写过程，还减少了从零开始设计和开发所需的时间。

案例分析：

(1) Freshworks通过将ChatGPT技术深度融入软件开发流程，展示了生成式AI在提升开发效率和优化流程中的强大潜力。

(2) ChatGPT在代码生成、代码解释和自动化调试方面表现出色，帮助开发团队以更高效率、更低成本完成项目，降低了技术门槛。

(3) 通过应用ChatGPT，Freshworks大幅提升了开发效率，缩短了产品上市周期，使经验较少的开发者也能参与复杂项目，全面提升了团队生产力。

(4) Freshworks通过整合生成式AI技术实现了智能化转型，为软件开发行业提供了创新示范，预示着更高效、更智能的开发模式的到来。

10.3.4 ChatGPT 使用问题及解决方案

1. 网络连接不稳定

在使用ChatGPT时，网络连接问题是用户最常见的困扰之一。用户可能会遇到"访问拒绝"或"无法加载页面"的错误信息，或者在登录后看到空白页面。这种情况通常是由于网络连接不稳定、浏览器设置冲突或服务器压力过大导致的。

解决方案如下。

(1) 检查设备的网络连接，确保使用的是稳定的互联网环境。

(2) 如果是无线网络连接，尝试切换到有线连接，或者使用手机热点替换当前网络。

(3) 如果问题仍然存在，可以尝试更换浏览器，或者清理浏览器存储和 Cookie。

(4) 如果用户使用 VPN 服务，可以尝试更换节点以解决访问设置的问题。

(5) 当服务器因高负载而无法响应时，用户可以等待一段时间再尝试登录，通常情况在服务器负载减轻后会自行恢复。

2. 生成内容的准确性不足

在面对生成内容的准确性不足问题，用户可能会发现ChatGPT生成的内容有时与事实不符、逻辑不清晰或缺乏深度。这通常是由于模型的训练数据限制、上下文理解不足或特定领域知识的缺乏所导致的。

解决方案如下。

(1) 提供更详细的上下文：在与ChatGPT交互时，尽量提供更多背景信息和具体细节，帮助模型更好地理解任务需求。

(2) 人工审核和调整：对于关键内容，建议用户对生成结果进行人工审核和必要的修改，以确保准确性和专业性。

(3) 结合专业知识：在涉及特定领域(如医疗、法律或技术)时，结合专业知识和外部资源进行补充和验证，避免依赖单一模型输出。

(4) 使用微调模型：针对特定领域或任务，可以尝试使用经过微调的ChatGPT模型，以提高生成内容的准确性和相关性。

(5) 反馈和改进：用户可以通过反馈机制向开发团队报告问题，帮助优化模型性能。

3. 生成内容缺乏创意或多样性

有时，用户可能会发现ChatGPT生成的内容过于模板化或缺乏新意，无法满足创意需求。这可能是由于模型的训练数据偏向常见表达或缺乏多样性所导致的。

解决方案如下。

(1) 调整提示词设计：通过更开放或更具引导性的提示词，激发模型生成更具创意的内容。例如，使用"请用独特的视角描述……"或"提出一个新颖的解决方案……"等提示。

(2) 结合多模态输入：在生成内容时，结合图像、音频或其他形式的多模态输入，为模型提供更多灵感来源。

(3) 迭代生成：通过多次生成和筛选，逐步优化内容，直到满足创意需求。

(4) 引入外部灵感：结合其他创意工具或资源(如艺术、文学或设计作品)，为生成内容注入更多灵感。

4. 生成内容过长或冗余

在某些情况下，ChatGPT生成的内容可能会过于冗长或包含不必要的细节，影响阅读体验或实用性。

解决方案如下。

(1) 明确字数限制：在提示词中指定生成内容的长度要求，例如，"请用100字以内总结……"或"提供简短的回复……"。

(2) 使用摘要功能：如果生成了长篇内容，可以使用ChatGPT的摘要功能提取关键信息，缩短内容长度。

(3) 人工精简：对生成内容进行人工编辑，删除冗余部分，保留核心信息。

5. 生成内容不符合特定格式或风格

在某些应用场景中，用户可能需要生成内容符合特定的格式、风格或品牌调性，但ChatGPT可能无法完全满足这些要求。

解决方案如下。

(1) 提供示例或模板：在提示词中提供具体的格式或风格示例，帮助模型理解需求。

(2) 使用风格迁移技术：结合风格迁移工具或技术，将生成内容调整为符合特定风格。

(3) 人工调整：对生成内容进行人工调整，使其符合特定要求。

6. 隐私和数据安全问题

在使用ChatGPT时，用户可能会担心输入的数据被泄露或滥用，尤其是在处理敏感信息时。

解决方案如下。

(1) 避免输入敏感信息：在与ChatGPT交互时，尽量避免输入个人隐私或敏感数据。

(2) 使用本地化部署：对于需要处理敏感信息的场景，可以考虑使用本地化部署的ChatGPT版本，确保数据不外泄。

(3) 了解隐私政策：在使用ChatGPT前，仔细阅读其隐私政策，了解数据使用和保护措施。

尽管ChatGPT在内容生成和任务处理方面表现出色，但在实际使用中仍可能遇到一些问题。通过采取上述解决方案，用户可以更好地应对这些挑战，充分发挥ChatGPT的潜力，同时确保生成内容的准确性、创意性和安全性。值得注意的是，这些解决方案同样适用于中文AI工具，因为它们在语言生成、任务优化和用户体验提升方面的技术原理具有通用性。未来，随着技术的不断优化和改进，ChatGPT及其类似的中文AI工具有望在更多场景中提供更加高效和可靠的服务，进一步推动智能化应用的普及与创新。

10.4 AI写作工具对比与使用指南

通过学习AI写作工具的应用，学生不仅掌握了AI写作的技术要求与规范，更深刻认识到其在提升创作效率、优化工作流程中的重要作用。AI技术的快速发展为创新和智能化提供了无限可能，但其应用必须以人类价值观为核心，避免虚假信息传播、知识产权侵害等伦理问题。

AI写作工具的组合在工作中应用

张涛是某科技公司的市场营销经理，日常工作涉及广告文案、社交媒体内容和产品推广材料的创作。面对客户紧急需求时，他常因传统写作流程(调研→构思→修改)耗时过长、创意枯竭而效率低下。为此，他引入国产AI工具组合：万象写作(Mixpaper)+秘塔写作猫作为核心工具，具体操作逻辑如下。

1) 多平台内容批量生成

工具选择：万象写作(Mixpaper)的"营销矩阵模式"支持一键生成 小红书短文案+微信公众号长文+抖音脚本框架。

操作示例：输入指令"为新品无糖气泡水生成3种风格(年轻潮流、健康生活、家庭场景)的推广内容，适配小红书/抖音/公众号"，系统自动输出差异化文案并标注爆款关键词密度(如"0糖0卡""夏日清爽"出现频次)。

2) 品牌合规性动态控制

痛点：需避免"最""第一"等禁用词，并植入品牌核心话术(如"天然萃取技术")。

解决方案如下。

(1) 在秘塔写作猫后台上传《品牌合规手册》，设置自动替换规则(如"极致口感"换成"清新口感")。

(2) 生成文案后启用"合规扫描"，系统以红黄绿三色标注风险等级，并推荐修改方案。

3) 数据驱动的文案优化

A/B测试集成：将万象写作生成的10条标题导入 腾讯广告智能投流系统，根据点击率(CTR)数据自动反馈优化模型。

实战效果：某母婴产品广告标题经3轮迭代后，CTR从1.2%提升至4.7%。

案例分析：

AI组合工具展现了垂直场景深度整合、多模态协同增效、动态知识库与合规控制、人机交互指令结构化以及效能与创意平衡的五大核心特点。通过覆盖从内容生产到质量把控的全流程，工具组合实现了高效、精准且合规的输出，同时兼顾标准化生产与个性化创造，为用户提供了从基础任务到复杂需求的一站式解决方案。未来，随着自主决策增强与跨行业知识迁移的发展，AI 组合工具将进一步优化人机协作，释放更大的生产力与创新潜力。

随着人工智能技术的快速发展，AI 写作工具在 2025 年已成为内容创作领域的核心助手。从营销文案到学术写作，从创意激发到合规审核，各类工具通过垂直场景的深度整合与多模态能力的协同增效，显著提升了内容生产的效率与质量。本节将通过功能对比与案例分析，系统梳理 2025 年主流 AI 写作工具的核心优势、适用场景与操作技巧，帮助用户根据需求优先级与成本考量，选择最优工具组合，同时展望未来工具演进的趋势与方向。

10.4.1　主流 AI 写作工具功能对比

主流 AI 写作工具的功能对比如表 10.1 ～表 10.4 所示。

表 10.1　综合创作与营销文案工具

工具名称	核心优势	适用场景	操作技巧
Jasper	支持长文生成与 SEO 优化，内置品牌语音 (Brand Voice) 定制模块	博客文章、电商详情页、广告脚本	使用"内容模板库"一键生成结构化文档
Writesonic	提供"爆款评分系统"，基于历史数据预测内容传播效果	社交媒体标题、短视频脚本、邮件营销	开启"A/B 测试模式"优化转化率
Copy.ai	专注于短文案生成，支持多平台格式自动适配	朋友圈推广、产品标语、活动海报文案	输入"生成 10 条带 emoji 的七夕促销文案"获取灵感
晓语台	覆盖营销全场景，支持品牌话术智能植入	品牌故事、市场分析报告、公关稿件	上传《品牌手册》自动规避禁用词

表 10.2　学术与专业写作工具

工具名称	核心优势	适用场景	操作技巧
Grammarly	实时语法纠错＋学术风格检查，支持 APA/MLA 格式	论文撰写、技术文档、学术投稿	开启"Formal Tone"模式提升语言严谨性
宙语 AI	内置医学／工程术语库，自动生成参考文献	科研论文、行业白皮书、专利申请书	输入"生成 COVID-19 疫苗临床试验方法学描述"获取专业段落
百度智能云 一念	多模态内容生成 (文本＋图表＋PPT)，支持数据可视化	商业报告、行业分析、会议材料	输入"2025 年新能源汽车市场趋势"自动生成图文报告

表 10.3　创意与多模态工具

工具名称	核心优势	适用场景	操作技巧
ChatGPT	开放式对话生成，擅长灵感激发与多角度内容拓展	小说创作、剧本大纲、互动式内容	输入"以'时间旅行者的最后一天'为题写 3 个故事分支"
聪明灵犀	提供"情感曲线分析"，优化内容情绪感染力	情感类文章、品牌故事、用户评论回复	使用"热点词云"功能捕捉流行话题
讯飞写作	语音转文字＋智能排版，支持多设备同步	采访速记、会议纪要、自媒体口播文案	语音输入后使用"智能分段"功能优化结构

表 10.4 合规与效率优化工具

工具名称	核心优势	适用场景	操作技巧
秘塔写作猫	自动检测广告违法违规词,支持多平台内容一键分发	法律文书、电商合规文案、跨平台运营	开启"风险扫描"后同步修改至微信公众号/小红书
简单 AI	集成 AI 绘画＋文案生成,降低多工具切换成本	社交媒体图文、活动策划方案、短视频内容	输入"生成露营主题海报(图文结合)"获取完整方案
字语智能	提供智能改写与质量检测,保障内容原创性	自媒体洗稿、SEO 文章批量生产、多账号运营	使用"智能摘要"功能快速提取核心观点

1. 工具选择决策树

1) 需求优先级

(1) 效率→选Writesonic/Copy.ai(短文案批量生成)。

(2) 专业性→选宙语AI/Grammarly(学术与合规场景)。

(3) 创意→选ChatGPT/聪明灵犀(开放式内容创作)。

2) 成本考量

(1) 免费方案:秘塔写作猫基础版、简单AI轻量版。

(2) 企业级:Jasper企业版(团队协作+数据隔离)。

3) 风险控制

(1) 启用秘塔写作猫的合规扫描避免法律风险。

(2) 使用 GPTZero 检测AI生成内容,降低平台限流概率。

2. AI 工具演进趋势

(1) 垂直领域深化:如宙语AI新增"临床试验报告生成器",医学写作效率提升40%。

(2) 多模态融合:百度智能云·一念支持"文本→3D产品演示视频"一键生成。

(3) 个性化训练:Jasper开放"私有模型微调",企业可用内部数据训练专属AI。

10.4.2 工具选择方法:四维评估模型

AI写作工具市场中,选择合适的工具需要从多个维度进行综合评估。以下四维评估模型为不同场景下的工具选择提供了系统化的方法论,涵盖精准度验证、人机协作深度、合规风险管理以及成本效率比,帮助用户根据具体需求作出最优决策。

1. 四维评估模型

1) 精准度验证

精准度是衡量AI工具输出内容可靠性的核心指标,尤其在学术和商业场景中至关重要。

(1) 学术场景:优先选择支持 联网验证 的工具(如 Kimi),对生成数据自动标注来源并跳转原始文献,确保引用数据的准确性和可追溯性。

(2) 商业场景:使用 Writesonic 的"事实检查"插件,对比行业白皮书数据修正错误信息,确保文案内容与市场趋势和行业数据一致。

2) 人机协作深度

人机协作的深度直接影响内容的质量与效率,需根据内容价值灵活调整协作模式。

(1) 初级内容:如商品基础描述,可采用 80%由AI生成,人工仅做风格微调的模式,最大化提升效率。

(2) 高价值内容：如品牌故事，采用"AI预生成—人工重构—AI二次优化"流程，在保证创意与深度的同时，充分利用AI的辅助能力。

3) 合规风险管理

合规性是内容生产的底线，尤其在广告文案和法律文书中，需严格规避风险。

(1) 启用 Grammarly 的"法律风险扫描"功能，检测广告法违规表述，确保文案符合法律法规。

(2) 使用"AI生成内容检测器"(如 GPTZero)降低内容被平台限流风险，保障内容的传播效果。

4) 成本效率比

成本效率比是工具选择的重要考量因素，需根据需求规模与预算合理配置资源。

(1) 轻量级需求：如日常写作，选择按次付费工具(如 豆包AI助手)，降低使用成本。

(2) 企业级需求：如商业报告与营销文案，采用阿里云智能写作平台的私有化部署方案，保障数据安全的同时满足大规模生产需求。

2. 场景化应用

(1) 日常写作场景：优先选择豆包AI助手，其自然语言生成能力适合记录日记、随笔等非正式内容。

(2) 学术写作场景：结合 Grammarly 与 EndNote，前者确保语言准确性，后者高效管理参考文献。

(3) 商业写作场景：使用 GPT-3.5 生成营销文案，并搭配 Writesonic 的"事实检查"插件，确保内容专业且吸引人。

(4) 创意写作场景：借助 Midjourney 生成图像灵感，结合小宁写诗等工具，激发诗歌与小说创作的想象力。

10.4.3　AI 写作工具的使用技巧与优化方法

1. 使用技巧

1) 精准的指令输入

明确需求：在指令中清晰定义写作主题、体裁、风格、字数等关键信息。例如，撰写科技产品评测时，需明确产品名称、核心功能、语言风格(如专业严谨或通俗易懂)及篇幅要求。

提供参考：上传相关参考资料或示例(如产品说明书、类似评测文章)，帮助AI更准确地理解需求，生成更贴合目标的内容。

2) 分段生成内容

(1) 任务分解：对于长篇文章，按段落主题或结构划分任务。例如，撰写长篇小说时，先借助AI完成大纲构建，再逐章展开内容创作，确保整体结构的连贯性。

(2) 动态调整：根据已生成的内容调整后续指令，从逻辑、情感、叙事节奏等多维度优化，确保内容前后衔接自然。

3) 尝试不同的提示方式

(1) 多样化指令：变换指令的表达方式。例如，除了直接要求"写一个关于爱情的故事"，还可以尝试"以'在一个雨天，他们相遇了'为开头写一个雨天浪漫的爱情故事"。

(2) 类比引导：通过对比、类比等方式引导AI生成更具深度的内容。例如，"写一篇文章，类比人工智能在写作领域的应用和汽车自动驾驶技术的应用"，通过类比汽车自动驾驶技术的原理、优势与挑战，展现AI写作技术的发展逻辑与潜力。

4) 选择合适的工具

(1) 场景适配：根据写作需求选择最合适的工具。例如，学术写作优先选择支持引用功能和逻辑推理的工具如Kimi，创意写作则选择擅长生成故事、诗歌的工具如文小言。

(2) 数据源更新：关注工具的数据源更新频率，选择能够及时获取最新资讯的AI写作工具，确保生成内容的时效性与准确性。

2. 优化方法

1) 内容优化

(1) 事实核查：对AI生成的重要事实、数据、引用等内容进行权威渠道核实。例如，撰写历史事件相关内容时，对照专业历史文献和古籍记载，确保信息准确无误。

(2) 细节丰富：在AI生成内容的基础上，添加具体的场景描写、人物动作和心理描写等细节，使内容更加生动。例如，在故事中增加人物的外貌、神态变化等细节，提升叙事感染力。

(3) 逻辑梳理：检查文章的因果关系、时间顺序等逻辑结构，发现漏洞时手动调整或重新生成部分内容，确保逻辑通顺。

2) 风格优化

(1) 语言调整：如果生成内容语言机械刻板，可通过替换词汇、调整句式使其更自然。例如，将长句拆解为表意清晰的短句，或将生僻词汇替换为通俗易懂的表达。

(2) 个性化融入：根据个人写作风格或品牌印记，加入个性化元素。例如，在商业文案中融入公司口号、价值观等，增强品牌辨识度。

(3) 语气优化：根据受众和目的调整语气。例如，面向客户的产品介绍采用热情、友好的语气，学术论文则保持客观、中立。

3) 性能优化

(1) 工具更新：及时更新AI写作工具，以获取最新的算法性能和功能优化，提升生成内容的质量与效率。定期检查工具更新日志，了解新增功能与改进点，确保始终使用最优版本。

(2) 反馈机制：通过工具的使用反馈机制，将改进建议提交给开发者。例如，针对生成内容的准确性、风格多样性等提出具体建议，推动工具不断优化升级，从而间接提升用户体验。

(3) 参数调整：根据实际需求调整工具的生成参数。例如，设置更高的"创意度"或"严谨度"参数，使生成内容更符合特定场景的要求。

3. 进阶技巧

1) 多工具协作

(1) 优势互补：结合不同工具的优势，实现协同创作。例如，使用ChatGPT生成初稿，再通过Grammarly进行语言润色和语法检查，最后用Kimi进行事实核查，确保内容全面优化。

(2) 流程优化：将多工具协作纳入写作流程中。例如，先借助AI生成大纲和初稿，再通过人工编辑优化细节，最后用AI进行二次润色，形成"AI—人工—AI"的高效协作模式。

2) 模板化创作

(1) 模板设计：针对高频写作场景(如产品评测、新闻稿、学术论文)，设计标准化模板，明确内容结构、语言风格等要素，减少指令输入的重复性。

(2) 模板应用：在生成内容时直接调用模板，快速生成符合要求的初稿，再根据具体需求进行微调，显著提升效率。

3) 数据驱动优化

(1) 数据分析：通过工具提供的生成数据(如字数、关键词频率、风格评分等)，分析内容质量，发现优化空间。例如，检查关键词覆盖率是否达标，或评估语言风格是否符合目标受众。

(2) 迭代改进：根据数据分析结果，调整指令输入或生成参数，持续优化内容质量。例如，发现生成内容过于冗长时，调整字数限制或增加简洁性指令。

10.4.4　如何结合 AI 写作工具提升写作效率与质量

1. 规划写作流程与利用 AI 辅助

1) 确定主题和大纲

在着手写作前，先明确写作主题和大致方向。利用AI工具生成文章大纲，但不同主题的复杂程度各异，可根据实际情况要求AI输出与之匹配的大纲。

2) 分配写作任务

对于长篇内容，根据大纲将写作任务划分为多个部分，如按章节或段落划分。向AI提供明确指令使其分别为每个部分生成初稿，可以快速完成基础内容的构建。

2. 内容生成阶段的高效应用

1) 精准指令输入

向AI提供详细、明确的指令。除主题和字数要求外，还包括文本风格、目标受众、希望包含的重点内容等。

2) 多轮生成与修改

当AI第一次生成的内容未能达到预期标准时，可以灵活调整指令重新生成，或者针对不满意的部分，如某个段落或观点，单独要求AI进行修改或重写。

3. 质量提升的整合策略

1) 内容质量把控

(1) 事实核查：AI可能会出现输出信息不准确，尤其是对于关键事实、数据、引用等内容，因此，要通过可靠的渠道进行核实。

(2) 逻辑梳理：检查AI生成内容的逻辑连贯性，包括段落之间的过渡是否自然流畅、观点的推导是否环环相扣等。

(3) 丰富细节与深度挖掘：AI生成的内容往往较为宽泛，缺乏足够的细节与深度。为了让内容更加丰富翔实，可以通过添加具体的例子、案例研究、个人见解等来丰富内容。

4. 风格优化整合

(1) 语言风格调整：如果AI生成的语言风格不符合预期，如过于正式或随意，可以进行调整。将生僻词汇换成常用词汇，简化复杂句式，或者根据目标受众和写作目的增添一些修辞手法，使语言更生动形象。

(2) 个性化融入：根据自己的写作风格或品牌特点，将个人风格元素或品牌价值观融入内容。

5. 后期校对与完善

1) 语法和拼写检查

尽管AI写作工具自带语法检查功能，但功能有限，无法确保万无一失。为避免文章中出现拼写错误、语法失当这类低级问题，应使用专业的语法和拼写检查软件进行检查，确保文章没有低级错误。

2) 可读性评估

利用一些工具来评估文章的可读性，如检查词汇难度、句子长度分布等。根据评估结果，进一步优化文章，让文章更契合目标受众的阅读水平与习惯。

10.5 AI写作的伦理指南

通过深入分析AI写作在各领域的应用与潜在风险，可以全面了解生成式AI在提升创作效率的同时，也对原创性、作者身份和数据隐私等核心伦理问题构成挑战。学习AI写作的伦理与指南不仅能够帮助使用者正确认识和运用这项技术，还能促进技术开发与法律法规的同步发展，为社会的可持续创新奠定基础。这一过程不仅体现了技术创新的重要性，更彰显了社会主义核心价值观中对公平、诚信和责任的追求。

AI写作的伦理问题

2023年，美国新闻网站CNET使用AI写作工具生成了一系列金融类文章，但未明确标注这些内容是由AI创作的。随后，读者发现部分文章存在事实错误，如错误计算贷款利率和投资回报率。事件曝光后，CNET公开道歉，承认未对AI生成内容进行充分审核，并承诺未来将明确标注AI生成内容，同时加强事实核查。这一事件引发了公众对AI写作透明性和真实性的广泛讨论。

1) 伦理问题识别

(1) 内容真实性：AI生成的文章存在事实错误，导致误导读者，违背了新闻行业对信息准确性的基本要求。

(2) 透明性缺失：未明确标注内容由AI生成，导致用户误以为是人类创作，损害了用户的知情权。

(3) 责任归属模糊：事件发生后，CNET被追究责任，但AI工具开发者和内容审核者的责任未明确划分。

2) 伦理原则分析

(1) 尊重原则：用户有权知晓内容的来源和创作方式，未标注AI生成内容侵犯了用户的知情权。

(2) 不伤害原则：错误信息可能对读者造成经济损失，违背了避免对他人造成伤害的伦理原则。

(3) 公正原则：在追求效率的同时，忽视了新闻行业对信息准确性和公正性的要求。

3) 技术与管理问题

(1) 技术缺陷：AI写作工具在生成金融类内容时，未能准确处理复杂的数据计算，导致事实错误。

(2) 管理漏洞：CNET未建立完善的审核机制，未能及时发现并纠正AI生成内容的错误。

案例分析：

(1) 技术局限性：当前AI写作工具在处理复杂领域(如金融、医疗)时，仍存在准确性和可靠性的问题。

(2) 伦理意识不足：企业和开发者对AI写作的伦理挑战认识不足，未将透明性和真实性作为核心原则。

(3) 监管缺失：缺乏针对AI生成内容的行业标准和法规，导致企业和开发者缺乏约束。

AI写作技术的快速发展为内容创作带来了便利，但也伴随着一系列伦理挑战。为了确保AI写作的合法合规性，必须明确其应遵循的伦理规范与原则。

10.5.1　AI 写作的伦理要求

1. 内容真实性与透明性

AI生成的内容必须确保真实性，尤其是在新闻、教育等对信息准确性要求较高的领域。生成的内容应经过严格的事实核查，避免传播虚假信息。AI生成的内容应明确标注其来源，告知用户这是由AI生成而非人类创作，以增强透明度，减少误解。

案例：2024年，某在线教育平台使用AI写作工具生成了一系列高中历史课程的学习材料。这些材料被直接用于课堂教学和学生自学，但未明确标注是由AI生成的。随后，教师和学生发现部分内容存在史实错误，如错误描述历史事件的年代和人物关系。事件曝光后，该平台受到广泛批评，最终公开道歉并承诺对AI生成内容进行全面审核，同时明确标注其来源。

2. 知识产权与版权保护

AI写作工具的训练和使用应尊重知识产权。在训练过程中，所使用的数据必须获得合法授权，避免侵犯原创作者的权益。生成的内容如涉及引用他人作品或数据，应明确标注来源。此外，AI生成内容的归属权应清晰界定，确保创作者、平台和使用者之间的利益平衡。

案例：2022年，美国作家协会(Authors Guild)对OpenAI提起诉讼，指控其未经授权使用大量受版权保护的书籍和文章训练ChatGPT模型。诉状指出，这些作品被用于生成与原创作品高度相似的内容，侵犯了作者的版权。这一案件引发了全球范围内对AI训练数据版权问题的关注，并促使多家AI公司重新审视其数据使用政策。

3. 隐私保护与数据安全

AI写作工具的运行依赖于大量用户数据，因此必须严格遵守隐私保护法规(如GDPR)。在数据采集、存储和使用过程中，应采取严格的加密和匿名化措施，防止数据泄露或滥用。用户应享有知情权，了解其数据如何被使用，并有权选择退出数据共享。

案例：2021年，AI写作平台Grammarly因未对用户数据进行充分加密，导致部分用户信息被黑客窃取。泄露的数据包括用户的电子邮件地址、密码和部分写作内容。事件曝光后，Grammarly迅速采取了补救措施，包括加强数据加密和通知受影响的用户。然而，这一事件仍然对其声誉造成了负面影响，并引发了用户对数据安全的担忧。

4. 公平性与包容性

AI写作系统应避免因训练数据的偏见而生成歧视性或排他性内容。在训练模型时，应注重数据的多样性和代表性，并在生成内容中检测和纠正潜在的偏见，确保对性别、种族、宗教和文化的公平对待。

案例：2020年，OpenAI发布的GPT-3模型因训练数据中的偏见问题，生成的内容多次出现性别刻板印象和种族歧视的表述。例如，当用户输入与职业相关的提示时，GPT-3倾向于将护士描述为女性，将工程师描述为男性。这一问题引发了广泛批评，促使OpenAI引入偏见检测机制，并调整训练数据集以增强多样性和包容性。

5. 伦理责任与使用规范

AI写作工具的使用应以人类福祉为核心，避免用于非法或不道德的目的(如制造虚假新闻或深度伪造内容)。在生成内容出现问题时，应明确责任归属，确保开发者、平台运营者和使用者共同承担应尽的责任。

案例：2024年，美国社交媒体平台X(原Twitter)因未能有效监管AI生成的深度伪造内容，导致虚假视频广泛传播。例如,一段伪造的美国总统拜登宣布"全国戒严"的视频引发了公众恐慌。事后,平台被追究责任,并加强了内容审核机制,明确禁止AI生成虚假信息。这一事件凸显了AI写作工具在伦理责任和使用规范方面的挑战。

6. 法律法规遵从

AI写作工具的开发和应用必须符合相关法律法规,包括数据保护法、知识产权法、反歧视法等。在特定行业(如医疗、金融)中,还需遵守行业特定的法规要求。

案例:2023年,欧洲金融监管机构对一家使用AI生成投资建议的公司进行了调查,发现其未遵守《通用数据保护条例》(GDPR)和金融行业法规。例如,该公司未对用户数据进行充分保护,且生成的投资建议缺乏透明度。最终,公司被处以高额罚款,并被要求整改其AI系统以符合法规要求。

7. 公众教育与伦理意识

通过公众教育提高用户对AI写作技术的认知,增强其伦理意识,使其能够负责任地使用AI工具。同时,推动技术开发者、政策制定者和社会公众共同关注AI伦理问题,构建健康的技术生态。

案例:2022年,英国剑桥大学推出了一门关于AI伦理的公开课,吸引了全球数千名学生和从业者参与。课程内容涵盖AI写作技术的伦理挑战、法律法规和最佳实践,并通过实际案例和互动讨论帮助学员理解如何负责任地使用AI工具。这一课程不仅提高了参与者的伦理意识,还为AI技术的健康发展提供了理论支持。

10.5.2　AI 写作的伦理规范

1. 内容生成与审核机制

AI写作工具应建立严格的内容生成与审核机制,确保生成内容的质量和合规性。生成的内容需经过多层次的审核,包括事实核查、语言规范和伦理审查,以减少错误和不当内容的出现。

(1) 在生成内容前,设置关键词过滤和敏感词检测模块,避免生成不当或违规内容。

(2) 建立人工审核团队,对AI生成的内容进行二次审核,尤其是在新闻、教育等敏感领域。

(3) 定期更新审核规则,以适应社会文化的变化和用户反馈。

2. 用户知情与选择权

用户应享有对AI写作工具的知情权和选择权。在使用AI工具前,用户应被告知其工作原理、数据使用方式以及可能存在的风险。用户有权选择是否接受AI生成的内容,并有权修改或拒绝使用。

(1) 在用户界面上明确标注"AI生成内容",并提供生成内容的详细说明。

(2) 允许用户自定义生成内容的风格、长度和主题,以满足个性化需求。

(3) 提供用户反馈渠道,收集用户对生成内容的意见和建议,以便持续改进工具。

3. 技术透明与可解释性

AI写作工具应具备技术透明性和可解释性,用户应能够理解生成内容的逻辑和依据。技术开发者应公开AI模型的基本原理和训练数据来源,以减少用户对"黑箱"操作的疑虑。

(1) 提供生成内容的逻辑解释,如通过可视化工具展示AI的决策过程。

(2) 在技术文档中详细说明模型的训练数据、算法架构和性能指标。

(3) 鼓励开发者参与技术交流,分享AI写作工具的开发经验和改进措施。

4. 责任归属与追责机制

在AI生成内容出现问题时，应明确责任归属，确保开发者、平台运营者和使用者共同承担应尽的责任。建立追责机制，对违规行为进行处罚，以维护AI写作生态的健康发展。

(1) 在用户协议中明确各方的责任范围，例如，开发者的技术责任、平台的内容审核责任和用户的使用责任。

(2) 建立投诉和举报机制，用户可以对生成内容的问题进行反馈，平台应及时处理并公开结果。

(3) 对恶意使用AI写作工具的行为进行追责，如制造虚假新闻或深度伪造内容，并采取法律手段追究责任。

5. 技术发展与伦理平衡

在推动AI写作技术发展的同时，应注重伦理平衡，确保技术进步不以牺牲社会价值为代价。技术开发者应主动承担社会责任，将伦理规范融入技术设计和应用的全过程。

(1) 在技术开发初期，进行伦理风险评估，识别可能存在的伦理问题并制定解决方案。

(2) 与伦理学家、法律专家和社会公众合作，共同制定AI写作伦理规范，并定期更新以适应新技术的发展。

(3) 推动技术开发者参与伦理培训，提高其伦理意识和社会责任感。

6. 行业自律与监管合作

AI写作行业应建立自律机制，推动企业主动遵守伦理规范。同时，行业应与监管机构合作，接受外部监督，确保AI写作技术的合法合规应用。

(1) 成立行业自律组织，制定统一的伦理标准和最佳实践，并定期发布行业报告。

(2) 与监管机构建立合作机制，例如定期接受审查、参与政策制定等，以增强行业透明度。

(3) 鼓励企业公开其AI写作工具的伦理实践，接受社会监督，提升公众信任。

7. 国际合作与标准统一

AI写作技术的全球性应用需要国际合作与标准统一。各国应共同制定AI写作伦理的国际标准，推动全球范围内的技术合规与伦理发展。

(1) 参与国际组织(如联合国、欧盟)的AI伦理标准制定，推动全球范围内的技术规范统一。

(2) 加强跨国合作，分享AI写作技术的伦理实践和经验，共同应对全球性挑战。

(3) 推动国际间的技术交流与培训，提高全球开发者和用户的伦理意识。

10.6　AI 在应用文写作中的实战演练

10.6.1　ChatGPT 实战演练

AI 写作辅助学术研究的实战演练

案由： 某高校历史系的研究生小李正在进行一项关于"古代丝绸之路贸易往来"的学术研究，需要查阅大量的历史文献资料，撰写文献综述和研究报告。但资料整理和写作任务繁重，时间紧迫，为提高效率和写作质量，小李决定借助 AI 写作工具。

古代丝绸之路贸易往来研究辅助案例

(1) 选择工具：小李选用了 ChatGPT 辅助写作。原因在于其强大的自然语言处理能力和广泛的知识储备，能够理解复杂的学术问题，帮助小李快速梳理文献观点，提供不同的研究视角和思路，还能生成相对规范的学术语言表述，符合学术写作要求。

(2) 应用过程资料整合与思路拓展：小李将收集到的历史文献资料进行分类整理，提取关键信息，输入 ChatGPT。如将不同时期丝绸之路贸易路线、贸易商品种类、贸易城市兴衰等资料提供给 ChatGPT，让其总结归纳主要观点和研究趋势。ChatGPT 生成了详细的资料整合报告，帮助小李快速把握研究方向，发现自己之前忽略的研究角度，如贸易往来对不同地区文化融合的影响。

(3) 文献综述撰写：在撰写文献综述时，小李向 ChatGPT 输入具体指令，要求按照学术规范生成相关内容，包括对已有研究的总结、评价和未来研究方向的展望。ChatGPT 生成了文献综述的初稿，小李根据自己的研究重点和理解，对内容进行调整和补充，完善引用文献标注，使文献综述更加符合学术要求。

(4) 研究报告创作：在研究报告的创作过程中，小李利用 ChatGPT 辅助进行数据分析和观点阐述。对于丝绸之路贸易数据的分析，ChatGPT 提供了多种分析思路和图表建议，帮助小李更直观地展示研究成果。在阐述观点时，ChatGPT 根据小李提供的论据，生成逻辑连贯的段落，小李进一步优化语言表达，增强论证的说服力。

案例分析：

1. 核心过程

(1) 工具：确定研究需求，选择合适的 AI 写作工具。

(2) 指令：向工具输入整理后的资料和明确指令，获取生成内容。

(3) 规范：根据学术规范和个人研究需求，对生成内容进行调整、补充和优化。

2. 语言要求

(1) 学术性：AI 生成内容须具备学术性，使用规范的学术词汇和句式。

(2) 准确性：保持准确性，数据和观点引用需准确无误。

(3) 逻辑合理：逻辑清晰，段落之间过渡自然，论证过程合理。

3. 本案例亮点

(1) 加快进度：有效利用 AI 工具整合资料、拓展思路，提高研究效率。

(2) 节省资源：AI 生成内容为学术写作提供了参考框架，节省了时间和精力。

(3) 丰富内容：通过与 AI 的互动，提升了研究的深度和广度。

10.6.2 Kimi 实战演练

电商平台商家利用 Kimi 写作应对"双十一"文案挑战实战演练

案由： 在"双十一"促销季，某电商平台商家需要为大量商品快速产出广告文案和产品描述，面对时间紧、任务重的压力，商家决定借助 Kimi 写作这一 AI 写作工具来提升工作效率和营销效果。

电商平台"双十一"文案创作案例

选择工具：商家选择 Kimi 写作，是因为其专注于内容创作领域，能提供高度定制化的写作模板和建议，针对营销场景进行了优化，能快速生成多种风格的文案，契合商家在"双十一"期间对大量文案的需求，满足不同渠道推广和不同目标受众的要求。

应用过程输入关键信息：商家将产品的名称、卖点、核心特点及目标受众等基本信息详细录入 Kimi 写作工具。如针对一款智能音箱，输入"高保真音质、蓝牙 5.0 技术、时尚设计"等产品特点，以及目标受众为追求高品质音乐生活、对科技产品感兴趣的年轻群体。

获取多样文案：Kimi 写作根据输入数据，迅速生成多个版本的广告语和产品描述。在广告语方面，生成了"享受沉浸式音效，体验前所未有的音乐世界""智能音响，带你进入全新的音乐体验"等风格各异的内容；产品描述也涵盖了强调音质、技术优势、外观设计等不同侧重点的版本。

文案筛选与调整：商家对生成的文案进行筛选，根据不同推广渠道的特点选择合适的文案。如电商平台详情页选用详细介绍产品功能的描述，社交媒体则选择更具吸引力和传播性的广告语。对于复杂、高端商品，商家会对文案进行人工调整，融入品牌独特风格和情感元素，使其更符合品牌定位。

案例分析：

1. 核心过程

(1) 选择工具：明确产品和受众信息，输入 Kimi 写作工具。

(2) 文案选择：获取工具生成的多样文案。

(3) 人工调整：依据渠道和品牌需求进行筛选与人工调整。

2. 语言要求

(1) 简洁：广告语简洁有力、富有吸引力，能迅速抓住消费者眼球。

(2) 突出优势：产品描述准确清晰，突出产品优势。

(3) 针对用户喜好：语言风格多样化，满足不同推广场景和受众喜好。

3. 本案例亮点

(1) 高产：Kimi写作快速生成大量文案，极大提高了创作效率。

(2) 多样性：多样化的文案风格满足不同推广需求。

(3) 省时：为商家节省人工编写的时间和成本。

4. 价值与适用场景

特别适用于电商促销活动期间，帮助商家高效完成大量文案创作任务，也适用于日常电商产品推广文案的生成，提升营销效果。

📖 本章小结

本章全面论述了人工智能在写作领域的应用，重点分析了AI写作工具的功能、特点及其在实际写作中的多样化用途。本章通过对ChatGPT、DeepSeek、Kimi写作和讯飞星火写作等工具的深入剖析，展示其在广告文案、学术论文、新闻报道等领域的应用潜力，还系统梳理了AI写作技术所面临的法律和伦理。通过本章的学习，读者不仅能够掌握AI写作工具的基本使用方法和实践技巧，还能深刻理解AI写作技术的伦理边界与合规要求。

思考与练习：

1. AI写作的主要特点有哪些？

2. 在不同场景下应当如何选择AI写作工具？

3. AI写作工具在创作中的伦理问题有哪些？应如何解决？

4. 人工智能在写作中的应用前景如何？

实践训练：

材料1： 绿色出行方案撰写

背景：张红是一家环保科技公司的项目经理，负责开发未来城市绿色出行解决方案。她的团队初步构思了碳积分奖励机制的创新理念，通过鼓励绿色出行，为市民提供碳积分奖励，并用于兑换其他商品或服务。

任务：使用AI写作工具撰写一份绿色出行方案，内容包括碳积分奖励机制的设计、实施步骤、预期效果以及推广策略。

材料2： AI生成内容的版权归属分析

背景：某媒体公司使用AI写作工具生成了一篇基于股市实时数据和分析的财经报道。报道中使用了某些非公开的投资策略和企业信息。报道发布后，其他媒体未经授权转载了这篇文章，且未注明其为AI生成内容，引发了版权争议和法律诉讼。

任务：根据案例，分析AI生成内容在版权归属上可能遇到的法律挑战，并提出解决方案。

参考文献

[1] 王文生. 法律文书写作[M]. 北京：电子工业出版社，2021.

[2] 陈卫东，刘计划. 法律文书写作[M]. 5版. 北京：中国人民大学出版社，2022.

[3] 严文法. 教学设计能力实训[M]. 北京：高等教育出版社，2021.

[4] 高等教育出版社组编. 2023年中等职业学校教师教学设计与展示交流活动教学设计案例集[M]. 北京：高等教育出版社，2024.

[5] 柳夕浪. 教学成果这样培育[M]. 北京：教育科学出版社，2024.

[6] 许庆建. 职业教育教学成果的理论内涵、价值意蕴和培育逻辑[J]. 南方职业教育学刊，2024，14(02):26-34+44.

[7] 黄永明，赵婷，何牧. 新媒体文案写作[M]. 北京:人民邮电出版社，2024.

[8] 马志峰，刘义龙. 新媒体文案策划与写作[M]. 2版. 北京：人民邮电出版社，2023.

[9] 王成荣，王肇. 品牌策划与推广[M]. 北京：中国人民大学出版社，2023.

[10] 张晓红，金宏星. 品牌策划与推广实战[M]. 2版. 北京：人民邮电出版社，2023.

[11] 邹益民，马千里. 直播营销与运营[M]. 北京：人民邮电出版社，2023.

[12] 郑慧，周雯. 浅析公文中的写作模式[J]. 应用写作，2022(3):12-17.

[13] 刘金同. 应用文写作教程[M]. 5版. 北京：清华大学出版社，2023.

[14] 关莹. 应用文写作[M]. 4版. 北京：清华大学出版社，2024.